빅 사 이 즈 햄 버 거 의 기 적

버거킹

제임스 W. 맥라모어 지음   김재서 옮김

BURGER KING

예미

Contents

Introduction

    우리는 인건비에 의해 크게 좌우되는 세계시장에서 경쟁하고 있으며, 일자리시장과 생산기지는 경제적으로 좀 더 유리해 보이는 곳을 찾아 옮겨지고 있다. 싫건 좋건 간에, 미국의 기업들은 더욱 경쟁력을 높이고 기동성을 갖추기 위해 군살 빼기에 나서고 있다. 일자리는 더 이상 불가침의 영역이 아니다. 불행한 일이기는 하지만 경영진의 마음속에서 장기근속자들을 특별히 우대한다는 생각도 점점 옅어지고 있다. 경쟁의 효율성은 오늘날 사업가들이 매우 중요하게 여기는 이슈다. '군살을 줄이고 배고픔을 참을 것', 이것은 현대 기업들의 공통된 좌우명이 되었다. 생존본능은 기업전략을 결정하는 원동력이다. 이처럼 복잡한 경영의 퍼즐 속에서 사람은 소모품처럼 여겨질 수 있다. 기업세계의 경쟁이 치열해지면, 노동자들도 경쟁력을 높여달라는 요구를 받게 된다. 만일 노동자들이 이러한 요구를 거부한다면, 그들은 해고될 것이고, 그들이 차지하던 자리는 좀 더 순종적인 노동자들에 의해 채워질 것이다.

이렇게 이야기하면 세상이 너무 암울하게 보인다. 꼭 이러한 측면만 있을까? 그렇지는 않다. 기업들이 외주를 확대하고 임금지출을 최소화하는 방식으로 효율성을 높이려고 노력하는 이른바 다운사이징downsizing의 시대에는 두 가지 현상이 일어난다. 둘 다 나쁘지는 않은 일이다. 첫째로, 소비자가격이 하락하는데도 불구하고 기업의 이윤은 증가할 수 있다. 그 결과 자금시장으로부터 큰 신뢰를 얻게 되는데, 이는 버거킹 왕국의 핵심적인 성공 원칙이었다.

오늘날 우리는 첨단기술, 우주탐사, 통신, 항공기 생산 그리고 그밖의 많은 활동분야에서 과거에는 누릴 수 없었던 엄청난 이점을 누리고 있다. 세계적인 수요가 증가하고 있고, 이는 경제에 큰 이점으로 작용하겠지만, 반대로 글로벌 차원으로 벌어지는 치열한 경쟁은 우리에게 지속적인 부담을 주며 괴롭히는 가시 같은 것이다. 기업이 실패하는 이유는 다양하지만, 앞으로 기업의 실패는 대개 다음과 같은 이유에서 일어날 것이다. 1) 과도한 부채로 인한 상환 실패, 2) 빠른 시장변화에 대한 신속한 대응 실패, 3) 고객에게 가치를 제대로 제공하기 위한 업무전략의 부재, 4) 지도력 부재로 인해 동기가 부여되지 못하는 직장환경이 그것이다.

두 번째는 새로운 산업과 다양한 사업영역이 새로 등장한다는 것이다. 그러므로 노동자들은 자신의 연령대와 상관없이 이미 일어나고 있는 발전의 흐름에 항상 민감해야 한다. 이러한 변화는 그들에게 기회의 창이 어느 방향으로 열려 있는지를 알려준다. 그리고 그 기회는 바로 코앞에 있다. '어둠과 파멸' 따위의 암울한 예측은 터무니없다.

생각해보라. 제트엔진이 상업적으로 활용되기 시작한 것은 1960년대

들어서부터다. 1950년대가 다가올 즈음으로 돌아가서 생각해보면, 아무도 TV 방송에 대해서 들어본 사람이 없었다. 자동차 여행자를 위한 모텔이나, 패스트푸드 같은 것은 존재하지도 않았다. 그러나 1969년에 닐 암스트롱이 달 위를 걷고, 이른바 우주여행의 시대가 열렸다. 당시 사람들의 입장이 되어서 다음과 같은 질문에 대답해보라.

'컴퓨터'가 뭔가요?

'소프트웨어'라는 단어의 의미를 아세요?

'아날로그', '디지털', '스트리밍', 'DVD' 따위의 개념을 설명할 수 있나요?

'심장이식', '광섬유케이블', '인공위성', '월마트', '핵'이라는 단어의 의미를 아세요?

'휴대폰'이 뭔지 아세요?

'주간(州間) 고속도로'라고 들어봤어요?

중요한 것은 새로운 비즈니스의 기회가 꾸준히 열리고 있고, 그 변화의 속도가 갈수록 빨라진다는 점이다. 기회는 어디에나 널려 있다.

모든 영역에서 변화가 일어나던, 그것도 정신없이 빠르게 변화하던 시기에 쓰인 이 책은 내가 과거에 내렸던 많은 어리석은 결정들(그것도 돌이켜보면 하나둘이 아니다)도 정직하게 드러내고 있을 뿐 아니라, 내가 만났던 사람들과 그들로부터 배운 교훈들을 좋은 것이든 나쁜 것이든 모두 기록하고 있다.

이 책은 내가 경험했던 사업의 성공과 실패, 그리고 나의 개인적인 삶을 기록한 책이다. 독자들은 이 책을 통해서 내가 혁신과 변화를 어떻게 받아들였는지 알게 될 것이다. 또 내가 어떻게 하여 흐릿하게 떠올랐던 아이디어를 세계에서 가장 널리 인정받고 신뢰받는 브랜드로 키울 기회로 인식할 수 있었는지도 이해하게 될 것이다.

버거킹의 성공은 다른 많은 사람들이 실패한 영역에서 거둔 성공이었다는 점에서 특별한 의미가 있다. 많은 이들이 새로운 패스트푸드사업에 뛰어들었지만 안정적인 성공을 거둔 사람은 그들 가운데 몇 명뿐이었다. 나의 경우는 가장 좋은 파트너, 특히 데이비드 에저튼 같은 이들과 함께 일할 수 있었다는 점과, 버거킹의 빠른 성장을 위해 헌신했던 멋진 점주들과 함께할 수 있었다는 점, 그리고 나 스스로 열심히 일했다는 점이 성공의 핵심 열쇠였다고 생각한다. 이 책을 읽는 독자들이 나의 실수와 승리를 통해 무언가 배워 가기를 바란다.

제임스 맥라모어 James W. McLamore

훗날 와퍼를 만들 아이

누나 클레어, 동생 데이비드와 함께

한 사람의 성격이나 태도, 행동, 그리고 가치관은 어떤 것으로 인해 결정되는 것일까? 독자들도 이 질문에 대한 나름의 답변을 가지고 있겠지만, 나는 유년기의 발달상황이 많은 영향을 미친다고 생각한다. 여기에 한마디를 감히 덧붙이자면, 청소년기 이후보다는 10대가 되기 훨씬 전에 이미 상당 부분 성격이 형성된다고 믿는다. 유년기는 사람의 삶의 우선순위가 정립되고, 가치관이 결정되고, 각자의 사고방식이 형성되는 시기다. 내 경우도 가족을 포함해서 내가 중요하게 여기는 것들에 대한 인식이 대부분 유년기에 만들어졌다. 가족은 나의 삶에 많은 영향을 끼쳤고, 많은 가르침을 주었다.

나는 세 살 때 어머니를 잃었고 아버지는 스물한 살 때 돌아가셨지만, 그들을 통해 유년기에 부모로부터 받는 인도와 사랑이 얼마나 중요한지를 깨달을 수 있었다. 가족과 함께 보낸 어린 시절은 나의 많은 부분을 형성하고 내게 삶의 목적의식을 심어주었다. 그러나 이것이 훗날 어리석은 결정들, 특히 사업가로서 내린 어리석은 결정을 모두 방지해주었다는 의미는 아니다.

나는 1926년에 뉴욕시에서 태어났다. 아버지 토머스 밀턴 맥라모어Thomas Milton McLamore는 1889년 7월 5일에 텍사스의 가난한 가정에서 태어나 훗날 루이지애나에 정착했다고 한다. 어머니에 대한 기억은 거의 없다. 어머니의 태어났을 때 이름은 메리언 플로이드 휘트먼Marian Floyd Whitman이었고, 외동딸이었으며, 가정환경은 유복했다고 한다. 어머니는 프랑스 근무를 마치고 막 귀국한 잘생긴 미 육군 중위를 만나게 되는데, 그가 바로 나의 아버지다. 두 분은 사랑에 빠졌고, 아버지는 청혼했다. 1923년 4월 30일에 두 분은 결혼하셨다.

그때만 해도 미국 경제는 매우 좋았다. 나라는 빠르게 성장하고 있었고 휘트먼가의 사업도 번창하고 있었으며, 가족은 멋진 삶을 누릴 수 있었다. 외할아버지는 뉴욕 센트럴밸리Central Valley 지역에서 에지힐Edgehill이라 불리는 가족농장을 사들였고, 그 농장은 휘트먼가 사업의 중요한 거점이 되었다.

내가 태어난 후 아버지와 어머니는 뉴욕을 쉽게 오갈 수 있는 거리에 있는 뉴저지주 몬트클레어Montclair에 집을 사서 이사했다. 내가 태어난 날은 1926년 5월 30일이다. 이에 앞서 1924년 2월 3일에 누나 클레어Claire가 태어났고, 동생 데이비드David가 태어난 때는 1928년 2월 18일이었다. 우리 가족은 1929년 10월 주식시장 붕괴로 국가경제 전체에 위기가 드리워지던 때까지 몬트클레어의 그 집에서 살 수 있었다. 이 불황은 모든 미국인의 삶을 송두리째 바꿔놓았고, 나의 부모님과 외조부모님도 이를 비켜 갈 수는 없었다. 불과 몇 주 만에 주가가 40%나 폭락하고, 미국 역사상 최악의 경제 재앙인 이른바 '대공황Great Depression'으로 이어졌다.

외할아버지 제임스 스퍼 휘트먼James Spurr Whitman은 대공황의 광풍 속에서 76세를 일기로 세상을 떠나셨다. 1929년이 나에게 커다란 충격이었던 것은 우리 가족의 재산이 증발한 것 못지않게 외할아버지의 죽음이 분명 중요한 원인이 되었다. 엄청난 경제적 손실로 인해 당시에 외할아버지가 느꼈을 충격은 상당했을 것이다.

그 후의 상황을 간단히 말하자면, 외가는 뉴욕시의 저택과 몬트클레어의 집을 팔고 에지힐로 이사했다. 대공황의 충격과 재산손실은 어머니에게도 끔찍한 영향을 미쳤다. 어머니는 동생 데이비드가 태어나고 얼마 되지 않아 요양원으로 들어가셔야 했다. 그 후 나는 어머니가 돌아가실 때까지 한 번도 어머니를 만나지 못했다. 공황의 골이 깊어짐에 따라 휘트먼가의 재산은 사라졌고, 아버지도 뉴욕시의 직장을 잃었다. 한마디로 암울한 시대였다.

나는 내 기억 속에 남아 있는 유일한 집인 에지힐에 깊은 애착을 갖고 있었는데, 1933년 여름에 건초창고에 불이 나고 말았다. 다행히 가축은 구조했지만 에지힐이라는 농장은 사라져버렸다. 불경기로 힘들어진 우리 가족의 경제사정이 화재로 인해 더 깊은 수렁에 빠져든 것이다.

경제적 타격을 수습하기 위해 외할머니는 은그릇, 도자기, 가구, 보석 등 값나가는 소중한 물건들을 내다 팔았다. 게다가 200에이커에 달하는 에지힐 농장의 절반을 코넬Cornell가에 팔아야 했다. 어린아이였던 나도 주변 상황이 급변하고 있다는 것을 느낄 수 있었다. 그 어려움 속에서도 할머니는 우리에게 든든한 버팀목이 되어주셨다. 할머니는 한 번도 자신이 힘들다거나, 가족을 하나로 지켜내는 것이 고민스럽다는 등의 말씀을 하지 않았다.

나의 사랑스러운 할머니는 가족을 끝까지 지키겠다는 각오로 세상의 풍파를 온몸으로 견디고 계셨다. 할머니가 65세이던 1929년에 의사는 할머니의 심장이 약하니 과로하지 말라고 경고했다. 당시에 아버지는 은행에서 일하고 있었기 때문에 매주 일요일 밤에 기차를 타고 뉴욕으로 갔다가 금요일 밤에야 집으로 돌아왔다. 이는 할머니가 돌아가신 어머니를 대신해 우리에게 어머니 역할을 해야 할 뿐 아니라, 아버지가 없는 시간에는 아버지 역할까지 책임져야 한다는 것을 의미했다. 할머니는 이 역할을 아름답게 감당해내셨다.

나는 다섯 번째 생일이 지나고 몇 개월 후인 1931년 9월부터 학교에 다니기 시작했다. 학교를 일찍 들어간 탓에 동급생들은 나보다 적어도 한 살은 많았다. 공부든 운동이든 나는 다른 아이들에게 지고 싶지 않았지만, 학창시절 내내 급우들과 나이 차이가 있었기 때문에 나의 도전은 그만큼 더 격렬할 수밖에 없었다.

센트럴밸리의 공립학교에 8년간 다니면서 나는 지역행사나 다양한 학교행사에서 대중 앞에 나가 연설하는 경험을 쌓을 수 있었다. 한번은 시내의 한 행사에서 사람들의 시선을 받으며 〈오 선장님, 나의 선장님O' Captain, My Captain〉이라는 시를 낭송했다. 무척 떨렸지만 그전에 충분히 잘 외워두었기 때문에 틀리지 않고 낭송할 수 있었다. 열한 살 때의 일이지만 지금도 생생하게 기억할 수 있다. 그때부터 나는 대중연설이 다른 의사소통기술을 발달시키는 재능이라는 것을 알게 되었다. 이것은 비즈니스 세계에서 성공하기를 원하는 사람들에게 상당히 중요한 능력이다.

되돌아보면 나는 인생에서 성공하고 싶다는 간절한 열망을 키워가고 있었다. 물론 그때만 해도 그것이 나의 삶에 어떻게 작용하게 될지는 몰랐지만 나의 야망은 절대 작지 않았다. 나는 성공의 가능성을 생각하며 늘 즐거움을 느꼈다. 나는 천성적으로 사람을 좋아하는 성격이었고, 그런 만큼 그들도 나를 좋아해주기를 바랐으며, 실제로 사교적이고 외향적이며 항상 친구를 사귀기 위해 손을 내밀었다. 그런가 하면 누구에게도 지고 싶지 않은 경쟁심도 있었다. 좋은 학생이 되고 싶었고, 운동에서도 지는 것이 싫었다. 내게는 이긴다는 것이 매우 중요했다. 운동경기를 하면서 오직 참가에만 의미를 두고 뛴 적은 없었다. 중요한 것은 나와 우리 팀이 이기는 것이었다.

그즈음 할머니는 세 명의 손자가 가능한 한 훌륭한 교육을 받도록 해야 한다는 강한 신념을 갖고 계셨다. 할머니는 우리가 센트럴밸리 지역을 벗어나 더 넓은 다른 곳의 고등학교로 진학하길 바라셨고, 우리 각자의 대학교육에 발판이 될 수 있는 기숙학교를 물색하기 시작했다. 1937년, 할머니는 드디어 가장 적당한 학교를 찾아냈다. 클레어 누나는 매사추세츠에 있는 노스필드신학교Northfield Seminary에 진학하기로 했다. 이 학교는 2년 후 내가 입학하게 될 마운트헤르몬소년학교Mount Hermon School for Boys의 자매학교였다. 할머니는 우리의 학자금을 마련하기 위해 가지고 있던 재산들을 팔기 시작했다.

1938년에 할머니가 극심한 심장마비를 겪으시고 돌아가신 것은 또 하나의 비극이었다. 할머니의 죽음은 우리 모두에게 끔찍한 충격이었지만, 열한 살에 불과했던 나에게는 모든 것이 산산이 부서지는 느낌으로 다가왔다. 우리를 돌봐줄 수 있는 사람이 이제 아버지밖에 남지 않았다는 사실로 인해 나는 이전보다 훨씬 더 많이 나 자신에게 의지해야 한다는 것을 깨달았다. 나는 이때의 경험을 통해 자신감은 성실함과 정정당당함을 통해 생겨나는 것이며, 정직함과 그로 인해 만들어진 성과를 통해 받게 되는 보상임을 배우게 되었다.

대학을 졸업하고 교사로, 그리고 고등학교 교장으로 일한 적이 있는 아버지는 좋은 교육을 받는 것이 얼마나 중요한지 잘 알고 있는 분이었고, 당연히 내가 최고의 교육을 받기를 바라셨다. 1939년, 나는 아버지가 모는 차를 타고 처음으로 매사추세츠주 북부에 위치한 마운트헤르몬학교를 찾아갔다. 당시는 독일의 폴란드 침공으로 2차세계대전이 막 시작된 시기였다. 그때는 몰랐지만, 이 두 가지 사건은 모두 내 앞으로의 인생을 결정짓는 데 커다란 영향을 미쳤다.

처음 몇 주간은 집을 떠나 따로 산다는 것이 힘들게 느껴졌다.

아버지는 다시 학교를 찾아오셨다. 나에게 분명하게 하고 싶은 말씀이 있었던 것이다. 아버지는 나를 정면으로 바라보며 단호하게 말씀하셨다.

"지미, 나는 너를 다시 집으로 데려갈 생각이 없어. 너는 여기 남아 어려움을 참고 견뎌야 한다. 너 스스로 이겨내야 하니까 그렇게 알고 마음을 굳게 먹어라."

아버지는 짐짓 엄한 표정으로 나를 바라보며 그렇게 말씀하셨지만 나는 아버지의 마음도 찢어지듯 아프다는 것을 느낄 수 있었다. 아버지는 마운트헤르몬학교에서의 경험이 내게 큰 도움이 될 거라는 격려도 해주셨다. 마음을 가다듬고 스스로 이겨내는 것 말고 다른 선택은 없었다.

그 후 며칠이 지났을 때 나는 확실히 이전의 우울한 감정에서 벗어나 학교 활동에 적극적으로 참여하게 되었다. 운동, 수업, 공부, 친구들과의 우정, 또 새로운 친구를 사귀고 좋은 음식을 먹는 등 나의 새로운 터전에서 주어진 일들을 즐기는 데 온몸과 마음을 던졌다. 나는 마운트헤르몬학교를 제2의 고향으로 여기기 시작했고, 이러한 생각의 전환은 이전에는 느끼지 못했던 독립심과 자립심을 키우는 데 도움이 되었다. 이처럼 새로운 자신감이 생기고, 배움과 성장의 기회를 잡았음을 느끼며 크게 고무된 사이에 새 학교에서의 첫해가 지나갔다.

1940년 새로운 학기가 시작되었을 때, 나는 다시 학교로 돌아왔다는 기대감과 기쁨에 들떠 있었다. 새 학기 들어 나는 웨스트홀West Hall 주방에서 일하게 되었다. 음식과 관련하여 내 생애 처음으로 한 일은 약 600명의 소년과 교직원들의 식사준비를 돕는 것이었고, 나는 그 일을 무척이나 즐겼다.

1942년 5월, 나는 다음 학기의 학생회장으로 선출됐다. 마음속으로 대학에 진학할 생각을 하고 있었지만, 전쟁 중이었기 때문에 입대할 가능성도 염두에 두고 있었다. 졸업반이 되면 적성검사를 받도록 되어 있었는데, 학교 상담교사들은 이 검사를 참고하여 각 학생들이 가장 적합한 진로와 대학을 결정할 수 있도록 조언을 해주었다.

　나의 적성검사 결과가 나왔다. 나는 영업이나 마케팅 관련 업무 경력을 쌓을 수 있는 진로를 설계하는 것이 좋겠다는 조언을 받았다. 나는 사람을 좋아하는 데다 마운트헤르몬학교에서의 경험이 대인관계기술을 발전시키는 데 도움이 되었다고 스스로 믿고 있었는데, 진로설계에 대한 조언도 그와 맞아떨어졌던 것이다.

　나는 1800년대에 쓰인 책들을 즐겨 읽었다. 이 시기는 미국 역사 초기의 위대한 업적이 많이 만들어지던 때이다. 허레이쇼 앨저Horatio Alger; 미국의 작가로 남북전쟁 이후 미국인들의 성공담을 담은 작품을 많이 썼다.-옮긴이의 책은 대공황 시기와 1940년대 내내 미국에서 큰 인기를 누렸다. 나는 이런 종류의 책들을 통해 여러 주인공의 성공담을 만날 수 있었다. 밴더빌트Cornelius Vanderbilt, 애스터John Jacob Astor, 제이 굴드Jason Jay Gould, 해리먼Edward Henry Harriman, 제임스 힐James Jerome Hill, 록펠러John Davison Rockefeller, 플래글러Henry Morrison Flagler 등 미국의 위대한 사업가들의 이야기에 푹 빠졌다. 월스트리트, 금융산업, 철도건설에 관한 책과 위대한 기업들의 이야기에도 나는 특별한 관심이 있었다. 무일푼으로 시작해 거대한 부를 일군 사람들, 예를 들어 J. P. 모건John Pierpont Morgan이나 헨리 포드Henry Ford, 앤드루 카네기Andrew Carnegie 같은 사람들이 이룬 놀라운 성취에 대해서도 궁금한 것이 많았다. 나의 궁금증을 풀어줄 해답은 책에 있었기에 나는 그러한 책들을 탐독했다.

　마운트헤르몬학교를 떠나 대학으로 진학하면서 나는 앞으로의 삶을 성공적인 사업가가 되기 위한 경력을 쌓는 데 초점을 맞춰 설계하기로 결심했다. 그리고 언젠가는 큰 부를 일구는 꿈을 꾸기 시작했다. 물론 소수의 사람이 너무 큰 부를 거머쥐어 부의 집중 현상이 발생하는 것은 문제가 있다고 주장하는 이들도 있다. 또 어떤 사람이 부자가 되는 과정에는 그 성공을 위한 발판으로 희생당하는 누군가가 분명 존재한다고 여기는 이들도 있다. 물론 반드시 틀린 이야기는 아니겠지만, 돈을 벌고 싶어 하는 사람들을 이런 논리로 설득할 수는 없는 일이다.

불행한 사실은 적지 않은 사업가들이 탐욕스럽고 부정직하여, 대중을 희생시켜 이익을 얻을 수 있는 상황을 마다하지 않는다는 것이다. 그러나 자유와 민주의 원칙을 지향하는 사회에서 이러한 부작용을 완전하고 효과적으로 통제하는 것은 불가능하다.

나는 여전히 사업가로서 성공을 추구하고 그 결과로 따라오기 마련인 부를 꿈꾸는 것이 한 개인의 목표로 충분히 존중받을 만하다고 믿고 있다. 그 결과로 새롭게 얻게 된 부를 어떻게 다룰 것인가 하는 것은 완전히 다른 사안이다. 만일 부의 축적에 집착하여 그 자체가 삶의 목표가 된다면 추구해볼 만한 가치가 있는 다른 목표들을 잃어버리는 등 개인의 불행을 야기하는 원인이 되기도 한다. 나는 이런 사람들을 많이 보아왔다. 문제는 대개 목표의 우선순위를 잘못 설정하고 자기 이익에만 집중한 나머지 자신과 기업의 활동이 타인의 풍요에 얼마나 공헌하는지를 거의 고려하지 않는 데서부터 시작된다.

10대 청소년기부터 장기적인 목표를 세우고 늘 마음에 새겼던 것은 내 인생에 매우 긍정적인 일이었다. 나는 내 수준에 맞으면서도 사업가라는 나의 미래에 도움이 될 만한 교육을 제공해줄 대학을 찾아야 했다. 코넬대학교Cornell University에 지원하고 싶다는 생각으로 이 학교는 어떤 비즈니스 훈련 프로그램을 갖고 있는지 알아보았다. 당시 코넬대학교에서 운영하는 비즈니스 훈련 프로그램은 호텔경영학교School of Hotel Administration 프로그램뿐이었다. 나는 그 과정에 입학 지원을 하고 합격했다.

마운트헤르몬학교 졸업식에서 졸업생 대표 연설을 했다. 그리고 친구이자 동급생 149명과 함께 졸업장을 받았다. 내 젊은 시절의 한 페이지가 마무리되고 새로운 페이지가 펼쳐진 것이다. 나는 사다리의 다음 단으로 오르기 위해 손을 뻗고 있었고, 내 마음속에는 분명한 목적지가 있었다.

인생의 출발선에서

해군에 입대한 제임스 맥라모어, 1944년

2차대전 당시 대부분의 미국 대학들이 그러했듯 코넬대학교도 학생들을 가능한 한 빨리 졸업시키기 위해 1년 3학기제를 운영하고 있었다. 나는 1944년이 되기 전까지는 징집되지 않을 것이라고 생각했다. 그러므로 그때까지 나의 유일한 우선순위는 학교생활을 잘하는 것이었다.

이타카Ithaca; 코넬대학교의 소재 도시-옮긴이에 도착해서 일자리를 찾고 학교에 등록하기까지 내게 주어진 시간은 딱 열흘이었다. 솔직히 말해서 어떻게 학비를 마련할지에 대한 계획이 전혀 없었지만, 분명한 것은 우선 학비를 내지 않으면 학교에 등록할 수 없고 수업을 들을 수 없다는 것이었다.

도착하자마자 나는 코넬대학교 뉴욕농과대학의 식물병리학과장인 허버트 휘츨Herbert H. Whetzel 교수를 소개받았다. 그는 오래전부터 항상 학생을 한 명 고용하여 그의 집에서 일하며 정원을 관리하도록 했는데, 고학하는 학생이 숙식을 해결하고 학비와 용돈을 조달하는 것을 돕기 위한 취지였다.

그는 내가 학비뿐 아니라 숙식도 해결할 방법을 찾고 있는 처지라는 것을 알게 되었고, 내가 농장에서 자랐다는 사실에 호감을 느꼈다. 그는 내게 여러 가지 질문을 던졌다. 나는 그 질문들에 겨우 대답해 내면서, 어쩌면 내가 맡게 될 일과 관련이 있을지 모른다고 생각했다. 이윽고 그는 나를 바라보며 말했다.

"자네라면 일을 충분히 잘할 것 같군!"

휘츨 교수는 코넬 캠퍼스와 호텔경영학교에서 아주 가까운 수수한 집에서 살고 있었다. 그 멋진 가족의 일원이 된다는 것은 신나는 일이었지만 해결해야 할 또 다른 중대한 문제가 남아 있었다. 휘츨 교수는 내게 중요한 질문을 던졌는데, 그것은 바로 학비를 마련했느냐는 것이었다. 나는 주머니에 손을 넣어 가지고 있던 돈을 모두 현관 층계 위에 올려놓았다. 모두 11달러 34센트였다.

그는 내게 몸을 돌려 말했다.

"이보게, 난 자네 용돈을 이야기한 것이 아니야. 학비를 어떻게 조달할지를 묻는 거야. 등록 마감이 며칠 남지 않았잖아?"

나는 대답했다.

"음, 이게 제가 가진 돈 전부입니다."

그는 다소 짜증스럽고 성급한 표정으로 반문했다.

"좋아. 그럼 학비를 어떻게 구하겠다는 거지? 가족은 얼마나 지원해줄 수 있다고 하나?"

"제 아버지도 돈이 전혀 없습니다."

그는 조금 더 짜증스러운 목소리로 말했다.

"무슨 계산으로 이 대학에 입학할 생각을 했나?"

"글쎄요, 교수님께서 채용한 학생들은 지금까지 모두 그럭저럭 대학생활을 했다고 들었습니다. 그래서 혹시 교수님께서 뭔가 제게 도움을 주실 수 있을지도 모른다고 생각하고 있습니다."

그러나 여전히 그는 학비를 조달할 아무런 계획도 없이 내가 이타카까지 왔다는 사실을 믿을 수 없다는 표정이었다.

그러나 나의 말이 휘츨 교수의 마음을 조금은 움직인 것 같았다.

"좋아. 개인적으로 호텔경영학교 학장 미크Meek 교수를 알고 있어. 일단 그와 함께 자네에게 줄 만한 적당한 장학금이 있는지 알아보겠네. 그리고 학교의 회계담당자 에드워드 그레이엄Edward Graham 도 만나게 해줄 테니 얘기를 해보게. 나와 미크 교수도 그에게 학생대출을 받을 수 있을지 문의해보겠네."

다음 날, 미크 교수는 미국호텔협회American Hotel Association 로부터 50달러 정도의 장학금을 받을 수 있도록 주선해줄 수 있을 것 같다고 했고, 그레이엄은 100달러를 대출해주겠다고 약속했다. 이와는 별도로 휘츨 교수는 개인적으로 내게 50달러를 빌려주기로 했다. 이렇게 해서 일단 첫 학기의 학비는 해결되었다.

매주 토요일과 일요일은 휘츨 교수의 집과 정원에서 10시간에서 12시간 정도씩 일을 했다. 퇴비 더미를 뒤집고 선별하고, 정원의 표시된 장소에 퇴비 더미를 부어 넣고, 잡초를 제거하고, 잔디를 깎는 따위의 일이었다. 휘츨 교수는 정원을 매우 사랑했기 때문에 종종 나와 함께 일하기도 했다. 그의 열정은 전염성이 있어 나를 감동시켰고, 그의 자랑이자 즐거움이기도 한 다양한 식물과 채소, 과일 등을 그가 어떻게 돌보고 키우는지 나도 관심을 갖고 배우게 되었다.

그의 정원에서 보낸 몇 개월은 원예에 대한 나의 흥미를 자극했다. 그 당시에는 깨닫지 못했지만, 정원 가꾸기는 내 평생의 취미가 되었다.

환대산업hospitality industry이 이처럼 큰 사업영역이 될 거라는 사실을 1943년 당시에 내가 예견하고 있었을 리는 없다. 나는 당시 진보의 길에 서 있었다. 내가 코넬에 입학한 해인 1943년, 미국 상무부가 발표한 통계에 따르면 요식업 전체 매출은 72억 달러에 불과했다. 그러나 1995년이 되면 2,250억 달러로 커지게 되는데, 이때 내가 공동창업한 회사는 59개국에 8,000개 이상의 매장을 운영하며 체계화된 운영을 통해 80억 달러의 매출을 올렸다. 이 당시에는 상상할 수도 없었던 일이다. (그러나 그것도 2018년에 이르면 100개국 1만 6,000개 매장으로 늘어나게 된다.) 그런 면에서 머지않아 폭발적인 성장을 구가하게 될 사업에 대해 훌륭한 정식교육을 받을 수 있었다는 점은 내게 행운이었다. 1940년대 초, 제2차대전이 진행되며 시작된 경제 전반에 걸친 시설의 증설과 새로운 성장세가 전후시대로 넘어갈 때까지 계속되리라는 것은 의심할 여지가 없었다.

1944년 6월까지 나는 세 학기를 마쳤다. 즉 2학년 1학기 과정을 끝낸 것이다. 5월에 열여덟 살이 된 나는 머지않아 징집될 수도 있다는 것을 알고 있었기 때문에 해군 입대에 대해 진지하게 생각하기 시작했다. 코넬에 처음 도착한 1943년 6월부터 1년 동안 나는 열심히 일했고, 학생으로서 힘든 한 해를 보냈다. 휘츨 교수 댁의 일도 열심히 했지만 최소한의 용돈을 마련하고 비상금을 조금이라도 저축하기 위해 또 다른 일도 해야만 했다. 그 시절 내내 돈 문제는 내게 가장 심각한 일이었다.

1944년 6월이 되었을 즈음에는 몹시 지쳐 있었다. 12개월 동안 방학 없이 계속해서 수업을 들었고, 아르바이트를 하느라 잠을 충분히 잘 수 없었던 데다 주말에는 정원 일이 기다리고 있었기 때문이다. 그러나 무엇보다 가장 큰 스트레스는 언제 징집될지 모른다는 불확실성이었다. 언제가 될지는 모른다. 그러나 분명히 징집될 것이다.

이 무렵 전황은 점점 더 치열해지고 무거워졌지만 분명한 것은 미국과 연합군이 승기를 잡아가고 있다는 것이었다. 내 또래의 수만 명의 18세 청소년들은 징집되어 가거나 자발적으로 입대하거나 둘 중의 하나였다.

그 와중에 나는 피델타세타Phi Delta Theta; 미국의 대학에는 그리스 알파벳 머리글자를 딴 학생 사교클럽이 여러 개 있는데 피델타세타는 그중 하나다. 회원 간의 친목과 유대가 졸업 후 사회생활에도 영향을 미칠 정도로 그들의 단결력과 결속력은 유명하다. -옮긴이 에 가입했다. 휘츨 교수는 내가 그런 활동까지 감당할 수는 없을 것이라며 다소 실망스러운 표정을 지었다. 사실 냉정히 계산해본다면 그의 생각은 잘못된 것이 아니었다. 그러나 대학생활 중 이러한 사교클럽의 경험은 내게 또 다른 도움이 되었고, 나는 클럽에서 친구들을 만나고 그들과 사귀는 것이 즐거웠다.

휘츨 교수의 이야기는 일주일 동안 일하는 시간과 공부하는 시간, 그리고 수입과 지출을 고려해서 신중하게 결정하라는 것이었다. 내가 버는 수입에서 지출을 제외하고 남아 있는 돈을 정확하게 계산하여 결정하라는 것이 그의 주장이었다. 그는 매주 한 차례 나와 마주 앉아 책정된 임금에서 숙박비와 식비를 제하고 난 비용을 내게 지급했다. 이는 비교적 철저한 회계절차였다. 휘츨 교수는 내가 처음 그 집으로 입주했을 때 장부를 한 권 건네며 필요한 회계정보를 모두 기록하라고 지시했다.

1944년 6월, 나는 조금 복잡한 심경으로 코넬을 떠나기로 결심했다. 나는 해군에 입대할 계획이었고, 휘츨 교수와 그의 가족에게 이러한 생각을 밝혔다. 그들은 내 생각을 이해해주는 것 같았다. 마지막 날이 다가와 작별인사를 하고 가벼운 짐가방을 들고 문을 나섰다. 그리고 미국해군항공단 US Navy Air Corps에 입대했다. 당시 선전영화들은 이런 스타일의 부대 복무를 미화하여 홍보하고 있었고, 나와 비슷한 나이의 10대들은 낭만을 품고 이들을 동경하고 있었다! 그 때문에 나는 입대까지 몇 개월을 대기해야만 했다.

1944년 여름에서 가을로 넘어가던 때, 그러니까 입대를 기다리던 기간을 허비하기 싫었던 나는 이 기회에 호텔 분야에서 실무경험을 해보기로 했다. 후에 다시 복학하여 대학교를 졸업하기 전에 현장경험을 쌓을 필요가 있다는 생각이었다. 당시 뉴욕에서 꽤 유명했던 애스터바 Astor Bar는 휴가 중인 군인들이 단골로 모여드는 장소였다. 애스터바는 타임스퀘어Times Square 맞은편에 있었다. 바텐더 뒤에 앉아서 손님들에게 음료수나 술이 나갈 때마다 계산서를 기록하는 것이 나의 일이었다. 당시 애스터호텔Astor Hotel의 경영자는 미크 교수의 친구이자 코넬 호텔경영학교의 열렬한 후원자였다. 애스터호텔의 옥상 정원은 당시 꽤 알려진 명소였고, 전쟁 중에도 몇몇 유명한 대형 밴드들이 연주를 하기도 했다. 저녁이면 휴가 동안 큰 도시로 몰려든 군인과 선원, 해병대원들로 가득했다. 당시 뉴욕의 주요 호텔들은 보유하고 있는 연회장에 유명한 대형 밴드를 유치해 공연을 열곤 했는데, 글렌 밀러Glenn Miller 오케스트라가 펜실베이니아호텔Hotel Pennsylvania의 카페루즈Cafe Rouge에서 종종 연주했고, 1940년에는 토미 도시Tommy Dorsey의 주선으로 젊은 가수인 프랭크 시나트라Frank Sinatra가 무대에 오르기도 했다.

밤늦게 침대에 누워 길거리와 골목으로 쏟아져 나오는 멋진 재즈 음악을 듣던 그 황홀한 기억이 지금도 생생하다. 코넬을 떠나 해군에 입대하기까지의 기간은 짧았지만 얻은 것도 많았다. 시간에 쫓기지도 않았고, 훗날 돌아보았을 때 애스터호텔의 경험은 매우 유익했다. 뉴욕 생활의 흥분과 활력은 내게 비즈니스 세계에 대한 새로운 영감을 불어넣어 주었다.

당시의 삶이 내게 즐겁고 유익하기는 했지만, 한편으로는 언제라도 군복을 입고 내게 주어진 임무를 감당할 마음의 준비를 하고 있었다. 그러나 입대에 대한 이런 조바심에도 불구하고 나는 성공적인 사업가가 되겠다는 궁극적인 목표를 잊지 않았고, 이를 위한 경험을 쌓아 사업가로서 성장하기 위한 새로운 토대를 닦을 기회를 가졌던 것이다.

인생이 다 그렇지만, 해군에서의 생활은 사람이 얼마나 많은 신체적·정신적 스트레스를 받을 수 있는지, 그리고 규율과 쏟아지는 명령에 어떻게 대응해야 하는지에 대한 끊임없는 시험이었다.

내가 속한 중대는 두 개 소대로 구성되어 있었고, 나는 그중 한 소대의 소대장이 되었다. 나는 소대장의 위치에서 명령과 통제, 절차가 어떻게 진행되는지를 배울 수 있었다. 소대 안에는 브루클린Brooklyn 출신의 거친 녀석들이 세 명 있었는데, 이들은 일부러 나에게 반항하기로 작정한 것 같았다. 그들은 대체로 출신 배경이 비슷한 데다 고향도 가깝다 보니 쉽게 친구가 되었다. 세 녀석 모두 나보다 한두 살 위였는데, 날이 갈수록 소대장인 나의 권위에 대한 도전이 심해졌다. 한번의 충돌은 불가피했고, 내 권위를 지키기 위해 행동에 나서야 할 때가 결국 오고야 말았다.

당시 해군 장병들 사이에서는 다툼이 생기면 실내 훈련장에서 만나 서로가 동의하는 적합한 방식으로 문제를 해결하는 관례가 있었다. 대개는 서로가 주먹다짐을 벌이는 것이 보통이었다. 그들이 또 한차례 내게 '반항'했을 때 나는 세 녀석 중 리더 노릇을 하는 친구에게 따로 만나자고 요구했고, 다른 두 친구를 함께 데리고 와도 좋다고 말했다. 나도 다른 소대의 소대장인 아일랜드 출신의 덩치 큰 친구 캘러헌Callahan과 함께 나가기는 했지만, 나 혼자 힘으로 해결할 수밖에 없다고 생각하고 있었다. 그러나 브루클린 출신의 이 세 친구는 끝내 모습을 보이지 않았다. 그리고 그 후로는 어떤 문제도 일으키지 않았다. 오히려 훨씬 고분고분해지고 친해지기까지 했다. 그때의 경험을 통해 나는 원칙주의에 대한 신념이 더욱 단단해졌다. 나는 리더로서, 내가 그들에게 규율을 강제할 준비가 되어 있다는 점을 인식시켜주어야 했다. 그 사건 후로는 나에게 대드는 소대원은 없었다.

몇 개월 후인 1945년 6월부터 코넬대학교의 해군학생군사교육단NROTC; Naval Reserve Officers Training Corps에서 교육을 받으라는 명령이 떨어졌다. 이는 내게 큰 행운이었다. 이 교육과정을 통해 나는 해군 전략, 군 과학, 항해 등과 관련된 과목들을 수강해야 했지만, 그 외에도 내가 원하는 몇 개 과목을 더 수강할 수 있는 혜택이 있었기 때문에, 호텔경영학교에서 이수해야 할 과목들을 미리 들을 수 있었다. 게다가 해군이 나의 학비를 상당 부분 치러주는 터라 나는 처음으로 여유를 가지고 학업을 이어갈 수 있었다.

다시 코넬대학교로 돌아왔을 때 나는 학생클럽회관의 6인실 기숙사를 배정받았다. 당시에는 전시동원체제가 가동되어 해군이 학교의 일부 시설을 사용하고 있었다. 피츠버그Pittsburgh 출신으로 참전 경험도 있는 프랜시스 새비어 플레밍Francis Xavier Fleming이라는 친구가 이미 이층침대의 아래층을 차지하고 있었다. 그는 지난 가을학기까지 코넬대학교 풋볼팀의 일원으로 뛰었던 꽤 유명한 선수였다. 나는 이 새 친구와 함께 선수 선발 테스트에 응시해 팀에 들어갈 수 있는지 시험해보기로 했다.

쿼터백에 지원해 팀에 들어가게 됐지만 그렇게 좋은 성적을 내지는 못했다. 가장 큰 이유는 전미대표팀 선발명단의 유력한 후보로 거론되던 앨 덱더브룬Al Dekdebrun이라는 친구가 1군 쿼터백으로 버티고 있었기 때문이다. 팀에 들어가서 몇 경기에 출전했지만 성적은 별로였다. 재미있는 일이었고 도전해볼 만한 일이었지만, 운동에 재능이 있다고 해서 반드시 뛰어난 플레이어가 될 수는 없다는 사실을 깨달았다. 자신이 할 수 있는 최고의 성과를 내기 위해서는 열정과 치열함이 필요하다. 나는 최고의 운동선수가 되겠다는 열정도 없었고, 헌신적으로 노력하지도 않았다.

그러나 그 안에서도 중요한 교훈을 얻었다. 이 교훈은 몇 년 후 시작된 사업가의 삶에도 큰 도움이 되었다. 그것은 바로 성공을 향한 분명한 열정이 없다면 성공하겠다는 목표를 가지고 어떤 과제나 일을 시작하지 말라는 것이다. 열정은 삶의 성공적인 패턴을 구축하기 위한 핵심 요소다. 그리고 영감과 창의력의 원천이 된다. 열정은 한 인간의 내면의 결단력과 희망 그리고 포부를 만들어낸다. 열정이 없다면 현실적인 목표를 세우기도 어렵고, 그것을 성취하기 위한 계획을 수립하기도 어렵다. 나는 코넬대학교의 풋볼경기장에서 이를 처음으로 깨달았다.

나는 열정적인 사람이고, 심지어는 치열하고 독특하기까지 한 사람이라고 생각한다. 그리고 이러한 것들이 지도자가 되기 위해서뿐 아니라 성공을 위해서도 필요한 덕목 중 일부라는 것을 알고 있다. 이런 종류의 집중력이 부족한 사람들이 많이 있는데, 그들은 충분히 성취할 수도 있었던 수준의 성공조차 이루지 못한다. 나도 운동이라는 분야에서는 나를 높은 위치로 끌어올릴 만한 열정을 지니고 있지 못했다. 나는 다시는 이런 실수를 되풀이하지 않겠다고 결심했다.

가을부터 겨울에 걸친 새로운 학기가 11월에 시작되었다. 다시 민간인으로 돌아온, 갓 제대한 남녀 젊은이들이 북적거렸다. 초여름에 코넬 캠퍼스로 돌아왔을 때 나는 스피릿앤드트래디션커미티Spirit and Traditions Committee라는 학생정치조직에 들어갔는데, 가을에 캠퍼스로 돌아온 학생들 중에서도 많은 이들이 회원으로 가입했다. 그 가운데 낸시 니콜Nancy Nichol이라는 마이애미 출신의 아주 매력적인 여학생도 있었다.

그때는 전혀 예상하지 못했지만, 이 유별나게 쾌활하고 친절한 예쁜 금발의 아가씨는 후에 나의 아내가 되었다. 그녀와는 매우 자연스럽게 함께하고 대화를 나누게 되었다. 처음 만난 후 몇 주 동안 우리는 여러 번 데이트를 했고, 멋진 시간을 함께 보냈다. 당시 우리는 열아홉 살이었지만, 그때부터 이미 우리의 미래에 대해 진지한 꿈을 꾸기 시작했다.

크리스마스 휴가가 다가오자 낸시는 내게 특별한 휴가 계획이 있는지 물었다. 나는 잘 모르겠다고 대답했다. 그러자 마이애미에서 자신의 가족들과 함께 보내면 어떻겠느냐고 제안했다. 나는 깜짝 놀랐다. 그녀의 어머니가 휴가기간에 자신의 집에 온 낯선 남자를 어떻게 받아들이시겠느냐고 물었던 기억이 지금도 생생하다.

"모르겠어. 한번 전화해서 물어보지, 뭐."

그녀는 이렇게 대답하고 전화기로 다가가 집에 전화를 걸었다. 낸시의 어머니 니콜 여사는 내가 마이애미에 와서 그녀의 가족과 며칠을 함께 보낸다면 매우 기쁠 거라고 말씀하셨다.

이제 문제는 무슨 수로 마이애미까지 가느냐 하는 것이었다. 전쟁은 끝났지만, 교통은 아직 미비했고, 차편을 구하기도 어려웠다. 기차표를 사는 것은 거의 불가능했고, 사실 가능하다 해도 애초에 그럴 만한 경제적 여유도 없었다. 유일한 방법은 남의 차를 얻어 타는 무전여행이었다.

12월의 추운 겨울밤, 남쪽으로 가는 차를 얻어 타고 버지니아주 피터즈버그Petersburg까지 갔다. 눈이 엄청나게 내리고 있었다. 나는 지나가는 차량 운전자들의 눈에 잘 띌 수 있도록 가로등 아래에 서 있기로 했다. 밤이어서 그런지 지나가는 차도 거의 없었다. 타이어 자국 위로 눈이 쌓여가고 있을 때 '택시'라는 글자가 선명하게 새겨진 차가 내 앞에 멈춰 섰다. 차 안에서 유쾌한 목소리가 들려왔다.

"이봐, 젊은이, 타지?"

나는 말했다.

"글쎄요, 보통 택시로 갈 수 있는 거리보다 훨씬 멀리 가야 합니다. 그냥 여기에 더 서서 다른 차를 기다려보는 게 좋을 것 같네요."

그러자 그는 대뜸,

"글쎄, 사우스캐롤라이나주 찰스턴Charleston까지 가는데, 거기까지만 데려다줘도 괜찮다면 내가 도움이 좀 될 수 있으려나?"

나는 두말없이 차에 올라탔다.

그다음 도착지는 세인트오거스틴St. Augustine; 플로리다주 동북부의 항구도시-옮긴이이었다. 그곳 날씨는 맑고 따뜻하고 아름답기까지 했다. 그때 내가 얻어 탔던 차는 뒤에 레저용 보트가 달린 차량이었다. 나는 운전하는 분과 대화를 나누다가 '보트로 옮겨 타서 일광욕을 해도 괜찮겠는지' 물어보았다. 그는 기꺼이 내 부탁을 받아들이고 차를 길가에 세워 내가 보트에 올라탈 수 있도록 해주었다. 나는 플로리다의 따사로운 날씨와, 푸른 바다와, 경이로운 풍경을 맘껏 즐길 만큼 대단한 여유를 가진 사람이 된 것처럼 상상하면서 앞이 탁 트인 보트 조종석에 누워 있었다. 그 순간만은 마치 왕이 된 듯한 기분이었다. 그것은 내가 쟁취하고 싶은 성공의 한 장면이었고, 언젠가는 그런 상상을 현실 속에서 이뤄보겠다고 마음먹었다.

나는 낸시를 다시 만나 매우 기뻤다. 그녀의 부모님은 나를 따뜻하게 맞아주셨다. 나는 낸시가 이끄는 대로 즐거운 시간을 보냈다. 파티에 참석하고, 함께 춤을 추고, 배를 타고, 낸시의 친구들도 만나고, 차를 타고 시내 곳곳을 돌아다니기도 했다. 낸시 덕분에 마이애미의 이곳저곳을 알게 되면서 나는 얼마 지나지 않아 내가 살고 싶어 했던 곳이 바로 여기라는 확신을 갖게 되었다. 그때 즉흥적으로 든 생각으로는, 플로리다 남부는 완전한 꿈의 세계였다. 따스한 날씨, 훈훈한 바람, 깨끗하고 하얀 건물들, 야자수, 반짝거리는 물, 그리고 기회의 측면에서 그곳에서의 미래를 생각해보았다. 지금 막 알게 된 이 열대 낙원과 비교할 수 있는 곳은 세계 어디에도 없을 것 같다는 생각이 들었다.

그와 함께 나는 또 다른 중요한 결론에 도달했다. 낸시는 내가 남은 생을 함께 보내고 싶은 여인이라는 것이었다. 1946년 5월, 나는 코넬대학교에서의 교육과정을 마치고 롱아일랜드의 리도비치Lido Beach에 있는 미 해군 소집해제본부로 가서 전역 절차를 밟으라는 명령을 받았다. 나는 민간인이 되었지만 곧바로 코넬로 돌아갈 수는 없었다. 대신 호텔학교 과정에서 요구하는 '실습 학점'을 채우기 위해 일자리를 알아봐야 했다. 실습 학점을 받는다는 것은 바로 실무경험을 의미했다.

나는 코네티컷주에 있는 복스우드매너Boxwood Manor 라는 작은 시골 호텔에서 잡역부 겸 카운터 직원으로 취직했다. 낸시가 나를 방문하면 함께 며칠간 멋진 시간을 보낼 수 있으리라 생각하며 기대에 부풀기도 했지만, 또 다른 한편으로는 우리가 떨어져 지내는 것이 얼마나 힘든 일인지도 실감했다. 우리는 결혼 문제에 대해 여러 번 심각하게 이야기를 나눠보았지만, 그때마다 우리가 너무 젊은 데다 미래가 보장되는 안정적인 직장이 없다는 현실적인 벽에 부딪혔고, 당분간 결혼은 희망사항으로 남을 수밖에 없었다.

1946년 가을에 나는 마이애미로 가서 할리우드비치호텔Hollywood Beach Hotel 에 취직했다. 나는 마이애미 시내에서 몇 블록 떨어진 낸시의 집으로 전화를 걸어 그녀의 아버지인 니콜 박사와 통화했다. 내가 니콜 박사를 뵙기 위해 낸시의 집에 도착했을 때, 그분은 뒷마당에서 책을 펼쳐놓고 일광욕을 하면서 점심을 먹고 있었다.

나는 낸시를 사랑하고 있으며 그녀와 결혼하고 싶다고 말씀드렸다. 그리고 아버지께서 허락해주시길 바란다고 덧붙였다. 그분도 내가 그런 말을 꺼낼 줄 알았다는 눈치로 눈빛을 반짝이면서, 내가 어떤 방법으로 '그녀가 지금까지 살아온 익숙한 방식'대로 살아갈 수 있도록 부양할 생각이냐고 물었다. 나는 그분이 안심할 만한 대답을 하지 못했고, 그것이 당시 대화의 전부였다.

그로부터 몇 개월 후, 우리의 약혼식이 열렸다. 클레어 누나는 나와 낸시가 결혼을 진지하게 생각하고 있다는 것을 알고 아버지가 어머니에게 선물했던 약혼반지를 내게 건네주었다. 1캐럿짜리 다이아몬드 한 개가 박혀 있는 녹색 빛깔을 띤 금반지였다. 할머니는 오래 전에 "지미의 신부에게"라고 쓴 봉투에 이 반지를 넣어 보관해두었고, 그것을 누나가 간직하고 있다가 나에게 준 것이다. 누나는 내가 약혼반지도 마련하기 힘든 빈털터리라는 사실을 잘 알고 있었다. 나는 1946년 겨울에 그것을 낸시에게 약혼선물로 주었다. 낸시는 무척 기뻐했다. 이후로 오랫동안 그녀는 이 반지를 재산목록 1호로 간직했다.

그녀는 훗날 그 반지를 아들 휘트Whit의 약혼선물로 주었고, 아들의 약혼녀인 로런 브라이언트Lauren Bryant가 반지의 새 주인이 되었다. 그 후 또다시 한참의 세월이 흐른 후에 반지는 아들 부부의 아들인 제임스James에게로 넘겨지고, 지금은 그의 아내 코리나 클레이보Corina Clavo가 간직하고 있다. 아마도 이러한 반지의 대물림 전통은 앞으로도 계속 이어질 것이다.

1947년 2월에 나는 코넬로 돌아왔는데, 그로부터 얼마 지나지 않아 아버지가 돌아가셨다. 나는 에지힐을 매물로 내놓았다. 에지힐을 매각하여 생긴 돈을 클레어 누나, 데이비드와 나눠 갖고 나니 내 몫으로 돌아온 돈은 그리 많지 않았다.

낸시마저 없었다면 나는 철저하게 혼자였을 것이다. 그녀만큼 내 삶에 확신과 낙관과 행복을 안겨주는 사람은 없었다. 낸시는 누군가 나에게 '너의 인생은 멋지고, 가치 있고, 앞날이 창창하다'고 일깨워 줄 필요가 있는 시점을 기가 막히게 포착하여, 바로 그때 내게로 다가와 강력하고 신선한 봄의 숨결을 불어넣어 줄 수 있는 그런 존재였다. 낸시는 언제나 인생을 긍정적이고 낙관적으로 보는 사람이었다. 나는 그녀의 기분이 가라앉거나 우울해하는 것을 본 적이 없고, 부정적으로 생각하는 것도 본 적이 없다. 그녀는 자신이 있는 곳이라면 어디에나 그 주변에 행복과 기쁨의 기운을 뿜어내는 것을 사명으로 여기는 듯했다. 그녀는 매우 일관성 있게 이런 모습을 보여주었다.

아직 학위를 취득하기도 전이었지만 나는 결혼을 서두르고 싶었다. 어려운 상황임에도 불구하고 낸시와 나는 함께 극복하기로 했다. 1947년 4월 27일, 우리는 뉴욕 시내에 있는 오래된 트리니티교회Trinity Church에서 결혼식을 올렸다. 낸시와 나의 가족, 그리고 몇몇 친한 친구들만 참석한 작은 결혼식이었다.

인생에서 새로운 역할이나 책임을 맡거나 변화를 일으키는 데 '최적'의 시점이라는 것은 존재하지 않는다는 생각을 가끔 한다. 중요한 것은 변화를 적극적으로 받아들일 열정이 있느냐는 것이다. 미래는 불투명했지만 낸시와 결혼한 것은 내 인생 최고의 결정이었다.

YMCA와 콜로니얼인

콜로니얼인의 메뉴판

2차대전이 끝나자 미국 경제와 취업시장은 서서히 팽창해갔다. 기업들은 성장하고, 새롭게 채용된 노동자들은 평생직장을 갖게 되었다고 생각했다. 파괴적인 전쟁으로 유럽과 아시아가 완전한 폐허 속에서 나라 전체를 재건하기 위해 박차를 가하는 동안, 미국 경제는 큰 호황의 바람을 타고 있었다.

나도 결혼 직후부터 여러 곳에서 취업 제의를 받았다. 당시 우리 부부의 재정상태는 아주 좋지 않았다. 장인인 니콜 박사는 우리에게 330달러의 현금과 1941년식 크라이슬러 자동차를 주었다. 또 그해 봄학기가 끝날 때까지 낸시의 대학생활 숙식비를 해결해주신 것이 큰 도움이 되었다. 나는 아르바이트를 하면서 돈을 좀 벌기는 했지만 저축까지 할 정도는 아니었다. 농장을 매각하고 생긴 돈이 조금 있었지만, 당분간은 그런 큰돈이 생길 일은 다시 없었다.

재정상태가 매우 나쁜 것은 사실이었지만 상황은 서서히 나아지고 있었다. 나도 그렇게 확신했다. 또 평생을 사업가로 살아가려면 앞으로 많은 역경이 계속될 것이기에, 이를 감내하겠다는 각오를 다졌다. 성공적인 삶을 살기 위해서는 예상하지 못한 좌절과 실망도 잘 다룰 줄 알아야 한다고 생각했다. 실제로 그때 이미 나는 첫 번째 고비를 겪고 있었다. 나에게는 부양해야 할 아내가 있었으나 가진 돈은 거의 없었고, 여전히 대학생으로서 학비까지 해결해야 했지만 당장 직업도 없고 장래성이 보장된 것 같지도 않았으며, 전쟁에서 돌아온 수백만 명의 젊은이들과 경쟁해야 하는 고용시장도 만만치 않았다.

구직과 관련해서는 내 계획도 매우 서툰 것이 분명했다. 그러나 미래에는 더 멋진 직업을 갖겠다는 계획은 가지고 있었다.

제대로 된 계획은 성공의 필수 조건이라고 믿는다. 사업은 물론 개인의 생활에서도 계획은 꼭 필요하다. 이는 예산을 수립하고, 자산과 부채를 구분하여 항목화하고, 수입과 지출을 예상하는 데서부터 시작된다. 많은 사람들이 이러한 숫자들에 대한 간단한 목록을 작성하는 일이 얼마나 중요한지를 제대로 인식하지 못한다는 점은 놀라운 일이지만, 그렇게 하지 않으면 지출과 자금활용에 대한 훈련을 제대로 할 수 없다. 당시 나에게는 제대로 된 계획이 전혀 없었던 셈이다. 지금까지 내 인생에서 빈털터리가 될 위기는 네 번 있었다. 모두 내가 젊었을 때이고, 막 창업을 했을 때의 일이다. 지금에 와서 그때를 돌이켜보면 나는 분명 성급했고, 충동적이었으며, 과정을 건너뛰고 결론을 내리려는 잘못을 저지르고 있었다.

그래서 나는 지금 막 창업하려는 젊은이들이 있다면, 숫자와 친해지고, 숫자 속에서 편안함을 느끼고, 그것들을 활용하는 방법을 배우라고 충고하고 싶다. 1954년에 버거킹을 창업한 이래 우리는 이 원칙을 절대로 잊지 않았다. 기업이란 다양한 삶의 배경을 가진 사람들이 한 곳에 모여 사업을 추구하는 조직이고, 그 조직 안으로 들어온 이들 대부분은 그 사업체와 사업분야가 생소한 사람들이다. 우리는 그들에게 재무규칙과 회계계획을 가르치려고 노력한다. 그런데도 많은 이들이, 그것도 상당히 똑똑한 사람들이, 단지 제대로 된 계획을 세우지 못했다는 이유로 충분히 성공할 수도 있었던 프랜차이즈사업에서 실패하는 것을 여러 번 보았다.

낸시와 나는 일자리를 찾기 위해 많은 시도를 했지만, 그때마다 전망 좋은 직장을 찾기는 어렵다는 것을 느꼈다. 심지어 구직을 위해 피츠버그까지 갔다가 별 소득 없이 그냥 돌아오기도 했고, 다시 이타카에서 일자리를 찾아보았지만 앞이 보이지 않는 암담한 상황이었다. 몇 주가 지났을 때 내가 입사지원서를 제출했던 델라웨어주 윌밍턴Wilmington에 있는 YMCA로부터 식당 부문 책임자를 구하고 있다며 면접을 위해 방문해달라는 호의적인 편지를 받았다. 1947년 8월, 나는 간단한 짐을 싸 들고 이타카를 출발했다.

급여는 한 달 267달러로 박봉이었지만, 해볼 만한 일이라고 생각되었다. 델라웨어주 YMCA는 꽤 규모가 큰 식당을 운영하고 있었고, 1층에는 음료가게도 있었다. 또 구내조리실과 제과점 위에는 여러 층의 대형연회실이 있었는데, 각 층마다 설치된 보조주방과 아래층 조리실 사이에 음식용 엘리베이터가 연결되어 있어, 이를 통해 음식과 식자재를 주고받도록 되어 있었다. 이런 큰 시설을 운영하려면 직원이 30명 정도는 필요하다.

나는 이 일이 꼭 하고 싶었다. 일단 무슨 일이라도 해서 돈을 벌어야 한다는 절박감도 있었다. 기회가 주어진다면 내가 충분히 할 수 있는 일이라는 생각이 들어, 일 자체는 겁나지 않았다. 또 내 역량을 입증할 기회를 잡아보고 싶었고, 그 일을 해낼 수 있다는 나의 능력에 대한 자신감도 충만했다.

면접을 마치고 낸시가 애타게 기다리고 있는 이타카로 돌아왔다. 나는 그녀에게 어떤 인터뷰를 했는지, 식당 시설은 어땠는지, 그리고 내가 만난 사람들은 어떤 이들이었는지 차근차근 설명해주었다. 훗날 낸시는 당시 내가 앞으로의 가능성에 몹시 흥분해 있었다고 회상했다. 인터뷰 자리에서 YMCA 사람들은 결정을 내리는 데 그리 오래 걸리지는 않을 거라고 했다.

끝날 것 같지 않던 기다림의 시간이 지난 후에 드디어 전화 연락이 왔다. 그토록 기다리던 일자리가 생긴 것이다. 그들은 가능한 한 빨리 와서 일을 시작해달라고 요청했다. 우리는 이삿짐이라 할 것도 없이 간단한 짐을 꾸려 차에 싣고 윌밍턴으로 떠났다.

윌밍턴에 도착한 지 24시간도 지나지 않아 일어난 두 가지 사건은 우리의 힘겨운 시절이 아직 끝나지 않았음을 상기시켜주었다. 호텔 주차장에 세워놓았던 차가 파손되고, 그 안의 우리 물건들을 모두 도둑맞은 것이다. 그리고 또 하나는 내가 허리 아래쪽에 마치 총을 맞은 듯한 통증을 느끼기 시작했던 것이다. 통증이 너무 심해졌지만 호텔 샤워실에서 뜨거운 물줄기를 대고 있는 것 말고는 다른 방법을 찾을 수 없었다. 어쨌든 나는 윌밍턴에 도착했고, 새로운 일 앞에서 흥분과 열정으로 가득했다. 여기서 잘해보겠다고 마음먹고 있었다. 이것은 내게 주어진 첫 번째 큰 기회였다. 내 안에는 이 기회를 놓치지 않겠다는 강한 결심이 자리하고 있었다.

나에게는 새로운 기대감에 설레는 시간이었으나, 그 당시 낸시의 삶은 꽤 따분했을 것이다. 그녀는 첫아이를 가졌고, 마음속으로 엄마가 될 것이라는 기대감이 가득했을 것이다. 나는 그녀의 긍정적인 사고방식을 늘 존경해왔다. 결혼생활 내내 낸시를 낙담하게 만드는 것은 그 무엇도 본 적이 없다.

내가 처음 일을 시작했을 때 윌밍턴 YMCA의 식당운영은 엉망이었다. 당시만 해도 식당 근무경험이 전혀 없었던 내가 보아도 재고관리는 전혀 안 되고 있었고, 직원들은 아무런 의욕이 없어 보였으며, 식당운영의 목표조차 제대로 정립되어 있지 않았다. 자신들이 내놓는 음식의 질과 맛과 서비스로 고객을 만족시켜야 한다는 생각도 별로 없는 것 같았다. 메뉴는 상상력이 부족했고, 비용분석이나 효율성 향상, 수익목표 같은 것은 아예 없었다.

예를 들자면, 식자재나 도구 등을 보관하기 위한 공간으로 건물관리인이 할당해준 넓은 공간이 두 군데 있었는데, 두 곳 모두 통조림 깡통과 종이용품 등이 가득 쌓여 있었다. 이 재고를 파악하고 정리하는 데만 사흘이 걸렸다. 식당의 규모로 봤을 때 터무니없이 긴 시간이 걸린 것이다. 일부 물건은 입고된 지 10년이 지난 것도 있었다. 이렇게 오래된 악성 재고가 방치되다 보니 쓸데없는 재고가 폭발적으로 증가한 것이다. 이는 '후입선출의 원칙', 즉 가장 최근에 입고된 신선한 재료를 우선 사용한다는 원칙이 장기간 잘못 적용된 대표적인 재고관리 사례라 할 수 있다. 질이나 신선도가 변하지 않는 식자재나 도구의 경우, 신규주문과 입고 없이도 그 후 몇 개월을 버틸 수 있을 정도였다.

내가 해야 할 가장 시급한 일은 창고에 쌓여 있는 엄청난 재고를 소진하는 일이었고, 가장 좋은 방법은 식욕을 돋우는 음식을 만들어 최대한 싸게 파는 것이었다. 그렇게 함으로써 나는 고객에게 상당한 가치를 제공하는 경험을 했다. 이를 위해 새로운 창의력을 발휘해야 했고, 그에 따라 재고는 빠르게 줄어갔다. 몇 개월 후에 나는 건물관리인에게 이 두 공간을 반납하겠다고 통보했다. 앞으로는 이 창고들이 필요하지 않을 것이라는 나의 말에 그는 도저히 믿을 수 없다는 표정을 지었다.

내가 YMCA 식당의 새로운 책임자로 일을 시작할 때 그곳에 이미 부책임자가 있었다는 것은 다행스러운 일이었다. 켈리Kelley 부인은 아주 유능한 영양사였다. 그녀는 매우 유쾌하고 괜찮은 여성이었지만, 항상 식당 본층에서 그다지 떨어져 있지 않은 작은 사무실의 책상 앞에 앉아서 종일 일하고 있다는 것이 문제였다.

그녀는 대부분의 근무시간을 장부에 온갖 사항들을 기재하며 보냈고, 그녀가 관리하는 장부가 가득 꽂혀 있는 책꽂이가 서너 개나 벽에 늘어서 있었다. 어느 날, 나는 그녀에게 이 많은 장부가 다 어디에

쓰이는 것들이냐고 물었다. 그녀는 지난 수년간 우리가 산 식자재의 송장을 보고 그것들의 명칭과 사양, 가격 등을 기록해왔다고 설명했다. 그녀는 25년이나 이러한 정보를 꼼꼼히 정리해 올렸고, 그것을 토대로 YMCA가 어떤 물품을 얼마나 샀으며 어느 정도의 비용을 지출했는지 알 수 있다는 사실을, 그녀는 나에게 이야기하며 뿌듯한 표정을 지었다. 그러나 내가 보기에는 전혀 쓸데없는 정보였다. 우리가 거래하는 송장을 문서관리실에서 모두 보관하고 있다는 것을 그녀도 알고 있었다. 그렇다면 이런 종류의 보충자료를 따로 작성하는 데 인력과 시간을 소모할 필요가 없는 것이다.

　나는 그녀가 주방과 서빙 라인을 살피는 데 더 많은 시간을 보내야 한다고 생각했다. 나는 건물관리인에게 전화를 걸어 세탁물 트럭을 한 대 보내달라고 부탁했다. 몇 분 후, 직원 한 사람이 트럭을 몰고 왔다. 나는 그에게 켈리 부인이 기록한 장부를 모두 트럭에 실으라고 지시했다. 물건이 모두 실린 후에 나는 마지막으로 그녀의 책상에 놓여 있는, 지금 막 기록 중이던 장부를 집어 들어 물건 더미에 올려놓았다. 그러고는 그녀의 책상 서랍에 가득 들어 있는 연필과 지우개, 고무줄, 종이클립 등을 모두 꺼내어 자루에 쏟아 담고 트럭의 장부 더미 위에 올렸다. 나는 트럭을 모는 직원에게 모두 소각장으로 옮기라고 명령했다. 눈앞에서 이 장면을 지켜본 켈리 부인의 기분은 아마 끔찍했을 것이다. 그녀는 믿을 수 없다는 표정으로 나를 쳐다봤지만, 이미 장부 더미는 소각장으로 떠났고, 사무실에는 그녀와 나의 책상과 의자 말고는 아무것도 남아 있지 않았다.

　그녀는 몇 주 동안 내게 말을 한마디도 걸지 않았다. 그러나 정리할 서류가 없으니 사무실에서 할 일이 없어진 그녀는 주방과 제과점, 그리고 카운터를 오가며 바쁘게 음식준비와 고객서비스를 감독하기 시작했다. 식당의 서빙 시스템은 단기간에 정비되었고, 음식의 질도 점차 향상되기 시작했다.

사건이 있고 나서 그녀가 드디어 내게 말을 걸어왔다.

"맥라모어 씨, 내 서류 더미를 모두 태웠을 때부터 당신을 증오했어요. 그것은 무려 25년간이나 내가 만든 것들이니까요. 하지만 당신이 옳다는 것을 인정하지 않을 수 없네요. 그 서류들은 훌륭한 식당운영에는 그다지 유용하지 않았던 것 같아요. 지금 나는 내가 배운 일을 할 수 있고, 훨씬 더 일을 즐기고 있어요. 우리 식당이 이전보다 나아지고 있다는 것을 눈으로 확인하니 즐겁기도 하고요."

그 대화를 계기로 켈리 부인과 나는 둘도 없는 친구가 되었다. 사실 나이로 보면 그녀는 내게 어머니뻘 되는 사람이다. 내가 문제를 너무 성급하고 전격적으로 처리한 것은 사실이지만, 이러한 극단적인 처방이 있었기에 그녀는 문제의 본질에 빨리 접근할 수 있었다. 업무의 비능률적인 부분들은 짧은 시간 안에 제거되었고, 켈리 부인과 나는 매출과 이윤을 쌓아가는 데 집중했다. 그 결과는 매우 인상적인 것이었다. 내가 책임자로 일한 첫해에 발생한 이익이 그전 30년의 이익을 모두 합친 것보다 많았으니 말이다.

YMCA에서의 경험은 인력을 적절하게 배치하고 적절한 운영시스템을 구축하는 것의 중요성을 깨닫게 해주었다. 기업을 이윤이 발생하는 조직으로 만들기 위해서는 바로 이것이 필요한 첫걸음이라고 생각하게 되었다. 나는 이렇게 인상적인 결과를 만들어냈다는 사실에 스스로 전율하면서 한편으로는 요식업계에 지금까지 알지 못한 또 다른 기회가 있을지도 모른다는 느낌을 받았다. 어린 나이에 첫 직장에서 거둔 성공 덕에 나는 외식사업에서 확실한 성과를 낼 수 있다는 확신을 갖기 시작했다. 수익을 내는 것이 얼마나 신나는 일인지를 배웠고, 그 즐거움과 만족감이 평생 내 곁에 함께할 것이라 생각했다.

그즈음 나는 내가 처한 상황을 진지하게 살피기 시작했다. 1947년 기준으로 보아도 월 267달러의 급여는 매우 낮았고, 이렇게 적은 수입으로는 집이나 농장을 사들이는 것은 고사하고 당장 생계유지도 쉽지 않았다.

한편 낸시는 출산 때가 다가왔다. 병원에 입원한 낸시는 돌아올 때는 예쁜 여자아이를 안고 있었다. 우리는 아이의 이름을 패멀라Pamela라고 지었지만, 평소에는 팸Pam이라고 불렀다. 나는 또 작은 강아지를 한 마리 키우고 싶은 생각이 들어서 새끼 복서boxer 한 마리를 데려와 '밤비'라고 이름 지었다. 아기와 강아지까지 순식간에 식구가 두 배로 늘어난 것이다!

그로부터 몇 주가 지난 어느 날이었다. 낸시는 팸과 밤비를 품에 안은 채 거실 의자에 앉아 있었고, 나는 그 옆에서 신문을 읽고 있었다. 이상한 소리가 들려 고개를 들어보니 천장이 갈라져 틈이 생기고 점점 더 갈라져가고 있었다. 낸시와 아기와 강아지를 끌어안고 황급히 탈출하는 그 순간, 천장이 요란한 소리를 내며 붕괴하고 집 안이 분진으로 가득 찼다. 집은 엉망이 되었고 그다지 비싸지 않은 가구들도 모두 못 쓰게 되어버렸다. 다른 집을 빨리 구해야 했다.

윌밍턴에서 불과 몇 마일 떨어진 델라웨어주 뉴어크Newark 근교에 5에이커 규모의 농장을 판다는 광고를 우연히 보게 되었다. 우리는 점심을 먹고 나서 바로 차를 몰아 농장으로 가보았다. 숲이 우거진 5에이커의 땅에 방 세 개와 훌륭한 벽난로가 있고 부엌이 크고 거실과 식당이 따로 있는 집이 자리 잡고 있었다. 우리는 그곳이 마음에 들어 9,000달러를 주고 사들였다. 이 집은 우리의 첫 번째 집이 되었고, 사실 남 보기에는 그저 그랬을지 몰라도, 그곳은 우리의 집이었고, 멋진 집이었다.

YMCA의 직장일은 잘되어 가고 있었다. 나는 연회사업을 좀 더 키워보고 싶어 지역의 유력한 사업가들을 연달아 만났다. 세 개의 연회장에 대규모의 행사를 유치해 점심이나 저녁식사를 제공하면 사업성이 있을 것이라 생각했다. 이렇게 언뜻 떠올린 아이디어를 구체화하여 진행한 연회사업은 꾸준히 이익이 늘어났다. YMCA 경영진은 우리의 사업성과에 은근히 놀라고 있는 것 같았다. 나는 그들이 생각했던 것보다 훨씬 많은 이익을 그들에게 안겨주고 있었다.

윌밍턴의 한 식당 경영자가 YMCA에서의 나의 활약을 관심 있게 지켜본 듯했다. 그는 나를 몇 번 만나보고 난 후 내게 YMCA를 그만두고 자신과 함께 일해보자고 간곡하게 설득했다. 결과는 대참사였다. 우리는 여러모로 어울리지 않았다. 그의 밑에서 일한 지 몇 개월 만에 그와 또 한 번의 언쟁을 벌이고, 결국 해고되었다. 그날 저녁 나는 집으로 돌아와 낸시에게 이 사실을 알려주어야 했다. 여전히 가진 돈은 별로 없었고, 낸시가 둘째를 임신한 상황에서 이 같은 소식을 전한다는 것은 괴로운 일이었다.

한편, YMCA에서 일하는 동안 나는 길 건너편의 한 식당을 유심히 지켜보았다. 그 식당은 24시간 내내 손님으로 북적였다. 1930년대와 1940년대에 걸쳐 크게 성장한 토들하우스Toddle House라는 체인 레스토랑으로, 빠른 주문처리를 내세운 즉석요리 중심의 식당이었다. 잠깐 이야기를 다른 곳으로 돌리자면, 1921년에 캔자스주 위치타Wichita에 화이트캐슬White Castle 1호점이 개점했다. 화이트캐슬의 설립자인 빌리 잉그럼Billy Ingram은 지금도 '햄버거의 아버지'라 불린다. 그의 성공을 지켜본 다른 사업가들이 유사한 형태의 식당을 열었는데, 그중 하나가 토들하우스였다. 내가 처음으로 독자적인 사업을 시작하려고 했던 1949년 무렵에는 이미 이러한 형태의 음식점 체인이 여러 개 등장해 영업망을 구축하고 성공적으로 운영되고 있었다.

토들하우스의 손님은 열 명의 직원이 한 줄로 늘어앉아 있는 카운터에서 서비스를 받았다. 모든 음식은 카운터를 사이에 두고 손님과 마주 앉은 직원에 의해 바로 손님의 눈앞에서 조리되고 준비되었다. 그들이 사용하는 용기는 모두 깨끗해 보이는 스테인리스스틸 제품이었다. 메뉴는 모두 짧은 시간에 조리가 가능한 것들로 구성되어 있었고, 아침시간에는 오렌지주스와 계란, 베이컨, 소시지, 팬케이크, 와플, 토스트, 커피 등이 준비되었다. 물론 햄버거는 빠지지 않았다.

1920년대와 1930년대, 화이트캐슬과 이를 모방하여 등장한 유사한 식당들은 기본적인 형태와 골격은 비슷했지만 업체마다 특색 있는 변형을 가하여 그들만의 개성을 유지하고 있었다. 토들하우스도 화이트캐슬의 스타일과 성공을 벤치마킹한 음식점 체인 가운데 하나였다. 토들하우스 매장은 언제나 깨끗했고, 효율적인 업무체계를 가지고 고객에게 가격 대비 큰 만족감을 주는 서비스를 제공했다. 24시간 영업을 했기 때문에 고객이 언제든지 찾아가기만 하면 가격에 비해 괜찮은 음식을 별로 기다리지 않고 바로 먹을 수 있는 꽤 인기 있는 식당이었다. 게다가 위치도 좋고 운영시스템도 효율적이어서 수익성도 매우 높아 보였다.

밤이든 낮이든 내가 찾을 때마다 토들하우스는 항상 분주했다. 카운터 좌석 열 개는 항상 손님으로 차 있었고 뒤로는 대기자들이 차례를 기다리며 서 있었다. 내가 보기에 꽤 괜찮은 영업방식 같았다. 나도 이와 비슷하게 식당을 운영하면 크게 성공할 수 있으리라는 생각이 들었다.

토들하우스 옆 건물이 비어 있었는데, 원래는 자전거 수리점이 들어서 있던 건물이었다. 나는 건물 주인을 찾아가 인사를 나눴다. 그녀는 반색하며 월 300달러 정도만 받을 수 있다면 임대할 수 있다고 말했다. 토들하우스의 운영방식을 벤치마킹하면 바로 옆집에서 그들 못지않은 경쟁력을 갖춘 식당을 운영할 자신이 있었다.

나는 임대차계약서에 서명하고 토들하우스와 운영방식은 같지만 조금 더 매력적인 식당을 설계했다. 카운터에 열 개 좌석을 일렬로 배치하는 대신 말발굽 모양의 카운터에 열네 개 자리를 만들었다. 그리고 실내 분위기는 토들하우스와 전혀 다르게 꾸몄다. 고객과 마주 앉아 주문을 받고 음식을 준비하는 카운터 공간도 다소 비좁은 토들하우스보다 좀 더 널찍하고 여유 있게 배치했다. 조리공간에는 스테인리스스틸 테이블과 튀김기계, 가스그릴, 그리고 냉장고와 환기구, 커피기계, 음료수대 등을 배치했다.

리놀륨 바닥재와 벽지를 이용해 꾸민 더 넓은 실내공간은 매력적으로 보일 것이고, 이 안에서 고객은 음식 준비과정을 지켜보는 즐거움과 함께 이 식당만의 독특한 분위기를 느낄 수 있을 것이다. 카운터 좌석이 꽉 찰 것을 대비해 나는 대기고객을 위한 편한 좌석도 준비했다.

에어컨도 설치했다. 그때는 상업용 에어컨이 시장에 막 등장했을 때였다. 에어컨이 설치된 소매점을 드나든다는 것은 고객에게 뿌듯한 느낌을 들게 할 만큼 당시로는 호사스러운 설비였다. 토들하우스에 비해 뚜렷한 경쟁우위를 하나 더 갖춘 것이다. 당시 토들하우스에는 에어컨이 없었다. 나는 냉방이 되지 않아 후텁지근한 호텔방에서 잠을 잘 때의 불쾌한 느낌을 기억하고 있었고, 더운 식당에서 식사하는 것이 그다지 즐거운 일이 아니라는 것을 분명히 알고 있었다.

1949년 여름과 가을 내내 매장을 설계하고, 공사하고, 여러 준비를 하며 보냈다. 이 기간에 몇몇 중요한 일들이 일어났다. 그해 9월 16일에는 둘째 린Lynne이 태어났다. 내가 식당을 설계하고, 계획하고, 실제 인테리어 공사에 신경 쓰는 동안 낸시는 더 커진 가족살림을 감당해야 하는 부담을 지게 된 것이다. 여전히 미래에 대한 전망이 불투명한 당시 상황에서 두 아이를 키운다는 것은 쉬운 일이 아니었다.

1949년 크리스마스가 끼어 있는 주에도 나는 식당 개업준비를 마무리하느라 바빴다. 새해 시작과 함께 영업에 들어갈 예정이었기 때문에 직원을 채용하고, 식자재 저장고에 음식재료와 물품들을 채우고, 그 밖의 다른 세부사항들을 챙기느라 여념이 없었다. 나는 식당 이름을 '콜로니얼인Colonial Inn'이라고 정하고, 따로 개점과 폐점 시간 없이 24시간 문을 열기로 했다. 벽난로 불씨를 휘젓고 있는 식민지시대 의상을 입은 여인의 그림을 로고 삼아 출입문 밖에 걸고, 실내에도 걸어두었다. 식당의 당시 주소는 델라웨어가 700이었는데, 개업하고 얼마 지나지 않아 많은 이들이 찾는 식당이 되었다. 24시간 영업이었기 때문에 오전 7시부터 오후 3시까지, 오후 3시부터 밤 11시까지, 그리고 밤 11시부터 다음 날 오전 7시까지의 야간근무, 이렇게 3부제로 운영했다. 어쨌든 모든 준비를 마쳤고, 우리는 1950년 1월 4일부터 영업을 시작했다.

YMCA에서 근무할 때 함께 일했던 오드리 리더Audrey Reeder를 지배인으로 채용했다. 그녀와 그녀의 남편은 위층 아파트로 이사했다. 우리 둘 중 한 사람은 항상 식당에 있는 것을 원칙으로 정했고, 누군가 자리를 비우면 심야근무도 대신 해주기로 했다. 심야의 책임을 선뜻 맡길 수 있을 정도로 신뢰할 수 있고 경험도 풍부한 사람을 찾는 것은 생각보다 어려운 일이었다. 나는 주문을 받고 즉석으로 햄버거를 만들면서 꽤 많은 밤을 보냈다.

가장 다행스러운 것은 콜로니얼인은 문을 열고부터 꾸준히 잘 운영되었다는 것이다. 햄버거나 프렌치프라이, 와플, 계란, 팬케이크, 안심스테이크, 커피, 그 밖의 여러 즉석요리가 콜로니얼인의 유명한 메뉴가 되었고, 꽤 괜찮은 식당이라는 소문이 빠르게 퍼져나갔다. 그리고 최초의 패스트푸드 전문작가이자 식당 비평가인 덩컨 하인스Duncan Hines가 우리 음식점을 찾아와 가볼 만한 식당으로 추천하기까지 했다.

처음 두 달은 내가 믿고 의지할 수 있는 좋은 직원을 찾아내고 훈련시키는 기간이기도 했다. 그해 3월에 낸시와 나는 두 아이를 데리고 마이애미로 가서 니콜 박사 부부, 즉 장인장모님과 함께 열흘간의 휴가를 보냈다. 내가 세상에서 제일 좋아하는 장소로 휴가를 떠난다는 것은 정말 즐거운 일이었다. 햇볕이 따뜻한 마이애미는 항상 마법 같은 매력을 지니고 있었고, 언젠가는 이곳으로 이사해 평생을 보내겠다는 생각을 했다. 휴가를 마치고 윌밍턴으로 돌아왔을 때, 열흘간의 부재에도 불구하고 식당이 특별한 문제 없이 잘 운영되고 있다는 사실이 나를 또 기쁘게 했다. 이는 기대 이상이었다. 매출은 좋았고, 결과는 만족스러웠다. 경기는 내가 생각했던 것보다 빠르게 회복되고 있었다. 이익이 좀 더 늘어나면 우리 부부의 재정적인 위기도 빨리 끝날 것이라는 생각이 들었다. 빚을 조금씩 갚아나가기 시작했다는 것도 기분 좋은 일이었다.

콜로니얼인이 초반부터 흑자를 기록하며 나는 경영에 자신감이 생기기 시작했다. 그리고 얼마 지나지 않아 나는 두 번째 음식점을 열 계획에 몰두했다. 돌이켜보면 이 시기는 내게는 상당히 힘든 시간이었다! 첫해 동안 콜로니얼인은 9만 달러의 매출을 올렸고, 순이익은 1만 5,000달러를 기록했지만, 기분으로는 전 세계의 돈을 모두 내 손에 쥔 듯한 느낌이었다. 이 금액은 지금의 기준으로는 별로 많은 돈이 아니지만, 그때는 1940년대였다. 실로 대단한 시절이었다!

내가 벌인 첫 번째 사업에서의 성공으로 적지 않은 돈을 벌었다는 것도 대단한 일이었지만, 그로 인해 얻게 된 성취감은 더 대단한 것이었다. 당시 처음 창업한 나이는 스물셋이었는데, 그때 맛본 성취로 인해 외식업 분야에서 크게 성공해보겠다는 결심과 확신은 더욱 확고해졌다. 이것은 내가 배우고, 알고 있는 유일한 사업분야였다.

사람은 누구나 직접 나서서 시도해보기 전에는 무엇이 가능한지 제대로 가늠해볼 수 없다. 용기를 내서 앞으로 나가지 않으면 두려움이 엄습하여 그 자리에서 움직이지 못하게 된다. 콜로니얼인의 성공은 외식사업 분야에서 성장해보겠다는 나의 욕구를 자극했고, 나는 더 앞으로 나가겠다는 의지로 충만해 있었다. 얼마나 더 나아갈지, 얼마나 더 나아갈 수 있을지는 아직 모르지만 일단 나는 출발할 준비가 되어 있었다.

Chapter
4

허우적거리다

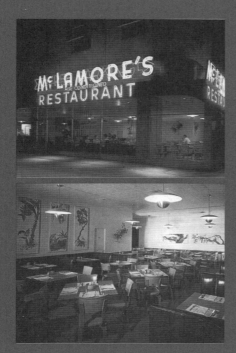

브리켈브리지레스토랑

인생은 배움의 연속이다. 실제로 젊은 나이에 비즈니스 세계에 발을 디뎌놓고 보니 배워야 할 것이 엄청나게 많았다. 나는 가끔 사업가로 시작한 처음 몇 년을 돌이켜보며 내가 저지른 실수를 메모해보고, 그것을 통해 무엇을 배웠는지도 생각해본다. 만일 지금 비즈니스 세계에 첫발을 내딛기를 머뭇거리는 젊은이나, 이제 막 새로운 사업을 시작한 청년이 있다면, 그들에게 꼭 해주고 싶은 이야기가 있다.

항상 여러분이 스스로 생각하는 것만큼 똑똑하지 않을 수도 있다는 사실을 명심하기 바란다. 만일 자기 자신을 실제보다 더 똑똑한 사람이라고 착각한다면, 어쩌면 피할 수도 있었던 실수를 저지르게 될 가능성이 높아진다. 사업을 하다 보면 사업 이상의 깊은 우정을 나눌 수 있을 만큼 가까운 파트너가 필요하지만, 고압적이고 건방지고 거만한 태도로 인해 순식간에 동료를 잃을 수도 있다. 조금 더 겸손해지면 얻는 것도 많아진다. 누군가의 이야기를 귀담아들으면 그 안에는 반드시 배울 것이 있는 법이다.

나는 사업이 한창 확장되던 시절에 프루호프트레일러사Fruehauf Trailer Company를 경영하고 있던 하비 프루호프Harvey C. Fruehauf로부터 들은 말을 평생 잊지 못할 가장 중요한 충고 가운데 하나로 기억한다.

"바쁠 때는 일단 행동부터 하고, 후회는 시간이 있을 때 해라."

내가 그를 만난 것은 1956년이었고, 이내 절친한 친구이자 사업 동료이자 멘토가 되었다. 그의 조언과 우정은 내게 큰 의미로 다가왔 고, 가끔은 그를 좀 더 일찍 만났더라면 참 좋았을 것이라는 생각을 하기도 했다.

나는 1951년 2월, 가족과 함께 다시 마이애미를 찾았다. 당시 장 인인 니콜 박사는 오랜 세월을 지냈던 마이애미 시내를 떠나 브리켈 가Brickell Avenue에 '550빌딩'이라는 이름의 새로운 건물을 짓고 있었다. 이 건물은 당시만 해도 마이애미시를 가로질러 흐르는 마이애미강 서 쪽 강변에 처음으로 지어지는 사무용 빌딩이었다. 니콜 박사는 1층에 는 식당을 임대할 생각이라며, 나에게 그곳에서 식당을 열 생각이 없 느냐고 물었다. 나는 그 장소를 직접 살펴보았지만 플로리다주 남부 지역의 외식사업 현황이나 건물의 위치로 볼 때 그곳에 식당을 여는 것은 경솔하고 과욕인 것 같다는 생각이 들었다.

마이애미에 식당을 낼지를 결정하는 것은 중요한 문제였다. 그래 서 나는 그 가능성을 판단하기 위한 절차에 들어갔다. 나름 잘된다고 알려진 여러 식당을 직접 찾아가 손님으로 앉아서 식사를 해보았다. 그 결과 놀라운 사실을 발견했다. 손님들이 줄을 서서 입장 순서를 기다리는 식당이 의외로 많다는 것이었다! 게다가 긴 줄을 서서 귀찮음을 참고 기다린 끝에 겨우 들어가서 자리에 앉아보니, 서비스가 생각보다 나쁘고 음식도 별로인 식당들이 꽤 있었다. 한마디로 식당의 운영상황을 보면서 어떤 감동도 느낄 수 없었다. 그런데 만일 이 많은 고객에게 감동까지 줄 수 있다면? 마이애미에서 큰 행운을 거머쥘 수도 있겠다는 생각을 하니 가슴이 뛰기 시작했다. 이때의 경우는 너무 빠르고 성급한 판단을 내린 사례다. 나는 내 인생에서 또 한 차례의 파도에 맞설 준비를 하고 있었다.

사실 나는 그때 마이애미로 거처를 옮기고 싶어 그 구실을 찾던 차였다. 그렇기 때문에 상황을 면밀하게 살피지도 않은 채 550빌딩에 식당을 차리기로 결심하고 1층의 절반을 임차하는 계약을 마쳤다. 임대차계약서에 따라 나는 월 884달러를 내는 조건으로 이 공간을 사용할 수 있게 되었다. 사업계획이나 메뉴구상, 나의 재정적 한계 등을 면밀하게 고려하지 않고 임차계약부터 불쑥 해버린 것이 사실이었다.

일단 계약부터 하고 세부적인 사항은 그 뒤에 생각해도 늦지 않다고 생각했다. 돌아보면 이 계약은 충분한 조사 부족, 자신에 대한 과신, 그리고 판단력 부족의 대표적인 사례가 될 만한 것이었다. 내가 이런 성급한 판단을 내린 데는 나름 두 가지 이유가 있었다. 마이애미에 수준 높은 식당이 거의 없다고 생각했고, 장소도 적합하다고 판단했다. 그러나 뒤에 보니 이 두 가지 생각은 모두 잘못된 것이었다.

임대차계약서에 서명하고 나서 이 장소, 이 위치에는 어떤 형태의 음식점을 여는 것이 가장 좋을지 생각하기 시작했다. 오전 7시쯤 문을 열어 저녁 7시쯤 문을 닫고, 아침 메뉴와 점심, 저녁 메뉴를 모두 팔기로 했다. 그리고 일주일에 하루도 쉬지 않고 매일 문을 열기로 했다. 아침과 점심의 즉석메뉴를 위해 소다수를 판매하는 코너를 두고, 나머지 공간에는 테이블과 부스 등을 적절하게 배치하고, 웨이트리스가 서빙을 하도록 설계했다. 홀의 수용인원은 80명 정도로 생각했다.

계획은 간단해 보였지만 이로 인해 나의 삶은 굉장히 복잡해지기 일보 직전이었다. 나는 윌밍턴으로 돌아가서 우선 콜로니얼인의 경영을 믿고 맡길 적임자를 찾는 일부터 시작해야 했다. 우리 가족 모두가 마이애미로 이주해야 했기 때문에 적절한 경영자를 찾는 일은 매우 중요했다. 콜로니얼인을 매각하지 않고 적절한 경영자에게 맡기려 했던 이유는 여기서 나오는 수입으로 내가 마이애미에서 새로운 삶을 살아가는 데 필요한 초창기 비용을 충당할 수 있을 거라고 생각했기 때문이었다. 또 하나의 문제는 지금까지 우리 가족이 살던 농장을 파는 일이었다. 이는 농장의 구매자가 나타날 때까지 낸시와 아이들이 윌밍턴에 머물러 있어야 한다는 것을 의미했다. 나는 식당의 설계가 끝난 5월에 먼저 마이애미로 돌아왔다. 그때부터 개업 시점을 초가을로 잡고 필요한 집기 등을 주문하는 것을 비롯해 여러 가지 준비작업에 몰두했다.

그러나 개업준비를 위해 다시 돌아온 5월의 마이애미의 모습은 나에게 큰 충격이었다. 2월에 처음 봤을 때 마이애미 식당들의 풍경과는 전혀 달랐다! 마이애미는 휴양도시여서 성수기와 비수기가 확연히 다른 도시라는 점을 미처 생각하지 못했던 것이다. 적지 않은 식당과 매장들이 여름이나 비수기에는 아예 문을 닫는다는 사실을 그제야 알게 되었다. 치명적인 실수를 저지른 것이다. 1940년대와 1950년대의 마이애미는 겨울에는 따뜻하고 온화한 날씨를 즐기기 위해 미국 전역에서 사람들이 몰려오기 때문에 심각한 교통체증까지 나타날 정도로 복잡한 도시이지만, 그 외의 다른 시기에는 적막하기까지 했다. 내가 처음 마이애미의 식당들을 돌아다니며 조사를 하던 2월은 1년 중 가장 최고의 성수기였다. 그때 내가 찾았던 식당들 대부분은 아예 문을 닫고 다음 휴가 시즌을 준비하고 있었다. 현지인들 사이에서는 "플래글러Flagler 거리를 향해 대포를 쏘아도 아무도 다치거나 죽지 않을 것"이라는 농담이 오갈 정도로 적막 그 자체였다. 마이애미에 새로운 식당을 열고 큰 성공을 기대했던 내 마음속에 두려움이 몰려오기 시작했다. 실패할 가능성이 크다는 부담감이 마음을 짓눌렀다. 게다가 낸시와 아이들이 함께 있지 않았기 때문에 외로움은 더욱 컸다. 나는 매우 외로웠고, 낸시도 똑같은 외로움을 겪고 있을 것이라고 짐작할 수 있었다. 내 판단 잘못으로 가족 모두가 곤란한 지경에 빠졌다고 생각하니 나 자신에게 몹시 짜증이 났다. 그런 상황을 통해서 귀한 교훈을 하나 더 체득했다는 것이 그나마 위안이 되었다.

마이애미에 혼자 있는 동안 나는 그렇게 충동적으로 판단하고 행동한 나의 실수에 대해 많은 생각을 했다. 식당이 제대로 된 모습을 갖추기도 전에 내가 몇 가지 현실적인 난관에 직면하게 되리라는 것을 쉽게 예상할 수 있었다. 식당의 위치는 물론이고 주변 상권도 아쉬운 점이 많았다. 우선 식당이 들어설 건물은 그 안에서 일하는 사람이

60명도 안 될 정도이니 큰 건물은 아니었다. 건물에 입주한 세입자는 대부분 병원을 경영하는 의사들이었는데, 이 병원을 출입하는 환자들은 나이가 많은 편이어서 괜찮은 식당에서 식사를 한다는 것에 큰 관심이 없었다. 그들은 대부분 건강하지 않은 사람들이었고, 관심사는 다른 데 있었다. 저녁시간이 다가오면 사람들은 건물에서 썰물처럼 빠져나가고 토요일과 일요일에는 아예 문을 닫았다. 건물의 주변 지역도 새로운 사업체들이 빨리 유입되어 자리를 잡을 가능성은 없어 보였다. 그 옆의 도로를 달리는 차량이 한 사무용 건물의 1층에 있는 식당을 발견하고 멈출 것인가 하는 질문에 대해서는 정말 회의적이었다. 이 질문은 곧 진지한 고민거리로 바뀌게 되었다.

나는 이 위기를 극복하고 살아남기 위해 지금부터라도 더욱 신중하고 분석적으로 임하겠다고 다짐했다. 다행히 몇 달이 걸리기는 했지만 낸시로부터 농장이 팔렸다는 연락이 왔다. 나는 7월에 윌밍턴으로 가서 이삿짐 회사와 계약하고, 네 식구와 우리 물건을 싣고 마이애미로 돌아왔다.

당시 매클컴퍼니Mackle Company라는 회사는 1951년까지 완성할 것을 목표로 1만 2,000달러에서 1만 3,500달러 정도면 살 수 있는 새롭고 그리 비싸지는 않은 주택들을 건설하고 있었다. 최소한의 계약금만 있다면 아주 매력적인 조건으로 주택담보대출을 받아 상당히 현대적이고 멋있는 이 집을 살 수 있었다. 문제는 낸시와 내가 이 많지 않은 계약금을 낼 수 있을 만큼의 현금도 가지고 있지 않다는 것이었다. 대신 우리는 그 가운데 한 채를 빌릴 수 있었고, 7월에 그곳으로 이사했다. 8월 초에 브리켈브리지레스토랑Brickell Bridge Restaurant이 정식으로 문을 열 계획이었으므로 그곳에 정착하고 개업을 준비할 시간은 몇 주밖에 남지 않았다.

5월 이후 나를 괴롭혔던 두려움과 걱정거리는 모두 현실로 나타났다. 개업은 했으나 매출은 거의 없었고, 고객을 끌기 위한 나의 초기 판촉활동은 거의 효과가 없었다. 8월, 9월, 10월, 11월의 4개월 동안 월평균 3,000달러에 그친 매출과 높은 임차료로 인해 나의 고민은 깊어졌다. 이 사업을 계속해야 할지를 결정해야 할 상황이었다. 갑자기 매출이 급상승하는 이변이 일어나지 않는 한 파산은 시간문제였다. 나는 지금도 어느 일요일의 기억이 생생하다. 그날 아침 매출은 8달러, 점심 매출은 12달러, 저녁 매출은 10달러에 불과했다. 그날 밤 집으로 돌아가는 길은 무척 멀게 느껴졌다. 요리사 두 명, 설거지 담당 직원 두 명, 서빙 직원 여섯 명을 어떻게 책임져야 할지 막막했다. 나는 터무니없는 실수를 저질러버렸고, 자신감이 뚝 떨어지고 말았다. 아직 포기할 수는 없었지만, 이미 나 자신이 많이 무너져 내린 상태였고, 재앙은 눈앞으로 다가와 있었다.

나의 하루 일과는 오전 5시에 일어나 6시에 식당에 출근하는 것으로 시작되었다. 나는 보통 아침식사를 요리하고, 타자기를 이용해 그날의 점심과 저녁 메뉴를 작성했다. 식당의 책임자로서 고객을 자리로 안내하는 것도 나의 일이었다. 주방에 주문을 전달하고, 수시로 직원들을 지도했다. 9시에 문을 닫으면 혼자 남아서 홀 바닥을 걸레로 밀고, 냄비나 솥 같은 주방기구를 씻었다. 당시에는 이런 일을 시키기 위해 따로 인력을 고용할 형편이 아니었기 때문에 혼자서 그 일들을 다 처리한 후에야 귀가할 수 있었다. 집에 돌아온 후 작은 집에서 맥주 한 병을 마시며 영화를 보고, 낸시와 그날 있었던 일을 이야기하며 가끔 아이들과 놀아주는 시간은 하루 중 가장 행복한 시간이었다. 식당 일에 대해 낸시에게 생각나는 대로 이야기하고 당시 직면하고 있는 문제도 털어놓으면 마음의 짐이 조금은 덜어지는 느낌이었다. 우리는 한 배를 타고 있었고 가족 사업의 성패가 매우 급박한 지경에 있었기 때문에 모든 것을 털어놓고 함께 의논할 수밖에 없었다. 조용한 늦은 저녁시간이 우리에게는 그런 대화를 나눌 기회였다.

나의 일상은 일주일 내내 똑같이 흘러갔다. 초기 1년 반 동안 나는 이렇게 새로 연 식당을 유지하기에 급급해 하루도 쉬지 못했다. 이웃 사람들과 전혀 마주치지 못하다 보니 그들이 낸시를 두 아이를 데리고 사는 이혼녀로 오해했다는 이야기까지 낸시로부터 전해 들었다. 그나마 다행한 일은 비록 브리켈브리지레스토랑에서 꾸준히 손해를 보고 있었지만 콜로니얼인은 우리 삶을 지탱해줄 만큼 충분한 수익을 올리고 있었다는 것이다. 그러는 동안 나는 브리켈브리지의 매출을 촉진하고 수익성을 올리기 위한 묘책을 찾는 데 골몰했다.

우리는 매일 두 종류의 점심특선 메뉴를 내놓고 있었는데 하나는 65센트, 또 하나는 90센트였다. 두 메뉴 모두 손님이 수프와 주스 가운데 하나를 선택하고, 거기에 주요리와 두 종류의 야채, 둥근 빵, 버터, 음료가 곁들여졌다. 나는 가격이 이 새로운 사업의 성패를 가름하는 중요한 요소라는 사실을 알고 있었다. 나는 합리적인 가격을 책정하고 새로운 메뉴를 개발하기 위해 최선의 노력을 다했다. 저녁식사 메뉴 가운데는 '골든 프라이드 특대형 키웨스트Key West산 새우'나 '바짝 구운 육즙 많고 신선한 멕시코만산 전갱이' 같은 것들이 있었는데, 이러한 이름에 어울리는 맛과 품질을 고객에게 약속한다는 의미로 만든 메뉴들이었다. 식당은 항상 청결하게 유지했고, 나는 종업원들에게 올바른 서비스가 고객과 매출에 미치는 미묘한 차이를 교육하는 데 많은 시간을 썼다. 또 식자재 구매와 음식이 만들어지는 모든 과정을 요리사와 함께 면밀하게 살폈다. 저녁 메뉴는 매일 바뀌었고, 가격은 음료와 디저트까지 다 합쳐도 1달러 80센트에 불과했다. 네 마리의 대형 새우로 만든 '신선한 대형 새우 모듬요리'는 불과 40센트였고, 여기에 15센트만 더 내면 이를 주요리로 하는 완전한 디너세트를 먹을 수 있도록 했다. 이렇듯 서비스는 충분했지만 여전히 고객의 유입은 더뎠다.

1951년 12월이 되자 개업 후 첫 성수기가 시작되었다. 그토록 오랫동안, 그리고 간절히 기다려온 관광객이 홍수처럼 밀려왔다. 성수기는 2월까지 계속되었고 엉망이 된 대차대조표를 복구해줄 매출과 이익이 발생했다. 이렇게 겨울에 벌어들인 돈으로 다음 봄과 여름을 근근이 버티는 것이다. 휴가철 성수기가 지나고 다시 봄이 돌아왔다. 1952년 4월과 5월을 지나면서 처음 식당을 열었을 때와 마찬가지로 매출은 줄어들고 손실은 커졌다. 여름의 영업 상황은 한마디로 끔찍했다. 손실은 다시 내가 감당하기 어려운 속도로 늘어갔다. 뭔가 특별한 대책이 필요했다.

그 무언가는 찰리 쿠퍼Charlie Cooper라는 작은 소년과 함께 시작되었다. 나는 그 전해 8월에 식당을 개업하면서 헨리 쿠퍼Henry Cooper라는 소년을 설거지 담당으로 채용했다. 당시 헨리의 나이는 열네 살 아니면 열다섯 살이었고, 그의 급여는 시급 50센트로 거의 최저임금 수준이었다. 헨리는 아주 근면하고 성실한 아이였고, 그에게는 찰리라는 이름의 열한 살 혹은 열두 살쯤 된 동생이 있었다. 찰리는 매일 저녁 형과 함께 우리 식당에 왔다. 찰리는 나에게 접근하는 매력적이고 특별한 방법을 갖고 있었다. 그 아이는 항상 크게 미소를 지으며 붙임성 있게 다가와 자기도 일을 할 수 있게 해달라고 간청하곤 했다. 그때마다 내 대답은 같았다.

"헨리, 네 동생 찰리까지 일자리를 주기는 어려워. 정말 미안해. 너희를 도와주고 싶은데 방법이 없구나."

그러나 찰리는 다음 날에도, 또 그다음 날에도 형을 따라와서 함께 일을 하면 안 되겠느냐고 물었다.

어느 날 밤, 나는 평소와 마찬가지로 형과 함께 들어오는 찰리를 곁으로 불렀다.

"찰리, 네가 할 만한 일이 하나 있어. 일단 네게 빳빳하게 풀을 먹인 하얀 주방장 유니폼을 마련해줄게. 높은 주방장 모자와 함께 식사를 알리는 종도 준비해줄 거다. 너는 식당 바로 바깥의 브리켈가 거리로 나가서 이 종을 울려라. 지나가는 모든 사람에게 웃음을 잃어서는 안 되고, 가능한 한 큰 소리로 종을 울리도록 해. 지나가는 사람이 다 들을 수 있도록 말이야."

나는 또 찰리를 향해 두 대의 스포트라이트를 비춰 지나가는 모든 이들이 그를 볼 수 있도록 하겠다고 말했다. 내 말을 들은 찰리의 얼굴에 환한 미소가 떠올랐다. 내가 그에게 줄 수 있는 급여는 시급 50센트에 불과했지만, 찰리는 일자리를 구했다는 사실만으로 뛸 듯이 기뻐했다.

찰리는 매일 출근해 하얀 주방장 유니폼을 입고 녀석 특유의 미소를 환하게 지으며 식당 앞에서 몇 시간이고 종을 울려댔다. '식사종을 치는 소년 찰리'는 이내 마이애미의 유명인사가 되었다. 찰리는 워낙 매력적이고 기쁨에 넘치는 작은 소년이었고, 밤에 귀가하는 수많은 사람들이 브리켈브리지레스토랑과 그 앞에서 식사종을 울리는 소년의 모습을 보게 한다는 것은 아주 독특한 콘셉트의 홍보방법이었다.

드디어 대중에게 우리 식당을 알릴 묘안을 찾아낸 것 같았다. 그러나 어떻게 하면 그들이 직접 우리 식당을 방문하게 할 것인가 하는 것은 또 다른 문제였다. 그래서 나는 저녁식사 스테이크 특별할인 요리를 홍보하기로 했다. 〈마이애미 헤럴드The Miami Herald〉지에 '식사종을 치는 소년 찰리'의 사진이 담긴 광고를 여러 차례 집중적으로 게재했다. 광고문구는 이러했다.

〈알려드립니다〉

마이애미 시민 여러분께서
가장 괜찮은 스테이크를 맛보러 오시기를 기다리며
어린 찰리가 식사종을 치고 있습니다.

특등급 등심스테이크 1파운드에 단돈 1달러 95센트

그 밖에 다른 저녁식사 모두 1달러 40센트

직접 오셔서 한번 드셔보세요.

"브리켈브리지레스토랑의

식사종 치는 작은 소년 찰리"

브리켈가 550 '550빌딩'

저녁식사는 매일 5시부터 9시까지, 주중무휴

건물 뒤에는 넓은 주차장이 준비되어 있습니다.

부드럽고 질 좋은 스테이크와 함께 아이다호^{Idaho}산 감자와 샐러드, 음료까지 제공한다면 1달러 95센트의 가격은 전혀 이문을 낼 수 없는 가격이다. 최소한의 본전은 유지할 수 있으나 어떤 수익도 기대하기 어려웠다. 손님에게 제공되는 스테이크의 질은 최고급이었고 나는 조금도 이익을 남길 수 없었지만, '어떻게 하면 식당에 손님들이 찾아오게 할 수 있을까?'라는 오랫동안 내 마음을 짓누르던 숙제를 해결했다는 것만으로도 나는 만족할 수 있었다.

내 계획은 홀 직원들을 교육하여 어느 정도 수익을 낼 수 있는 다른 메뉴들, 즉 바닷가재 테르미도르^{thermidor; 바닷가재 살을 소스에 버무려 그 껍데기 속에 다시 넣고 그 위에 치즈를 얹은 요리-옮긴이}나 파르메산 치즈를 사용한 송아지 요리, 새우튀김, 송아지 간 등을 손님들에게 추천하도록 한다는 것이었다. 찰리와 광고의 효과로 우리 식당의 싸고 질 좋은 저녁 스테이크 요리가 널리 알려지면서 매출과 방문자 수가 급증하기 시작했다.

이 독특한 홍보활동으로 인해 마이애미에는 새로운 현상이 생겨났다. 다른 식당들이 영업을 중지하거나 아예 폐업하기도 하는 한여름에도 우리 식당에는 입장을 기다리는 줄이 늘어섰다. 이런 독특한 홍보전략의 성공은 나 자신도 놀라운 일이었다. 드디어 새로운 기회를 잡았다는 사실을 깨달으면서 그동안 내 마음을 짓누르던 압박감은 사라졌다. 기발한 마케팅 아이디어를 실천에 옮김으로써 손해 보던 사업을 흑자로 돌리는 데 성공한 것이다. 나는 다시 한번 승리의 편에 설 수 있게 되었다는 사실에 기분이 좋았다.

그 당시의 마케팅에 의한 성공은 내가 사업가로서의 경험을 통해 얻은 많은 교훈 가운데 매우 중요한 것 중 하나였고, 후에 버거킹을 창업하고 성장시키는 데 큰 도움이 되었다. 그때 배운 가장 큰 교훈은 적절한 마케팅의 중요성이었다. 물론 이러한 것은 책에서 배울 수도 있지만, 삶에 스며드는 진정한 교훈은 글이 아닌 체험을 통해서만 얻어진다. 이때 내가 얻은 교훈은 간단하다. 상품이나 서비스를 시장에 내놓았다면, 그와 함께 매우 독특하고 개성적인 메시지를 대중에게 전달해야 한다는 것이다. 예를 들어서, 낮은 가격에 훌륭한 저녁 스테이크 요리를 먹을 수 있다는 것은 매력적이지만, 그것만으로는 사업에서 큰 성과를 거두기에 충분하지 않다. 독자들이 광고 자체에 관심을 갖도록 해야 한다. 즉 사람들이 광고가 제안하는 내용을 읽도록 해야 하고, 바로 식사종을 치는 찰리가 그 역할을 맡았던 것이다. 그 아이가 스테이크를 팔았고, 사람들에게 어디로 가면 그 좋은 스테이크를 먹을 수 있는지 알려주었다. 또 찰리는 사람들이 궁금해서 직접 와서 보도록 불러 모으는 역할도 했다. 훗날 버거킹에서 와퍼가 성공하는 과정도 이와 비슷한 부분이 있다.

안타까운 사실은 브리켈브리지레스토랑의 실적이 호전되어 좋은 성과를 거두기 시작할 무렵 콜로니얼인은 내리막길을 걷기 시작했다는 것이다. 내가 경영을 맡겨놓은 매니저는 원래의 간단했던 음식 서비스의 개념과 맞지 않는 여러 다른 품목을 추가함으로써 운영과 서비스를 복잡하게 만들어버렸다. 그 결과 체계적인 운영으로 주문을 거의 즉시 처리해주는 햄버거 전문식당이라는 원래의 이미지가 퇴색하고 말았다. 매출감소와 함께 수익도 떨어졌다. 브리켈브리지레스토랑을 열고 고전하던 초기 몇 년 동안 콜로니얼인의 수익은 마치 문앞에 도사리고 있는 늑대를 쫓아주는 파수꾼처럼 든든하게 우리 가족을 지켜주었다. 그러던 식당이 이제 곤경에 처했고, 나는 내가 믿고 맡겼던 경영자가 초래한 문제와 씨름을 해야만 했다.

내가 브리켈브리지레스토랑을 운영하면서 얻은 또 하나의 행운을 들자면 바로 빌 빌로호카Bill Bilohorka라는 젊은 친구를 만난 것이다. 그 당시 빌은 펜실베이니아주립대학교 호텔식당경영학교를 막 졸업한 직후였는데, 어느 날 우리 식당으로 불쑥 들어와 일자리를 구할 수 있느냐고 물었다. 당시 브리켈브리지의 매출은 꾸준히 증가하고 있었기 때문에 그를 부지배인으로 고용할 수 있을 정도의 여유는 있었다. 그는 처음부터 맡은 일을 아주 잘 해냈다. 콜로니얼인의 경영이 내리막길을 걷고 있을 즈음, 나는 빌에게 윌밍턴으로 가서 콜로니얼인을

Chapter 4 : 허우적거리다

맡아 매각 작업을 책임지고 진행해줄 수 있는지 물었다. 수천 마일 떨어진 곳에 있는 식당에 대해 그곳에 있지 않은 내가 일을 처리하기는 어려웠다.

그때는 콜로니얼인의 경영에 뭔가 중요한 변화를 주어야 할 필요성이 긴급하게 느껴지던 때였다. 낸시는 세 번째 아이를 가졌고, 우리는 여전히 작은 임대주택에서 살고 있었다. 1953년 7월이 다가올 즈음, 콜로니얼인의 상황은 계속해서 악화하고 있었다. 그곳을 맡고 있던 매니저는 자신이 요구하는 조건으로 자신에게 매각하라는 일종의 최후통첩을 내게 보내온 상황이었다. 만일 내가 그의 요구를 거부하면 그는 아무 미련 없이 콜로니얼인을 떠날 것이다. 그는 아마도 내가 자신의 요구를 거절할 수 없으리라 생각한 것 같았다.

이처럼 콜로니얼인을 둘러싼 신경전이 최고조에 다다랐을 즈음인 7월 14일, 낸시의 진통이 시작되었다. 나는 낸시를 잭슨메모리얼병원Jackson Memorial Hospital에 입원시켰다. 그녀는 자신의 생일에 아주 잘생기고 건강한 사내아이를 낳았다. 아이의 이름은 스털링 휘트먼 맥라모어Sterling Whitman McLamore라고 지었다. 나는 그녀가 출산한 직후 윌밍턴의 상황을 설명했다. 그날 밤 나는 윌밍턴으로 떠나야 했다. 빌 빌로호카가 나와 함께 가서 식당을 맡기로 했다. 나는 빌과 함께 공항으로 가기 전, 낸시에게 다녀오겠다는 인사를 전했다. 그때 보여준 낸시의 강인하고 든든한 태도는 지금까지도 내 마음에 깊이 남아 있다.

빌과 함께 윌밍턴에 도착하자마자 나는 매니저를 해고하고 빌을 책임자로 앉혔다. 콜로니얼인이 아주 괜찮은 관리자를 만났다는 확신이 들었다. 며칠 후 나는 마이애미로 돌아왔다. 낸시는 아무 일도 없었다는 듯이 두 딸과 막 태어난 어린 남자아이의 육아와 가사의 책임을 감당하고 있었다. 나도 일상으로 돌아가 주중 쉬는 날 없이 매일 16시간씩 일해야 하는 브리켈브리지레스토랑 경영에 전념했다. 사업은 순조로웠고, 계속해서 나아지고 있었다. 나는 빌이 콜로니얼인의 매각 작업을 훌륭하게 마무리해줄 것이라 믿었다.

당시 나의 최대 관심사는 새로 태어난 아들이었다. 내가 델라웨어를 오가는 며칠 동안 출산 직후의 여러 일들을 낸시 혼자 처리하도록 한 것이 마음이 편치 않았다. 결혼 이후 나는 성공을 꿈꾸며 식당 일에 전념하고 쉴 틈 없이 일했다. 가족은 나에게 매우 중요한 존재였고, 가족의 수도 점점 늘어나고 있었다. 나는 그들과 좀 더 많은 시간을 보내기를 마음속으로 바라고 있었다.

다행히 빌은 적절한 가격에 콜로니얼인을 인수할 사람을 찾아냈다. 나는 그 당시 로스쿨을 졸업하고 막 변호사의 경력을 시작한 앤드루 크리스티 Andrew J. Christie라는 젊은 변호사에게 매각을 순조롭게 마무리하기 위한 복잡한 서류작업을 맡기기로 했다.

빌은 콜로니얼인 매각 작업을 마무리한 후 마이애미로 돌아와 나와 다시 재회했다. 당시 브리켈브리지레스토랑 운영은 여전히 순탄했고 이익도 만족스러웠다. 1954년에 접어들어 나는 당시 막 알게 된 데이비드(데이브) 에저튼 David(Dave) Edgerton과 함께 인스타버거킹 Insta-Burger King 사업의 가능성을 놓고 많은 이야기를 나누고 있었다. 나는 한동안 직접 음식점 체인을 만들어볼 생각도 했었다. 특화된 몇 가지 요리만으로 메뉴를 단순하게 구성한 음식점 체인을 만들고 싶다

Chapter 4 : 허우적거리다

는 데이브의 열망에 매료되어 이를 구체적으로 조사하기도 했다. 데이브가 보여준 열정과 구상은 상당히 마음에 들었지만, 실제로 이를 실행에 옮기려면 지금 잘 운영되고 있는 브리켈브리지레스토랑을 팔아야만 했다. 그리고 그해 봄, 그 식당을 사겠다고 돈을 마련해 온 사람이 바로 빌 빌로호카였다.

낸시와 빌은 적절한 파트너나 동반자를 만나면 허우적거리는 상황에서도 성공을 향한 길을 찾아낼 수 있음을 나에게 보여주었다. 만일 당신이 누군가를 사업 파트너로 받아들이려 한다면, 신뢰와 함께 공동목표에 대한 비전을 공유하는 것이 두 사람의 성공을 위해 중요하다는 점을 기억하기 바란다.

콜로니얼인과 브리켈브리지레스토랑의 매각으로 나는 새로운 도전에 뛰어들 준비를 마쳤다. 그러나 내 앞에 펼쳐진 길 곳곳에 함정이 기다리고 있다는 사실을 그때는 아직 알지 못했다.

창업

버거킹의 공동창업자 데이비드 에저튼

데이비드 R. 에저튼 주니어David R. Edgerton Jr.는 일리노이주 시카고
시 외곽마을인 윌메트Wilmette 출신이다. 그는 코넬대학교 호텔경영학
교 졸업 후 하워드존슨스Howard Johnson's; 미국의 호텔 체인업체로 처음에는 레스토랑
체인업체로 출발했다. -옮긴이에서 차근차근 경력을 쌓았고, 당시 마이애미 지
역을 책임지는 관리자였다. 그는 내가 마이애미강 서쪽 강변으로부터
250야드 떨어진 곳에서 브리켈브리지레스토랑을 운영하던 때와 거의
같은 시기에 마이애미 시내의 듀폰트플라자DuPont Plaza 구역에서 음식
점을 운영하고 있었다.

　　1953년까지만 해도 데이브는 데어리퀸Dairy Queen; 미국의 대표적인 소프
트아이스크림 프랜차이즈 기업-옮긴이 매장을 열 생각을 하고 있었다. 그는 아이
스크림이 단가 대비 이익이 많이 남는 제품이라는 사실을 알고 있었
고, 실제로 사업을 벌일 경우의 수익성에 대해서 신중하게 연구하고
있었다. 1953년 여름, 데이브는 플로리다주 잭슨빌Jacksonville을 여행

하게 되었다. 잭슨빌 해안의 비치대로Beach Boulevard로 차를 몰고 지나가던 중 그는 분명 데어리퀸 매장처럼 보이는 공사현장을 발견했다. 좀 더 자세히 보기 위해 차를 멈춘 데이브는 그곳에서 매장의 주인인 키스 크레이머Keith G. Cramer와 매튜 번스Matthew L. Burns를 만나게 되었다. 그들은 자신들이 '인스타버거Insta-Burger'라는 새로운 브랜드 사업을 준비하고 있으며, 햄버거를 18센트에, 밀크셰이크도 18센트에, 프렌치프라이는 10센트에, 그리고 코카콜라와 루트비어root beer; 생강을 비롯한 몇몇 식물 뿌리로 만든 탄산음료-옮긴이와 오렌지음료 등을 10센트에 팔 예정이라고 설명했다.

그들이 생각하는 매장의 콘셉트는 바로 셀프서비스 드라이브인self-service drive-in 방식이었다. 이는 차를 몰고 온 손님에게 웨이터가 직접 음식을 가져다주는 카호프carhop 방식의 영업과는 다른 것이었다. 크레이머는 그전에 데이터너비치Daytona Beach에서 키스스드라이브인Keith's Drive-In이라는 식당을 운영한 적이 있었다. 그와 그의 처삼촌인 매튜 번스 두 사람 모두 외식사업에 대한 경험이 있었고, 캘리포니아주 샌버너디노San Bernardino의 맥도날드McDonald 매장을 찾아가 차량방문 고객을 위한 맥도날드 특유의 즉석서비스 시스템Speedy Service System; 매장 안에서의 효율적인 식자재 운반과 조리를 통해 주문과 거의 동시에 음식을 받을 수 있는 맥도날드 특유의 주문처리 시스템. 당시 대부분의 드라이브인 식당들은 차 안에서 기다리고 있는 손님에게 종업원이 직접 음식을 전달했으나 대기시간이 보통 30분을 넘기기 일쑤였고 음식이 바뀌는 일도 잦았다. -옮긴이을 직접 체험해보았다고 했다.

맥도날드 형제 맥도날드의 창업자인 리처드 맥도날드(Richard McDonald)와 모리스 맥도날드(Maurice McDonald)-옮긴이도 외식업이 그때가 처음이 아니었다. 그들은 1937년에 처음으로 카호프 식당을 열었다. 그리고 전쟁이 끝난 후 샌버너디노 14번가와 이스트리트E. Street가 교차하는 지점에 새로 카호프 드라이브인 식당을 열어 크게 성공했다.현재 이 자리에는 맥도날드박물관이 있다.-옮긴이

그들의 사업은 성공적이었지만, 매장이 10대들의 집합소처럼 변하면서 대중으로부터 외면받게 되었다. 맥도날드는 매출의 4분의 3 이상이 햄버거라는 사실에 주목하고 대대적인 개편을 단행하여, 카호프 서비스를 과감히 없애고 '셀프서비스'라는 새로운 개념을 도입했다. 이 새로운 시스템의 핵심은 빠른 서비스 속도와 낮은 가격이었다. 그들은 새로 단장한 훨씬 더 작아진 매장에서 불에 구운 패티를 둥근 빵 사이에 끼워 15센트에 내놓았다. 이때 케첩과 겨자, 잘게 썬 양파, 그리고 두 개의 피클 조각을 끼워 넣는 것을 기본으로 했다. 물론 고객이 입맛에 맞게 같은 가격으로 다르게 주문할 수도 있었지만 그 경우에는 좀 더 긴 시간을 기다려야 했다.

맥도날드 형제의 새롭고 혁신적인 방식의 음식 서비스가 큰 인기를 얻는 데는 그리 긴 시간이 필요하지 않았다. 고객은 빠른 주문처리에 큰 매력을 느꼈다. 신선한 프렌치프라이와 밀크셰이크, 그리고 소프트음료들로 메뉴의 구색이 갖추어졌다. 메뉴를 단순하게 제한했기 때문에 질 좋은 음식을 아주 짧은 시간 안에 제공하는 것이 그리 어렵지 않았다. 오히려 셀프서비스는 고객들이 바라던 시스템인지도 모른다는 생각이 들 정도였다. 그 덕에 고객들은 불필요한 비용이 제거된 저렴한 가격을 누릴 수 있었고, 식당 측의 이윤의 폭도 커졌다.

1948년은 머지않아 패스트푸드사업이라는 이름으로 알려지게
될 그들의 사업이 중요한 분수령을 맞은 해였다. 리처드 맥도날드와
모리스 맥도날드는 머지않아 미국과 전 세계에 돌풍을 몰고 올 아이
디어를 체계화한 선구자였다. 미국에서 승용차 보급의 급격한 증가에
맞춰 차량에 음식을 전달해주는 서비스로 1930~1940년대 내내 호황
을 누렸던 카호프 드라이브인 방식의 외식사업이 이들의 새로운 서비
스 방식의 등장과 함께 역사 속으로 사라졌다. 맥도날드 스타일이 성
공을 거두면서 대중은 햄버거가 아닌 다른 영역에서도 '제한된 메뉴,
셀프서비스'라는 콘셉트에 열광하게 되었다. 이로 인해 미국은 물론
전 세계 외식업의 영업방식과 성격에 근본적인 변화가 일어났다.

　　미국 상무부의 통계에 따르면 1948년의 음식료업 매출액은 모두
107억 달러였다. 그러나 이로부터 40년이 지나면 맥도날드의 연간 매
출액이 140억 달러를 넘게 된다.

　　1954년에 레이 크록Ray Kroc이 맥도날드를 만난 이야기는 널리 알
려져 있다. 1954년 당시 크록은 멀티믹서Multimixer라는 밀크셰이크 제
조기계 영업사원이었다. 멀티믹서는 다섯 개의 회전축을 장착하고 있
어 동시에 다섯 잔의 밀크셰이크를 만들 수 있는 기계였다. 밀크셰이
크를 만들기 위해서는 스테인리스스틸 전용용기 안에 몇 숟가락의 아
이스크림과 우유, 향료, 맥아를 넣은 후 용기를 멀티믹서의 회전장치
에 결합한다. 그러면 고속의 믹서가 돌아가면서 내용물이 균등하게
혼합되어 맛이 좋은 밀크셰이크가 만들어진다. 크록은 한 개 매장에
하나 이상의 멀티믹서가 필요할 이유는 없다고 믿고 있었다. 그런데

샌버너디노의 맥도날드 매장에서 한꺼번에 열 대의 멀티믹서를 주문한 것이다. 크록은 도저히 이해할 수가 없어서 왜 하나의 매장에서 동시에 50잔의 밀크셰이크를 만들어야 하는지 그 이유를 직접 확인해보기로 했다. 그는 캘리포니아로 가서 맥도날드 형제가 경영하는 매장의 놀라운 모습을 목격했다. 매장 한쪽에는 주문을 위해 기다리는 줄이 길게 늘어서 있었고, 다른 한편으로는 음식을 받은 사람들이 줄지어 빠져나가고 있었다고, 크록은 당시의 광경을 회상한다. 음식도 맛있었고, 가격은 저렴했으며, 매장은 깨끗했다. 맥도날드의 서비스는 주문 후 불과 몇 초 만에 끝나는 것처럼 느껴졌다. 크록은 아마도 그 순간 맥도날드 사업에 뛰어들겠다고 결심한 것 같다.

크록은 맥도날드 형제와 장시간 논의 끝에 맥도날드의 프랜차이즈사업 독점권을 획득했다. 그리고 이 독점권을 골자로 하는 계약서를 맥도날드 형제와 체결했다.

샌버너디노 맥도날드 식당의 성공담은 업계신문의 관심을 끌었고, 이 현대식 외식서비스의 새로운 경향을 많은 기사가 다루기 시작했다. 전국의 외식사업 종사자들이 이 새로운 혁신을 눈으로 확인하기 위해 캘리포니아를 찾아왔다. 오래 지나지 않아 외식사업자로서 자신만의 성공을 꿈꾸는 식당 운영자들이 맥도날드와 비슷한 운영방식을 도입하기 시작했다.

맥도날드 형제와 계약을 체결한 크록은 시카고로 돌아와 일리노이주 데스플레인스Des Plaines의 리스트리트Lee Street에 자신의 첫 맥도날드 매장을 열었다. 이 역사적인 사건이 일어난 때는 1955년 4월이었다. 그 매장은 시작부터 대성공이었다.

크레이머와 번스도 맥도날드의 인상적인 성공담에 대해 알게 되었고, 다른 외식업자들과 마찬가지로 이를 직접 눈으로 확인하고 싶었다. 그들도 맥도날드를 보고 깊은 인상을 받았다. 그들은 캘리포니아에 머무르는 동안 '인스타Insta'라는 기계에 대해서도 듣게 되었다. 발명가 조지 리드George Read는 이것이 햄버거와 밀크셰이크를 자동으로 만들어주는 기계라고 설명했다. 그들은 캘리포니아에 있는 동안 이를 직접 시험해보기로 하고 리드를 만났다. 리드는 기계를 사용하는 모습을 직접 시연해 보였다. 크레이머와 번스는 이 기계가 마음에 쏙 들어 리드와 계약을 체결했다. 계약 내용은 맥도날드의 혁신적인 방식과 같은 시스템으로 운영되는 식당을 열고, 그 식당에 리드의 기계를 설치한다는 것이었다. 크레이머와 번스는 리드와 머리를 맞대고 자신들이 조금 전 방문한 매장과 유사한 식당건물을 디자인했다. 그들은 자신들의 구상이 성공적일 것이라고 믿었고, 리드의 인스타 브로일러과 인스타 셰이크머신이 경쟁우위를 가져다줄 것이라 생각했다.

리드와 체결한 계약에 의하면, 크레이머와 번스는 이 기계에 대한 최초의 지역 사업권자였고, 그들은 플로리다주에 대한 독점권을 가졌다. 계약 내용에 따라 그들은 자신들이 맡은 지역 안에서 인스타 기계와 인스타라는 이름을 독점적으로 사용할 수 있게 되었다. 그들은 또 이 계약에 따라 지역 내에서 인스타 기계와 이름을 이용해 같은 디자인과 콘셉트의 식당을 내도록 허가해줄 수 있는 권리도 획득했다. 이에 따라 식당이 새로 문을 열 때마다 리드는 소정의 프랜차이즈 수수료와 인스타 기계 판매이익, 그리고 가맹점주들이 내야 하는 매출의

2% 저작권사용료를 받게 되었다. 크레이머와 번스는 그들의 첫 식당 이름을 '인스타버거'라고 정하고 얼마 지나지 않아 공사에 착수했다. 당시만 해도 그들은 이 기계가 얼마나 많은 문제를 일으키게 될지 알지 못했다.

　　햄버거를 굽는 인스타 브로일러는 루브 골드버그Rube Goldberg; 20세기 미국의 풍자만화가로, 생김새와 작동원리가 아주 복잡하고 거창하나 하는 일은 보잘것없는 기계를 고안해냈기 때문에, 비효율적인 제도나 물건 혹은 그런 것을 고안해낸 사람을 지칭하는 대명사가 되었다. -옮긴이 같은 사람들이나 꿈꿀 만한 기계였다. 대략 길이가 3피트, 폭 1피트, 높이 2.5피트의 기계였고, 패티와 빵이 담길 열두 개의 용기가 달려 있었다. 각 용기 주변에는 내용물을 굽기 위한 전기장치가 둘러싸고 있었다. 한 차례 구워진 패티는 이동장치를 타고 소스 속으로 미끄러져 들어간다. 이 소스는 케첩과 겨자, 랠리시relish; 과일, 채소 등에 몇 가지 양념을 첨가하고 나서 차게 식혀 고기나 치즈에 얹어 먹는 소스-옮긴이, 그리고 '계절마다 다른 특별한 재료'를 섞어서 리드와 크레이머, 번스가 함께 만든 나름 독특한 소스였다. 고객의 주문을 받으면, 소스 냄비 속의 패티를 들어 올려 빵 위에 얹은 다음 종이로 포장해서 내주면 되었다. 그러나 불행하게도 패티를 소스로 옮기는 부분이 제대로 작동하지 않아, 그럴 때마다 가동을 중지하고 수리해야 했다.

　　인스타 셰이크머신은 액상 유제품을 순간냉동시켜 진한 밀크셰이크를 만드는 아주 괜찮은 기계였다. 이렇게 만들어진 셰이크는 매우 걸쭉해서 별도로 제공되는 나무 숟가락으로 먹도록 했다. 순간동

결 방식은 인스타라는 이름을 고객들에게 각인시킨 이 기계만의 특징이었다.

이 기계의 위쪽에는 두 대의 냉장용기가 설치되어 있었다. 한 용기에는 바닐라 밀크셰이크 혼합물을 넣고, 다른 용기에는 초콜릿 혼합물을 넣었다. 기계 중앙부에 냉각실린더가 있었고, 그 위에 모터가 달려 있어 내용물을 섞고 분쇄하기 위한 장치를 돌려주었다. 날이 달린 이 장치가 냉각실린더 안으로 뻗어 있었다.

셰이크 주문이 들어오면, 담당직원은 초콜릿 용기와 바닐라 용기에 각각 달린 작은 손잡이를 당긴다. 그러면 두 용기 속의 내용물이 연결된 스테인리스스틸 저장용기로 정해진 양만큼 흘러 들어간다. 여기서 두 내용물이 한 데 섞여 플라스틱 관을 타고 냉각실린더로 흘러가고, 그 순간 직원은 모터의 스위치를 올려 분쇄장치를 가동한다. 이렇게 하면 액체 혼합물은 스테인리스스틸 냉각실린더 벽 쪽으로 밀려가 걸쭉한 밀크셰이크가 만들어지고, 분쇄장치의 날이 실린더 벽에 얼어붙은 셰이크를 긁어내면, 밑으로 흘러내려 아래 놓인 종이컵에 담기게 된다.

처음에 두 용기의 내용물이 정확하게 정해진 양만큼 냉각실린더로 옮겨진다면, 마지막에 나오는 셰이크도 정확하게 컵을 가득 채울 것이다. 그러나 불행하게도 용기에서 나오는 내용물의 양이 그때그때 달랐다. 너무 많은 양이 나오면 컵이 흘러넘쳐 깨끗하게 닦아 내놓아야 하는 번거로운 절차가 추가되었고, 반대로 양이 너무 적으면 한 번 더 만들어서 부족한 양을 채워 넣고 나머지는 버려야 했다. 이렇게 되면 낭비가 생기고, 이는 또 다른 혼란을 만들어낸다. 간혹 초콜릿 양이 적게 배합되어 직원들끼리 '모카'라고 부르는, 약간 색이 달라진 바닐라셰이크가 만들어지기도 했는데, 직원들은 이 문제에 대해 암묵적으로 말을 아꼈다. 고객들이 불만을 표하지 않기만을 바라면서.

이처럼 인스타의 셰이크머신은 적지 않은 문제가 있었지만 제품에 대한 평판은 좋았다. 입속에서 느껴지는 질감이 아주 부드럽고, 적당하게 차갑고, 입자가 거칠지 않았다. 이 기계만의 독특한 기술 덕분에 셰이크에 들어가는 오버런overrun도 거의 없었다. 오버런이란 밀크셰이크에 함유된 불필요한 공기의 양을 의미하는 업계 용어이다. 공기가 거의 들어가지 않기 때문에 오늘날 회분식batch-type 밀크셰이크머신으로 만들어지는 것보다 훨씬 맛이 좋았다.

크레이머와 번스가 잭슨빌에 첫 번째 인스타버거 매장을 짓고 있을 때, 그들은 데이브와 여러 번 만남을 가졌다. 그들은 지역영업권에 관한 대화를 나눴고, 데이브는 자신이 계획하고 있는 데어리퀸 매장에서 인스타라는 이름으로 햄버거를 팔 수 있게 되었다. 그가 크레이머와 번스를 만났을 때는 이미 그가 골라둔 매장건물의 초기공사가 진행되고 있던 때였다. 그러나 밀크셰이크와 프렌치프라이를 햄버거와 함께 파는 이른바 인스타 시스템을 살펴본 후, 데이브는 크레이머와 번스의 사업에 참여하기 위해 자신이 구상했던 매장구성을 대폭 수정했다.

식당 개점이 다가올 즈음, 데이브는 그들에게 '인스타버거'라는 이름 대신 '인스타버거킹'이라고 하는 것이 어떻겠느냐고 제안했다. 그는 왕이 커다란 밀크셰이크를 손에 들고 햄버거 위에 앉아 있는 모숍의 로고 그림을 그려 크레이머와 번스에게 보여주면서 상표로 사용하면 좋겠다고 말했다. 결국 인스타버거킹이라는 이름으로 문을 열었고, 매장 지붕보다 조금 높은 12피트 높이로 세워진 철탑 꼭대기에 햄버거 빵 위에 앉아 있는 왕의 형상이 설치되었다. 건물 정면의 현관에는 '인스타'라는 이름이 선명하게 새겨졌고, 바로 아래에 '버거킹'이라는 이름의 간판이 붙었다.

또 그가 앞으로 문을 여는 식당에 '인스타버거킹'이라는 이름을 붙일 수 있도록 조지 리드와의 계약서 내용도 수정했다. 더불어 빵 위에 앉아 있는 왕의 그림을 상표와 서비스 도안으로 사용할 수 있도록 했다. 크레이머와 번스는 이 상표와 상호를 워싱턴에 등록했다. 데이브는 이러한 계약 수정 과정에서 아무런 대가도 요구하지 않았고, 실제로 아무것도 받지 못했다. 이렇게 해서 처음 등장한 '버거킹'이라는 이름이 세계에서 가장 인기 있고 널리 알려진 브랜드 중 하나가 될 운명이라는 것을 그때는 알지 못했다.

데이브는 이와는 별도로 마이애미에 두 번째 인스타버거킹 드라이브인 매장을 짓기로 계약했다. 그리고 이 아이디어를 사업으로 확장해나가기 위해서는 자본이 더 필요하다고 생각했다. 그는 셀프서비스 드라이브인 매장을 하나만 운영하는 것으로는 수익성이 없다고 보았다. 추가자금을 지원하고 사업을 함께 구축해나갈 수 있는 새로운 파트너를 물색하던 그는 마이애미로 돌아온 후 플래글러 거리에서 식당을 운영하고 있던 하비 풀러Harvey Fuller를 찾아갔다. 하비는 마이애미에서 손꼽히는 외식업자였고, 나도 브리켈브리지레스토랑을 열 때 그를 찾아간 적이 있었다. 하비는 내게 마이애미레스토랑협회_{Miami} Restaurant Association에 가입할 것을 강력하게 권유했던 사람으로, 후에 나는 이 단체의 회장이 되기도 했다. 하비는 데이브의 생각을 진지하게 검토했다. 상당히 매력적이고 성공 가능성이 크다고 판단했지만, 아직 성공이 현실로 증명되지 않은 새로운 형태의 사업에 자금을 투자하는 데는 난색을 표했다. 대신에 그는 나를 찾아가 보라고 소개했다. 나와 데이브의 인연은 이렇게 시작된 것이다.

1954년 3월 1일, 데이브는 마이애미 NW 36번 거리 3090호에 인스타버거킹 매장을 열었다. 건물과 함께 잘 포장된 주차장까지 합하여 1만 3,000달러만 들였다는 것은 그가 얼마나 적은 비용으로 매장을 열었는지 짐작할 수 있게 한다. 데이브는 자신의 힘으로 건물을 지을 수는 없었지만, 대신 땅 주인이 건물을 올려 자신에게 임대를 하도록 설득할 수 있었다. 데이브가 문을 연 이 식당은 인스타버거킹이라는 이름을 사용하는 두 번째 식당이었다. 이 식당은 대중의 관심을 끄는 데는 어느 정도 성공했지만 초기에 하루 매출이 100달러에도 미치지 못했다. 당시만 해도 인스타버거킹의 영업방식은 상당히 실험적인 것이어서 대중은 아직 이것을 낯설어했다. 그러나 데이브는 머지않아 사람들도 이 방식에 익숙해질 것이고 매출이 오를 것이라고 자신했다.

당시만 해도 미국에 셀프서비스라는 개념을 도입해 운영하는 식당은 거의 없었다. 셀프서비스 매장에서 고객은 직접 주문창구로 가서 돈을 먼저 내고, 주문한 음식이 나올 때까지 기다려야 한다. 음식은 종이 포장재나 종이로 만든 가방에 담긴다. 1950년대만 해도 이런 식의 서비스는 식당 이용자들에게 아주 낯설고 새로웠다. 이렇게 해서 음식을 받은 사람들은 차 안에서 먹을 수도 있고, 건물의 옥외 테라스에서 먹을 수도 있다. 1954년의 마이애미에서 이러한 영업방식은 낯설고, 드물고, 아직 성공사례도 확인되지 않은 방식이었다. 사업은 계속 부진했지만 데이브는 여전히 낮은 가격에, 특화된 제한적인 메뉴를 즉시 서비스하는 이 방식의 성공 가능성을 확신했다. 브리켈 브리지레스토랑에서 함께 식사하며 대화를 나눌 때마다 나는 그의 열정을 고스란히 느낄 수 있었다. 그는 개업준비를 하는 동안 자주 우리 식당에 들렀다.

우리 사이에 친분이 쌓이면서 그는 자신의 사업에 동업자로 합류할 것을 강력하게 권유했다. 그는 첫 번째 매장을 여는 데 가진 돈을 이미 다 쏟아부은 상태였다. 나도 그의 생각에 상당한 흥미를 느꼈다는 점은 인정하지 않을 수 없었다. 몇 개월 전에는 나의 첫 번째 매장인 콜로니얼인을 매각한 터였다. 나는 그와 동업을 한다는 것이 어떤 의미가 될지를 곰곰이 생각해보았다.

당시 브리켈브리지레스토랑의 운영상태는 좋았다. 그러나 이런 완전한 상업적인 형태의 식당이 여러 개 매장을 거느린 체인사업으로 확장되기는 어렵다는 것이 분명했고, 나도 그 점을 고민하고 있었다. 데이브는 자신의 인스타버거킹 매장을 직접 방문해서 자세히 살펴보라고 말했다. 나도 그럴 필요성을 느꼈다. 나는 그의 요청을 받아들여 그의 매장이 문을 열면 가서 직접 보겠다고 동의했다.

그해 4월의 어느 저녁에 나는 데이브의 새 사업장을 둘러보기 위해 낸시와 함께 36번 거리로 차를 몰았다. 우선 매장이 밝고 청결하다는 점에 호감이 갔다. 그러나 그중에서도 가장 나의 관심을 끈 것은 단순한 운영방식이었다. 이 매장만의 이런 독특한 운영방식 때문에 체인 형식으로 성장할 가능성과 잠재력이 충분하다는 데이브의 주장에 동의하지 않을 수 없었다. 우리가 그곳을 방문한 후로 동업을 제의하는 그의 호소도 훨씬 강해졌다. 나도 데이브를 좋아했고, 만일 우리가 동업한다면 좋은 파트너가 되어 서로 양립하는 업무관계를 즐길 수 있을 거라고 생각했다. 문제는 내가 데이브가 원하는 정도의 자금을 마련할 수 있느냐 하는 것이었다. 그러려면 브리켈브리지레스토랑을 팔아야 했고, 그 돈을 데이브와의 사업에 투자한다는 것은 내 수입원이 일단 봉쇄된다는 것을 의미했다.

우리는 처음부터 동등한 지분을 갖는 동등한 파트너 관계로 함께하기로 했다. 나는 그렇게 하는 것이 합리적이라고 생각했지만, 먼저 확인해야 할 것은 데이브가 실제로 얼마의 투자를 했는지와, 과연 이 사업이 정말 우리가 기대하는 만큼의 수익성이 있는지였다. 나는 그에게 이런 것들을 확인할 수 있을 만한 재무기록을 보여달라고 요구했다. 나는 모든 면에서 그가 투자한 만큼의 동등한 투자를 하기로 했기 때문에 이런 것들을 미리 정확하게 확인해야만 최종적인 결심을 할 수 있다고 생각했다.

여기서 독자들도 데이브 에저튼을 좀 이해할 필요가 있다. 그는 세부적인 사항, 즉 디테일에 약한 편이고, 재정적인 부분에 대해서는 특별히 더 그러했다. 그는 돈이나 재정문제에 대해서 상당히 무딘 사람이었다. 그는 매우 창의적이고, 비상하게 머리가 좋으며, 개념적인 용어로 사고하는 사람이다. 그는 자신의 사업이 비록 매출은 높지 않지만 이익이 상당히 크다고 말했다. 당시 그의 매장이 문을 연 지 6~7주 정도밖에 되지 않았을 때였는데, 그는 내게 이렇게 말했다.

"짐, 나는 재무서류나 금융장부 같은 건 없어요. 내가 얼마나 많은 수입이 들어왔는지, 또 얼마나 많은 지출을 했는지는 알려줄 수 있고 내 수표책도 보여줄 수 있어요. 그러나 정확한 손익을 말해줄 만한 대차대조표 같은 장부는 없어요."

나는 그에게 대답했다.

"그렇다면 당신이 가지고 있는 자료를 전부 모아서 나를 도와주고 있는 회계사 휴 실링턴Hugh Shillington에게 보내는 게 어때요? 그는 공인회계사예요. 아마 그 사람이 당신의 자료를 모두 모아 일목요연한 대차대조표를 만들 수 있을 겁니다. 그렇게 되면 당신이 정확하게 얼마를 투자해서 어떻게 지출했는지와, 매장이 열린 후의 손익과 그 변동추이를 알 수 있을 겁니다."

데이브로서는 충분히 받아들일 수 있는 제안이었다. 그는 내게 사업이 이미 수익성이 있다고 말했지만 정확한 수치는 제시하지 못했다. 그는 이 식당이 다른 식당에 비해 인건비 지출이 매우 낮다는 점을 근거로 매출의 28%에 육박하는 이익이 나고 있다고 추측했다. 그러나 나는 이렇게 작은 매장에서 그리 높지 않은 매출로 이익률이 그렇게 높을 수 있다는 사실을 믿을 수 없었다. 하지만 충분히 이익을 남길 수 있는 사업이라는 그의 생각만큼은 받아들이고 있었다. 그는 인근 농산물시장에서 주워 온 복숭아 바구니에 돈의 지출과 수입에 관련된 온갖 기록과 장부를 담아 왔다. 그 안에는 판매기록과 수표책, 그리고 식자재와 비품을 구매할 때마다 모인 송장들, 개점 전에 지출한 각종 비용에 대한 청구서, 그리고 사업을 준비하고 운영하며 생긴 잡다한 지출내역이 담겨 있었다. 몇 주 후, 실링턴은 데이브 에저튼이 소유하고 있는 플로리다주 마이애미 NW 36번 거리 3090호에 위치한 인스타버거킹 매장에 대한 정식 재무분석자료를 보내왔다. 그 결과는 데이브가 추정한 바와는 큰 차이가 있었다. 그는 28%쯤 수익을 보고 있다고 생각했지만, 실제로는 그때까지 올린 매출 총액 대비 56%의 손실을 보고 있었다.

그렇다면 나는 왜 이런 암울해 보이는 사업에 투자하려고 했을까? 그 이유는, 재무보고서는 아주 짧은 시간 동안의 영업결과만을 반영하고 있고, 창업준비를 위해 매출이 없는 상태에서 지출된 초기투자가 많았기 때문에 손해율이 실제보다 높게 잡혔다고 생각했기 때문이다.

나는 사업에 대한 전망 자체를 그런 관점에서 보고 싶어 하기도 했지만, 무엇보다도 데이브 에저튼의 인품을 보며 그가 나의 좋은 동업자가 될 수 있을까를 나 자신에게 묻고 있었다. 나는 그 점에서 완전히 만족하고 있었기 때문에, 그의 진실성과 사업에 대한 열정을 보고 내가 가졌던 직감적인 판단을 선뜻 믿고 싶었다. 나의 관심은 그 사업의 독특한 운영방식에 맞춰져 있었으며, 내가 현장에서 직접 봤던 것들이 매우 마음에 들었다. 인스타버거킹의 운영방식은 워낙 간결했기 때문에 여러 매장을 가진 체인 형태로 확장하기 쉬우리라고 생각했다. 그리고 그것은 내가 해보고 싶은 일이기도 했다. 물론 자세히 들여다보면 해결해야 할 운영상의 문제가 꽤 있다는 것을 알고 있었지만, 간단한 메뉴구성과 낮은 가격, 높은 수익률과 빠른 서비스라는 이 매장만의 특징은 내게 큰 인상을 주는 개념이었다. 그때 나는 매우 지적이며 흥미로운 이 사람과 함께하는 데 내가 가진 모든 것을 걸 준비가 되어 있었다.

휴 실링턴이 작성한 보고서에 의하면 에저튼은 지금까지 이 사업에 약 2만 달러 정도를 투자했다. 이는 그 자신의 말과도 일치했다. 나도 그만큼의 돈을 투자하기로 하고 데이브가 자신의 첫 인스타버거킹 매장을 열고 3개월 후인 1954년 6월 1일, 우리는 함께 버거킹오브마이애미Burger King of Miami, Inc. 라는 회사를 설립했다. 새로 설립된 이 회사에서 데이브 소유의 재산소유권과 부채를 모두 인수했다. 우리는 지분을 각자 50%씩 나누어 가졌다. 나와 데이브 사이에 작성된 계약서에 의하면, 우리는 합쳐서 4만 달러를 투자해 회사를 설립하고, 그 회사는 인스타버거킹 매장 한 개를 소유하여 경영하는 것으로 되어 있었다. 내가 투자금을 회사에 입금하고 나니, 이제 회사는 매장을 몇 개 더 열 수 있을 만한 충분한 현금을 보유하게 되었다. 우리는 장부상 상당한 손실을 기록하고 있었지만 성장과 확장에 대한 자신감이 있었다.

당장 눈앞에 문제가 쌓여 있었음에도 불구하고 우리는 앞길에 많은 기회가 숨어 있으리라는 기대를 품고 앞으로 나아가려 했다. 우리에게는 욕심과 열정이 있었고, 앞으로 나가는 데 필요한 자금도 갖추고 있었다. 문제점이 있다고 해서 우리의 희망의 폭이 좁아지지도 않았고, 지금까지의 부진한 기록으로 인해 미래의 기회를 추구하는 것을 주저할 수도 없었다.

다시 허우적거리다

1957년 이전의 초기 버거킹 매장

데이브와 힘을 합쳐 인스타버거킹 사업에 투자하겠다는 것은 그때까지 내가 내린 사업상의 결정 가운데 가장 중대한 결정이었다. 이 낯선 방식의 음식 서비스에 고객이 어떤 반응을 보일지, 과연 이런 방식의 사업이 성공할 수 있을지 그 당시에는 전혀 예측 불가한 상황이었다. 콜로니얼인이나 브리켈브리지레스토랑을 여는 과정에서 느꼈던 두려움과 근심을 또다시 고스란히 느끼기 시작한 시기였다. 마음속으로는 이 참신한 서비스 방식에 대한 믿음이 있었지만 여전히 지워지지 않는 의구심도 있었다. 그것은 사업의 성공 가능성에 대한 것이었다. 과연 우리는 셀프서비스라는 개념과 두 개의 이상하고 제멋대로인 기계를 가지고 성공적인 식당 체인을 구축할 수 있을까? 이 실험적인 아이디어의 성공 가능성은 아직 시장을 통해 입증된 바가 없었다. 몇 년 전에도 그랬던 것처럼, 나는 내가 동원할 수 있는 모든 자금을 여기에 쏟아부었다. 완전히 낯설고 전혀 검증된 바 없는 사업 아이디어를 가지고 성공을 거둘 수 있다는 가정 아래 모든 위험을 감수하고 있었던 것이다.

돌이켜보면 나는 내 생각에 의문을 품었어야 했다. 당시 나는 2만 달러 조금 넘는 자산을 가지고 있었는데, 이는 지난 6년 동안 사업을 벌이면서 모은 전 재산이었다. 당시 나는 직감이 나에게 괜찮다고 말해주는 것만을 믿고 모든 것을 다 걸고 있었지만, 냉정히 생각해보면 새 사업 아이디어는 매우 낯선 것이고 알려진 바도 별로 없는 것이었다. 낸시와 나는 지금 막 집을 샀으나 그 집에는 대출이 있었다. 책임져야 할 세 아이를 생각하면 이렇게 큰 경제적 부담을 떠안는 것은 위험한 일이었다. 만일 실패하고 나면 예비자금은 거의 없는 상황이었다. 내가 좋아하고, 심지어 존경하기까지 하는 사람과 50대 50으로 동업을 한다지만, 냉정하게 따지고 보면 그에 대해서 많은 것을 알고 있는 것도 아니었다. 오랜 세월이 지나 돌아보면, 나와 데이브의 관계는 항상 아주 좋았다. 적어도 그 점만 생각하면 내 직감은 정확했다. 그와 오랜 시간을 함께하면서 의견차이나 견해의 불일치는 여러 번 있었지만, 우리의 관계는 늘 각별했고, 결과적으로 동업자 관계를 떠나 우리는 진정한 친구였다.

데이브와 나는 각자의 급여를 얼마로 정할지 함께 고민했는데, 많은 의논 끝에 나에게는 매년 1만 2,500달러, 그에게는 매년 1만 달러의 급여를 책정하기로 했다. 동등한 지위의 동업자임에도 그는 새 집과 부양해야 할 다섯 식구가 딸려 있는 내가 돈이 좀 더 필요할 것이라고 이해해주었다. 나는 그의 사려 깊고, 이해심 많고, 이기적이지 않은 태도에 진심으로 감사했다.

두 사람의 합작으로 회사가 설립되자마자 우리는 버거킹 매장 두 곳을 더 열기로 했다. 부동산을 직접 개발할 만한 자금은 없었기 때문에 우리는 투자자를 물색했다. 그들이 땅을 매입한 후 우리의 사업에 맞게 우리가 요청한 설계대로 건물을 지은 뒤 우리에게 임대해주길 바랐다. 초기의 버거킹 건물은 당시의 소프트아이스크림 매장이나 루트비어 매장과 비슷한 모습이었다. 건축 비용은 1만 5,000달러, 토지 비용은 2만 5,000달러 정도였기 때문에 매장 하나를 연다는 것은 4만 달러의 투자자금을 가진 부동산 개발자를 찾아야 한다는 뜻이었다. 문제는 만일 사업이 실패할 경우 부동산 개발자는 딱히 다른 용도로는 사용하기 어려운 건물을 떠안아야 한다는 것이었다. 우리를 포함해서 모든 사람에게는 각자가 감당할 만한 위험부담의 적정 수준이 따로 있기 마련이다.

우리는 마이애미에 있는 부동산 소유자 두 명에게 음식점 건물을 짓도록 설득할 수 있었다. 한 곳은 SW 8번 거리 6091호였고, 또 다른 곳은 NW 7번 거리 8995호였다. 그런데 두 곳의 매장 모두 개점 직후부터 영업실적이 좋지 않았다. 우리는 크게 실망할 수밖에 없었다. 두 곳 모두 매장에서 식사하기를 원하는 손님을 위한 옥외 테라스를 갖추고 있었으나 손님들은 대개 차 안에서 식사하기를 원했다. 이어서 우리는 홈스테드Homestead의 1번 고속도로US Highway 1; 미국 동부 최남단인 플로리다주 키웨스트에서 출발하여 최북단 캐나다 접경지역인 메인주 홀턴까지 이어지는 총연장 2,369마일의 도로-옮긴이 옆에 네 번째 매장을 열었다. 이는 마이애미에서 상당히 멀리 떨어진 곳이었지만 땅 주인이 버거킹 매장을 짓는 데 적극적이어서 매장을 열 수 있었다.

새로 연 매장들의 매출은 모두 실망스러웠다. 게다가 인스타 기계들은 툭하면 고장이 났고, 이로 인하여 영업에 막대한 지장을 받았다. 영업부진의 결과로 우리는 심각한 재정위기에 직면했다. 매월 작성되는 영업명세서는 우리가 가진 돈이 빠른 속도로 줄어들고 있다는 암울한 현실을 여실히 보여주고 있었다. 사람들은 우리 식당의 새롭고 독특한 운영방식에 관심이 없는 듯했고, 우리는 그 이유를 알 수 없었다. 더는 버티기 어려울 것 같았다. 1955년이 끝나갈 무렵 나와 데이브의 마음은 흔들리고 있었다. 우리는 재정 절벽에 부딪혔고, 스스로 그 사실을 알고 있었다. 뭔가 대책을 세워야 했다. 그것도 가능한 한 빨리…….

그러나 내 개인사만 보면 좋은 일도 있었다. 1955년은 우리 가족에게는 특별한 해였다. 9월 3일, 낸시는 넷째 아이를 출산했다. 수전 에번스Susan Evans라는 이름을 지어준 예쁜 딸이었다. 어린 수지는 곧 우리 집의 중심이 되었다. 그 아이에게는 자신을 사랑해주는 세 명의 언니오빠와 자신을 돌봐주는 매우 자랑스러운 부모가 있었다. 팸은 벌써 여덟 살이 되어 3학년이었고, 낸시가 수지와 함께 병원에서 퇴원한 날에 린은 1학년이 되어 처음으로 학교에 들어갔다. 린은 며칠 있으면 여섯 살이었다. 두 살이 된 휘트는 아직 집에서 누군가의 지속적인 보살핌이 필요했다. 가족은 늘 든든했고, 수지가 태어나면서 가족 간의 사랑과 우애는 더욱 깊어졌다. 나는 사업의 부진이 우리 가정에 영향을 미치지 않도록 하려고 노력했다. 그것은 가정에서 내가 해야 할 가장 중요한 일이었고, 이 문제에 관해서도 낸시는 당연히 맨 앞장을 서고 있었다.

내가 위기에 처한 사업으로 인해 걱정과 두려움으로 힘들어할 때, 낸시는 특유의 활기 넘치고 긍정적인 태도로 우리 여섯 식구가 사는 가정에 행복감과 평안함을 불어넣어 주었다. 세금을 제하고 나면 연봉 1만 2,500달러에 불과한 박봉으로 그럭저럭 가정을 꾸려나갈 수 있었던 것은 전적으로 그녀의 건강한 상식과 검소함 덕분이었다. 그녀는 누구의 도움도 받지 않고 스스로 모든 식사를 준비하고, 장을 보고, 가족과 자녀들을 돌보았다. 이는 누가 봐도 혼자 감당하기 벅찬 일이었지만 그녀는 이 모든 일을 놀라울 정도로 쉽게 해치웠다. 그녀는 항상 주변 모든 사람에게 행복하고, 자신감 있고, 긍정적인 모습을 보여주었다. 데이브와 내가 회사를 흑자로 전환시키기 위해 필사적으로 노력하던 그 시절, 그녀의 이러한 태도는 적지 않은 위안이 되었다.

해가 바뀌어 1956년이 되었을 때, 회사의 재정상태는 그야말로 끔찍했다. 우리는 야심만만한 낙관론을 가지고 네 곳의 매장을 열었지만, 사실 형편없는 사업적 판단을 거듭해왔다. 내가 회사에 투자한 2만 달러의 자금도 소진되었고, 그에 더해 부채까지 짊어지게 되었다. 그로 인한 부담감이 우리를 짓누르고 있었다. 우리는 분명히 이익이 날 것이라는 지나치게 낙관적인 전망 속에서 사업을 너무 크게 확장해놓았다. 그러나 불행하게도 결과는 기대했던 것과는 달랐다. 네 곳의 식당이 모두 이익을 내지 못하면서 우리는 커다란 문제에 직면했다.

위기에서 탈출하기 위해서는 당장 또 다른 투자를 받아야 했다. 1956년 봄까지 데이브와 나는 18개월간 사업상의 파트너 관계를 지속해왔고, 회사는 두 사람만의 공동소유와 경영으로 유지되고 있었다. 우리는 물에 빠져 허우적거리고 있었고, 손실은 쌓여갔다. 사업은 항상 마이너스였고, 우리는 거기서 벗어나기 위해 끙끙거리고 있었다. 그나마 좋은 소식이 하나 있다면, 우리의 신념만큼은 흔들리지 않았다는 것이다. 우리는 어떻게든, 어떤 식으로든 기적 같은 일이 일어나 상황이 반전될 것이라는 믿음을 가지고 있었다. 그때까지 버티기 위해서는 추가자본이 꼭 필요했다.

필사적으로
투자자를 찾다

초기 버거킹 매장 내부

1955년이 끝나갈 무렵, 나와 데이브는 심각한 재정적 위기에 처해 있었다. 장인인 니콜 박사는 우리를 돕기 위해 약간의 지분을 받는 조건으로 3,750달러를 투자했고, 그와는 별도로 연 6%의 조건으로 1만 달러를 빌려주었다. 다행히 이때 받은 도움은 나중에 모두 갚을 수 있었다. 또 감사의 표시와 함께 그의 노후생활을 도와드리는 의미로 약간의 스톡옵션도 챙겨드렸다.

1956년, 우리는 새로운 버거킹 매장의 개점과 함께 사업이 회복되기를 바랐지만 그런 일은 일어나지 않았다. 상황은 더 나빠지고 사업이 실패로 끝날 전망은 더욱 커지고 있었다. 우리는 무엇이 잘못된 것인지 그 원인을 알아내기 위해 할 수 있는 모든 것을 해보았다. 우리가 처한 문제의 원인이 잭슨빌의 크레이머와 번스로부터 물려받은 이른바 버거킹 시스템에 있는 것은 분명했다. 인스타 기계는 문제투성이였고, 비효율적이고 믿을 수 없었다. 그 때문에 우리가 제공하는 음식과 서비스의 질이 항상 균등하게 유지되지 않았다. 여러 가지로 바로잡아야 할 것이 많았다. 메뉴는 그런대로 나쁘지 않았지만, 딱히 특별하거나 고객들의 관심을 끌 만한 것은 없었다. 돌이켜보면, 그저 지극히 평범했다.

플로리다주 남부에서 운영되던 우리 매장들의 저조한 판매실적을 불러온 문제의 핵심은, 우리가 제공하는 음식 자체에 문제가 있는 한 '낮은 가격, 제한된 메뉴, 빠른 서비스'라는 우리의 운영시스템만으로 사람들을 열광시킬 수는 없다는 데 있었다. 우리의 경쟁자들이 플로리다주 밖의 다른 곳에서 운영하는 매장들은 우리보다 훨씬 많은 매출을 올리고 있다는 사실을 알고 있었다. 서로 비슷한 일을 하고 있는데 우리가 이렇게 힘든 시간을 보내는 동안 그들은 성공하고 있는 이유를 이해하기 어려웠다. 어쨌든 음식 제조상의 문제, 음식의 품질, 그리고 전달하는 방식에 문제가 있는 것 같았다. 플로리다의 다른 지역에 세워진 버거킹 매장들도 우리와 마찬가지로 매출이 저조했다. 나는 플로리다 남부의 로열캐슬Royal Castle이라는 식당이 상당한 인지도와 최고의 고객충성도를 누리고 있고, 그 원인이 그들의 효과적인 광고전략 때문이라는 점을 알게 되었다. 그래서 혹시 우리의 광고전략에 문제가 있는 것은 아닌지 생각하기 시작했다.

좀 더 시간이 흐른 후에는 낮은 가격에 좋은 메뉴를 제공한다는 우리의 정책도 고객에게는 그렇게 설득력 있게 다가가지 못하고 있다는 사실을 알게 되었다. 우리의 경쟁자들은 우리 햄버거보다 조금 작은 것을 15센트에 팔고 있었는데, 우리는 그보다 조금 크지만 18센트였다. 그렇다면 시장에서는 18센트라는 우리의 가격이 특별히 싸다고 느껴지지 않을 수도 있다. 나는 그때 15센트에 팔 수 있는 햄버거를 새로 개발하지 않고 조금 더 비싼 가격의 햄버거에 안주하고 있었던 것이 가장 큰 실수였다고 생각한다.

당시 업계에서 15센트는 매우 상징적인 숫자였고, 로열캐슬과 맥도날드가 이를 생생하게 입증하고 있었다. 어려움을 겪는 업체가 우리만이 아니라는 사실은 그나마 작은 위안이 되었다. 우리를 따라 플로리다 곳곳에 생겨난 경쟁업체들이 있었다. 골든포인트Golden Point, 헨리스Henry's, 레드반Red Barn, 버거캐슬Burger Castle, 비프버거Biff Burger 등 많은 업체가 시장에 등장했다가 상당수는 얼마 지나지 않아 문을 닫았다. 훗날 큰 성공을 거둔 하디스Hardee's나 화이트캐슬도 당시에는 시장확보를 위해 치열한 노력을 벌이다가 결국 철수했다. 플로리다는 이처럼 힘들고 경쟁이 심한 시장이었고, 우리처럼 여기서 새로운 사업을 벌인다는 것은 누구에게나 어려운 일이었다. 상당한 경험과 자본, 정보, 그리고 용기를 지닌 사람들에게도 이는 마찬가지였다.

모든 연령대의 사람들이 저렴한 햄버거가 건강에 좋지 않을 것이라는 편견을 갖고 있었다. 이 편견을 극복하는 것도 쉬운 일이 아니었다. 또 하나는 주문과 동시에 돈부터 내는 선불 시스템도 문제였다. 이에 익숙지 않은 고객들은 혼란스러워했고, 이렇게 돈을 내는 것을 불편해하는 이들도 많았다. 고객이 우리의 셀프서비스 시스템에 어떻게 반응하는지 알아보기 위해 나는 길 건너편에 차를 세워놓고 그 안에서 사람들의 반응을 관찰하기도 했다.

당시로는 아주 새롭고 낯선 우리의 시스템 때문에 고객들이 혼란스럽고 짜증스러워한다는 사실을 알게 되었다. 그들은 일단 돈을 내고 나면 그들이 값을 이미 치른 주문내용을 우리 직원들이 정확하게 기억하고 있을지 매우 불안해했다. 인스타의 티켓 결제 시스템에서 생겨난 문제였다.

우리는 나름의 체계를 잡을 목적으로 고객이 일단 주문을 하면 그 내용에 따라 일련번호가 찍힌 티켓을 발급하는 시스템을 운영하고 있었다. 고객은 그것을 들고 음식이 나올 때까지 기다렸는데, 정작 그들은 티켓의 의미를 잘 이해하지 못하고 있는 것 같았다. 예를 들어 18센트짜리 햄버거 두 개를 주문한 사람은 '18센트'라고 인쇄된 파란색 티켓 두 장을 받았다. 10센트의 감자튀김을 주문하면 하얀색 티켓이 발급되었다. 붉은색 티켓은 소다음료 같은 음료수 티켓이었다. 고객들은 돈을 내고 받은 이 티켓을 의심스러운 눈초리로 바라보았다.

"나는 음식값을 냈는데 왜 티켓을 주는 거지? 이걸 어디다 쓰라는 거야?"

이들이 더욱 혼란스럽게 느끼는 것은 돈을 내고 티켓을 받으면 음식이 나오는 옆 창구로 즉시 이동해야 한다는 것이었다. 이때 직원들은 고객에게 주문내용을 확인하기 위해 다시 묻는 경우가 있었는데, 이때 고객이 조금 전 주문한 내용을 자기 자신도 정확하게 기억을 하지 못하게 되면, 그렇지 않아도 이미 느끼고 있는 스트레스에 심적 부담이 더해졌다.

극장표 판매방식과 비슷한 매표 시스템 도입의 결과는 끔찍했고, 우리는 서비스 시스템 전체를 전면 개편해야 한다는 결론에 다다랐다. 우리는 잭슨빌에서 보고 배운 시스템에 너무 오랫동안 안주하고 있었다. 나중에 우리는 서비스 시스템을 완전히 바꾸었지만, 그때는 이미 우리 매장을 처음 찾았던 고객들이 떠나가고 한참 뒤였다.

크레이머와 번스는 아직도 서비스나 음식의 품질, 생산 과정 등의 문제점을 제대로 파악하지 못하고 있는 것이 분명했다. 우리는 고객이 요구하는 것을 제공해주지 못하고 있었고, 그로 인해 커다란 대가를 치르고 있었다.

데이브와 나는 현재의 시스템을 그대로 유지하려면 주문에서 음식 제공까지의 시간을 대폭 줄여 고객들이 느끼는 혼란을 없애야 한다고 생각했다. 우리는 고객이 주문하고 돈을 내면 불과 몇 초 안에 음식을 내줄 수 있는 시스템을 고안했다. 우리가 주목한 것은 고객들이 빠른 속도의 서비스를 요구하고 있다는 점이었다. 이에 맞춰 우리는 보다 완벽하고 빠른 주문처리 시스템 개발에 골몰했다. 우리 사업의 성공 여부는 얼마나 빨리, 정확하게 고객의 주문을 수행하는가에 달려 있다고 확신했다.

나는 표어를 하나 만들어 매장 벽에 걸었는데, 그 내용은 간단했다.

"고객은 시간과 돈 두 가지를 다 지출할 수 있지만, 시간보다는 돈을 지출하기를 원한다."

이후 나는 신입직원 교육 초기에 빠른 서비스를 강조하기 위해 이 표현을 자주 사용하곤 했다.

인스타로부터 공급받고 있는 기계는 골칫덩어리로 판명이 났다.

이 기계가 어느 정도인지는 앞에서도 설명했지만, 인스타 브로일러에 얽힌 사건을 하나 더 언급하고 넘어가고 싶다. 우리의 사업을 시작한 첫해에 있었던 일이다. 어느 날 데이브는 매장을 열기 위해 인스타 브로일러를 사용할 준비를 마쳐놓았다. 그런데 한 시간 정도는 별문제 없던 기계가 갑자기 제멋대로 작동하기 시작했다. 마침 그때 데이브가 기계 앞에 있었다. 금속과 금속이 부딪치고 마찰하는 듯한 이상하고 비정상적인 소리가 나더니 브로일러는 결국 정지해버렸다. 그는 화가 머리끝까지 치밀어 올랐다. 좌절감은 그보다 더했던지, 그는 공구상자에서 어린 시절 보이스카우트 활동을 할 때 사용하던 손도끼를 꺼내 들었다. 도끼 손잡이에는 '데이브 에저튼'이라고 새겨져 있었다. 그는 너무도 화가 나서 도끼를 치켜들더니 그 스테인리스스틸 기계의 날 부분을 내리쳐 버렸다. 기계의 작동에 필요한 가장 중요한 부분을 부숴버린 것이다. 데이브는 신경질적으로 소리쳤다.

"이 쓰레기 덩어리를 쓰느니 차라리 내가 하나 새로 만드는 게 낫겠어!"

그것을 지켜보던 나도 다급했다.

"만들려면 빨리 만들어야 해. 당장은 하나 남은 예비용 기계로 영업을 할 수 있지만, 그것도 언제 고장 날지 모르니까."

데이브는 자기가 말한 대로 훨씬 나은 브로일러를 만들어냈다. 그는 새 기계에 대한 자신의 아이디어를 스웨덴 출신의 기술자 칼 선드먼Karl Sundman에게 설명했다. 선드먼은 제품개발과 제조가 가능한 공장을 가지고 있었다. 3주 후, 두 사람은 빠르고 효율적이고 생산적이며, 말썽도 거의 없이 연속생산이 가능한 새로운 브로일러를 만들어 왔다. 그 기계의 기본원리는 지금도 버거킹 매장에서 사용하는 모든 브로일러에 충실히 적용되고 있고, 우리와 비슷한 형태의 식당에서 사용되는 장비 제조의 모델 역할을 하고 있다.

한편 크레이머와 번스는 그들대로 프랜차이즈 모집을 통해서 1950년대 중반에 자신들의 근거지인 잭슨빌 지역은 물론이고 할리우드Hollywood, 포트로더데일Ft. Lauderdale, 웨스트팜비치West Palm Beach, 멜버른Melbourne, 포트피어스Ft. Pierce, 탬파Tampa, 올랜도Orlando 등지에도 매장을 냈다. 이들 매장에서도 우리가 겪었던 것과 똑같은 문제가 발생했고, 그 결과 우리와 마찬가지로 심각한 재정위기에 처했다. 우리는 힘겹게 버티면서 사업을 획기적으로 '도약'시키고, 수익성과 매출을 크게 높일 묘수를 찾기에 골몰하고 있었다. 그러나 매출은 낮고 손실이 쌓여가자 어쩌면 우리 모두에게 인스타버거킹 사업을 시작한 것 자체가 잘못된 것이 아니었을까 하는 생각이 들기 시작했다.

그러나 당시 우리의 재정상황으로 볼 때, 사업을 계속하면서 그 안에서 해결책을 찾는 것 말고는 다른 선택의 여지는 없었다. 눈앞에는 실패의 위협이 끊임없이 어른거리고 있었고, 우리는 새로운 아이디어와 단점보완을 통해 이 우울한 숲에서 벗어날 수 있기만을 바라고 있었다.

시간은 충분하지 않았고, 우리 두 사람은 필사적이었다. 우리는 현재 운영 중인 네 개 매장을 흑자로 전환하기 위해서는 반드시 자본을 추가로 끌어들여야 한다고 생각했다. 자본을 더 유치해 몇 개의 매장을 더 내고, 데이드카운티Dade County 지역을 중심으로 우리 사업을 광고하고 홍보한다는 것이 우리의 계획이었다. 장인 니콜 박사도 자본을 추가 유치해야 하는 우리의 상황을 이해하고, 친구들이나 환자들 가운데 투자 가능성이 있는 이들을 우리에게 소개해주었다. 다른 사람의 자본을 끌어들이면 결국 회사 안에서 우리의 지분이 줄어들게 된다는 사실을 데이브도 나도 잘 알고 있었지만 어쩔 수 없었다. 우리는 자본유치를 위해 최선의 노력을 다했다.

1956년 초, 우리의 자금이 바닥을 드러내고 거의 파산 지경에 이르렀을 즈음, 니콜 박사의 자택에서 열린 칵테일파티에서 하비 프루호프와 그의 아내 앤절라Angela를 만났다. 프루호프는 디트로이트에서 오늘날의 프루호프트레일러사를 일군 주인공이다. 그는 1950년에 경영일선에서 은퇴하고 마이애미비치Miami Beach에서 생활하며 최근에 겪었던 심장마비의 후유증을 치료하던 중이었다. 그날 저녁의 만남은 즐거웠다. 하비는 사업에 관해 이야기하는 것을 좋아했다. 그날 대화를 나누며 하비가 보인 반응은 나와 버거킹 사업에 상당한 관심을 가진 것이 분명해 보였다. 그는 나의 과거 경력과 외식사업에 대한 내 경험담을 듣고 이런저런 좋은 질문을 던졌다. 나는 있는 대로 다 털어놓았다.

그는 내게 직설적으로 물었다.

"자, 젊은이, 그렇다면 앞으로의 계획은 뭔가?"

나는 우리의 현재 경영이 엉망이라고 솔직하게 고백하고 우리에게 어떤 문제가 있는지 설명했다. 나는 마침 주머니 속에 있는 회사의 대차대조표를 보여드리고 싶다고 대답하면서, 그걸 보면 우리의 실망스러운 상황을 한눈에 알 수 있을 거라고 말했다. 재무제표를 훑어보며 그도 우리의 상황이 얼마나 암울한지 바로 이해한 것 같았다. 나와 데이브가 둘이 합쳐서 4만 달러를 투자했지만 모든 돈이 사라지고 없음을 재무제표가 설명해주고 있었다. 그는 우리가 거의 파산 지경에 이르렀다는 사실을 이해했다. 납품대금도 제대로 지급할 능력이 없지만 우리와 거래하는 사람들이 인내심을 가지고 기다려주는 상황이라는 것도 나는 솔직하게 말했다. 이 위기를 극복하기 위해서는 새로운 자본을 누군가로부터 투자받아야 하며, 충분한 자금을 지원받을 수 있다면 회사의 체질이 훨씬 강화되고 몇 개의 매장을 새로 열 수 있다고 덧붙였다. 또 사업을 호전시키기 위한 광고와 마케팅 프로그램을 구축하려는 계획도 이야기했다.

하비는 이렇게 말했다.

"자신이 뭘 하고 싶어 하는지 정확하게 알고 있는 젊은이군. 자네에게 투자하겠네. 내가 얼마나 투자해주면 되겠나?"

나는 회사 지분의 절반을 갖는 조건으로 6만 5,000달러 정도를 투자해달라고 부탁했다. 나머지 절반의 지분은 데이브와 내가 똑같이 나눠 갖게 될 것이다. 그는 주저하지 않고 내가 요구한 대로 들어주겠다고 답했다. 그와 새로운 동업자가 된다는 사실과 함께 그의 빠른 결정에 나는 숨이 막힐 지경이었다. 이렇게 하여 우리는 추가자본 유치에 성공했고, 회사는 파산 위기에서 벗어났다. 우리는 일주일 후 론워스크로 Lon Worth Crow Co. 에서 만나기로 했다. 이는 부동산 담보대출과 부동산 개발을 주업으로 하는 회사로, 우리 회사가 지탱하는 데 도움을 주고 있었다.

1956년 4월 30일에 최종 계약을 체결했다. 최근에 만난 잘 알지도 못하는 두 청년과 함께 생소한 사업분야에 투자를 하는 새로운 도전을 앞둔 하비는 우리의 대차대조표를 다시 한번 확인하게 해달라고 요구했다. 나는 관련 서류를 그에게 넘겨주고 그를 골똘히 바라보았다. 그의 시선은 현재 마이애미의 버거킹 사업이 거의 파산 직전에 와 있음을 설명해주는 서류의 오른쪽 하단부에 고정되어 있었다. 내게로 시선을 옮긴 그의 눈빛은 약간은 당황스러운 듯했다. 그는 상당히 위험한 투자이기는 하지만 우리 두 사람을 믿고 함께 일해보겠다고 말했다. 이어서 6만 5,000달러짜리 수표에 서명을 해주었다. 내 생각에 그 돈은 우리가 그토록 바라던 반전을 가져다주기에 충분한 금액이었다.

이 특별한 사건은 내 개인의 삶에서도 중요한 계기가 되었다. 이 투자를 계기로 하비는 내게 훌륭한 친구이자 멘토가 되었고, 이러한 관계는 1968년에 그가 세상을 떠날 때까지 변하지 않았다. 그의 우정과 조언, 그리고 함께한 상담은 버거킹이 초반 격동기의 어려움을 잘 넘기고 성장, 발전, 확장하여 결국 성공에 이르는 데 큰 도움이 되었다. 그는 경영현장에서 활발하게 활동하지는 않았지만, 적절한 자신의 역할을 찾아서 수행하는 방식으로 회사 발전에 공헌했다. 그의 인내심과 이해심 덕분에 우리는 후에 만난 고비 때마다 전례 없는 성장과 번창의 기초가 될 전략적 결정을 소신껏 내릴 수 있었다.

그와 나눈 개인적인 관계가 나에게 매우 중요했던 것만큼 그에게도 중요했다고 믿고 싶다. 그는 사람을 보고 판단하는 데 탁월했던,

사려 깊고 신중한 사람이었다. 그와 많은 시간을 함께하며 그로부터 많은 조언을 얻을 수 있었던 것은 나만이 누렸던 특별한 행운이었다고 생각한다.

그러나 처음 한동안은, 나와 데이브의 투자가 실패로 보였던 것처럼, 버거킹에 대한 하비의 투자도 거의 실패로 돌아가는 것처럼 보였다. 그러나 결국은 우리 모두 승자가 되었다. 하비는, "계란은 한 바구니에 담아야 하고, 우리는 그 바구니만 쳐다보는 거야"라고 믿었다고 한다. 그는 이 같은 촌철살인의 말을 여러 번 했다. 또 경영현장에서 큰 도움이 될 만한 실용적이고 솔직한 충고도 많이 해주었다. 나는 그로부터 충분히 이해가 되고 현장에서 실천이 가능한 여러 가지 사업의 이론과 실제뿐 아니라, 사업현장에서 윤리적으로 적절하게 행동하는 것의 중요성도 배웠다.

나는 하비가 우리에게 투자하면서 6만 5,000달러의 투자금을 모두 날릴 각오를 하고 있었고, 그렇게 된다 해도 미련을 갖지 않을 생각을 하고 있었다고 확신한다. 그러나 시간이 흐르며 버거킹이 확장을 거듭하면서 투자의 결과로 자신의 재산이 급격하게 늘어나는 과정을 그는 흐뭇하게 즐겼을 것이다. 1967년에 우리가 필스버리사Pillsbury Company에 인수합병될 무렵 그의 지분가치는 거의 1,000만 달러에 달했고, 여기에 배당금까지 합하고 훗날 필스버리의 상장, 그리고 그랜드메트로폴리탄Grand Metropolitan의 투자를 받아 합병될 때쯤에는 그의 지분가치가 1억 달러 이상으로 늘어났다. 하비가 즐긴 것은 투자로 인해 많은 수익을 올리고 엄청난 돈을 벌게 된 것만은 아니었을 것이다. 처음 느낀 직감에 의해 믿고 판단한 자신의 모험이 성공했다는 것 자체를 즐긴 것이다! 나는 그가 버거킹 사업 초기단계에 비즈니스 세계에서 자리를 잡기 위해 고군분투할 때, 우리가 성장과 발전을 거듭하던 그 과정을 통해 진정한 즐거움을 느꼈으리라고 생각하고 있다.

프루호프로부터 투자받은 자금으로 나와 데이브는 세 개의 버거킹 매장을 더 열었다. 다섯 번째 매장은 먼저 열었던 네 개의 매장보다 영업실적이 훨씬 좋았기 때문에 우리에게 절실하게 필요했던 자신감을 조금이나마 회복할 수 있었다. 그러나 여섯 번째와 일곱 번째 매장의 영업실적은 매우 실망스러웠다. 아무리 노력해도 매출을 신장시키기는 어려워 보였다. 어쨌든 우리는 일곱 개의 매장을 운영하게 되었는데, 매출실적은 여전히 저조했기 때문에 또다시 손해가 쌓이기 시작했다. 영업방식을 대대적으로 개편하지 않는 한 이런 상황은 바뀌지 않을 것 같았다. 하비의 투자금을 사업에 쏟아부었음에도 불구하고 그에 합당한 결과를 만들어내지 못하고 있다고 생각하니 스스로가 참으로 혐오스럽게 느껴졌다.

나는 그때까지 사업을 하면서 몇 차례 실패를 경험하며 그때마다 모욕감을 느꼈다. 그 충격은 엄청났다. 세 차례에 걸친 잘못된 사업 아이디어로 인해 나는 매번 파산 직전의 상황에 몰렸다. 지금으로 봐서는 네 번째 파산 위기에 내몰릴 것이 분명했다. 자신감과 자존감은 이제 밑바닥에 다다르고 있었다. 이 벼랑 끝에서 언제쯤 벗어날 수 있을까?

어쩌면 내가 너무 거만하고 건방져진 것인지도 몰랐다. 나는 스물한 살에 첫 직장인 YMCA에서 대성공을 거뒀다. 그때 얻은 교만함으로 인해 나도 모르게 점점 더 감당할 수 없는 상황으로 스스로를 내몬 것이 아닐까? 콜로니얼인의 성공으로 자신감이 회복되었지만 그후 브리켈브리지레스토랑에서 또 다른 실망을 겪었고, 완전히 실패할 뻔했다. 그리고 처음 인스타버거킹에 투자할 때 세 번째 파산 위기와 마주해야 했다.

나는 하비에게 회사의 실적과 상황을 있는 그대로 알려주고 있었다. 사업성에 대한 실망감도 함께 나누었고, 상황이 얼마나 좋지 않은지도 이야기했다. 약속한 결과가 나오지 않아 당시 내 마음은 죽을 지경이었다. 우리는 하비가 투자한 자금을 새로운 세 개 매장에 투입하면서 우리 사업의 흑자전환을 기대했지만 원하는 대로 흘러가지는 않았다.

지금 생각해보면 그때 우리의 판단이 잘못되었다는 사실을 부인하기 어렵다. 당시에 우리가 한 일은 기록으로 모두 남아 있다. 낙관주의로 인해 판단력이 흐려졌던 것이 사실이고, 하비로부터 투자받은 돈은 새 매장을 세 개나 여는 데 사용하는 대신 빚을 갚는 데 먼저 썼어야 했다.

재무구조는 다시 부실해졌고, 재정의 어려움은 하루가 다르게 심각해져 갔다. 어느 날 밤, 나는 평소처럼 하비에게 경영 상황을 설명하면서 어쩌면 그로부터 투자받은 돈을 모두 날려버릴 것 같아 무척 괴롭다고 이야기했다. 나는 그가 나에게 보내준 신뢰를 매우 소중하게 여겼지만, 그의 신뢰에 보답할 수 없는 현실로 인해 괴로워했다. 그러나 그는 투자금을 날리게 될 자신보다 나를 더 걱정해주면서 나의 삶과 사업가로서의 앞날에 대해 좀 더 긍정적으로 생각해보라고 나를 격려해주었다. 자신은 걱정하지 말고, 미래를 끊임없이 고민하고 모색하면서, 한편으로 성경을 읽으며 하나님의 선한 인도를 구한다면 그분께서 모든 것을 최선의 길로 인도해주실 것이라고 용기를 주었다. 실망과 낙담으로 가장 힘든 순간에 하비는 내게 꼭 필요한 도움과 새로운 힘을 불어넣어 주고 있었다. 나는 이 멋진 신사분과 함께 했던 인격적인 교류의 순간을 결코 잊지 못할 것이다.

격동의 시기에 기업가들이 자기 자신에게 줄 수 있는 가장 좋은 선물은 긍정적 사고다. 무거운 닻을 달고 있는 채로는 경주에서 빨리 뛸 수 없고, 실망과 자책은 사람이 짊어져야 할 닻 중에 가장 무거운 닻이다. 역경이 당신을 고난에 빠뜨릴 가능성은 언제나 있지만, 항상 실수로부터 배우고 신념에 충실해야 한다. 부정적인 생각은 부정적인 결과를 낳을 뿐이다.

Chapter

8

와퍼의 탄생

61번가에 있었던 초기 버거킹 매장과 유명한 '빵 위에 앉아 있는 왕' 로고

데이브와 나는 어떻게 하면 이 절박한 상황에서 탈출할 수 있을지에 대해서 끊임없이 생각했다. 버거킹의 시스템은 모두 멎어 있는 상태였다. 크레이머와 번스는 그들대로 많은 어려움을 겪고 있었다. 그들에 의해 할리우드와 포트로더데일, 팜비치 등에 세워진 다섯 개의 프랜차이즈 매장은 우리보다 더 상황이 나빴고, 탬파와 올랜도 매장도 크게 다르지 않았다. 그들이 직접 소유하고 있던 잭슨빌 매장도 그리 잘 돌아가는 편은 아니었다.

이제 데이브와 나는 버거킹 스타일의 영업방식으로는 어떤 활기도 기대할 수 없다는 사실을 인정할 수밖에 없었다. 고객들은 우리 매장에 어떠한 매력도 느끼지 못하고 있었다. 1957년, 크레이머와 번스는 플로리다주 게인즈빌 Gainesville에 조립식 건물로 새로운 버거킹 매장을 열었다. 그 매장은 플로리다대학교 캠퍼스 근처에 있었다. 그들이 조립식 매장을 선택한 것은 처음에 시작한 장소에서 영업이 신통치 않으면 매장을 해체하여 다른 장소로 옮겨 다시 열어 영업하겠다는 발상에서였다. 이는 현재의 시스템을 전체적으로 개선하기보다는 장소를 바꿔보겠다는 상당히 수세적인 생각이었다. 그러나 그들이 이러한 매장을 연 것을 계기로 우리는 이 사업을 시작한 지 3년 만에 가장 중요한 결정을 내리게 되었다.

이 조립식 매장이 개점했다는 소식을 듣게 된 직후, 데이브와 나는 다른 일로 몇몇 곳을 여행하고 돌아오는 길에 잭슨빌에 들러 크레이머와 번스를 만나 그 매장을 한번 둘러보기로 했다. 우리는 몇 시간 동안 매장에 앉아 있었지만 손님을 단 한 명도 보지 못했다. 딱히 할 일도 없어 무료해진 나는 이 새로운 버거킹 매장에서 나와 한 블록쯤 떨어진 거리를 우연히 바라보았다. 100야드도 떨어지지 않은 가까운 곳에 드라이브인 식당이 하나 있었는데, 손님들이 차례를 기다리며 길게 줄지어 서 있는 장면이 눈에 들어왔다. 그 식당에는 커다란 햄버거를 광고하는 표지판이 붙어 있었다.

나는 그 식당을 한번 둘러봐야겠다고 마음먹고 거리를 가로질러 가서 줄의 맨 끝에 섰다. 식당은 낡고, 지저분했고, 직원들의 서빙도 문제가 많아 보였다. 주차장 바닥도 포장이 되어 있지 않아 차량이 드나들 때마다 먼지가 날렸고, 차에 앉아서 혹은 줄을 서서 차례를 기다리는 손님들도 이 때문에 불편해했다. 건물 밖에 있는 남성용 화장실은 약해 보이는 고리 한 개로 겨우 문을 잠글 수 있어 위태로워 보였다. 한마디로 엉망이었는데도 불구하고 많은 고객이 음식을 사겠다고 줄을 지어 서 있는 광경을 목격한 것이다. 불과 100야드 거리에 있는 근사한 버거킹 매장이 아닌 이곳으로 사람들이 이렇듯 몰려드는 이유는 과연 무엇일까?

줄을 서서 보니, 방금 나온 손님들이 커다란 햄버거가 몇 개씩 담긴 가방을 들고 나가는 것이 보였다. 나도 내 것과 한 블록 떨어진 곳에 있는 데이브의 것, 이렇게 두 개를 주문했다. 커다란 햄버거의 포장을 벗겨보니 4분의 1파운드 크기의 패티와 상추, 토마토, 마요네즈, 피클, 양파, 케첩 등이 5인치 크기의 커다란 빵 사이에 담겨 있었다. 몇 입 먹어보니 왜 고객들이 이 음식을 가방 가득히 사 담아 가는지 금방 알 수 있었다. 일단 크기가 컸고, 맛이 좋았다. 나는 햄버거 하나를 꺼내어 우적우적 씹으면서 나머지 하나를 들고 데이브가 기다리고 있는 버거킹 매장으로 갔다. 그 맛이 얼마나 좋았던지 나는 감명을 받아 데이브의 의견은 어떤지 듣고 싶었다. 새 버거킹 매장은 여전히 손님이 없었다. 딱히 할 일 없이 우두커니 앉아 있던 데이브도 내가 가져온 햄버거 포장을 벗겨내어 내가 그랬던 것처럼 맛있게 먹었다. 바로 그 순간 우리는 우리 사업에 가장 큰 영향을 미치게 될 아이디어가 떠올랐다.

데이브와 나는 새로운 조립식 버거킹 매장을 충분히 둘러본 후 차를 타고 마이애미의 집으로 향했다. 우리가 여행할 때마다 운전은 대개 데이브가 하는 편이었다. 차에는 작은 버번bourbon; 위스키의 일종-옮긴이이 한 병 있었는데, 나는 여기에 조금 전 주유소에서 산 세븐업7 Up; 미국 사람들이 즐겨 먹는 탄산 청량음료-옮긴이을 부어 마시면서 아까 먹었던 정말 크고 맛있는 햄버거를 생각했다. 생각하면 할수록 내 마음속에 막 떠오르기 시작한 아이디어에 점점 고무되어갔다.

우리가 탄 차가 미카노피Micanopy라는 작은 마을을 지날 때쯤 나는 내 마음속에 떠오른 아이디어에 극도로 흥분해 있었다. 내용물이 풍성한 커다란 햄버거를 마이애미에 있는 우리 매장에서도 팔아보면 좋을 것 같았다. 내 생각을 들은 데이브도 두말할 것 없이 동의했다. 나는 새로운 메뉴의 이름을 '와퍼Whopper'로 하면 어떻겠느냐고 제안했다. 어감에서 크다는 이미지를 연상할 수 있기 때문이었다. 그도 동의했다. 버거킹 간판 바로 아래에 '와퍼가 시작된 곳Home of the Whopper'이라는 문구를 새겨 넣어 우리가 이 새로운 메뉴의 원조라는 사실을 홍보하자는 내 생각도 이야기했다. 우리는 둘 다 매우 적절한 홍보라는 데 동의했다. 우리는 자정이 훨씬 지나서 마이애미에 도착했지만, 와퍼라는 새로운 형태의 햄버거를 우리 메뉴에 추가하려는 생각으로 흥분에 쌓여 피곤함도 잊고 있었다.

우리는 되도록 빨리 당시 운영 중이던 일곱 개 매장의 지붕에 붙어 있던 간판을 모두 바꾸기로 했다. 그리고 우리는 며칠 만에 모든 매장 앞에 "신상품 와퍼 햄버거, 37센트"라고 쓴 A자형 목재 광고판을 설치했다. 데이브와 내가 가격을 37센트로 정한 것은 2센트의 매출세sales tax를 더해도 40센트를 넘기지 않도록 하기 위해서였다. 그보다 비싸면 고객들이 가격에 부담을 느낄 것 같았다. 그러나 몇 주 후에는 39센트로 인상했다. 그때만 해도 우리는 이 제품이 미국에서, 아니, 어쩌면 전 세계에서 가장 잘 알려지고 인기 있는 샌드위치 상품이 될 것이라고는 전혀 생각하지 못했다.

우리는 여행에서 돌아온 후 며칠 만에 와퍼의 구체적인 사양을 정하고, 실제로 일곱 개 매장 모두에서 판매에 돌입했다. 이를 계기로 우리 사업은 비로소 상승세를 타기 시작했다. 와퍼는 등장하자마자 놀라운 성공을 거뒀다. 이것이 바로 우리가 그토록 찾아 헤맸던 반등의 순간이었다. 드디어 미래의 성공으로 향하는 문의 열쇠를 찾아낸 것이다. 우리는 그 사실을 실감했다.

와퍼를 출시할 무렵 도저히 믿음이 가지 않던 인스타의 밀크셰이크 머신을 없애고 새니서브Sani-Serve의 회분식 셰이크머신을 새로 들여왔다. 또 데이브가 직접 고안해낸 브로일러는 조리의 속도를 빠르게 했을 뿐 아니라, 일반적인 패티와 와퍼 패티를 함께 구울 수도 있었다. 만일 그가 이 기계를 고안해내지 못했다면 주문받은 와퍼를 바로 내놓는 데 애로가 많았을 것이다. 이렇게 두 가지 기계를 새로 바꾸면서 직원들의 생산성이 전반적으로 크게 향상되었다. 더욱 중요한 것은 고객들도 더 빨라진 우리의 서비스를 인정하기 시작했다는 것이다. 와퍼의 도입으로 우리 사업에는 엄청난 변화가 일어났다. 고객이 늘어나면서 앞으로 모든 것이 잘될 것임을 거듭 확신할 수 있었다.

잭슨빌과의 관계를 계속 유지할 필요가 있을지에 대해서는 와퍼를 출시하기 오래전부터 회의적이었다. 플로리다주 내에 존재하는 몇 안 되는 그들의 프랜차이즈 매장들조차 우리가 가는 방향으로 그대로 따라오고 있는 형편이었다. 생존을 위한 싸움에서 꼭 필요했던 혁신과 변화는 오로지 우리의 힘으로 이루어냈다. 와퍼의 출시는 사업의 발전을 위해 우리가 생각해낸 여러 가지 창의적인 아이디어들 가운데 하나였으며, 이를 통해서 우리는 위기에서 확실하게 벗어날 수 있었다. 데이브와 나는 크레이머와 번스 측에 그들로부터 받은 인스타 기계와 비효율적인 티켓 시스템을 매장에서 없앴다는 사실을 알리고, 앞으로 우리 매장의 메뉴와 규격 그리고 사용하는 설비는 우리가 독자적으로 정할 것이라고 통보했다.

또 우리 매장의 운영방식과 매뉴얼도 우리 스스로 정할 것이고, 머지않은 시일 내에 매장의 내부와 외부 디자인도 독자적으로 결정하겠다고 알렸다. 데이브 에저튼이 고안한 '운영 데이터 매뉴얼Manual of Operating Data'은 우리가 매장을 운영하는 데 있어서 거의 성경과 같이 여길 정도로 완벽했다. 우리는 잭슨빌의 그늘 밑에 더는 머물러 있을 이유가 없다고 생각했고, 이를 그들에게 통보한 것이다. 그런데 그들은 우리의 이러한 생각을 이해해주는 정도를 넘어서 우리가 그 정도의 경영능력을 갖추게 된 것을 감사하는 듯한 반응을 보였다. 우리는 혁신적인 변화를 만들어냈으며, 이제부터 버거킹이 나아가야 할 방향을 마이애미에서 결정한다는 사실은 분명해졌다. 이 주변에서 와퍼를 판매하는 우리 매장의 간판에서는 '인스타'라는 문구가 지워졌고, 우리는 '버거킹—와퍼가 시작된 곳'으로 알려지게 되었다.

그로부터 몇 개월이 지나자 우리의 사업활동과 매출은 놀라운 속도로 늘어났다. 데이브와 나는 우리 미래에 꼭 필요했던 자신감을 충분히 회복했다.

파트너십에 대해서

"짐과 나는 최고의 파트너였다. 나는 출장을 다니고, 짐은 담보와 은행 관련 문제를 처리했다. 내가 적당한 자리를 물색해 이에 대한 자료들을 모아서 돌아오면, 그는 그곳에 매장을 내는 데 필요한 자금조달 작업을 진행했다. 나는 필요한 건축과 시설 작업을 했고, 그렇게 매장을 열었다. 우리는 모든 장비와 부품을 조립하는 거대한 공장을 운영하는 것 같았고, 이러한 우리의 호흡은 그 일을 완결 짓는 데 꼭 필요한 것이었다."

-데이비드 에저튼, 〈플레임 매거진FLAME Magazine〉

제트여객기를 타고
전국으로

첫 가맹점주 찰리 크레브스와 함께

와퍼를 판매하기 시작한 후 우리 회사는 플로리다주 당국과 우리 제품가격에 붙는 세금과 관련하여 시비에 휘말렸다. 고객 한 사람 한 사람에게 와퍼를 판매하면서 발생한 세금이 얼마인지 정확하게 집계하기가 힘들었기 때문에 우리는 세무당국의 매출세과에서 알려준 세금 산출공식에 따라 계산된 대로 세금을 냈다. 이 공식을 적용하면 우리가 매달 내야 할 세금의 액수를 계산할 수 있었고, 우리는 그에 따라 충실하게 세금을 냈다. 그런데 3년 후 당국은 세금 산출공식에 문제가 있었다며 우리에게 이자와 벌금을 포함하여 8,304달러를 더 내야 한다고 알려왔다. 당시 우리는 당장 현금이 없었기 때문에 168장의 선일자수표_{수표의 결제일을 발행일보다 일정 기간 뒤로 정하는 일종의 어음과 같은 기능의 수표-옮긴이}를 발행해 24개월 동안 나눠 내는 것으로 문제를 해결했다. 그러나 그 24개월 동안 일곱 개 매장에서 매월 발생하는 매출에 따라 매출세를 또 내야 한다는 점까지 생각하면, 그렇지 않아도 부족한 자금의 부담이 더욱 커졌다.

그즈음 신시내티Cincinnati 출신의 찰리 크레브스Charlie Krebs라는 사람이 우리 회사로 찾아와 버거킹 5호점을 자신에게 팔 생각이 없느냐고 물었다. 그는 매장을 자신에게 파는 대가로 2만 달러의 현금을 내겠다고 제안했다. 당시 우리는 현금이 절실하던 때였다. 우리는 긴 시간의 논의를 거쳐 5호점을 그에게 넘기기로 하고, 그 매장을 버거킹의 프랜차이즈 가맹점으로 한다는 내용의 계약서에 서명했다. 그때까지만 해도 나와 데이브는 모든 매장을 전체 회사의 독립된 부서와 같은 체제로 운영하는 방안을 검토하고 있었다. 찰리는 우리와의 계약에 따라 매월 매출의 2.9%의 가맹수수료와 2%의 광고비를 내기로 했다. 그 프랜차이즈 계약서에는 또 우리가 만든 '운영 데이터 매뉴얼'에 따라 매장을 운영해야 함을 명시했고, 그 매뉴얼은 계약서에 첨부되었다.

결과적으로 우리는 갑자기 프랜차이즈사업에 뛰어들게 된 것인데, 이번에는 전과 달리 프랜차이즈 권리를 따려는 사람이 아니라 주는 사람의 입장이 되어 있었다. 크레브스에게 5호점을 매각한 것은 버거킹 사업에 대한 관심이 높아지고 있는 데 따른 결과였고, 이는 와퍼 출시 이후 매출이 크게 늘어난 덕분이었다. 찰리는 매장을 인수한 직후부터 운영을 잘 해냈으며 자신의 성공담을 주변 사람에게 이야기했다. 그 이야기를 들은 몇몇 사람들이 우리가 운영하고 있던 나머지 매장을 인수하는 데 관심을 보였다. 이를 계기로 하여 우리는 회사가 직접 소유하여 운영하던 매장을 파는 것이 우리의 재정문제를 해결하는 최선의 방안이라고 생각하게 되었다. 또 그렇게 함으로써 플로리다 남부지방에서 매장 수를 늘리겠다는 중요한 목표를 달성할 수 있다고 생각했다. 매장 확대 작업에 빨리 뛰어들고 싶었던 우리는 광고를 시작했다. 매장을 늘리면 고객도 늘어나고 매출도 늘어난다. 로열티 수입은 운영에 필요한 간접비를 감당하는 데 도움이 될 것이다. 그리고 가맹점으로부터 받는 가맹수수료는 우리 회사의 주요 수입원이 될 것이다.

5호점 매각을 계기로 우리는 앞으로 프랜차이즈 매장을 늘리는 데 초점을 두고 역량을 집중하겠다는 전략적 결정을 내렸다. 나머지 네 곳의 매장도 얼마 지나지 않아 매각했고, 그 매각 작업은 그리 힘들지 않게 끝났다. 이 매장들을 팔고 대금을 받고 나서 우리는 프랜차이즈를 확대하고 빨리 사업을 성장시키기 위해 버거킹 매장들을 추가로 오픈했다. 1957년은 우리가 문자 그대로 식당을 운영하는 회사에서 식당 프랜차이즈업을 하는 회사로 변신하는 분수령이 된 해였다. 그것은 적절한 시점에 내린 올바른 결정이었고, 변화를 위한 몇 가지 중요하고 현명한 일을 해냈다는 점에서 매우 만족스러웠다.

크레이머와 번스는 포트로더데일과 할리우드, 그리고 웨스트팜비치에 있는 자신들의 프랜차이즈 매장을 매각하려 했다. 이들은 영업과 수익 면에서 매우 곤란한 지경에 처해 있었다. 그들은 이들 매장을 매각함으로써 투자한 돈의 일부를 회수하기를 바라면서 우리에게 도움을 청했다. 우리는 그들의 매장을 인수하여 개조하고 조금 업그레이드한 후 적절한 희망자가 나타나면 넘기기로 했다. 크레이머와 번스는 우리의 결정에 기뻐하며 플로리다주 동쪽 해안의 팜비치와 브로워드Broward, 먼로Monroe 카운티와 서쪽 해안의 다른 몇몇 카운티에 지역 독점영업권을 갖는 계약을 체결해주었다. 당시 우리는 데이드카운티에서 매장 출점을 성공적으로 진행하고 있었는데 이제 남부 플로리다 전역에서 버거킹 레스토랑을 세울 수 있는 독점적인 권리를 갖게 된 것이다.

크레이머와 번스의 입장에서는 이 계약을 통해 외형적으로나마 체면치레를 할 수 있게 되었다는 것만으로도 큰 다행이었다. 우리의 성장과 앞으로 나가는 추진력은 사람들에게 깊은 인상을 심어주었고, 잭슨빌의 다른 동료들도 우리가 벌이는 일에 주목하기 시작했다. 이제 신선하고, 새롭고, 혁신적인 아이디어는 모두 마이애미에서 나온다는 사실을 그 누구도 의심하지 않았다. 크레이머와 번스가 여러 개 매장을 거느리는 프랜차이즈 사업가로서 적합한 리더십을 보여주지 못했다는 점도 분명했다.

잭슨빌 쪽 친구들은 하비 프루호프가 우리 회사에 상당히 큰 금액을 투자한 사실에도 관심을 보이며 자주 그 이야기를 물어왔다. 또 와퍼를 출시한 후부터 우리 매장의 매출이 계속 늘어나고 있다는 사실과, 매장과 매출의 확장 속도에도 상당히 깊은 인상을 받은 것 같았다. 그들은 우리가 했던 대로, 잭슨빌 지역에서 상당히 명성이 높았던 지역사업가 벤 스타인Ben Stein을 파트너로 삼아 계약을 체결했다. 스타인은 그들의 회사 버커킹플로리다Burger King of Florida, Inc.의 지분 50%를 갖기로 하고 사업확장을 돕기 위해 상당한 자금을 투자했다.

새로 들어온 자금에 힘입어 크레이머와 번스는 잭슨빌 지역에 예 닐곱 곳의 매장을 새로 냈다. 그러나 불행하게도 이 새로운 매장 가운 데 몇 군데는 장소 선택이 부적절했고, 그 결과 매출도 저조했다. 더 큰 문제는 이들 매장도 상당히 부실하게 운영되었다는 점이다. 전문 성 있는 잘 훈련된 책임자와 관리자, 직원들에 의해 운영되는 매장이 아니었다. 부실하게 운영되는 매장에서 좋은 음식과 최상의 서비스를 제공할 수는 없다. 그들은 최상의 음식과 서비스를 제공하려면 어떻 게 해야 하는지를 잘 모르는 것 같았다. 얼마 지나지 않아 그들의 회 사는 재정이 매우 위태로운 상황에 빠졌다. 크레이머와 번스, 그리고 버거킹플로리다는 스타인으로부터 빌린 채무를 감당할 수 없는 지경 에 이르렀고, 스타인이 자신의 투자자금을 회수할 방법은 회사를 인 수하는 것 말고는 없었다. 이 시점에서 크레이머와 번스는 버거킹 사 업에서 완전히 손을 떼게 된다. 이렇게 회사의 주인이 바뀌는 바람에 데이브와 나는 그때부터 스타인과 그의 소유로 남겨진 부실하기 짝이 없는 회사를 상대해야 했다.

우리는 벤 스타인과 거래를 하는 것이 매우 즐거운 일이라는 것 을 곧 알게 되었다. 그는 현명한 사업가였고, 그와 대화를 나눌 때마 다 우리를 공정하고 솔직하게 대하고 있다는 느낌을 받았다. 문제는 벤이 어쩔 수 없이 식당들을 인수하기는 했지만 외식사업은 그에게 아주 생소한 분야라는 점이었다. 반면 플로리다 남부지역에서 우리의 관리 아래 운영되는 프랜차이즈망은 그 당시 존재했던 버거킹 매장들 가운데 가장 크고 앞서가는 조직이라는 것이 분명했다.

플로리다의 다른 지역에는 프랜차이즈 매장이 몇 곳 없었고, 버거킹은 아직 주 경계 밖으로는 진출하지 못하고 있던 때였다. 스타인의 상황은 심각했다. 그의 버거킹 사업은 거의 익사 직전이었다. 엄밀하게 따지면 매장운영을 위한 적절한 기준을 만들어 제시하는 것은 모기업인 잭슨빌 쪽의 책임이었지만, 그들은 매장운영 기준과 관행이라는 것을 문서로 작성조차 해본 적 없이 주먹구구식으로 운영하고 있었다. 그 때문에 가맹점 점주들은 각자 자신들이 알아서 하고 싶은 대로 운영하고 있는 것이 현실이었다. 그 결과 전체 시스템은 무질서와 혼란으로 엉망이 되어버렸다.

데이브와 나는 우리의 책임 아래 설립되어 관리되는 플로리다 남부가 아닌 다른 지역의 매장에 대해서는 우리가 간섭해서는 안 된다는 것을 잘 알고 있었다. 그러나 그들은 식당을 효율적으로 운영하는 방법을 모르는 듯했다. 그대로 놔두면 실패로 결론이 날 것이 뻔했다. 우리는 벤 스타인을 자주 만나 버거킹의 미래에 대해서 많은 이야기를 나눴고, 이야기는 결국 우리가 전국영업권을 갖는 쪽으로 흘러갈 수밖에 없었다. 우리가 플로리다 남부만을 책임져야 하는 현재의 체제에서는 스타인과 진지하게 마주 앉을 시간적 여유도 없었고, 합의된 구체적인 방안을 본격적으로 추진하기도 어려웠다.

약간 불쾌한 상황도 발생했는데, 잭슨빌에 본사를 둔 버거킹플로리다 측이 우리가 고안한 '와퍼'라는 제품명과 '와퍼가 시작된 곳'이라는 문구를 워싱턴에 상표로 등록해버렸던 것이다. 우리는 그 사실을 나중에야 알게 되었는데, 만일 그때 알았다면 반대했을 것이다. 그런데 한편으로는, 당시에는 우리가 당장 플로리다 남부지역을 넘어 밖으로 진출하려는 구체적인 계획이 없었기 때문에 실제로 반대했을지는 확실히 모르겠다. 당시 우리의 관심은 버거킹 시스템을 전반적으로 개선하는 것에 집중되어 있었고, 당분간은 그것이 가장 중요한 문제라고 생각했다.

우리는 와퍼의 도입이나 매장운영, 건물의 디자인, 장비조달 등 무엇이라도 우리에게 도움이 되는 것이라면 전체에도 도움이 된다고 생각했다. 하지만 문제는 우리가 책임지고 관리해야 할 영역 밖에 있는 프랜차이즈 매장들은 우리 아이디어를 알고도 현실 속에서 구체적으로 어떻게 실천해야 할지 그 방법을 모르고 있다는 것이었다.

1959년 들어 우리는 빠르게 성장했다. 플로리다주 남부에는 새롭고 현대적인 매장이 곳곳에 들어서서 성공적으로 운영되었다. 우리 매장이 여러 곳에 개점하며 플로리다 주민은 물론 외부에서 마이애미를 찾은 여행객에게도 소문이 나기 시작했다. 그 결과, 플로리다주 밖의 다른 지역에서도 가맹점을 내고 싶다는 문의가 쇄도했다. 우리는 그들과 즐겁고 진지하게 대화를 나눴고, 실제로 플로리다 남부의 우리 매장이 어떻게 운영되는지 보여주었다. 그러나 우리는 그런 문의를 받을 때마다 그들을 본사 운영자인 벤 스타인에게 연결해주고 빠질 수밖에 없었다.

이들 가맹점주 후보자들은 우리의 안내에 따라 잭슨빌로 갔다. 그들은 프랜차이즈 매장을 개설하는 문제를 논의하기 위해 그곳에 간 것이지만, 그곳 매장들의 운영상태는 엉망이었고, 바로 직전에 플로리다 남부에서 본 매장과는 전혀 다르게 마음이 끌리지 않았던 것 같았다. 잭슨빌에는 그들과 힘을 합쳐 버거킹 매장을 내는 일에 대한 전망이나 사업성을 제대로 설명해줄 사람이 스타인 본인을 포함해 아무도 없었다.

우리가 잭슨빌로 보낸 가맹점 개설 희망자들은 그곳 매장들의 형편없는 모습을 보고 줄줄이 좌절하고 실망할 수밖에 없었다. 실제로 우리가 보낸 사람들 가운데 프랜차이즈 계약을 체결한 사람은 한 명도 없었다.

벤도 버거킹에 대한 사람들의 관심을 프랜차이즈 계약 성사로 이어지도록 할 능력이 자신에게는 없다는 사실에 점점 좌절하고 있었다. 이렇게 몇 차례 가맹점 개설 희망자들을 만나고 난 그는 나와 데이브에게 프랜차이즈사업 일체를 맡아달라고 요청했다. 식당운영 경험과 프랜차이즈 상담의 전문성, 이 두 가지 면에서 우리 이상의 적임자는 없다는 사실을 그도 잘 알고 있었다. 그는 우리가 플로리다 남부에서 사업을 빠르고 성공적으로 성장시키는 것을 직접 보았고, 부러워하고 있었다.

1958년부터 시작해서 1960년까지 벤과 나는 버거킹 매장을 전국으로 확대하는 문제에 대해 많은 이야기를 나눴지만, 양쪽이 모두 만족하고 동의할 만한 사업방안을 도출해내지는 못하고 있었다. 우리는 현재 담당하고 있는 지역 안에서도 충분히 많은 성과를 내고 있었기 때문에 그 문제는 우리에게 그렇게 시급한 관심사는 아니었다. 플로리다주 남부지역에 관한 한 우리는 예상 외의 성공을 거두고 있었고, 그 지역 내에도 아직 버거킹 매장이 세워지지 않은 곳은 얼마든지 있었다. 이미 영업 중인 프랜차이즈 매장들의 실적이 좋은 데다 다른 곳에서도 매장을 내겠다는 요청이 쇄도했다. 그리고 무엇보다도 중요한 것은 우리 회사가 확실한 흑자전환을 달성했다는 사실이었다. 지금 상황에서 새로운 위기를 감수하면서 모험에 뛰어들 이유는 없었다.

그런데 1959년에 굉장한 일이 벌어졌다. 우리는 그때만 해도 그일이 장차 우리 사업에 얼마나 큰 영향을 미칠지 전혀 알지 못했다. 미국에서 처음으로 상업용 제트여객기가 운영되기 시작한 것이다. 팬아메리칸월드항공Pan American World Airways이 보잉 707기를 상업 여객 노선에 투입했다. 그때까지만 해도 팬아메리칸월드항공은 국제노선을 운영하고는 있었지만 아직 국내노선 취항 권한은 없던 항공사였다. 그들은 자신들이 보유하고 있는 신형 보잉 707기의 활용도를 높이기 위해 마이애미에 본사를 두고 있는 내셔널항공National Airlines과 계약을 체결하여, 지금은 케네디공항이라고 불리는 뉴욕의 아이들와일드공항Idlewild Airport과 마이애미 사이의 왕복노선에 자신들의 제트기를 운영하기로 했다.

그때는 그 일을 대수롭지 않게 여겼지만 이것은 장차 버거킹의 프랜차이즈망을 미국 전체로 확장하는 데 결정적인 영향을 끼쳤다. 이 역사적인 사건을 계기로 마이애미와 미국의 다른 주요 도시들 사이를 빠르고 편리하게 이동할 수 있는 논스톱 제트여객기 시대가 열렸고, 그로부터 불과 몇 년 되지 않아 마이애미에 근거를 두고 활동하던 사업가들이 빠르고 편안하고 안락하게 미국 전역의 다른 도시를 오갈 수 있게 되었다. 이와 함께 버거킹이 미국 전역으로 확장될 가능성도 크게 열린 것이다. 그전까지 국내노선을 다니던 프로펠러 여객기는 미국의 다른 도시를 오가기에는 너무 느리고 불편했기 때문에 마이애미에 본사를 두고 전국적으로 왕성하게 활동하는 조직을 운영하는 것은 거의 불가능했다. 그때까지만 해도 마이애미는 관광객들이나 찾는 휴양도시로 여겨졌다. 그러나 제트여객기가 등장하면서 마이애미의 산업계도 이전과는 다른 수준의 괄목할 만한 발전을 꿈꿀 수 있게 되었다. 그 새로운 상상은 우리의 사업에서도 현실로 이루어질 운명이었다.

많은 제트여객기가 오가면서 마이애미의 공항도 확장되었다. 나와 데이브는 버거킹 프랜차이즈망을 전국으로 확대하는 일을 맡아달라는 벤 스타인의 요청에 대해 진지하게 생각하기 시작했다. 확장을 어렵게 만들었던 장벽이 순식간에 사라져가고 있었다. 우리는 미국의 주요 시장을 쉽고 빠르게 여행할 수 있게 되었고, 훗날에는 세계의 주요 시장들도 빠르게 오갈 수 있게 되었다.

나는 벤 스타인과 협상을 하고 구체적인 계약까지 성사시킬 계획이었지만, 아직은 시간이 좀 더 걸릴 듯했다. 1950년대가 끝나가는 시기였기 때문에, 우리는 1960년대가 우리 앞에 어떻게 펼쳐질지를 생각해봐야 하는 시점이었다. 우리의 가장 큰 관심사는 우리의 주요 근거지인 플로리다 남부에 많은 버거킹 매장을 여는 것이었다. 잘 알지도 못하는 플로리다 바깥의 다른 지역에 뛰어들 가능성에 대비하기 위해서라도 안방에서 확실한 수익의 기반을 구축해놓아야 한다는 것이 나와 데이브의 일치된 생각이었다. 언제일지 몰라도 위험을 감수할 결심을 해야 할 때가 올 것이 분명하다면, 그전에 미리 충분하게 신중한 검토를 하고 앞으로 나아가겠다는 생각을 하고 있었다.

나는 다음 단계로의 도약을 눈앞에 두고 우리 조직이 어떻게 그런 큰 변화를 감당해낼 수 있을지 생각해보았다. 답은 튼튼한 기초 위에 집을 지어야 한다는 것이었다. 일이라는 것이 계획한 대로만 진행될 수는 없으므로 우리는 비즈니스 아이디어를 쉽게 행동으로 옮길 수는 없었다. 우리는 우리가 겪은 과정을 깊이 들여다보고, 우리의 약점을 평가하고 강점을 강화함은 물론 더욱 향상시키기 위해 노력했다.

Chapter

10

TV 광고에 등장

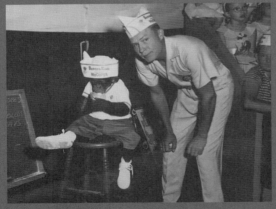

초창기에 〈짐 둘리 쇼〉와 협력할 당시 출연자였던 침팬지 미스터 모크

1958년 들어 몇 개월 동안 우리는 플로리다 남부지역에서 가맹점을 모집하기 시작했고, 그 덕분에 큰 비용이 들지 않는 한도 안에서 광고도 시작하게 되었다. 원래 TV 광고는 생각하지 않았다. TV 광고는 너무 비쌌기 때문에 일단 라디오 광고를 시작하기로 했다. 데이브와 나는 점주들에게도 관심을 가져달라고 부탁하고 광고대행사를 만났다. 머지않아 마이애미 지역 내에서 널리 알려지게 될 다음의 CM송을 만든 그 광고대행사였다.

버거킹이 당신 곁에, 60초 서비스와 함께
동네에서 가장 좋은 햄버거
튀기지 않고 굽는,
이 소리, 어떤가요?
버거킹, 버거킹, 버거킹!

이 CM 송은 사람들의 귀에 착 달라붙었고, 아이들이 즐겨 따라 불렀다. 이 초창기의 광고 덕에 '햄버거와 프렌치프라이는 버거킹'이라는 암시가 대중의 뇌리에 각인되었다.

시간이 지나면서 우리는 첫 TV 광고를 내보낼 수 있을 정도로 성장했다. 우리의 전략은 아이들을 상대로 버거킹 이야기를 알린다는 것이었다. 우리는 마이애미에서 유명했던 로열캐슬의 성공을 오랫동안 지켜보고 있었다. 당시 로열캐슬은 플로리다 남동부에 수백 곳의 매장을 운영하고 있었고, 그 가운데 상당수는 남부 플로리다에 있었다. 이 체인레스토랑은 1938년 윌리엄 싱어 William D. Singer 에 의해 시작되었는데, 당시 본사는 마이애미에 있었으며 멀리 루이지애나주까지 매장을 세우고 있었다. 그들은 빠르게 성장했고, 미국 남동부에서 가장 큰 체인레스토랑이 되었다. 마이애미 지역에서 그들은 우리에게 막강한 경쟁자였다.

1921년에 캔자스주 위치타에서 시작한 화이트캐슬이 큰 성공을 거두자 이를 모방하여 등장한 여러 업체 가운데 하나가 로열캐슬이었다. 로열캐슬 말고도 화이트타워 White Tower, 크리스털캐슬 Krystal Castle, 토들하우스 등이 화이트캐슬을 모방하여 등장한 업체들이다. 그들의 전략은 전국적인 성공을 거두었고, 1930년대, 1940년대, 1950년대의 시기에 비약적으로 성장했다. 그들의 주력상품은 부드러운 빵과 스팀으로 구운 패티에 양파가 곁들여진 작은 햄버거였다. 로열캐슬에서는 반투명 머그잔에 담긴 버치비어 birch beer; 탄산음료의 일종-옮긴이 를 팔았다. 열 명의 직원이 카운터를 사이에 두고 고객과 마주 앉아 주문을 받고 처리하는 형태로 운영되는 이 작은 식당은 하루 24시간 문을 열었는데, 데이드카운티와 브로워드카운티 전역의 웬만한 주요 교차로에서는 로열캐슬을 볼 수 있었다.

막 짜낸 듯한 신선한 오렌지주스와 함께 주문 즉시 서비스가 가능한 몇몇 메뉴가 잘 갖춰져 있었기 때문에 아침식사나 늦은 시간 야식이 필요한 사람들에게 인기가 있었다. 이들 매장은 밤낮없이 붐볐다. 그만큼 그들은 성공적이었다. 굳이 문제가 있다면, 외식의 빈도는 과거보다 높아졌지만 뭔가 다른 스타일의 서비스를 요구하는 당시 미국인들의 수요였다. 로열캐슬의 조직이 이러한 요구에 맞는 서비스를 제공할 수 있을까 하는 의문이 막 생겨나기 시작한 시기였다.

버거킹이 처음으로 등장했던 1954년 당시 로열캐슬은 업계의 절대강자와도 같은 존재였다. 그들은 훌륭하고 효과적으로 업무를 수행하는 마케팅 인력을 보유하고 있었고, 어린아이들을 겨냥한 광고전략이 성공을 거두고 있었다. 1950년대 당시 로열캐슬은 스키퍼 척 징크Skipper Chuck Zink가 진행하는 마이애미에서 가장 인기 있는 어린이 프로그램 〈스키퍼 척의 뽀빠이 집Skipper Chuck's Popeye Playhouse〉의 최대 광고주였다.

이 프로그램은 CBS의 계열사이며 마이애미 지역에서 가장 유명한 TV 채널인 채널4에서 주중 매일 오후 5시에 방송되었다. 이 프로그램은 방청석에 아이들을 앉힌 채 진행하는 생방송이었는데, 인기가 너무 높았기 때문에 부모들은 아무리 늦어도 1년 전에 미리 방청권을 예매해야만 가서 직접 방청을 할 수 있었다. 로열캐슬은 어린이 시장을 완전히 지배하고 있었으며 우리는 이제 막 그 시장을 공략하기 시작한 터라 당시에는 비집고 들어갈 틈이 좀처럼 보이지 않았다. TV를 통해서 아이들에게 다가가는 것은 쉬운 일이 아니었다. 게다가 우리에게 매월 지출 가능한 비용은 1,000달러 미만인 상황이었다! 이 정도 비용으로 TV 광고는 어려웠고, 〈뽀빠이 집〉 같은 프로그램을 후원하는 것은 말할 것도 없었다.

1958년에 우리는 〈짐 둘리 쇼The Jim Dooley Show〉라는 경쟁 어린이 프로그램을 후원하기로 했다. 이 프로그램의 진행자인 짐 둘리Jim Dooley도 나름 많은 어린이 팬을 거느리고 있었고, 특히 이 프로그램에는 미스터 모크Mr. Moke라는 이름의 침팬지가 출연해 어린이들을 즐겁게 해주었다. 우리는 둘리를 만나 긍정적인 이야기를 많이 나누고 광고주가 되기로 합의했다. 이때 내가 내걸었던 유일한 조건은 프로그램 생방송 중 매회 한 차례씩 우리가 막 만든 신선한 와퍼가 가득 담긴 가방을 화면에 등장시킨다는 것이었다. 짐 둘리도 이 조건을 흔쾌히 받아들였다. 그리하여 매일 정해진 시간에 우리 배달원은 와퍼를 가득 담은 종이가방을 스튜디오로 들고 갔다.

방금 만든 와퍼는 그 특유의 훌륭한 냄새가 난다. 맛만큼이나 냄새도 좋다! 스튜디오의 문이 열리고, 와퍼가 담긴 가방이 들어오면, 미스터 모크가 바로 반응했다. 미스터 모크는 와퍼 냄새를 맡고는 식사시간이 되었음을 알고 미친 듯이 기뻐했다. 미스터 모크는 가방을 낚아채 포장을 뜯고 커다란 햄버거를 순식간에 먹어치웠다. 이 장면이 방송될 때마다 방청석의 아이들은 크게 환호했고, 짐 둘리도 마찬가지였다. 나는 TV로 이 장면을 보는 시청자들도 스튜디오의 아이들과 똑같이 환호했을 것이라고 확신했다.

내 생각에 와퍼가 등장하는 이 순간이 매일 반복되는 프로그램의 최고 하이라이트 장면임이 분명했다. 그것은 나 혼자만의 생각은 아니었다. 우리는 1분간의 광고를 내보내기로 하고 광고비를 지급했지만 실제로는 3분 이상 광고방송을 하는 것이나 마찬가지였다. 짐 둘리와 채널10 덕분에 버거킹이라는 이름의 인지도가 높아지기 시작했고, 플로리다 남부에서는 나름의 의미를 담은 이름으로 떠올랐다. 로열캐슬의 상황을 알 수는 없었지만, 아마 그들도 상당한 부담감을 느꼈을 것이다.

1959년 말쯤에 나는 싱어로부터 새로 지은 제과점과 식당 근처에 있는 로열캐슬 사무실에서 점심식사를 함께하자는 초대전화를 받았다. 그들의 그 인상적인 건물은 우리가 얼마 전에 개점한 하이얼리아Hialeah의 10호 매장과 아주 가까운 거리에 있었다. 나는 그의 초대를 고맙게 생각하여 기쁜 마음으로 수락했다. 싱어에게는 마이애미를 이끌어가는 존경받는 시민이라는 좋은 평판이 따라다니고 있었다. 그는 다방면에 능력을 인정받는 현명한 사업가였다. 그는 점심을 함께 하면서 자신이 로열캐슬을 창업하고, 시스템을 구축하고, 놀라울 정도로 성공적인 체인레스토랑을 만들기까지의 이야기를 들려주었다.

우리는 외식서비스 업계에서 일어나고 있는 변화에 대해 의견을 교환하고, 그와 관련된 많은 사안에 대해서 매우 솔직하고 화기애애한 대화를 나눴다. 나는 나와 데이브가 생각하고 있는 버거킹 사업의 미래와 목표를 이야기했고, 미래의 성장에 대한 우리의 포부도 솔직하게 얘기했다. 그날의 대화는 매우 솔직하고 우호적이고 개방적인 토론이었다. 대화가 끝나갈 즈음, 그는 나와 데이브가 회사를 매각할 생각은 없는지 물었다. 나는 대답을 오래 고민할 필요가 없었다. 나는 가능한 한 정중하게, 매각에는 관심이 없으며 우리는 독자적으로 빠른 성장을 위해 노력할 생각이라고 대답했다.

싱어도 우리가 가진 구상대로라면 버거킹의 미래 잠재력이 매우 견고하다고 믿었다. 당시 싱어는 로열캐슬의 인지도와 인기가 정점에 다다랐다고 생각했던 것 같다. 물론 이는 순전히 나의 짐작에 지나지 않는다.

그때 함께 점심식사를 나눈 후 몇 년 뒤에 로열캐슬은 처음으로 주식을 공모했고, 싱어는 자신의 투자지분 모두를 매각했다. 주식공모 후, 이 회사의 성장세는 조금 주춤거리는 것 같더니 서서히 내리막길을 걷기 시작했다. 그리고 1970년대에 들어서서 사실상 시장에서 사라졌다. 로열캐슬의 소멸 과정은 시대가 변하고 시장이 변하면 사업도 바뀌어야만 시대에 뒤떨어지지 않고 살아남을 수 있다는 점을 일깨워 주었다. 로열캐슬이 더는 존재하지 않는다는 것을 생각하는 것은 유쾌하지는 않지만, 한때 이 당당하고 견고하고 생명력이 충만했던 조직의 종말은 모든 사업가에게 항상 정신 차리고 고객의 요구에 적극적으로 대응하지 않으면 사업 자체가 사라지는 수모와 당혹스러움을 겪을 수 있음을 경고한다고 생각했다.

로열캐슬의 소멸은 변화에 대응하지 못하면 어떤 기업도 비슷한 운명을 피할 수 없다는 것을 분명하게 보여주었다. 기업경영은 끊임없는 도전이다. 버거킹은 이제 변화의 최전선에 다다랐다. 40년이 지난 지금도 시장은 늘 우리에게 상기시켜준다. 세상에는 가장 크고 강력한 상대에게도 기꺼이 도전장을 내밀 준비가 되어 있는 수많은 도전자가 등장을 준비하고 있다는 사실을 말이다.

내가 싱어를 만난 후 얼마 지나지 않아 로열캐슬은 오랫동안 계속해왔던 〈스키퍼 척의 뽀빠이 집〉 광고를 중단하기로 했다. 우리의 일을 맡고 있던 광고대행사 홈스미스앤드미클베리Hume, Smith and Mickleberry는 이 충격적인 소식이 전해지자마자 내게 전화를 걸었다. 버거킹의 입장에서 보면 큰 기회가 왔다고 생각해도 좋은 상황이었다. 지금까지 로열캐슬은 어린이 시장에 관해서는 보이지 않는 자물쇠를 채워놓은 상태였다. 어린이와 그 가족과 로열캐슬의 관계는 마치 견고한 동맹관계와도 같았다. 데이브와 나는 그 프로그램을 후원하는 것이 아이들의 충성심을 버거킹으로 돌릴 수 있는 일생일대의 기회를 잡는 것이라는 데 동의했다.

문제는 이 프로그램을 후원하는 데 드는 엄청난 비용이었다. 우리가 과거 광고와 판촉을 위해 지출했던 비용과는 차원이 다른 금액이었다. 그러나 놓치기 아까운 기회인 것도 분명했다. 우리는 광고대행사와 이 문제로 직접 대면하지도 못하고 전화상으로만 이야기를 나누던 상황에서 무조건 그 기회를 잡아달라고 요구했다. 일단 광고 및 후원권을 확보하고 비용은 나중에 생각해보자고 말했다. 그것은 우리 사업의 초기에 내린 결정들 가운데 가장 중요하고 잘한 결정이었다는 것이 훗날 드러났다. 아이들이 제일 좋아하는 식당이 된다는 것은 누구나 부러워할 만한 일이다. 맥도날드도 그로부터 몇 년 후 그들의 광고모델로 유명한 로날드 맥도날드Ronald McDonald라는 광대를 모델로 내세워서 어린이 시장을 공략했다. 그 훌륭한 전략은 맥도날드가 고객들에게 그전과는 다른 차원으로 인정받는 데 큰 역할을 했다. 성장하는 외식사업 시장에서 효과적인 마케팅 전략을 개발하는 데 있어 동심을 공략하는 것이 매우 중요한 요소라는 사실이 입증되었다. 우리는 이미 1960년대에 들어서면서 그 사실을 깨달았던 것이다.

나는 척 징크와 그의 성실함을 높이 평가한다. 그는 채널4가 버거킹을 새로운 후원자로 받아들이기에 앞서 나와 데이브를 한번 만나보아야 한다고 주장했다. 그는 매장을 직접 방문하여 매니저급 직원들 몇 사람과 직접 대화를 나누며 우리와 협력하여 방송하게 될 내용이 프로그램 시청자들에게도 유익하고 적절한지를 확인하고 싶어 했다. 광고의 내용에 대한 그런 윤리적인 접근이 나는 마음에 들었고, 우리가 스스로 그만한 신뢰를 갖고 있음을 그도 알게 되리라 확신했다. 나는 우리가 그러한 책임에 부응할 수 있다고 그를 설득했다.

우리는 프로그램이 15년 혹은 그보다 조금 더 지나서 폐지될 때까지 광고후원을 계속했다. 프로그램이 종방되었을 때 나는 채널4 WTVJ의 소유자이며 워멧코Wometco Enterprises의 창업자이자 이사회 의장이었던 미첼 울프슨Mitchell Wolfson에게 편지를 썼다. 척과 그의 프로그램에 대한 오랜 지속적인 후원관계가 이어진 것에 얼마나 감사하고 있는지 알려주고 싶었기 때문이다. 그로부터 몇 년 후에 척은 울프슨이 그 편지를 자기에게도 보여주었고, 오랫동안 자신에게 큰 의미로 남아 있다고 말해주었다. 척 징크는 항상 존경받는 방송인의 한 사람으로 기억될 것이다. 성실함은 한 사람의 인생에서 먼 길을 걸어갈 힘이 되기 때문이다. 척 징크는 분명 그런 사람이었다.

이 중요한 마케팅 경험과 어린이를 겨냥한 TV 광고라는 실험은 초창기 우리 사업이 전국적으로 확장하는 데 큰 도움이 되었다. 버거킹의 메시지가 방송을 통해 어린아이들에게 전달되면서 괜찮은 프로그램을 협찬하는 것이 얼마나 가치 있는 일인지도 배울 수 있었다.

데이브와 나는 우리 사업이 언제나 시장의 최신 흐름을 선도할 수 있도록 노력했고, 그 결과 우리의 사업은 한 계단씩 성공적으로 사다리를 오를 수 있었다. 우리는 가장 영향력 있는 고객이 누구인지 알고 있었고, 드디어 기회가 다가왔을 때, 같은 비전을 공유하는 훌륭한 파트너들과 함께하고 있는 우리 브랜드에 대한 강한 자부심만을 어필하며 윤리적으로 올바르게 그 기회에 다가갔다.

본격적인 경주의 시작

CFO 글렌 존스와 함께 매출을 검토하고 있는
제임스 맥라모어와 데이비드 에저튼, 1961년

TV 광고는 플로리다 남부에서의 인지도에 큰 영향을 미쳤다. 매출과 이익이 꾸준히 늘어나면서 프랜차이즈 매장을 내고 싶다는 요청도 엄청나게 늘었다. 이런 요청을 접하면서 우리는 미국 내 다른 지역에 대한 진출 가능성에 대해 좀 더 진지하게 생각하기 시작했다. 데이브와 나는 둘 다 전국으로 사업을 확장할 좋은 기회가 왔다고 생각하고 있었고, 충분히 그럴 능력이 있다고 자신했다.

그러나 법적인 면에서 그것은 벤 스타인의 권한이고 우리에게는 그럴 권리가 없다는 점이 안타까울 뿐이었다. 지금껏 그래왔듯 매장을 내고 싶다고 사람들이 찾아오면 우리는 그들을 잭슨빌로 연결해주는 것 말고는 할 수 있는 일이 없었지만, 잭슨빌을 다녀온 대부분의 희망자가 마음을 바꿀 것임이 분명했다.

1959년 어느 날, 벤은 절망적인 목소리로 내게 전화를 걸었다.

"짐, 우리가 이 사람들을 버거킹 가맹점에 뛰어들도록 할 능력이 없다는 것을 잘 알지 않소. 당신이 여러 사람을 잭슨빌로 보냈지만, 우리는 이 사람들에게 무슨 말을 하고 뭘 해줘야 할지 모르는 상황이오. 게다가 우리는 필요한 배경과 경험이 있다 해도 프랜차이즈 영업을 수행할 만한 조직을 갖추고 있지 않아요. 당신과 데이브가 이 일을 넘겨받아서 대신 해주면 어떻겠소? 당신들과 나 모두가 받아들일 수 있는 조건을 한번 협상해봅시다."

나는 우선 그가 생각하는 적절한 조건이 무엇인지 물어보았다. 그는 우리가 관심 있는 사람들에게 가맹점 개설권을 부여해주고, 그들과 함께 매장을 실제로 열기까지 실무작업을 진행하고, 그 결과로 가맹수수료 수입이 발생하면 그것을 자신과 일정 비율로 나누자고 말했다. 내가 구체적인 수입배분 비율에 대해서 생각한 것이 있느냐고 묻자 그는 절반씩 나누는 것이 어떻겠느냐고 되물었다. 대신에 미국 전역에서 가맹점을 개척하는 방법과 조건에 대해서는 우리에게 일임하겠다고 제안했다.

나는 매장을 내는 전 과정에서 소요되는 여러 가지 비용과 시간을 생각할 때 그런 조건은 받아들이기 어렵다고 대답했다. 가맹점 수수료 수입의 50%를 취하는 조건으로 벤은 매장을 만드는 데 무슨 일을 할 것인지 물었을 때, 그의 대답은 "할 수 있는 일이 딱히 없다"는 것이었다. 그렇다면 그의 제안은 말도 안 된다는 생각이 들었고, 나는 실제로 그렇게 말했다. 그리고 우리가 동의하기에는 일방적으로 불리한 조건이라고 덧붙였다. 나는 매장의 개설 과정은 물론 개설 후에도 매장 점주에게 우리가 지원해야 할 각종 서비스 비용까지 고려한 충분한 수입이 없다면 프랜차이즈 매장을 확대하겠다는 우리의 계획은 처음부터 성공할 수 없다는 점을 이해시키려고 애를 썼다. 그는 선뜻 우리의 생각을 받아들이지 못했고, 어쩌면 이해하고 싶어 하지 않는 것 같기도 했다. 우리도 더 이상의 대화를 포기했다.

그 후에도 나와 데이브는 매장 개설을 희망하는 사람들을 계속해서 잭슨빌로 연결해주었다. 하지만 사람들은 그곳을 다녀오기만 하면 엉망인 잭슨빌의 상황을 보고 실망하여 무관심한 태도로 돌변했다. 스타인이 이끄는 회사의 능력으로는 자신들이 매장을 여는 데 충분한 도움을 받을 수도 없고, 일단 개점을 한 후에도 매장을 유지하는 데 필요한 지원을 제대로 받을 수 없으리라고 결론을 내린 듯했다. 이런 일이 거듭될수록 벤의 좌절감은 커졌고, 그때마다 그는 전국으로 버거킹을 확장하는 일을 도와달라며 내게 전화를 걸었다. 나는 한쪽으로 지나치게 기울어 있는 조건으로는 불가능하다고 완강하게 거절했다.

그와 우리 사이의 대화가 이렇게 별다른 진전 없이 몇 개월이 흘러간 후, 1961년 초에 이르러 그가 또다시 전화를 걸어 이렇게 말했다.

"짐, 내일 내가 마이애미로 찾아가겠소. 퐁텐블로호텔Fontainebleau Hotel에서 점심식사를 함께합시다. 버거킹 매장을 전국으로 확대하는 일을 당신이 맡는 문제에 대해서 어떤 결론을 내리고 싶소. 그 일을 할 수 있는 능력과 우리 사업을 확장할 요령을 알고 있는 사람은 당신과 데이브뿐이오. 나는 내일 지금까지와는 다른 제안을 하고 싶소. 내일 충분히 이야기를 나눠봅시다."

그렇다면 한번 만나볼 필요가 있다는 생각이 들었다. 그는 이 일을 우리가 맡아주기를 강력하게 원하고 있었고, 우리도 꼭 해보고 싶은 일이었기 때문이다. 다만 양측이 모두 만족할 수 있는 조건이 문제였다.

다음 날 만났을 때, 벤은 자리에 앉기도 전에 본론으로 들어갔다.

"좋아요, 짐. 우리는 몇 년 동안 이 상황을 제대로 이해하지 못했어요. 버거킹을 전국적으로 확장하기 위해서 당신은 우리가 뭘 어떻게 해야 한다고 생각하는지, 당신의 생각을 말해봐요."

나는 이미 많은 생각을 해본 터여서 주저 없이 대답했다.

"벤, 버거킹의 이름을 사용하는 문제에 대해 당신이 가지고 있는 모든 권리와 직책, 그리고 발생하는 모든 이익을 포기하고 우리에게 넘기세요. 상표와 서비스에 대한 권리도 마찬가지입니다. 데이브와 내가 모든 권한을 전적으로 행사하여 버거킹을 미국 전체는 물론 전 세계로 진출시키기 위해 최선을 다하겠습니다. 물론 우리의 계획이 얼마나 성공할지 모르기 때문에 그 대가로 얼마를 드리겠다는 정확한 액수는 이야기할 수 없습니다. 그러나 수익이 얼마가 발생하든 매월 발생한 이익의 15%를 당신에게 배당해드릴 수 있습니다. 그 이상은 안 됩니다."

그러자 그는 몸을 의자에 기대며 말했다.

"이 거래의 주도권은 당신에게 있소. 그 내용대로 합의서를 작성해 오면 서명할 테니, 한번 제대로 해보시오."

왜 내가 굳이 15%라는 수치를 제시하게 되었는지는 나도 잘 모르겠다. 그러나 벤이 할 수 있는 일이 거의 없었고, 아무것도 하는 일 없는 사람에게 거액을 지급할 수는 없다고 생각했다. 어쨌든 이러한 진전으로 인해 상황은 흥미진진해졌다. 나는 점심 초대에 대한 감사함을 전하고 우리의 입장을 이해해주어서 기쁘다고 말했다. 계약은 형식일 뿐이었다. 나는 그렇게 확신했다. 우리는 이미 원하는 바대로 합의에 도달했고, 이제 우리 회사는 버거킹의 본사가 된 것이다. 지금까지 제대로 키워보기 위해 그토록 열심히 해왔던 우리 사업을 전국은 물론 세계로 확장할 수 있는 주도적인 위치에 마침내 올라선 것을 생각하니 그 어느 때보다 가슴이 벅차올랐다. 앞날에 대한 확신과 함께, 나는 데이브에게 이 좋은 소식을 전하기 위해 사무실로 달려갔다.

플로리다 이외의 지역에서 버거킹을 경영하고 전국적인 프랜차이즈 체인을 구축하는 일을 언젠가는 그가 우리에게 넘길 날이 오리라는 것을 데이브도 나도 알고 있었다. 단지 조건이 문제일 뿐이었다. 벤에게는 다른 선택지가 없었다. 우리의 프랜차이즈 시스템은 플로리다 남부에서 크게 성공을 거두고 있었기 때문에 다른 지역으로 확대하여 비슷한 업무를 수행하는 조직을 갖추는 것이 우리에게는 그리 어렵지 않은 일이었다. 벤도 그 사실을 알고 있었다. 그가 결국 우리에게 맡긴 것은 현명한 결정이었다.

사무실에 앉아서 결과를 궁금해하고 있던 데이브에게 이 특종을 전하는 것은 정말 신나는 순간이었다.

"이봐, 데이브, 됐어. 벤이 우리의 조건을 받아들였어."

우리가 그동안 그렇게도 고대해왔던 엄청난 기회를 잡았다는 사실을 그가 실감하며 기뻐하는 모습을 눈앞에서 볼 수 있었다.

"우선 톰 웨이크필드Tom Wakefield에게 연락해서 정식으로 계약을 체결해야 해. 하루라도 서둘러야 해."

톰 웨이크필드는 당시 우리의 일을 맡고 있던 변호사였다. 데이브도 내 말에 동의했다. 나는 그가 이미 어떻게 거대한 추진력을 지닌 조직을 꾸릴지에 대한 고민에 들어갔다는 것을 알 수 있었다.

나는 즉시 톰에게 전화를 걸어 방금 구두로 합의한 내용을 설명한 후, 가능한 한 빨리 계약서를 꾸며 내게 보내달라고 요청했다.

얼마 후에 나는 톰이 보내온 계약서 내용을 찬찬히 살펴본 후 벤에게 보냈고, 그는 서명한 후 원본을 다시 우리에게 보내주었다. 이렇게 계약을 마치고 우리는 플로리다주 북부와 중부 지역을 제외한 세계 전역에서 버거킹 사업을 수행할 수 있는 독점권을 갖게 되었다. 당시에 플로리다주에서는 탬파와 올랜도를 비롯한 몇 군데에 프랜차이즈 매장이 있었고, 잭슨빌이 포함되어 있는 듀발카운티Duval County에는 벤 스타인이 직영하는 매장들이 있었다. 그로부터 몇 년이 지난 후에는 듀발카운티를 제외한 플로리다의 다른 지역도 우리가 관리하게 되었다.

한편 벤의 막내아들인 데이비드David도 우리 사업에 참여하여 훌륭한 관리자로 성장했다. 그는 운영과 마케팅에 관한 우리의 조언을 적극적으로 받아들였고, 그 덕분에 잭슨빌에서의 사업도 오랜 늪에서 벗어나 뚜렷한 상승세를 타게 되었다. 이후 몇 년이 지나자 데이비드는 이들 매장에서 충분한 수익을 발생시켰으며, 청결도와 운영 면에서도 높은 평가를 받았는데, 이는 운영체계가 잘 정비된 덕분이었다.

우리는 젊은 데이비드가 회사에 중요한 공헌을 한 점을 자랑스럽게 생각했다.

버거킹의 미래에 대한 모든 책임을 갖게 된 지금, 우리는 확신과 열정이 가득한 단단한 전국망을 조직해야 한다는 새로운 도전에 직면하게 되었다. 지난 7년 동안 우리는 성공적인 공식을 만들어내기 위해 분투했고, 그렇게 해서 만들어진 우리의 시스템은 국내시장에서 충분히 성공할 수 있는 훌륭한 시스템이라는 확신을 가지고 있었다.

과거에 데이브와 나는 많은 실수를 했고, 충동적이고 현명하지 못한 일도 많이 저질렀는데, 그것은 잠시 멈추고 충분히 생각할 시간을 갖지 못했기 때문이었다. 그러므로 앞으로는 미래를 계획할 때 제대로 된 판단력을 발휘해야겠다고 생각했다. 이제 우리는 규모와 경험, 실행력 있는 업무시스템, 더 강력해진 대차대조표 등 성장을 위한 거의 모든 조건을 갖추었다. 뛰어난 실적이 쌓여 있고, 프랜차이즈 매장을 열고 싶다는 요청이 엄청나게 들어오고 있었기 때문에, 마치 우리가 세계를 움직이고 있는 듯한 느낌마저 들었다.

우리가 벤 스타인과 계약을 체결했던 1961년 당시 우리에게는 새로운 사업확장에 투입할 만한 여유자금이 별로 없었다. 우리는 여전히 벤이 보유하고 있는 상표권을 사들일 돈이 없었다. 때문에 "최선의 노력"을 다하겠다는 조건만으로 그 권리를 독점적으로 사용할 권리를 갖는 계약을 체결하는 것이 우리에게 가능한 유일한 선택지였다. 이제 전국의 시장이 시야에 들어오기 시작했고, 우리는 일을 적극적으로 벌이고 싶어 조바심이 났다. 모두 잘될 것 같았다. 우리는 플로리다 남부에서 입증된 성공적인 운영 프로그램이 있었고, 우리의 사업에는 탄력이 붙었다. 와퍼 가맹점의 개점 희망자가 줄을 지었고, 세련된 업무공식이 확립되어 있었으며, 우리 자신의 능력에 대한 자신감도 있었다. 우리는 갖춰야 할 모든 것을 갖추었다. 우리는 모든 준비를 마치고 출발선에 서 있었다.

나는 언젠가는 벤 스타인이 보유하고 있는 권리를 모두 사들여야 한다는 사실을 알고 있었다. 몇 개월 후에 스타인에게 얼마면 모두 넘길 수 있겠느냐고 물어보았다. 그는 10만 달러를 요구했다. 우리는 너무 높다고 생각했다. 비슷한 갈등이 또 시작된 것이다.

1954년, 맥도날드 영업방식을 널리 확장하겠다는 전망에 매료된 레이 크록은 맥도날드 형제와 프랜차이즈 매장 설치에 관한 독점계약을 체결했다. 이 계약은 그에게 맥도날드의 이름과 서비스 시스템에 관한 독점적 사용권을 보장해주었다. 이로써 그는 맥도날드 사업을 확장하는 문제에 관해서는 전권을 행사할 수 있게 되었지만, 맥도날드 형제가 정한 작업표준을 준수해야 했고, 그것을 변경하려면 맥도날드 형제의 승인을 얻어야만 했다. 계약서에 따르면, 가맹점은 매출의 1.9%에 해당하는 금액을 가맹수수료로 지급하도록 되어 있었고, 이와 더불어 한 개 가맹점에 부과할 수 있는 수수료의 상한액을 950달러로 제한했다. 전체 매출의 0.5%는 매월 맥도날드 형제에게 배당되었으며, 나머지 1.4% 안에서 시스템 운영 비용을 감당하고 이익을 기대할 수 있었다. 이는 재정 면에서도, 전체적인 가맹점의 운영 면에서도 나쁜 거래였다.

크록이 가맹점들로부터 받는 수수료 수입의 거의 30% 정도를 맥도날드 형제에게 넘겨주고 나면 남는 돈으로 전체 시스템의 적절한 관리를 위한 비용을 감당하기는 거의 불가능했다. 거기에다 한 개 가맹점당 수수료의 한도를 950달러로 정해놓은 것은 가맹점 편에서는 괜찮은 선물처럼 느껴질 수도 있었겠지만 크록에게는 재앙 같은 것이었다. 가맹점을 확장하면 확장할수록 손실이 누적될 것이기 때문이다.

양측 간에 쌓인 많은 갈등으로 말미암아, 1961년에 들어서자 그들 사이에서도 맥도날드 형제의 모든 권리를 크록에게 넘기는 문제가 논의되기 시작한다. 맥도날드 형제는 사업에서 완전히 손을 떼는 조건으로 270만 달러를 요구했다. 당시로는 엄청난 금액이었다. 크록이 세운 새로운 맥도날드사는 1960년 한 해 동안 7만 7,330달러를 벌어들였고, 회사의 순자산은 25만 달러를 조금 초과하는 상황이었다.

1961년 당시 맥도날드의 사장은 해리 손번 Harry Sonneborn 이라는 사람으로, 그는 회사 지분의 20%를 소유하고 있었다. 손번은 부동산 개발에 출중한 능력이 있는 사람으로 알려져 있었다. 1955년, 그가 크록과 함께 일하기 시작할 당시 그의 나이는 39세였다. 그는 크록의 회사에 입사하기 전까지 상당한 규모의 소프트아이스크림 체인인 테이스티프리즈 Tastee-Freez 의 재무담당부사장으로 일했다. 프랜차이즈사업에 대한 경험도 가지고 있었던 그는 회사의 성공과 비약적인 성장에 크게 공헌하게 될 부동산 금융 아이디어를 구상해냈다.

손번은 1956년에 프랜차이즈리얼티코퍼레이션 Franchise Realty

Corporation 이라는 자회사를 세웠다. 이 회사가 하는 일은 땅을 사들여 그 땅에 맥도날드 식당을 짓거나, 땅과 식당건물을 임대하는 것이었다. 손번은 가맹점주와 임대차계약을 맺고 보증금으로 1년 임대료를 미리 받는다는 계획을 세웠다. 맥도날드가 비어 있는 땅을 사들였다면, 이 보증금은 토지 매입에 대한 계약금으로 사용되었다. 토지를 살 때는 소유주가 기꺼이 동의할 만한 상당히 높은 금액에 사들이는 대신, 잔금을 10년 동안 나눠서 내는 것에 대한 동의를 받았다. 또 소유주가 맥도날드로부터 받게 될 토지대금을 담보로 대출을 받는 데 동의하도록 하여, 이 부동산을 이용해 가능한 한 많은 자금을 대출받았다. 이를 통해 맥도날드는 자신들이 건물을 짓는 데 필요한 돈을 융통할 수 있었다. 프랜차이즈 가맹점의 이후 임대료는 원금과 이자의 월납입액을 충당하는 데 쓰였다.

부동산 소유자나 개발자가 직접 자신들이 마련한 토지에 건물을 지은 경우에는, 맥도날드가 이를 임차하여 가맹점주에게 재임대했다. 이 과정에서 맥도날드는 상당한 차액을 챙길 수 있도록 계약을 맺었는데, 가맹점으로부터 거둬들이는 재임대 비용은 보통 맥도날드가 원소유주에게 지급해야 하는 임차료보다 40%쯤 높게 책정되었다. 게다가 계약서상에 약정된 임대료와 전체 매출의 몇 퍼센트(대개 8.5%)라고 정해져 있는 수수료 가운데 후자가 높은 경우에는 임대료 대신 후자에 해당하는 금액을 받았다. 따라서 매장의 매출이 높으면 그만큼 맥도날드의 수입도 늘어났다. 또 매장 임차인이 부동산에 대한 모든 세금과 보험 그리고 유지비를 지불해야 했으므로, 이러한 방식의 매장 임대를 통해 맥도날드는 실질적인 수익을 올릴 수 있었다.

이 창의적인 금융기법 덕분에 맥도날드는 훗날 세계에서 가장 큰 소매 부동산 소유주가 된다. 또 부동산사업이 기업수익의 가장 큰 비중을 차지한다. 이 기발한 부동산개발 기법의 성공은 처음부터 의심할 여지가 없었다. 손번은 1965년, 맥도날드 상장 직후 뉴욕증권분석가협회New York Society of Security Analysts에서 한 연설에서, 자신의 회사는 "부동산 업계에서 제일이자 최고의 회사"라고 말했다. 한 투자은행가는 후에 그의 기발한 금융 개념에 대해 "맥도날드의 정교한 부채 활용 기법"이라고 말하기도 했다. 그러나 중요한 것은 이러한 금융기법은 맥도날드 각 매장의 영업이 성공하지 않으면 성공할 수 없다는 것이다. 후에 어설프게 이를 모방한 많은 사업가가 결국 대부분 실패한 것은 이 점을 간과했기 때문이다. 이는 영업 실패의 가능성을 최대한 낮춰야만 성공할 수 있는 고차원의 게임이다.

손번이 설립한 프랜차이즈리얼티코퍼레이션은 지분의 100%를 맥도날드가 소유한 자회사로, 1960년대 초반까지는 수많은 매장에 대한 금융에 참여하면서 엄청난 부채부담을 짊어지고 있었다. 가맹점의 일부에서 영업이 저조하여 내야 할 임대료를 제대로 내지 못했다면 엄청난 부작용이 발생했을 것이다. 1961년 당시 모회사와 자회사를 종합한 재무상황은 임대차와 관련된 빚으로 심각하게 위태로운 아주 암울한 상황이었다. 이런 상황에서 그들이 일반적인 방법으로 추가자금을 조달하는 것은 불가능에 가까웠다.

1961년, 해리 손번 앞에 놓인 도전은 맥도날드 형제가 가지고 있는 모든 권한을 사들이는 데 필요한 자금을 조달하는 것이었다. 맥도날드 형제와 체결한 라이선스 협약은 불가능하지는 않더라도 회사에 부담을 안겨주었다. 여러 개의 대학교를 포함한 수많은 고객을 둔 자금관리 전문가이자 재정 컨설턴트인 존 브리스톨John Bristol의 도움으로 그들은 270만 달러를 대출받는 데 성공했다. 당시 브리스톨의 고객 가운데는 100만 달러의 자금을 조달한 프린스턴대학교도 있었다. 15년쯤 후, 나는 마이애미대학교 투자위원회 의장 자격으로 브리스톨과 함께 일한 적이 있다. 우리는 모금한 기부금 중 일부의 관리를 그에게 맡겼다. 그때의 경험으로 나는 그가 빈틈없고 유능한 자금관리인이자 투자자라는 사실을 알고 있다. 그는 크록과 손번과의 관계에서도 자신의 능력을 확실히 증명했다.

브리스톨을 통해 고액의 대출을 받겠다는 생각은 상당히 위험스러운 발상이었다. 그러나 당시 맥도날드의 입장은 270만 달러의 자금을 확보하기 위해서라면 어지간한 위험은 감수하지 않을 수 없는 상황이었다. 이는 돈을 빌려주는 쪽의 입장도 마찬가지였기 때문에 브리스톨은 위험에 걸맞은 보상이 필요하다고 주장했다. 결국, 대출이자는 6%로 결정되었고, 맥도날드 측이 매월 전체 매출액의 0.5%에 해당하는 금액만큼 원리금을 상환해야 한다는 단서도 붙였다. 이러한 상환 계획은 크록이 맥도날드 형제와 체결한 계약에 따라 그들에게 지급해야 하는 금액과 같은 액수의 원리금을 상환한다는 생각으로 정해진 것이었다. 결국, 이 빚을 얼마나 빨리 갚을 수 있을지는 전적으로 가맹점 수수료 수입에 달려 있었다. 여기까지는 아무런 문제가 없지만, 문제는 대출이 완전히 상환되는 시점에 크록이 대출자에게 보너스를 지급한다는 추가조항이었다. 보너스는 실제 대출금을 상환하는 데 걸린 기간과 정확하게 같은 기간 동안 전체 매출의 0.5%를 보너스라는 명목으로 별도 지급해야 한다는 것이었다. 즉 대출금을 8년 만에 갚았다면, 맥도날드는 빚을 다 갚은 날로부터 또다시 8년 동안 전체 매출의 0.5%를 보너스 명목으로 지급해야 했다. 이는 그만한 대가를 바라는 채권자와 어떻게든 돈을 빌려야 한다는 채무자의 필요가 맞아떨어진 기발한 채무상환 방식이었다.

크록이 맥도날드라는 이름과 상표에 관한 권리를 사들이는 과정은 몇 년 후 우리가 버거킹에 대한 모든 권리를 사들이는 과정과 여러 모로 유사하다. 우리는 버거킹의 상표권과 전국적인 프랜차이즈 권리를 사들이기 위해 1967년에 벤 스타인에게 255만 달러를 지급했다. 이에 앞서 우리는 1961년에 이 상표권을 사용할 권리를 얻기는 했지만, 버거킹 상표의 소유자는 엄연히 벤 스타인이었고, 1967년 당시 진행 중이던 필스버리와의 합병계약을 매듭짓기 위해서는 우선 그 문제를 해결해야만 했다. 문제는 간단했다. 상표권과 프랜차이즈 권한을 완전히 사들이기 위해서는 그에 합당한 대가를 지급해야 한다는 것이었다. 크록은 우리가 1967년에 경험한 것을 1961년에 미리 경험했던 것이다. 그는 운영과 재정의 부담에서 벗어나기 위해 맥도날드라는 이름에 대한 모든 권리를 얻어야만 했다. 우리는 그로부터 몇 년 후에 이와 아주 비슷한 문제에 직면했다.

1961년까지 크록은 외형적인 확장에서는 큰 성공을 거두고 있었으나, 순이익과 회사의 순자산가치는 상대적으로 매우 낮았다. 반면 맥도날드 가맹점들은 큰 성공을 거두었고, 이들의 성공담은 또 다른 가맹점 확장으로 이어졌다. 아래의 표를 보면 1960년부터 1967년 사이의 맥도날드와 버거킹의 실적을 비교해볼 수 있다. 이 기간은 두 회사 모두에게 아주 중요한 창업기간이었다고 볼 수 있다. 이 표를 보면 버거킹은 해마다 성장에 인상적인 가속도가 붙고 있는 것이 분명하지만, 순이익이라는 측면에서 보면 맥도날드가 확실한 우위를 보였다는 것을 알 수 있다. 우리는 해마다 신규매장의 수를 늘리는 데 주력했고, 그 결과 경쟁업체를 맹추격하고 있었다고 생각할 수 있다. 수치만으로 모든 것을 설명할 수는 없지만, 이 표는 당시 업계에서 두 회사의 상황이 어떠했는지를 잘 설명해주고 있다. 이 기간은 패스트푸드사업이라는 분야가 본격적으로 자리 잡기 시작한 시기였고, 우리는 선두 혹은 선두와 아주 가까운 지점까지 따라붙고 있었다.

연도	세후이익		연도별 매장 증가수	
	맥도날드	버거킹	맥도날드	버거킹
1960	$77,330	$28,386	NA	7
1961	$16,103	$47,083	81	8
1962	$439,315	$73,058	107	7
1963	$1,048,611	$151,807	111	13
1964	$2,017,178	$225,112	116	30
1965	$3,402,136	$446,239	95	49
1966	$4,511,734	$758,008	124	64
1967	NA	$972,317	105	72

크록과 손번은 사업의 확장을 위해 자금이 더 필요했다. 그들은

맥도날드 형제의 권리를 모두 사들이기 위해 270만 달러를 차입하기 전에도 150만 달러를 빌린 적이 있었는데, 그때의 차입 조건은 지금의 기준으로 보면 거의 스캔들이라고 불러도 좋을 만한 것이었다. 당시 그들은 스테이트뮤추얼라이프State Mutual Life 와 폴리비어라이프Paul Revere Life 의 두 생명보험회사로부터 7% 이자를 조건으로 150만 달러를 빌렸다. 두 회사가 150만 달러의 절반에 해당하는 75만 달러씩을 빌려준 것인데, 더 놀라운 것은 두 회사가 각각 대출을 해준 것에 대한 보너스 명목으로 맥도날드 주식을 10%씩 증여받았다는 것이다. 즉 맥도날드 전체 주식의 20%가 두 회사의 몫으로 넘겨진 것이다. 여기에 중개수수료로 또 다른 2.5%의 주식을 넘겨주었다. 필요한 돈을 빌리기 위해 창업자들이 어렵게 일군 자신들의 지분을 22.5%나 포기한다는 것은 마치, 정말로 먹기 싫은 약을 억지로 삼키는 것과도 같은 일이었다. 1996년도 기준으로 맥도날드 전체 시장가치의 22.5%는 80억 달러 이상이다.

이와 같은 이야기는 결국 당시 투자자들이 외식업과 패스트푸드 사업을 실패 가능성이 크다고 생각하고 있었음을 말해주는 것이다. 1960년 당시 버거킹과 맥도날드는 이제까지 아무도 시도해보지 않았고 검증도 되지 않은 새로운 형태의 외식서비스산업의 선구자 같은 역할을 감당하고 있었고, 이를 은행이나 투자자들은 매우 위험스러운 시각으로 바라보고 있었다. 따라서 이 시기에 우리는 어느 정도의 자본을 유치할 수는 있었지만, 그 비용은 상당히 클 수밖에 없었다. 우리는 새로이 자금이 필요할 때마다 그만큼 큰 대가를 치러야만 했다. 크록과 막 새롭게 출발하는 맥도날드사가 1960년에 단지 150만 달러를 대출받기 위해 그러한 거래조건에 합의했다는 것은 당시의 상황에 대해서 많은 것을 설명해준다.

내가 맥도날드에 관해 이야기하는 것은 그만큼 레이 크록의 비전과 노력, 그리고 레스토랑 운영에 대한 그의 확고한 신념을 포함하여 많은 것들에 대해 변함없는 존경과 감탄의 마음을 품고 있기 때문이다. 그는 1955년 4월 15일, 첫 맥도날드 매장을 일리노이주 데스플레인스에 열었는데, 이는 마이애미에 첫 버거킹 매장이 문을 열고 난 후 13개월이 지나서였다. 1959년 5월, 나는 업무차 시카고에 갈 일이 있었다. 나는 레이에게 전화를 걸어 잠시 들러서 인사를 나누고 싶다고 말했다. 우리의 만남은 길지 않았지만 화기애애했다.

우리는 사업 초창기에 서로 만났고, 그 이후 나는 그의 비약적인 성장을 목격했다. 훗날 1975년 5월 18일에 파머하우스Palmer House에서 열린 전미레스토랑협회National Restaurant Association 행사에서 레이를 올해의 외식사업 경영인으로 선정했을 때, 내가 그 식의 사회를 보았던 것을 영광스럽게 생각한다. 그는 상을 받기 위해 무대에 올라 인사말을 하면서 우리가 16년 동안 서로 알고 지냈으며 변함없이 나를 존경해왔다고 말했다.

"결국, 우리도 짐을 흉내 내서 뒤늦게 크기가 큰 샌드위치를 새로 개발하고 빅맥Big Mac이라는 이름을 붙였지요."

이렇게 사려 깊으면서도 재치 넘치는 농담으로 장내의 분위기는 한결 부드러워졌다. 이후 내 사무실을 방문하는 사람들에게 그때 그와 함께 찍은 사진을 보여줄 수 있게 된 것도 무척 자랑스러운 일이었다.

사업의 영역에서 경쟁은 항상 존재한다. 사업현장에서는 경쟁자로서 치열하게 싸우면서도 서로 존경하며 상대의 성취를 진심으로 감사하고 축하할 수 있는 것은 미국의 자유기업체제의 위대한 점 가운데 하나라고 생각한다.

한 가맹점주 이야기

일리노이주에서 37년 동안이나 가맹점사업을 해온 밥 퍼먼Bob Furman은 1958년에 전설적인 공동창업자를 만나 이 프랜차이즈 시스템의 일원이 되었다.

"당시, 아버지가 〈시카고 트리뷴The Chicago Tribune〉지에서 버거킹이 가맹점을 모집한다는 세 줄짜리 작은 광고를 우연히 보셨어요. 아버지는 은퇴를 준비하고 있었는데, 직감적으로 괜찮은 기회가 될 것 같다고 생각하고 광고를 오려서 엽서에 붙여 우편으로 보냈죠."

그러면서도 과연 답신이 올까 반신반의했던 이들 부자는 직접 제임스 맥라모어의 전화를 받았다. 제임스 맥라모어는 아직 안내책자가 없다고 말하면서 대신 마이애미로 와서 구체적인 이야기를 나눠보자고 했다. 당시만 해도 버거킹의 매장은 전국적으로 8~9개에 불과했고, 프랜차이즈사업은 초기 단계였다.

퍼먼은 당시를 이렇게 기억한다.

"우리는 매장에서 만났고, 그는 우리와 대화하면서 틈틈이 상추와 양파를 자르기도 했어요. 11시쯤 자신이 데이브와 다른 일정이 있다면서, 좀 이르기는 하지만 점심을 함께 먹자고 하더군요. 우리는 카운터로 갔는데, 데이브가 감자튀김을 만드는 동안 그는 계산대 일을 거드는 것을 보았지요."

에저튼에 의하면 당시 버거킹은 가족기업에 가까웠다고 한다.

낸시가 세금과 수표 관계 일을 맡았다. 심지어 업무 매뉴얼은 맥라모어의 집에서 만들었다고.

"우리는 밤늦게까지 일했습니다. 내가 말하면 짐이 직접 타이핑을 했어요. 우리의 모든 업무 매뉴얼은 이렇게 해서 만들어진 것이고, 훗날 많은 업체가 우리 매뉴얼을 모방했지요."

퍼먼은 가맹점주가 되었고, 열두 번째 매장을 열었다. 이후 그들은 성장을 거듭했으며 존경받기에 충분한 도전에 성공했다.

밥 퍼먼: 〈플레임 매거진〉 1996년 9월호 6~10쪽

Chapter

12

박차를 가하다

1950년대 버거킹 광고 포스터
"어디를 가더라도…
최고의 음식—빠른 서비스—낮은 가격!"

1950년대와 1960년대 초까지 버거킹은 아직 전국적으로 널리 알려진 브랜드는 아니었기 때문에 가맹점을 개설하는 문제로 고민하는 예비 점주들을 좀 더 자극할 필요가 있었다. 그중 하나의 방법은 신문 광고를 꾸준히 내는 것이었고, 또 하나는 특정 점주들에게 특정 지역에서 가맹점 영업에 대한 독점권을 주는 것이었다. 이는 당시 점주들에게는 아주 매력적인 인센티브였지만, 요즘에는 더 사용할 수 없는 방법이다. 지금은 해당 주소에 명기된 거리에 대해서만 영업권을 보호해주고 있을 뿐이다.

이제 미국 내에는 특정 점주나 업체에게 배타적인 권한을 부여해줄 만한 지역이 남아 있지 않다. 그러나 초기에는 특정한 지역에서 성장하고 확대할 기회가 보장되지 않으면 적극적으로 뛰어들 가맹점 희망자들이 그렇게 많지 않았다. 당시만 해도 적극적으로 영업망을 확장하려는 우리의 욕심에 비해 선뜻 뛰어들려는 가맹점주는 상대적으로 적었기 때문에, 그들은 그러한 보호조건을 요구할 만한 위치에 있었던 것이다. 당시 버거킹은 가맹점을 개설하려고 하는 수요보다 훨씬 더 많은 매장을 빨리 구축할 필요가 있었다.

그래서 데이브와 나는 원하는 점주들에게 특정 지역에 대한 영업 독점권을 적극적으로 보장해주었다. 우리는 이러한 방법이 우리 회사를 경쟁력을 갖추고 전국적으로 성장하는, 크고 발전적이며 수익성이 높은 회사로 만들 방법이라고 생각했다. 버거킹이 업계 최고 기업으로 자리 잡으려면 영업망을 빠르게 확장해야 한다고 느꼈다. 우리는 나름의 판단기준을 가지고 우수 가맹점주를 가려내어 그들이 원한다면 지역 내에서 가맹점을 모집하고 관리할 수 있는 배타적 독점권을 부여하고, 서로가 동의할 수 있는 목표를 설정해 정해진 기간 내에 정해진 수 이상의 매장을 출점시키도록 했다. 만일 그들이 약속된 일정에 맞춰서 가맹점을 개설하는 데 실패하면 그들이 가진 독점권은 취소되었다. 이러한 방법으로 그들은 목표를 달성하는 데 따라 일종의 성과급과도 같은 수입을 얻게 되었고, 우리는 영업망을 확대해야 한다는 숙제를 풀 수 있었다. 이러한 전략은 우리가 프랜차이즈 외식업계에서 세계적인 선두기업이 되는 데 큰 역할을 했다.

1960년대 내내 우리는 과거 그 어느 업체도 달성하지 못했던 믿기 힘든 성장 기록을 써 내려갔다. 초기 점주들의 동기부여와 동참, 그리고 결단력이 없었다면 이처럼 짧은 기간 동안 그렇게 강력한 회사를 만드는 일은, 불가능하지는 않았겠지만 그리 쉽지도 않았을 것이다. 당시 우리의 성공은 점주들의 적극적인 도움 덕택이었다. 1960년대 당시 이제 막 걸음마 단계이던 외식업 프랜차이즈사업에서 우리를 핵심 기업으로 성장시켰던 그 힘은 이후 우리 사업에 중요한 동력으로 작용한다. 우리는 미국 내에서 가장 역동적인 최고의 프랜차이즈 업체라는 평판을 얻게 되었다.

핵심 점주들에게 지역별 가맹점 독점권을 부여하는 우리의 영업 방식과 그 결과로 나타난 빠른 성장세로 인해 나와 데이브는 미국 전역으로 잦은 출장을 다녔다. 우리는 당시 미국 최고의 외식 프랜차이즈 기업이 되겠다는 야심에 불타고 있었으나, 이를 뒷받침할 회사의 인력과 조직은 상당히 부족했다. 그래서 우리는 그러한 공격적인 사업목표에 어울리는 경영조직을 만드는 데 힘을 쏟기 시작했다. 매장으로 사용하기에 적당한 목이 좋은 부동산을 확보하고, 가맹점을 계약하고, 점주와 직원들을 훈련시키는 일을 모두 훌륭하게 감당할 수 있는 조직을 만든다는 것은 만만치 않은 과제였다. 이후 그러한 조직이 구축됨에 따라 우리 매장이 늘어나는 속도는 매우 빨라졌다. 탁월한 능력을 지닌 우리의 정예 핵심 관리자 그룹은 세심한 관심을 기울여 영업계획을 수립했다.

우리는 전국적인 확장 전략을 수립하면서 글렌 존스H. Glenn Jones를 자금관리 책임자로, 토머스 브라운J. Thomas Brown을 법무자문위원으로, 빌 쾨니그Bill Koenig를 회계 책임자로 영입했다. 바로 이어서 버드 그랜저Bud Granger에게 가맹점 영업을, 데이브 탤티Dave Talty에게 식당운영 관리를, 빌 브래드포드Bill Bradford에게는 부동산 운영을, 피트 피오트로스키S. M. Pete Piotrowski에게는 건축 관련 업무와 생산시설

관리, 운송, 제조에 대한 책임을 맡겼다. 또한 버드 윌슨Bud Wilson은 인사와 교육을 책임지게 했다. 글렌 콩거Glenn Conger에게 식자재 조달, 빌 셀러스Bill Sellers에게는 매장시설의 책임을 맡겼는데, 그는 후에 우리의 장비제조를 전담하는 자회사인 데이브모어인더스트리Davmor Industries의 사장이 되었다. 잭 캘훈Jack Calhoun은 마케팅 책임자로, 빌 머피Bill Murphy는 컴퓨터 시스템 책임자로 우리 회사에 합류했다.

이렇게 유능한 책임자들이 이끄는 여러 조직과 점주들의 열정적인 노력으로 우리의 매출은 빠른 속도로 성장했다. 1965년의 경우, 전국적으로 매주 평균 한 개 정도의 매장을 새로 열었다. 외식서비스 업계에 전국적인 체인망을 구축한 업체들이 막 등장하던 프랜차이즈사업의 초창기임을 생각하면 엄청난 성과가 아닐 수 없다.

플로리다주 외의 다른 지역에서 제1호 매장은 델라웨어주 윌밍턴에서 개점했다. 내가 1940년대에 이곳에서 콜로니얼인을 운영할 당시부터 알고 있던 지인 네 명이 가맹점주가 되어 연 매장인데, 나는 이 매장을 통해 잊을 수 없는 중요한 교훈을 얻었다. 이들 네 명은 모두 소극적인 투자자였고, 투자만 했을 뿐 해당 지역에 살지 않아 매장을 직접 관리할 수 없는 사람들이어서 아무도 자신이 책임지고 매장을 운영하려고 하지 않았다. 결국 그들의 합의로 매장의 지분을 전혀 가지지 않은 사람이 매장운영 책임자로 선정되었고, 그 결과 매장의 영업실적은 별로 좋지 않았다. 그때의 경험을 계기로 직접 매장운영에 참여하지 않고 자금만 투자하려는 사람들에게는 매장을 내주지 않는다는 원칙이 세워졌다.

플로리다주 외의 지역에서 두 번째 매장을 낸 사람은 얼 브라운 Earl Brown 이었다. 그 매장은 노스캐롤라이나주 윈스턴세일럼 Winston-Salem 에 세워졌다. 이 두 번째 매장에 대한 현지의 반응은 뜨거웠다. 플로리다주 바깥의 낯선 시장에서도 성공할 수 있다는 희망을 품게 된 것은 향후 우리의 사업확장에 큰 힘이 되었다. 이후 그 매장은 많은 가맹점 희망자들이 자신들의 사업 가능성을 가늠해보기 위해 들르는 필수 견학 코스가 되었다. 얼과 그의 투자 파트너인 밥 포컴 Bob Forcum 은 이 매장의 성공에 힘을 얻어 윈스턴세일럼과 그린즈버러 Greensboro, 하이포인트 High Point 세 개 지역의 매장영업권을 갖게 되었다. 이들의 독보적인 성공담으로 인해 많은 사람들이 우리의 프랜차이즈사업을 관심을 가지고 바라보게 되었다.

우리가 마이애미에서 꾸준히 냈던 인상적이고 눈에 확 띄는 광고와, 점점 숫자가 늘어나며 사람들의 눈에 쉽게 띄게 된 매장이 우리 프랜차이즈사업에 많은 사람들이 관심을 갖게 한 요인이었다. 우리는 또 몇몇 신문에 작은 광고를 꾸준히 실었다. 독일계 미국인인 아돌프 드쉴러 Adolf Deschler 도 초창기에 우리의 점주가 되고자 지원한 사람이었다. 그는 롱아일랜드에 살면서 유제품 관련 일에 종사하며 직접 가정에 우유를 배달하는 일을 했는데, 우연히 우리 광고를 발견하고 나에게 전화를 걸었다. 그는 바로 마이애미로 날아와 우리 매장들을 둘러보고는 흡족해했다. 그로부터 얼마 지나지 않아 그는 애틀랜타 Atlanta 의 첫 번째 매장을 열었다. 이때가 1962년이었다.

1962년에 나는 빌 깁슨 Bill Gibson 과 함께 푸에르토리코의 산후

안San Juan을 둘러보았고, 그곳에도 새로운 매장을 성공적으로 열었다. 30년쯤 지날 무렵 푸에르토리코의 매장은 100개 이상으로 늘어났다. 피트 맥과이어Pete McGuire는 1963년에 댈러스Dallas의 첫 매장을 열었고, 앨프리드 피트 피터슨Alfred D. Pete Peterson은 미니애폴리스Minneapolis의 첫 번째 매장을 열었다.

데이브는 지미 트로터Jimmy Trotter와 빌리 트로터Billy Trotter 형제에게 뉴올리언스New Orleans의 첫 번째 매장을 열게 했는데, 이 똑똑한 형제는 이 매장을 필두로 하여 뉴올리언스 지역에 여러 개의 매장을 연달아 개점했다. 머리 에번스Murray Evans는 가진 돈은 별로 없었으나 자신감으로 똘똘 뭉쳐 있는 젊은이였다. 그는 모빌Mobile에 첫 매장을 연 것을 시작으로 하여 앨라배마주와 미시시피주, 그리고 플로리다 팬핸들Florida Panhandle을 맡아 수익성 있는 사업을 일궈냈다. 데이브는 또 시카고를 포함한 인근의 광역 시장권에 대해서도 특별한 관심을 가지고 지역을 세 개 권역으로 나누어 해럴드 제스크Harold Jeske, 팻 라이언Pat Ryan, 밥 퍼먼, 에드 펜드리스Ed Pendrys 등과 함께 매장을 확장해 갔다.

헤이우드 폭스Haywood Fox는 얼 브라운이 세 개의 도시에서 큰 성공을 거둔 것에 자극을 받아 샬럿Charlotte에 여러 개의 매장을 열었다. 마이애미에서 학교 교사로 일하던 프레드 웨슬Fred Wessel은 앨라배마주에서 여러 개의 매장을 성공적으로 출점시켰고, 데이브 머리Dave Murray는 뉴햄프셔주에서 든든한 기반을 닦았다. 닉 재니키스Nick Janikies는 로드아일랜드주를 맡았고, 빌 허프내글Bill Hufnagel과 척 먼드Chuck Mund는 매우 중요한 시장이라 할 수 있는 뉴욕시와 그 일대에서 크게 성공했다.

얼 마틴Earl Martin과 래리 스토크스Larry Stokes 그리고 딕 셔우드Dick Sherwood는 사우스캐롤라이나주 시장의 초기 개척자들이다. 그런가 하면 벤 영Ben Young과 벤 슐러Ben Schuler는 디트로이트Detroit 시장을 성공적으로 개척해낸 사람들이라고 할 수 있다. 헨리Henry 3형제도 매우 중요한 역할을 한 점주들이다. 이들 중 리로이Leroy는 미시건주 플린트Flint에서 매장을 열었고, 오스카Oscar는 콜로라도스프링스Colorado Springs에서, 해리Harry는 라스베이거스Las Vegas에서 그들의 사업을 펼쳤다.

마빈 슈스터Marvin Schuster는 캐롤라이나 지역과 조지아주에서 우리 사업을 크게 확장했고, 하비 러바인Harvey Levine은 뉴저지주에서, 빌 러셀Bill Russell과 칼 페리스Carl Ferris는 필라델피아주에서, 톰 개디스Tom Gaddes는 워싱턴 DC에서, 톰 매컨Tom Macon은 애시빌Ashville에서, 조 호큰Joe Hawken과 윌러드 피터슨Willard Petersen은 찰스턴에서 비슷한 역할을 감당해주었다. 이 사람들 말고도 이름을 열거하자면 끝이 없을 것이다.

나는 사업 초창기에 우리를 도와 함께 일해준 수많은 훌륭한 이들과 함께하며 느꼈던 흥분과 즐거움을 오래도록 기억할 것이다. 빠르게 성장하던 체인레스토랑 운영 사업분야에서 우리 회사가 주요 기업의 하나로, 그리고 선두주자로 자리매김하는 과정에서 그들의 기여는 찬사를 받아 마땅하다. 각계각층의 다양한 사람들이 버거킹이라는 깃

발 아래 모여들어 성공적인 기업을 만드는 데 함께했다. 우리는 모두 열심히 일했고, 공통된 한 가지 목표를 마음에 두고 함께 조화를 이루며 나아갔다. 그리고 무엇보다 즐거운 사실은 이렇게 우리와 함께 일한 사람들이 거의 예외 없이 모두 개인적인 성공도 함께 성취했다는 것이다. 회사뿐 아니라 회사를 위해 일하는 모든 이들이 이익을 함께 누릴 수 있도록 운영한다는 것은 우리의 중요한 경영원칙이었다. 우리 회사의 성공은 가맹점주들이 모두 잘 해내도록 도왔기에 가능한 일이었다. 그들 중 많은 이들은 개인적으로도 상당한 재산을 모을 수 있었다. 데이브와 나는 그들의 성공이 곧 우리의 성공이라고 생각했다. 그들은 가족의 일부였고, 우리는 그들을 가족으로 대우했다. 황금알이 들어 있는 바구니를 찾는다는 그들과 우리의 공동목표는 성취되었다.

우리의 초기 가맹점주들은 외식서비스 업계에서 지금까지 보지 못했던 전혀 새로운 형태의 서비스를 개척해나가는 선구자라는 점에서 나와 데이브와 다르지 않았다. 처음 창업하는 대부분의 기업들과 같이 우리도 수많은 위기를 견뎌야 했지만, 이에 더해 우리 사업은 이전까지 전혀 시도되지 않았고 검증된 바도 없는 새로운 형태의 사업이었기 때문에 위험요소는 훨씬 더 많았다. 우리는 제대로 된 시스템과 이를 이끌어가는 관리방식을 개발하는 데 몇 년의 시간을 투자했다. 초창기의 전국적인 성공은 이 시스템의 성공이었고, 그 성공으로 말미암아 가맹점을 희망하는 사람들이 파도처럼 밀려들었다.

우리는 외식을 해야 하는 미국인들이 점점 더 합리적인 가격대의 음식을 찾는 경향이 커지고 있다는 사실에 주목했다. 그리고 몇 십 년 만에 미국의 외식산업은 전국적인 체인망을 갖춘 프랜차이즈 식당을 중심으로 개편되었다. 미국에서 일기 시작한 이 거대한 변화의 최전선에 설 수 있었던 것은 내게 커다란 행운이었다.

Chapter

13

외식사업과
버거킹의 잠재력

디스트론 트럭 앞에 선 제임스 맥라모어

1965년경, 나는 빠르게 성장하고 있는 패스트푸드사업의 앞서가는 대변자로 어느 정도 인정을 받고 있었다. 그러므로 상당히 저명한 경영컨설팅 법인인 부즈앨런해밀턴Booz Allen Hamilton 같은 회사로부터 전화를 받은 것도 그렇게 이상한 일이 아니었다. 그들은 내게 전화를 걸어 외식서비스산업 분야에서 일어나고 있는 새로운 발전방향에 대해서 논의해보고 싶다며, 나를 찾아오겠다고 말했다.

그때까지도 나는 부즈앨런 측이 미니애폴리스에 있는 필스버리컴퍼니Pillsbury Company 의 의뢰를 받고 나와 접촉을 시도하고 있다는 사실을 몰랐다. 그들은 필스버리 측으로부터 식품산업 전반에서 일어나고 있는 변화를 조사해 보고해달라는 의뢰를 받고 있었다. 식료품점의 매출은 별로 늘지 않고 있는 가운데 필스버리와 같은 소비자식품회사들 사이의 경쟁은 치열했기 때문에, 필스버리 측은 현재 소비자들 사이에 어떤 흐름이 나타나고 있는지, 그리고 앞으로 자신들의 사

업을 성장시키기 위해서는 어디에 초점을 두어야 하는지를 알고 싶어
했다.

버거킹 사업은 호황을 구가하고 있었고, 우리 본사는 1966년까지
7호점인 코럴웨이Coral Way 지점 뒤편 건물에 자리하고 있었다. 당시
우리는 전국적으로 매주 평균 한 개 이상의 매장을 새로 열고 있었다.
직원들은 늘어나고 있었고, 그들이 일할 수 있는 새로운 공간이 필요
했다. 광고, 회계, 인사, 프랜차이즈 영업, 부동산, 건설, 실내공사, 자
재조달 등을 담당하는 새롭게 만들어진 부서들이 그 건물에 자리 잡
았다. 그곳에는 또 와퍼칼리지Whopper College라는 훈련시설도 있었다.
와퍼칼리지에서는 곧 문을 열 새로운 점주들이 꼭 숙지해야 할 매장
내에서의 크고 작은 업무절차를 가르쳤다.

부즈앨런 측 사람들이 이처럼 바쁘고 비좁은 공간을 살펴보고 싶
다고 들어온 것이다. 나는 그들이 충분히 그 현장을 둘러본다면 버거
킹이 빠르게 성장하고 바쁘게 돌아가는 조직이라는 것을 알게 될 것
이라고 확신했다. 당시 내 사무실에는 중요한 메시지를 담은 액자가
걸려 있었다. 위에는 햄버거 빵 위에 왕이 걸터앉아 있는 버거킹 상표
가, 그 아래에는 "우리는 이익을 내야 하는 조직이다. 그것이 우리의
목표이고, 우리는 그 길을 가고 있다!"라는 문구가 적혀 있었다. 부즈
앨런 측에서 나온 두 사람은 한동안 그 액자를 바라보더니 그에 대해
서 몇 가지 의견을 말했다. 그 순간에도 나는 이 액자에 담긴 메시지
가 우리 회사의 결의를 완전하게 표현하고 있다고 생각했다. 나는 가
맹점주들과 납품업자, 은행, 그리고 직원들에게 우리의 목표는 업계

에서 가장 이익을 많이 내는 최고의 업체가 되는 것이라는 것을 강조하기 위해 거기에 담긴 문구를 자주 인용해온 터였다.

버거킹과 관련된 일을 하는 모든 사람들이 우리가 정상을 향해 질주하고 있다는 사실을 알고 있었고, 우리도 버거킹에 대해 궁금해하는 이들에게 서슴없이 그렇게 말하고 있었다. 나는 우리가 업계에서 최고가 되겠다는 목표로 똘똘 뭉친, 능률적이고 역량 있고 혼신의 노력을 다하는 관리자 그룹이라고 스스로 생각했다. 적어도 우리 사이에서는 우리 회사의 목표와 결의의 완벽함을 의심하는 사람은 없었다. 꿈과 야망이 우리를 그 목표를 향해 이끌어가고 인도하고 있었다.

그날 나는 부즈앨런 측 사람들과 몇 시간 동안 함께했다. 생각해보면 나는 코넬대학교 시절부터 요식업의 역사와 발전, 그리고 최근에 벌어지고 있는 변화의 양상에 관심이 있었다. 나는 요식업이 어떻게 인간사회에 등장하게 되었으며, 앞으로 어떤 방향으로 발전하게 될지에 대해 나름의 견해를 가지고 있었다. 또 과거부터 지금까지 회사와 관련된 다양한 협회와 단체에 가입하여 활동하고 있었기 때문에 현재 업계의 리더 그룹에 속한 많은 남녀 사업가들과 교분을 맺고 있었다. 부즈앨런 사람들도 '가정 밖에서 식사하면서' 형성되는 시장이 얼마나 빠르게 성장하고 있는지에 주목하고 있었고, 그 시장의 잠재력에 대해서 궁금해하는 듯했다. 특히 그들은 이러한 변화가 '가정 안에서 식사하는' 것에 관련된 시장과 사업에 어떤 영향을 미칠지에 대해 몇 가지 아이디어를 얻고 싶어 했다. 필스버리는 소비자식품사업 분야에 종사하면서 전국의 식료품상점을 상대로 식자재를 납품하는 회사였다.

그들도 외식산업이 빠르게 성장하고 있다는 사실을 알고 있었고, 바로 그 점 때문에 식료품 소매업계의 매출이 정체되고 있다고 생각했던 것 같다. 내가 콜로니얼인을 처음 열던 때로부터 15년이 지난 당시의 미국 외식산업의 매출은 230억 달러로, 두 배 이상 증가했다. 그리고 또 시간이 흘러 1990년대에 들어서면 그 매출은 무려 2,500억 달러로 증가한다. 그러나 당시에는 우리 가운데 가장 낙관적인 전망을 하는 사람들조차 그 누구도 이렇게까지 엄청나게 큰 규모로 발전할 것이라 예상하지는 못했다. 그만큼 우리는 완전히 적기에 새로운 사업영역에 뛰어들어 개척하고 있었던 것이다. 외식은 이제 미국인들의 보편적인 생활양식이 되어가고 있었다.

식료품산업과 외식산업에서 일어난 변화는 정부나 업계기관들이 발표하는 통계를 통해서도 충분히 확인할 수 있었다. 다만 '가정 바깥에서의 식사' 시장의 어느 부분의 장기적 성장전망이 가장 좋은가에 대한 정보는 구하기 어려웠다. 그러한 상황에서 부즈앨런의 관심은 어느 기업과 어느 사업영역이 가장 뚜렷한 두각을 나타낼 것인가 하는 데 있었다.

지난 몇 년 동안 나와 데이브는 가맹점주들을 만나고, 새로운 매장 후보지를 물색하고, 프랜차이즈 권한을 팔기 위해 미국 전역을 쉴 틈 없이 돌아다녔다. 어딜 가더라도 제한된 메뉴에 집중해서 서비스하는 음식점들이 대세를 이루며 새로 문을 여는 모습을 쉽게 볼 수 있었다. 우리는 미국의 마케팅 동향에 대해 파악할 수 있는 것은 최대한 파악하려고 노력했고, 각각의 분야별 시장에 대해서 가능한 한 자세하게 연구하려는 노력을 게을리하지 않았다. 우리는 어느 분야에서 지역 체인사업이 강세를 보이고, 또 어느 분야에서 광역 체인사업이 강세를 보이는지도 파악했다. 나와 데이브는 둘 다 그들 시스템 각각의 강점과 약점 그리고 취약점을 어느 정도는 알고 있다고 생각했다. 또 어느 분야에서 성장이 일어나고, 어떻게 새로운 성장이 촉발되는지에 대해서도 나름 분명한 견해를 가지고 있었다. 나는 부즈앨런 측 사람들에게 생각하고 알고 있는 모든 것을 편하게 이야기해주었다.

1965년, 맥도날드의 기업공개가 성공적으로 마무리되면서 맥도날드와 같이 특화된 몇 가지 메뉴를 서비스하는 체인레스토랑을 향한 관심이 전국적으로 크게 일어났다. 〈타임Time〉지도 이 새로운 소매기업의 성공담을 커버스토리로 다뤘다. 이후 곳곳에서 유사한 이야기들이 다뤄지면서 많은 사람이 프랜차이즈 외식산업의 잠재적 수익성을 인식하게 되었다. 부즈앨런은 이러한 사업에 대해 좀 더 자세히 알고 싶어 했다. 이 사업의 잠재력은? 수익성은? 그리고 함정이나 위험성은 무엇인지? 어느 회사가 큰 성공을 거두고 있는지? 어떤 상황을 피해야 하는지? 프랜차이즈화가 업계 내의 성장을 촉진하는 원인이 맞는지? 어떤 방식의 광고와 대량공급 방식이 적합한지? 그들은 대화를 나누면서 이와 같은 많은 질문을 던졌고, 이는 오늘날의 새로운 비즈니스에 대한 물음이었다.

나는 그들이 나를 찾아온 진짜 이유를 알지 못했지만, 제한된 메뉴를 판매하는 외식사업이 앞으로도 상당 기간 성장을 계속할 것이라는 점을 그들이 분명하게 느끼고 갔다는 것은 알 수 있었다.

몇 개월 후, 나는 부즈앨런 측이 외식산업의 폭발적인 성장이 식료품사업의 성장세가 정체된 주요한 원인 가운데 하나라는 점을 골자로 한 보고서를 필스버리에 제출했다는 사실을 알게 되었다. 그들은 보고서에서 필스버리 측에게 앞으로도 식품사업 전반으로 사업을 확장하고 싶다면 외식산업에서도 일정한 위치를 확보하기 위한 전략이 필요하다고 자문했다. 보고서를 받아 본 필스버리 측은 부즈앨런에 새로운 용역을 맡겼다. 그것은 외식사업에 뛰어들 수 있는 최선의 방안을 모색해달라는 것이었다. 이에 부즈앨런은 체인망을 갖추고 있는 주요 외식업체 대부분에 대한 장단점을 분석한 연구결과를 내놓았다. 그러면서 외식시장 진입을 위한 최선의 방안으로 버거킹코퍼레이션을 인수하는 것을 검토해볼 것을 제안했다. 얼마 후 우리는 필스버리 측 대표로부터 만나자는 제안을 받았다.

　　우리 회사가 업계의 리더 역할을 감당하며 혁신의 최전선에 앞장서 가면서 사업 전반에 관한 안목을 넓혀가는 동안, 기업 차원에서 혹은 개인적 차원에서 생각보다 많은 사람이 우리를 주목하고 있었다.

14

미션:
식자재와 매장설비를
공급하라!

최초의 버거킹물류센터

훗날 '디스트론Distron'이라는 이름으로 불리게 된 그곳은 원래는 '버거킹물류센터Burger King Commissary'였다. 우리 매장으로 식자재와 물품을 제때 공급하기 위한, 식자재 생산 및 수송 업무가 처음으로 시작된 곳이다. 우리가 마이애미버거킹 두 번째 매장을 열었을 당시에는 필요한 물품을 1호 매장의 재고창고에 보관했다가 옮겨서 사용하는 방식으로 조달했고, 이 방식은 6호점을 열 때까지 계속됐다. 차량은 내 개인 소유의 스테이션왜건station wagon; 좌석 뒷부분에 큰 짐을 실을 수 있는 공간이 있는 승용차-옮긴이을 이용했다.

5호 매장을 열 무렵부터 우리는 더 이상 이런 식으로 물품을 조달하기는 어렵다는 것을 느끼기 시작했다. 우리에게는 물류업무를 전담하기 위한 사무실이 필요했다. 1957년 3월에 7호점 매장을 지으면서 우리는 그러한 공간을 함께 설계했다. 7호 매장과 인접한 곳에 세워진 이 건물에는 큰 규모의 창고와 사무공간이 들어섰다. 우리는 인터

내셔널International사가 제조한 1947년산 중고 소형트럭을 100달러쯤 주고 사서 지금까지 우리 회사의 유일한 물류차량이던 스테이션왜건 대신 사용하게 되었다. 이 낡은 트럭은 뒤쪽 서스펜션의 결함으로 인해 후미가 항상 기울어 있었지만, 어떻게든 이걸 사용해보려고 노력했다. 사실 거의 폐차할 수준의 차량이었지만 그때는 그것이 최선이었다. 6개월 후, 우리는 2,600달러를 주고 신형 쉐보레Chevrolet 소형트럭을 구입했다. 이 최신형 수송차량은 필요한 물품을 적기에 배송하는 데 큰 도움이 되었다. 우리는 보다 중앙집중화된 조달 및 수송 업무의 중요성을 서서히 인식하게 되었다.

새로운 프랜차이즈 매장이 꾸준히 문을 열며, 1962년에 들어서면서 플로리다주 남부에서는 거의 포화상태에 이르게 되었다. 우리는 물류업무를 계속해서 확대할 필요가 있었다. 우리는 새로 개통된 팰머토고속도로Palmetto Expressway 변에 업무용 부동산을 사들여 독립된 창고와 생산시설을 지었다. 그 창고 바로 옆까지 철로가 연장되었기 때문에, 우리는 화물열차 단위로 물품을 대량 납품받아 상당한 액수의 비용을 절감할 수 있었다. 트럭을 이용한 수송은 나날이 증가했고, 우리는 그만큼 효과적이고 편리하게 매장으로 물품을 배송할 수 있게 되었다. 플로리다 남부에서 매장을 계속 오픈하면서 이 새로운 물류센터는 높아지고 있는 버거킹의 시장지위를 확인시켜주는 상징적인 건물이 되었다. 관리해야 할 매장이 늘어남에 따라 우리는 보다 효과적인 물자배송 업무체계를 만들었고, 이는 훗날 체인형 레스토랑의 현대식 물자배송 시스템의 표준이 되었다.

그러나 버거킹이 가파르게 성장하며 매장 납품의 적시성과 신뢰성에 관련해 심각한 물류 문제가 야기되었다. 우리는 필요한 장비와 간판 등을 전국 곳곳에 있는 수많은 업체로부터 납품받고 있었다. 우리는 이들 조달업자들과 납품받는 모든 물품의 가격과 납품시기를 일일이 협의해야 했는데, 이는 너무 많은 시간과 에너지를 소모하는 일이었다. 장비의 도착시간을 정확하게 조정하는 것은 불가능에 가까웠고, 이로 인해 바로 이어지는 장비 설치 과정도 복잡해졌다. 당시 우리는 매장을 새로 열거나 새로운 장비가 입고되면 마이애미 본사에서 설치 담당직원을 파견하여 모든 것이 제대로 설치되어 작동하는지 확인했다. 그런데 많은 다른 업체로부터 납품받아야 하는 다양한 물품과 장비들이 뒤죽박죽 배송되면서 설치 담당직원들이 예정했던 시간 안에 자신들의 업무를 마치지 못하는 경우가 허다했다. 우리는 사람이 드나들 수 있는 대형냉장창고, 싱크대, 선반, 간판, 셰이크기계, 튀김기계, 브로일러, 냉장고, 좌석, 음료대 등 매장을 열기 전에 배송받고 설치해야 할 수많은 물품과 장비들을 주문하고 배달 날짜를 조율했는데, 이 가운데 제때 도착하는 것은 거의 없었다. 그야말로 물류의 악몽이었다.

1962년 말에는 한 주에 매장을 두 개 이상 열 정도였는데, 신규매장 개설 업무를 진행하면서 이러한 비효율적이고 신뢰할 수 없는 배송지연은 도무지 해결하기 힘든 골칫거리였고, 이로 인해 매장들이 예정된 날짜에 개점하지 못하는 일도 자주 발생했다. 우리는 이 문제를 해결하기 위해 매장에서 사용하는 모든 장비를 마이애미의 물류센터로 일괄적으로 납품받아 재고로 보관하기로 했다. 그리고 새로운 매장이 열리면 그곳에서 필요로 하는 모든 물품을 한 번에 보내주고, 설치를 담당하는 우리 직원은 그 일정에 맞춰서 매장을 방문하도록 하였다. 이렇게 업무체계를 바꾸고 나니 보통 몇 주간이 소요되던 매장 설치 업무가 단 3일로 단축되어 비용이 크게 줄어들고 훨씬 편리해졌다. 또 장비를 한꺼번에 대량으로 구매하는 것이 가능해지면서 구매단가도 크게 낮췄다.

그러나 이렇게 대량구매된 장비와 물품들을 보관할 새로운 저장 공간을 찾는 것은 또 다른 숙제였다. 마이애미 물류센터는 플로리다 남부의 매장에 식자재와 종이물품, 그리고 몇몇 다른 물품들을 공급하고 제조하기 위한 공간이었다. 1만 5,000제곱피트 규모의 공간에서는 그 이상 다른 일은 불가능했다. 매장에서 사용되는 각종 장비를 적재할 공간의 필요성이 커지면서 우리는 1만 5,000제곱피트 규모의 또 다른 건물을 지었다. 물류 적재공간이 곱절로 늘어난 것이다. 그리고 한편 우리는 업무를 더 신속하게 처리하기 위해 인근의 판금회사와 계약을 맺고 매장에서 사용되는 스테인리스스틸 장비의 제조를 맡겼다. 또 주변의 네온사인 광고판 제작업체와는 우리의 간판을 제조하는 계약을 체결했다. 그들은 우리가 새로운 매장을 만들 때마다 매장 앞에 세우는 대형 기둥 모양의 간판도 맡았다. 카운터와 테이블, 그리고 식당 홀에 배치되는 모든 가구는 플로리다 남부의 여러 업체에서 생산되었는데, 이들 업체는 우리가 직접 생산과 배송을 통제하는 것이 가능했기 때문에 새로 열리는 매장으로 직접 배송하도록 했다. 그러나 미국의 다른 지역에 흩어져 있는 업체들에 의해 생산되는 나머지 장비들은 마이애미에서 일괄하여 납품을 받았다. 튀김기계나 셰이크기계, 음료대, 얼음제조기 등이 그런 장비들이었다.

이런 장비들의 운송비용도 합리적이었다. 우리가 주문한 장비나 물품을 싣고 마이애미까지 온 운송차량이 돌아가는 길에 트럭을 채울 적절한 화물배송을 수주하는 것은 쉽지 않은 일이어서, 그들은 대개 빈 차로 북쪽으로 향해야 했다. 그리고 우리는 새로 열리는 매장에 필요한 모든 물품을 한 번에 운송하려면 40피트 규모의 견인 트레일러 두 대가 필요했다. 트럭 운송업자들은 빈 차로 돌아가는 것을 어떻게든 피해야 했으므로 그 일을 꼭 맡고 싶어 했다. 그들은 이 일도 자신들에게 맡겨주기를 간절히 원했고, 그 덕분에 우리는 매우 적은 비용으로 매장들에 물품을 전달할 수 있었다.

거대한 네온사인 기둥과 대형냉동창고에서부터 관리자의 책상, 그리고 그 안에 들어갈 연필과 클립에 이르기까지 모든 필요한 물품이 트레일러 두 대에 실려 지정된 시간에 정확하게 현장에 도착한다는 사실에 우리는 큰 자부심을 느낄 수 있었다. 패스트푸드사업의 태동기에 처음으로 수립된 수송 시스템이었고, 이는 미래를 위한 업계 표준이 되었다.

장비 조달과 수송의 중앙집중화가 매우 효율적이라는 것이 확인되자 우리는 우리가 사용할 햄버거 브로일러를 직접 제조하기로 했다. 이는 우리만의 기술을 보호하고 비용을 절감하기 위한 수단이었다. 이것은 1955년에 데이비드 에저튼이 구상하고 직접 만들었던 것을 기초로 설계되었다. 새로 확보한 물류센터 공간이 충분했기 때문에 보다 나은 품질의 브로일러를 생산하는 시설을 짓는 데 따로 큰 비용을 들일 필요가 없었다. 이렇게 해서 우리는 비록 소박한 규모이기는 하지만 장비제조업에도 진출하게 된 것이다.

이 브로일러는 스테인리스스틸 판을 잘라내어 만들었다. 우리는 이 금속판을 절단하고 성형하는 데 필요한 중장비들을 사들였다. 직접 제조를 시작하기 위해 우리는 경험 많은 판금 노동자와 기계 기술자들을 고용했다. 이렇게 해서 일단 제조를 전담하는 회사가 설립되었고, 스테인리스스틸 냉장고와 카운터, 싱크대, 선반, 대형냉동창고, 튀김기계 같은 것들도 생산해 추가 비용절감을 꾀했다. 이렇게 일이 커지다 보니 공간 확보의 문제가 다시 대두되었다. 우리는 기존 건물에 더하여 1만 5,000제곱피트 규모의 건물을 새로 짓기로 했다. 계획대로 새 건물이 지어지면 모두 4만 5,000제곱피트의 창고와 생산시설을 갖게 되는 것이었다. 그러나 이것조차 충분하지 않았다. 그래서 우리는 당시 물류시설이 있던 자리로부터 멀지 않은 새로운 장소에 별도의 본격적인 장비 제조공장을 새로 짓기로 했다.

우리는 그렇게 만들어진 장비제조회사를 '데이브모어인더스트리Davmor Industries'라고 이름 지었다. 이는 데이브 에저튼에서 '데이브'를 따고 내 이름 짐 맥라모어에서 '모어'를 딴 것이다. 이렇게 해서 앞으로 매년 새로 열게 될 수백 곳의 버거킹 매장에 들어갈 많은 장비를 직접 생산하여 공급할 수 있게 되었다. 지금까지 다른 업체로부터 사들였던 것보다 우리 매장에 더욱 적합하고 품질 좋은 장비를 생산할 수 있고 비용은 더 줄일 수 있을 것이라고 확신했다.

1966년, 우리는 20에이커에 달하는 부지를 확보하고 그 위에 데이브모어인더스트리의 새 공장과 사무실을 포함하는 5만 제곱피트 규모의 건물을 완공했다. 그로부터 몇 년 만에 이 회사는 기계, 판금, 가구 분야의 기술자 325명을 고용할 정도로 크게 성장했고, 매출은 2,750만 달러, 세전이익은 400만 달러에 달했다. 단기간에 데이브모어는 미국 외식사업계에서 가장 큰 장비생산업체의 하나로 자리 잡은 것이다.

이 회사는 창업한 당일부터 수익을 발생시킨 독특한 신생기업이었다. 또 가맹 매장에 대해서는 이전에 외부로부터 장비를 공급받을 때보다 더 낮은 가격에 질 좋은 장비를 공급할 수 있었다. 이것도 물론 중요했지만, 더욱 중요한 것은 매장에서 사용되는 장비가 적절한 시기에 안정적으로 배송된다는 것이었다. 회사는 성공적으로 성장했고, 후에 두 곳의 다른 공장을 추가 증설해야 했다. 새로 세워진 공장 가운데 한 곳은 동시에 여섯 대의 트레일러를 수용할 수 있는 적재구역을 따로 마련했다. 이 공장들은 장비에 대한 엄청난 수요를 감당하기 위해 8시간씩 3교대로 24시간 운영되었다.

데이브와 나는 데이브모어의 초기 성공과 함께 디스트론의 꾸준한 성장에 고무되어, 마이애미에 본사를 두고 있던 종합용역회사인 섀퍼앤드밀러 Shafer and Miller 와 50대 50의 지분비율로 합작회사를 설립했다. 섀퍼앤드밀러는 1950년대부터 시작하여 1960년대 초반까지 많은 버거킹 관련 건물을 짓는 임무를 훌륭하게 수행해낸 회사였다. 데이브와 나는 전국적으로 건설되는 버거킹 매장건물을 이 회사가 직접 짓는다면 상당한 이익을 얻을 수 있으리라고 생각했다. 론 섀퍼 Ron

Shafer와 빌 밀러Bill Miller도 이 아이디어에 적극적으로 찬성했지만, 우리가 자신들의 건설 서비스를 계속해서 사용하지 않을 수도 있다는 점을 우려하여 사업확장에 대해서는 주저했다. 그들로서는 충분히 걱정할 수 있는 일이었기 때문에 그들의 생각을 탓할 수는 없었다. 그것은 그들이 상당한 자본을 투자해야 하는 일임이 분명했기 때문이다. 만일 그들의 유일한 고객인 우리와의 관계에 문제가 생긴다면 그들은 상당한 위기를 겪게 될 것이다.

그래서 만들어진 해결책이 50대 50으로 합작회사를 설립하는 것이었고, 이렇게 해서 퍼스트플로리다건설사First Florida Building Corporation라는 종합용역회사가 설립되었다. 이 회사는 매장 건설에 관한 용역 일체를 수주하여 적기에 효과적인 비용으로 매장을 지어 올렸다. 빌 밀러가 경영을 맡은 이 회사는 동종 분야에서 미국 내에서 가장 큰 종합건설용역회사 가운데 하나가 되었다. 이 회사의 초기 임무는 버거킹 매장건물의 건설을 전담하는 것이었다. 이 회사는 시간이 지날수록 비용과 시간 면에서 효율성이 향상되었고, 이로 인해 매장 측의 비용도 크게 절감됐으며 회사의 수익성도 높아졌다. 이 회사의 업무능력은 아무것도 없는 상황에서 45일에서 60일이면 매장건물을 완공할 수 있을 정도로 향상되었다. 이 회사는 성장과 확장이라는 버거킹의 중요한 경영목표를 달성하는 데 커다란 역할을 했다.

우리는 마이애미대학교에서 건축학을 전공한 윌리엄 머피William C. Murphy를 채용했는데, 그는 이러한 확장정책에 크게 공헌했다. 그는 새로 지어지는 모든 매장의 설계 책임을 맡았다. 오랜 시간에 걸쳐서 그는 미국의 모든 주에서 요구하는 면허를 취득하기 위한 시험에 응시했다. 이 젊은이가 전국 모든 주에서 건설업무를 담당할 수 있는 자격을 취득했음을 입증해주는 수십 장의 자격증 액자를 모두 걸 수 있을 만한 공간을 마련하는 것도 힘들 정도였다. 우리는 그가 매우 자랑스러웠다. 그는 우리 경영진 가운데 소중한 일원이 되었으며, 우리 매장은 전국의 도시와 마을로 확장되었다. 우리는 성공적으로 임무를 성취해가고 있었고, 그 과정을 즐기고 있었다.

퍼스트플로리다는 식당 매장건물을 저비용으로 건설하는 탁월한 능력을 보여주었다. 버거킹 매장건물을 튼튼하고 훌륭하게 지으면서 그 효율성과 능력을 입증한 퍼스트플로리다는 나중에는 다른 패스트푸드 체인 회사들의 건축 일도 맡게 되었다. 그들도 과거 우리가 직면했던 문제로 고민하기 시작한 것이다. 즉 건축자재 등을 합리적인 비용으로, 적기에, 신뢰감을 주며 공사현장으로 납품해줄 수 있는 업자를 찾는 문제였다. 어쨌든 퍼스트플로리다는 우리뿐 아니라 다른 발주자들로부터 맡은 일들도 훌륭하게 처리해냈다. 퍼스트플로리다는 메인주에서 캘리포니아주에 이르기까지 항상 동시에 50개 이상의 공사를 진행하고 있었다. 우리가 설립한 퍼스트플로리다는 급팽창하는 체인레스토랑산업 내의 또 다른 혁신적인 사업분야를 개척한 것이다.

이렇게 해서 몇 년 만에 버거킹은 식자재 생산 및 공급을 담당하는 디스트론과 장비와 가구를 담당하는 데이브모어, 그리고 매장 건설을 담당하는 퍼스트플로리다의 세 개 업체를 거느리게 되었다. 이 세 회사는 버거킹 조직이 전국으로 확장되던 사업 초기에 꾸준하고 예측 가능한 성장을 계속하도록 하는 데 큰 역할을 했다.

데이브모어는 맡은 역할을 십수 년 동안 잘 감당해냈지만, 체인레스토랑 업계가 급속히 팽창하면서 많은 다른 생산업체들도 앞을 다투어 자본을 투입하고 경쟁에 가세했다. 데이브모어와 디스트론은 우리에게 필요한 서비스를 제공하는 데 관심 있는 업체들이 별로 없고, 있다 해도 그럴 만한 능력이 되는 회사가 많지 않던 시절에 만들어진 회사였다. 각 매장들은 매일 필요한 식자재와 물품을 공급받아야 했는데, 초창기에는 이런 유형의 체인레스토랑이 많지 않았기 때문에 충분한 공급자를 확보하기 어려웠고, 우리는 그러한 일들을 직접 해야만 했다. 어쩔 수 없는 필요로 인해 우리는 유통과 제조 부문에서 완전히 독창적인 새로운 개념의 사업분야를 창조해내고 선구자적인 역할을 했던 것이다. 그러나 여러 해가 지나고 많은 가맹점을 둔 체인레스토랑이 흔해지면서 이들에게 물품을 공급하는 고도로 전문화된 기업들이 등장했고, 그들 대부분이 성공을 거뒀다.

우리는 1992년에 디스트론을 프로소스Pro Source에 매각했다. 이 회사의 CEO인 데이비드 파커David Parker에게 들은 바로는, 4년 후인 1996년에 디스트론은 미국 전역의 전략적 주요 지점들에 서른한 곳의 배송센터를 운영했고, 이들 배송센터의 총면적은 230만 제곱피트에 달했으며, 매출액은 연간 40억 달러에 이르렀다. 593대의 트랙터와 831개의 냉장 트레일러를 운영했으며, 정규 급여를 받고 일하는 직원은 3,500명이나 되었다. 우리가 프로소스에 디스트론을 매각할 때 매각대금은 1억 달러를 조금 넘는 금액이었다. 1956년 내 개인 소유의 포드 스테이션왜건 한 대로 시작한 일이 이렇게 커다란 사업이 된 것이다.

1960년대와 1970년대에 걸쳐 체인외식사업이 크게 성장하고 확장하면서 많은 독립적인 공급업자들이 새롭고 수익성 높은 이 시장에서 사업을 벌이고자 뛰어들었다. 우리 자회사들의 성공이 새로운 경쟁자들을 시장으로 끌어들이게 되리라는 것을 우리도 잘 알고 있었다. 1950년대와 1960년대에 조심스럽게 문을 연 가맹점과 그 점주들은 구매와 조달, 그리고 건설 등의 분야에서 경험이 전혀 없는 사람들이었다. 그러나 시간이 흐르며 이들의 사업도 큰 규모로 성장했다. 그들은 경험과 역량과 재정적 독립을 갖추게 되었고, 독자적으로 이들과 일하고 싶어 하는 다른 많은 업자들과 공급 및 서비스 계약을 맺을 수 있을 정도로 성장했다. 그들은 모든 물품을 반드시 모기업인 버거킹의 자회사나 제휴업체로부터 공급받아야 하는가에 의문을 품기 시작했다.

가맹점은 생리적으로 독립성을 중시하고 본사의 통제 밖에서 가능한 한 많은 일을 하고 싶어 하는 경향이 있다. 가맹점주들이 모든 물품을 우리로부터 구매해야 할 의무는 없었고, 우리도 그들이 언젠가는 독자적으로 물품 공급원을 찾으려는 시도를 할 것이라고 예상했다. 이들이 데이브모어인더스트리나 퍼스트플로리다에 대한 의존도가 줄어든 것은 그들이 좀 더 독립적으로 이윤과 가치를 추구하고 싶어 하는 욕구가 반영된 것이라고 할 수 있다.

우리는 데이브모어인더스트리를 매각했고, 퍼스트플로리다는 독립적인 건설사로 탈바꿈했다. 그리고 디스트론은 프로소스로 매각되었지만, 이들 세 회사가 버거킹이 미국 전역으로 뻗어나가던 초창기에 핵심적인 공헌을 한 것만은 분명하다. 이들 회사의 지원과, 언제나 정해진 시간에 물량을 공급해준 그들의 협력이 없었다면 우리 사업을 확장하는 데 상당한 난관이 있었을 것이다.

필요는 발명의 어머니다. 체인레스토랑으로 전국적으로 인정받으며 성장하고 정상의 위치를 유지하는 것이 우리에게는 가장 중요한 관심사였다. 가는 길에서 장애물을 만나면 우리는 주저하지 않고 밖으로 나가 문제를 해결했고, 우리의 필요를 충족시킬 새로운 방법을 고안해냈다. 그런 과정에서 우리는 더 큰 성공으로 이끌어줄 세 개의 회사를 설립했던 것이다.

디스트론과 데이브모어

버거킹의 초기에는 시스템에 맞는 장비 공급을 전담하는 업체를 따로 두지 않았다. 또 매장에서 그날그날 필요로 하는 식자재에 대해 공급을 전담하는 업체도 없었다.

나는 디스트론사를 방문했던 때를 기억한다. 그들은 15피트 크기의 스테인리스스틸 통에서 햄버거 패티를 만든 다음, 그것들을 컨베이어벨트로 넘겨 균일한 두께로 눌러준 후, 2온스짜리 햄버거 패티나 4온스짜리 와퍼 패티로 만들었다. 그 과정에서 잘려 나간 테두리 부분은 다시 원래의 통으로 돌아가 컨베이어벨트로 다시 내보내지는 과정이 반복되었다. 당시 버거킹은 냉동 패티가 아닌 신선한 패티만 사용하고 있었다. 상자에 차곡차곡 담긴 패티는 지게차에 의해 차량과 사람이 드나들 수 있는 대형냉장창고로 옮겨져 플로리다 전역으로 배송되기를 기다렸다. 그 전 과정은 인상적이었다. 그들이 그러한 패티 생산공정을 만든 것은 브랜드를 성공적으로 성장시키기 위해 좋은 품질과 효율적인 배송을 해달라는 우리의 요구에 따른 것이었다. 엔지니어인 데이브는 이러한 자회사들의 성공에 결정적인 역할을 했다.

-휘트 맥라모어, 〈플레임 매거진〉 1996호

Chapter

15

선두를 지키기 위한 몸부림

1969년 네브래스카주 오마하에 개점한 500번째 버거킹 매장

1965년 무렵 외식산업의 가파른 확장은 금융시장의 큰 관심사이자 경제신문에서 단골로 다루는 중요한 주제였다. 프랜차이즈 매장에 투자했다가 큰돈을 벌게 된 사람들의 이야기는 어디에서나 뉴스거리였다. 미국 전체가 바로 이 외식사업이 새로 떠오른 기회의 땅이라는 사실을 인식하는 듯했다. 미국 전역에서 발행되는 각종 신문과 잡지들이 이런 종류의 성공기를 앞다퉈 다루었다. TV의 보급과 함께 맥도날드와 버거킹 같은 업체들의 광고가 전파를 타면서 외식산업에 대한 대중의 인식도 높아졌다. 깨끗한 매장에서 가벼운 비용으로 좋은 음식을 빠르게 서비스받을 수 있다는 매력적인 메시지가 사람들의 뇌리에 반복해서 심어졌다. 이는 사람들이 가장 바라고 찾던 것이었다. 전국적으로 식료품점의 매출은 제자리를 지키는 동안 외식산업의 매출과 이익은 인상적인 성장을 거듭했고, 패스트푸드는 갑자기 성공을 향해 달리는 기차의 열차표처럼 여겨졌다.

1965년 4월 15일, 맥도날드가 주식시장에 상장되었다. 이는 그렇지 않아도 급성장하고 있는 패스트푸드의 성장과 확대를 또 한 번 자극하는 사건이었다. 레이 크록이 시카고 권역인 일리노이주 데스플레인스에 맥도날드 1호점을 연 것이 불과 10년 전이었다. 둘 다 역사에 길이 남을 만한 사건이었다. 이때의 맥도날드사 상장은 역사상 가장 성공적인 주식공모 가운데 하나였다. 이 주식의 주당 공모가는 22달러 50센트였으나 거래 첫날 주당 30달러까지 올랐다. 그리고 불과 몇 주 만에 공모가의 두 배를 훨씬 넘는 49달러까지 치솟았다. 투자자들은 맥도날드에 대한 낙관적인 시각을 가지고 앞다퉈 주식을 매수하려 했다. 그들의 시각은 옳았다. 1965년 4월에 맥도날드 주식을 사기 위해 100달러를 투자했다면, 1996년에는 50만 달러 이상을 회수할 수 있었을 것이다. 또 이 탁월한 기업의 당시 가치는 35억 달러에 달했다. 이는 외식산업의 역사에서 유례를 찾을 수 없는 경이로운 성장이었다.

맥도날드에 대해 투자자들이 느끼는 관심과 매력은 외식산업이라는 분야 자체의 성장성 여부에 대한 관심으로 이어졌다. 실제로 맥도날드 상장 이후 2년 동안 체인형 레스토랑을 운영하는 다른 기업들의 기업공개가 이어졌다. 제2의 맥도날드 대박을 꿈꾸는 투자자들이 이러한 주식에 몰려들었다. 내슈빌Nashville 출신의 뛰어난 사업가 잭 매시Jack Massey 와 후에 켄터키주 주지사가 된 젊은 기업가 존 브라운John Y. Brown 이 커널 할런드 샌더스Colonel Harland Sanders; KFC의 창업자이며, 본명은 할런드 데이비드 샌더스이나 흔히 커널 샌더스로 불린다. -옮긴이 의 켄터키프라이드치킨KFC; Kentucky Fried Chicken 지분을 200만 달러를 주고 사들였다. 기업과 사업의 개념을 새롭게 정비하고 보다 전문적인 프랜차이즈 프로그램을 바탕으로 하여 그들은 켄터키프라이드치킨의 주식공모를 단행했다. 결과는 대성공이었다. 바로 그 뒤를 이어 마이애미의 로열캐슬과 하워드존슨스컴퍼니가 기업을 공개했다. 이러한 잇따른 기업공개는 대중의 큰 관심 속에 성공을 거두었다. 주식시장은 외식산업 관련 주식을 사려는 이들로 넘쳐났고, 이러한 바람을 타고 약삭빠른 많은 외식업체들이 새롭게 상장을 시도했다.

나는 1960년대와 1970년대에 외식산업계에서 생겨난 과도해 보이는 경쟁에 대해서는 크게 걱정하지 않았다. 내가 보기에는 이 기간에 우후죽순으로 생겨난 많은 외식업체 가운데 상당수가 한탕 크게 먹고 빠지려는 기회주의자들이 프랜차이즈 매장 개설권을 팔아 단기간에 거금을 챙기기 위해 급조하다시피 창업한 회사들이었다. 그들은 식당운영에 대한 전문성이 약했다. 그들은 외식업에 대한 경험이 부족했기 때문에 이러한 사업을 운영하기 위해 장기적인 관점에서 시장에 접근하는 전략을 개발하는 것이 얼마나 중요한지를 간과하고 있었다. 이들 대부분은 일단 프랜차이즈 매장이 문을 열고 영업에 들어간 후에는 제대로 된 식당운영을 위한 투자를 별로 하지 않았다. 심지어 이미 문을 연 매장들을 버리듯 방치했고, 좋은 매장으로 성장시키기 위해 어떤 도움을 줘야 할지에 대한 관심도 별로 없었다. 경험부족과 조직의 혼란으로 인해 대부분의 신생업체들의 사업은 성공에 이르기까지 험난한 과정을 겪게 될 것이 분명해 보였다. 내가 보기에는 이들 업체 대부분은 확실한 실패의 길을 걷고 있었다. 각각의 가맹점이 성공하지 못하면, 회사의 실패는 예약되어 있는 것이나 다름없다.

미니펄프라이드치킨Minnie Pearl Fried Chicken은 이렇듯 실패가 예약되어 있는 듯한 창업 및 경영의 단적인 사례다. 미니 펄Minnie Pearl은 라디오로도 방송된 미국 테네시주 내슈빌의 컨트리 뮤직 공연 〈그랜드 올 어프리Grand Ole Opry〉의 간판 코미디언으로, 한 외식업체에 자신의 이름을 사용하도록 허락했다. 그런데 이 업체가 하필이면 훗날 미국 외식산업 역사상 가장 참담한 실패를 겪은 악명 높은 프랜차이즈 업체로 기록된 것이다.

이 회사의 창업자는 켄터키프라이드치킨의 성공사례를 대충 모방하고, 그 운영 스타일과 프랜차이즈 방식을 그대로 따라 하면 된다고 생각했다. "프라이드치킨 업계의 펩시콜라"가 되겠다는 구호를 내걸고 전문적인 안목이 부족한 투자자들에게 프랜차이즈 '지역독점권'을 팔기 시작했고, 미니펄프라이드치킨을 통해 거대한 부를 거머쥘 수 있다고 유혹했다. 회사는 지역별로 프랜차이즈 영업을 전담하게 될 회사들에게 그들의 배타적 독점권이 보장된 지역 안에서 지정된 기간 안에 일정 수 이상의 미니펄프라이드치킨 매장을 열겠다는 약속을 받아냈다. 또 지역독점권을 부여받은 자는 정해진 금액을 본사에 지급하도록 의무화했다. 이 금액은 지역 내에 개설하기로 한 매장 수에 비례하여 산정되었다. 그러나 이 계약에 따라 모기업인 미니펄이 벌어들인 현금은 미미했다. 본사는 계약자의 일방적인 부담을 줄여주기 위해서 현금 대신 미래에 현금을 지불하겠다는 각서도 받아들였다. 예를 들어서 계약자가 특정 지역 내에서 20개의 점포를 개설하기로 약정하고, 점포 하나당 5,000달러를 내기로 했다면, 계약자는 그 지역에 대한 배타적 독점권을 누리는 대가로 모두 10만 달러를 내야 했다. 그런데 실제로는 10만 달러를 현금으로 내는 것이 아니라 일단 1만 달러만 현금으로 내고 나머지 9만 달러에 대해서는 차후에 내겠다는 각서를 제출하도록 한 것이다. 그리고 그 후 실제로 매장을 하나 열 때마다 5,000달러씩 단계적으로 잔금을 치르게 했다. 그런데 놀라운 것은 회사 측이 계약의 체결과 동시에 10만 달러의 수입이 발생한 것으로 회계장부를 꾸몄다는 것이다. 이미 지역독점권이 '팔렸다'는 이유로 이렇게 '수입' 처리하는 것이 정당화되었다. 더 놀라운 것은 미니펄의 외부감사와 회계 관계자들은 이렇게 오해의 소지도 많고 터무니없는 회계처리를 문제 삼지 않았다는 것이다. 그 결과 투자자들은 회사의 실제 수입과 재무상황에 대해서 극도로 잘못된 시각을 가질 수밖에 없었다.

처음에는 투자자들도 이를 대수롭지 않게 생각했다. 미니펄이 월스트리트에서 큰 성공을 거뒀기 때문이다. 이 회사는 1968년에 월스트리트에 상장하면서 주당 공모가를 20달러로 책정했다. 그런데 거래 첫날 이 회사의 주식은 두 배인 40달러까지 치솟았다. 그리고 조금 더 시간이 지났을 때는, 이 회사의 자산이 220만 달러에 불과하고 실제 영업 중인 매장은 다섯 개밖에 되지 않으며 그나마 모든 매장의 영업상태가 그리 좋지 않았음에도 불구하고, 주가를 기준으로 산정한 기업가치가 8,100만 달러까지 올라갔다. 분명한 것은 투자자들 상당수가 이 회사가 각서 형태로 받아놓은 거액의 금액이 실제로 현금화할 수 있는 수입인지, 그리고 매장들이 충분히 이익을 낼 수 있을 정도로 잘 운영되고 있는지 제대로 따져보지 않았다는 것이다. 결과는 둘 다 실패였다. 각서로 받았던 금액은 실제 현금으로 입금되지 않았고, 회사는 파산하고 엄청난 실패로 결론이 났다. 투자자들은 수백만 달러를 잃었다. 그리고 이러한 예술적인 사기 행각을 벌인 주역들은 자기 몫을 단단히 챙겨 도피했다.

이와 비슷한 프랜차이즈 모집과 주식공모 먹튀 사건은 10여 회나 발생했다. 그러나 정교하게 잘 운영되는 회사들은 이들과는 전혀 달랐다. 앞서 말했듯 1965년에 있었던 맥도날드의 기업공개는 대성공이었다. 바로 이어서 켄터키프라이드치킨이 상장했고, 이 역시 시장의 반응은 뜨거웠다. 상장 이후 켄터키프라이드치킨의 시가총액은 3억 6,400만 달러까지 올라갔는데, 이는 한때 그들이 신고한 수익의 100배가 넘는 수치였다. 이 수익도 영업으로 인한 이익보다 가맹점 개척 및 관리를 통해 얻은 이익에 기반을 두고 있었다. KFC의 행운은 이후 이어진 두 차례에 걸친 추가 상장에서도 이어졌다. 이러한 상황이다 보니 앞에서 보았듯 내실을 갖추지 못한 어정쩡한 프랜차이즈 업체를 만들어 한탕 해보려는 겉으로만 멀쩡해 보이는 사기꾼들이 이 시장에 눈독을 들이는 것도 전혀 이상한 일이 아니었다.

1960년대 후반까지 장밋빛 미래를 제시하는 수십 개의 프랜차이즈 외식업체들이 등장했다가 사라졌고, 투자은행들은 수익성 있는 외식회사에 투자하라고 외치며 고객들을 유혹했다. 만약 그때 우리가 독립적인 기업으로 몇 년 더 유지했다면 이후 버거킹이라는 회사의 운명은 크게 달라졌을지도 모른다는 생각을 가끔 한다. 우리는 이 분야에서 탄탄한 기업 중 하나인 것만은 분명했지만, 상장회사가 되겠

　　　　　　　　　　　　　　Chapter 15 : 선두를 지키기 위한 몸부림

다고 마음먹은 타이밍은 아주 좋지 않았다.

　　우리를 포함한 대형 프랜차이즈 업체들은 외식산업에 대한 대중의 갑작스럽고 비상한 관심을 놓치지 않았다. 1960년대 초, 우리는 전국적인 프랜차이즈 확장을 위해서 전국을 여러 개의 권역으로 나누고 지역별 업체를 선정해 프랜차이즈 영업권한을 위임하는 계약을 체결해나갔다. 이는 버거킹을 전국적인 업체로 발전시키기 위한 핵심전략이었고, 그 결과로 몇몇 주요 시장에서 상당한 성과를 이뤘다. 1967년, 우리는 전국적으로 여러 개의 소규모 가맹점 그룹들을 묶어서 관리하는 체제를 만들었는데, 여기에도 좋은 점과 나쁜 점이 동시에 존재했다.

　　1967년까지 각 지역을 책임지고 있던 프랜차이즈 책임자들 가운데 많은 이들이 자기 지역을 오랫동안 관리하면서 상당히 인상적인 실적을 올렸다. 그들은 버거킹이라는 시스템 안에서 성공적인 사업성과를 만들어냈고, 자기 역량으로 수많은 가맹점 개설 희망자들을 끌어들였다. 이는 우리가 노리던 바였다. 전국을 여러 개 권역으로 나눠 지역을 책임지는 업자들을 선정해 가맹점을 확충해간다는 우리의 전략은 프랜차이즈 외식산업이 아직 생소하게 여겨지던 당시에 버거킹 시스템이 단단한 기반을 굳히는 데 큰 역할을 했다.

　　뉴올리언스 지역의 가맹점 모집을 책임졌던 지미 트로터와 빌리 트로터 형제는 셀프서비스레스토랑Self Service Restaurants 이라는 회사를 세웠다. 이 회사는 루이지애나주와 걸프코스트Gulf Coast 일부 지역에서 버거킹 매장을 열며 대단한 성공을 거뒀다. 그들은 1960년대 후반에 이 회사를 상장시키기까지 했다. 그리고 몇 년 후에는 롱아일랜드의 가맹점을 책임지던 회사 맬러리레스토랑Mallory Restaurants도 상장했다. 마침 시카고 인근의 세 개 가맹점이 상장을 염두에 두고 하나로 통합하려는 움직임을 보이던 때여서 우리는 이에 대해 뭔가 확실한 입장을 마련해야 할 필요를 느꼈다. 주식시장에 상장까지 한 회사가 앞으로도 우리의 가맹점 모집 업무만 담당하는 회사로 머물러 있지는 않을 가능성이 크기 때문이었다.

1969년 2월 5일에 나는 전국의 프랜차이즈 권역별 책임업체들에게 "맡겨진 업무와 영업, 그리고 매장허가권의 확대 업무에 충실하라"는 서면 메시지를 발송했다. 이는 지역별 프랜차이즈 담당업체들의 상장을 억제하는 데 분명한 효과가 있었다. 적어도 한동안은 이들이 줄지어 상장하는 일은 크게 줄어들 것으로 보였다. 상장회사를 가맹점 관리 업체로 둔다는 것은 의외로 좋지 않은 문제를 발생시킬 수 있는 일이었다.

데이브와 나는 맥도날드를 주목하면서 그들의 성장과정을 면밀히 관찰하고 있었다. 1960년대 초반, 그들은 우리보다 훨씬 많은 매장을 연 것은 사실이었지만 우리의 성장세도 그들과 비슷했다. 우리는 맥도날드와 약 40개월 정도의 격차를 두고 뒤따르고 있다고 추정했다. 그리고 큰 실수나 무리한 일을 저지르지 않는다면 그들을 따라잡을 적절한 기회가 있을 것이라고 믿었다.

1965년, 맥도날드는 상장에 성공하면서 금융시장의 문을 두드리는 데 성공했지만 우리는 그렇게 하지 못하고 있다는 사실이 내 마음을 상당히 불편하게 했다. 그들은 상장에 성공함으로써 얻을 수 있는 이점을 확실히 누리고 있었다. 그들의 부동산 정책은 상당히 노련하고 매우 훌륭했다. 그들은 가맹점의 임대보증금을 계약금으로 이용하여 땅을 사거나 빌리고, 그 위에 매장을 지었다. 또 가맹점의 임대료를 이용하여 자신들이 책임져야 하는 부동산 관련 비용을 충당했다. 투자은행들은 당시 맥도날드의 부동산 거래방식에 대해, 순수가치 중심의 거래전략 대신 다양한 담보를 활용하여 부채를 발생시키는 것도 두려워하지 않는 공격적인 거래전략을 택한 것은 '절묘한 결정'이었다고 평가했다. 1960년대 초, 우리도 비슷한 전략을 만들어보려고 했으나 영업망의 전국적 확대 전략을 이제 막 추진한 우리에게는 위험부담이 너무 커 보였다.

그러나 전국의 크고 작은 도시와 마을에 새로운 매장을 열면서 우리의 자신감도 커졌다. 거의 모든 매장의 운영상태가 양호했기 때문에 조금 더 모험을 걸어볼 용기가 생겼다. 그래서 우리는 매입한 토지 위에 매장을 지어 가맹점주에게 임대하는 대신 직영매장을 만들어보기로 했다. 또 외부 투자자들에 의해 지어진 토지와 건물에 대해 임차계약을 체결하고, 그렇게 해서 확보한 매장을 점주들에게 재임대하기도 했다. 당시 우리는 맥도날드 방식을 그대로 적용할 수 있을 만큼 재정상태가 튼튼하거나 수준 높은 경영을 하지는 못했지만, 이러한 우리의 부동산 운영방식은 전체적인 사업전략 안에서 수익성을 높여주는 데 큰 역할을 했다. 우리는 부동산에 대한 투자를 늘리기 위한 장기적인 자금조달을 시도했다. 우리 사업 가운데서 이러한 부동산 운영 부문을 키우는 것이 수익성을 크게 높이는 지름길이라는 것을 우리는 알고 있었다.

상장 후 맥도날드의 주가수익률은 40배를 넘을 때도 있었다. 이같이 주식이 고평가되자 그들은 가맹점의 권리를 사들일 기회를 얻게 되었다. 그들은 낮은 주가수익률을 기준으로 가맹점 사업을 평가하고, 고평가된 주식을 발행하여 가맹점 사업권을 사들였다. 이는 주가를 더 끌어올리는 데 도움이 되었고, 결과적으로 그들은 부동산 사업을 공격적으로 확장할 수 있었다. 1965년의 최초 공모 이후 30년 동안 회사의 분기별 실적이 줄어든 적은 한 번도 없었다. 무려 125분기 동안 연달아서 주당순이익이 증가했다는 이 놀라운 성취는 정말이지 부러운 기록이었고, 회사의 힘, 활기, 그리고 리더십 확립에도 크게 도움이 되었을 것으로 보였다.

당시 우리는 맥도날드가 부채와 주식시장에 어떻게 접근하는가를 관심 있게 지켜보았다. 그들은 수익성과 매장 수에서 분명 우리보다 앞서 있었다. 우리가 어떤 식으로든 재정을 투입하지 않으면 앞으로도 그들을 따라잡기는 어려울 것임이 분명했다. 무언가 대책이 필요했다. 경쟁에서 살아남기 위해서는 자금이 필요했고, 그 필요를 빨리 해결해야만 했다.

1964년에 나와 데이브는 당시의 우리 상황을 면밀하게 검토한 후, 결국 우리가 회사의 지분을 더 사들여야 한다는 결론에 이르렀다. 하비 프루호프가 우리 회사 지분의 거의 50%를 보유하고 있었다. 그가 8년 전 우리 회사에 투자하면서 취득한 지분이었다. 그리고 나와 데이브가 각각 25% 조금 밑도는 지분을 가지고 있었고, 조지 스토러George Storer와 톰 웨이크필드 두 명의 간부가 아주 적은 비율의 지분을 보유하고 있었다. 톰은 10년째 우리 회사의 변호사 겸 고문으로 일하고 있었다. 또 최근 몇 년 동안 우리는 직원들에게 스톡옵션을 발행했는데, 이 스톡옵션을 받은 사람들 가운데는 니콜 박사도 있었다.

데이브와 나는 하비에게 당시의 주식시장에서 평가되는 가격 수준을 토대로 합리적인 가격에 지분을 넘겨줄 것을 제안했다. 우리는 그가 충분히 받아들일 만한 가격 조건을 제시했다고 생각했기 때문에, 그가 상당히 불쾌한 반응을 보였을 때 적지 않게 놀랐다. 나는 주주들이 우리에게 회사에 대해 더 많은 투자를 하도록 요구하는 것이 타당하다고 생각했다.

이로 인해 나는 내가 처한 상황이 조금 더 어려워지고 있다는 사실을 고민하기 시작했다. 사업체 안에서 나의 지분이 차지하는 비중은 회사의 소유구조로 발생할 수 있는 만일의 사태에 대비한다는 측면에서 상당히 복잡미묘한 문제였다. 외부에서 투자를 유치해 오면 회사 내에서 나의 지분은 더욱 줄어들게 된다. 뭔가 결정을 내려야 할 때가 왔고, 맥도날드의 상장이 성공적으로 마무리되면서 상황은 더욱 조급해졌다. 버거킹이 상장하게 되면 회사 내에서의 내 지분은 20% 미만으로 줄어들 것이다. 후에 우리가 다른 기업을 인수하거나, 주식을 추가발행하거나, 추가적인 스톡옵션을 발행한다면 내 지분은 더 줄어들 것이다. 데이브와 나는 이사회에 우리 앞으로 스톡옵션을 달라고 요청한 적이 없었고, 회사의 대표로서 그런 제안을 이사회 안건으로 올려본 적도 없었다. 나는 버거킹이 비상장 독자기업으로 남아 있는 한 적은 지분의 소유도 감당할 수 있었다. 그러나 만일 버거킹이 상장된다면 나와 데이브의 지분율은 크게 줄어들 것이고, 회사의 정책과 미래를 결정할 문제에 대해 큰 목소리를 낼 수 없을 것임이 분명했다. 그러나 이는 당시 내가 마음속으로 갈등하던 여러 가지 의문과 염려 중 하나에 불과했다.

그로부터 1년쯤 후, 우리는 필스버리사로부터 전화를 받았다. 그들은 자신들과의 합병에 관심이 있는지 물었는데, 당시의 상황에서 생각해볼 때 이는 최소한 검토할 만한 가치는 있어 보였다. 그 전화를 받기 전까지 우리는 주식발행을 생각하고 있었다. 하비 프루호프는 블리스앤드컴퍼니Blyth and Company와 이 문제를 논의하고, 그와 내가 함께 뉴욕으로 가서 가능성을 타진해보자고 제안했다.

하비는 조지아퍼시픽Georgia Pacific Corporation의 이사였는데, 같이 이사회에 있었던 스튜어트 호스Stuart Hawes가 블리스앤드컴퍼니의 CEO 겸 이사회 의장이었다. 블리스와 함께 버거킹 주식발행을 논의한다는 것은 이런 업무에 전혀 익숙하지 않은 내가 듣기에도 좋은 생각 같았다. 투자은행을 상대한다는 것은 내게는 전혀 경험이 없는 낯선 영역이었지만, 이제는 이런 업무를 배워볼 때도 되었다는 생각이 들었다.

데이브와 나는 그동안 버거킹의 미래 사업전략을 수립하는 데 상당한 시간을 보냈다. 우리는 우리 회사가 다른 회사들과는 격이 다른 수익창출 잠재력을 지니고 있다고 확신하고 있었고, 기업공개는 어떤 불이익과 문제점이 없지는 않겠지만, 사업의 또 다른 성장을 위해서는 우리가 가야 할 길이 분명하다고 생각했다. 우리는 그렇게 방향을 잡고 하비의 제안을 검토했다.

하비와 나는 뉴욕으로 날아가 파크가Park Avenue에 있는 리전시호텔Regency Hotel에 여장을 풀었다. 우리는 그날 밤 저녁을 함께 먹으며 현재의 우리 상황과 다음 날 오전에 마주하게 될 여러 가지 일에 관해 이야기를 나눴다. 호스와의 약속은 다음 날 오전 10시에 예정되어 있었다.

다음 날, 아침식사를 마친 후 우리는 택시를 잡아타고 블리스앤드컴퍼니를 방문했다. 나는 거대한 마호가니 출입문과 두꺼운 카펫, 그리고 윤기 나는 고가구 등이 적절하게 어우러져 있는 그 회사의 우아한 분위기에 감명받지 않을 수 없었다. 이러한 실내 디자인은 부와 번영을 추구하는 그들의 비전을 은근히 보여주고 있었다. 당시 나는 주식시장에 대한 전문적이고 풍부한 지식이 없었고, 아직 대중이나 투자시장에 기업을 공개하는 과정이나 의미를 제대로 알지 못하고 있었다. 그 순간 코넬대학교를 다니면서 유일하게 낙제점을 받은 과목이 기업금융이라는 사실이 떠올랐다. 나는 그때까지 사업가로 살아가면서도 대기업의 규모와 조직을 구축하기 위한 복잡한 금융 시나리오를 만들거나 접해본 적이 없었고, 지금 이곳은 내가 금융이라는 신세계를 학습할 시간도 장소도 아니었다.

나는 그들에게 버거킹의 재무 관련 정보 일체를 제시했다. 우리의 사업계획서, 그동안의 실적, 대차대조표, 그리고 그들이 버거킹을 파악하는 데 도움이 될 만한 모든 정보가 포함되어 있었다. 호스는 회사의 수석부회장인 에드워드 글래스메이어Edward Glassmeyer를 배석하도록 했다. 글래스메이어는 블리스가 맡았던, 마이애미에 본사를 두고 있는 트럭 임대업체 라이더시스템Ryder System, Inc.의 기업공개 작업을 지휘한 경험이 있는 사람이었다. 두 사람은 우리 회사의 대차대조표와 수익명세표를 자세히 살펴보고, 현금흐름 예측과 직전 연도의 이익 기록, 우리가 매년 발표한 신규매장 출점 상황 등 우리 회사의 성장지표도 들여다보았다. 당시인 1965년 5월 31일을 기준으로 우리의 연간 세후이익은 44만 6,239달러였고, 다음 해 세후이익 예측액은 75만 달러 이상이었다. 우리가 과거에 걸어온 길을 생각해보면 이는 주목할 만한 성과였다. 그러나 우리의 자부심과는 달리, 블리스앤드컴퍼니는 우리가 제출한 자료들은 물론 미래의 성장전망까지 검토한 결과 그다지 큰 인상을 받지는 못한 듯했다.

우리가 서 있는 뉴욕이라는 곳이 금융권력의 중심인 것은 분명했다. 그러나 우리는 우리와는 잘 어울리지 않는 사람들과 이야기하고 있었다. 훗날 우리는 블리스앤드컴퍼니가 오래되고 충분히 입지가 검증된 기업들을 주로 상대하는 투자은행이라는 사실을 알게 되었다. 그들은 우리 회사처럼 상대적으로 작은 회사의 지분을 일부 인수하는 일보다는 채권 마케팅 사업에 특화된 회사였다. 우리는 그들과 함께 우리 회사의 재정적 목표에 관해 이야기하고 그들의 반응을 들은 후, 버거킹이 그들에게 그리 흥미로운 회사가 아닐 것이라는 결론을 내렸다.

우리는 그들에게 충분히 검토할 기회를 준다는 의미로 우리 회사에 관한 정보를 담은 각종 문서 일체를 남겨두고 마이애미로 돌아왔다. 나는 그들이 왜 우리 회사의 주식공모 성공 가능성을 낮게 평가했는지 이해할 수 없었다. 그것은 그만큼 내가 투자은행의 세계에 대해 잘 모르고 있었다는 의미이기도 하다.

그로부터 얼마 후, 우리는 다시 뉴욕을 찾았지만 실망스러운 소식이 기다리고 있었다. 블리스 측으로부터 현재 시점에서 상장을 검토하는 것은 시기상조라고 생각한다는 답변을 들은 것이다. 그들은 우리 회사가 상당히 빠른 속도로 성장하고 있고 수익도 함께 인상적인 속도로 상승하고 있다는 사실을 알고 있으며, 우리 회사의 미래에 대해서도 낙관하고 있지만, 너무 신생기업인 데다 아직 경험이 충분하지 않고 자본규모도 부족하다고 그 이유를 설명했다.

이는 실망스럽고 우리를 위축시키는 소식임이 분명했다. 만약 투자은행마다 고객에게 각기 다른 방식의 서비스를 제공한다는 사실을 그때 내가 알았더라면, 우리같이 작지만 유망한 기업에 특화되어 있는 좀 더 공격적인 투자은행이나 금융업체를 물색해볼 수도 있었을 것이다.

몇 개월 후, 나는 에드워드 글래스메이어를 만나기 위해 다시 뉴욕을 방문했다. 파크가를 걷던 도중에 그는 하워드존슨스의 창업자의 아들인 하워드 존슨Howard B. Johnson 이 우리보다 얼마쯤 앞서서 걸어가고 있는 것을 발견했다. 블리스앤드컴퍼니는 불과 얼마 전, 하워드존슨스를 증시에 상장하는 작업을 수행했다. 글래스메이어는 당시 CEO직을 맡고 있던 그 젊은이에게 나를 소개했지만, 그는 우리의 대화에는 냉담하고 무관심한 것 같았다.

하워드존슨스컴퍼니는 마치 톱시Topsy; 에디슨의 실험 중 감전되어 제물이 된 것으로 유명해진 코끼리-옮긴이처럼 성장했다. 하워드존슨스는 전국에 800개 이상의 레스토랑을 경영하고 있었고, 세계 최대까지는 아니더라도 미국 내에서는 최대 규모의 외식체인회사로 인정받고 있었다. 그러나 우리는 블리스앤드컴퍼니에서 이 회사에 관한 이야기를 나누며, 하워드존슨스가 뭔가 큰 어려움을 겪고 있다고 확신했다. 나는 그 회사나, 그 회사의 경영방식이나 사업전개 전략에 대해서 별다른 감명을 받은 기억이 없었다. 나는 블리스앤드컴퍼니가 당시 왜 우리 회사의 주식 공모 가능성을 과소평가했는지 이해할 수 없었다. 그로부터 20년 후, 〈보스턴 글로브Boston Globe〉지에 실린 한 기사를 기억한다. 굵은 글씨의 헤드라인에는 "하워드존슨스의 흥망성쇠 : 아버지 손으로 탄생한 미국 회사를 아들의 손으로 망가뜨리다!"라고 쓰여 있었다.

1960년대 들어서서 미국 사람들의 생활방식은 빠른 속도로 변화했고, 식생활도 마찬가지였다. 당시 하워드존슨스는 이러한 급변하는 미국인의 식생활 패턴을 따라잡는 데 어려움을 겪고 있었다. 1930년대와 1940년대, 그리고 1950년대까지 그들이 강점을 보였던 것들에 관해 소비자들과 시장이 더는 매력을 느끼지 못하고 있었다. 그러나 회사 경영진은 이를 전혀 인식하지 못하고 있는 듯했다. 그 결과 그들의 사업은 사양길로 들어섰고, 그들이 경영하는 식당들은 거의 폐허 수준으로 전락했다. 1966년 무렵 나는 이 회사의 실패가 예정된 결과라고 확신할 수밖에 없었다. 나는 오래된 속담이 떠올랐다.

"무리는 앞서서 뛰는 강아지만큼 빨리 달릴 것이다."

문제는 이 앞서서 달리는 강아지가 다리를 절고 있다는 것이다.

파크가에서 젊은 존슨을 만난 후 15년 만에 그의 회사는 매각되고 분할되어 사실상 문을 닫았다. 1980년에 영국의 임페리얼그룹Imperial Group plc이 이 회사를 인수하고 7억 달러를 투자했다. 5년 후에는 매리엇Marriott Corporation에 1억 6,200만 달러에 재매각되었는데, 부채가 1억 3,800만 달러인 것을 생각하면 헐값 매각이었다. 한때 위대해 보였던 기업이 비틀거리다가 쓰러지는 모습을 보면서 고객과 시장과 기업 사이의 긴밀한 교감이 끊기면 아무리 성공적인 사업이라도 순식간에 전락할 수 있다는 교훈을 다시 한번 상기하게 된다.

우리가 블리스앤드컴퍼니와 여러 이야기를 나누던 때는 버거킹의 역사상 가장 중요한 시기였다. 1966년 5월에 우리는 전국 206개 매장을 운영하고 있었고, 체인레스토랑 업계에서 선두 그룹에 들어 있는 회사였다. 새로이 등장한 패스트푸드산업은 아직 걸음마 단계였으며, 우리보다 더 많은 매장을 운영하고 있거나 더 빠른 속도로 확장하고 있다고 여겨지는 체인기업은 거의 없었다. 1966년 당시에 우리 앞에 놓여 있는 숙제는 확장에 필요한 자금을 어떻게 조달하느냐 하는 것이었다. 선두기업이라는 위치를 계속 유지하기 위해서는 빠른 속도로 사업을 키워야 했다. 우리 앞에는 커다란 기회가 놓여 있었지만, 성장과 수익과 성장속도에서 인상적인 실적을 기록하고 있음에도 불구하고 우리는 여전히 사업확장을 위한 자금이 부족했다.

블리스앤드컴퍼니와는 대화를 계속하고 있었지만 결과는 대체로 실망스러웠고, 우리는 선두기업이라는 버거킹의 위치를 계속 유지하기 위해서는 뭔가 다른 대책을 강구해야 한다는 사실을 알고 있었다.

나는 라과디아공항La Guardia Airport으로 가는 택시를 불러 타고 마이애미로 돌아왔다.

데이브와 나는 우리가 열심히 노력하고 사업경영에 관한 기본적인 원칙에 충실하기만 하면 우리의 야심 찬 목표를 달성할 수 있을 것이라고 믿고 있었다. 우리는 미국 대중의 기호를 꾸준히 살피고 경영전략에 반영하는 것이 성공의 비결이라고 믿었다. 우리의 에너지와 우리가 하고자 하는 일에 대한 열정과 신념만 있다면 절대로 실패하지 않을 것이라는 믿음이 있었다. 해야 할 일이 많았다. 선두주자를 뒤쫓고 우리를 바로 뒤에서 쫓아오는 새로운 무리에게 따라잡히지 않기 위해서 우리는 기업전략에 대해 몇 가지 중요한 결정을 내려야 했다.

현명한 경영자, 제임스 맥라모어

제임스 맥라모어는 흠잡을 데 없이 청렴하고, 공정하고, 높은 도덕적 품격을 지닌 사람이었다. 그는 골프에도 뛰어난 실력과 집중력을 보여주었다. 나도 한 자릿수의 핸디캡을 자랑하는 사람이지만, 한 번도 그를 이겨보지 못했다.

제임스 맥라모어는 비즈니스 세계에서도 이러한 장점을 유감없이 발휘했고, 자신의 분야에서 승자이자 선두주자가 되었다. 나는 1963년에 텍사스에서 나의 첫 번째 버거킹 매장을 열었고, 얼마 지나지 않아 몇 개 매장을 더 열었다. 사업 초창기에 나는 자금부족으로 인해 각종 청구서를 메우기에 급급했다. 납품업자는 결제를 조금 늦춰주었지만 은행이자와 임차료, 공공요금, 급여, 본사에 내야 하는 수수료 등으로 여전히 힘이 들었다. 나는 제임스 맥라모어와 데이비드 에저튼에게 전화를 걸어 내가 겪고 있는 자금상의 어려움을 설명하며 진땀을 뺐다. 앞으로 수익이 나고 자금사정이 호전될 때까지 수수료와 광고비 지급을 연기해줄 수 없겠느냐고 그들에게 호소했다. 그들은 친절하게 대답해주었고, 희망을 불어넣어 줄 만한 좋은 충고의 말도 함께 해주었다. 제임스와 데이비드는 생명력이 길고 기본이 튼튼하여 60년쯤 지나도 충분한 생존력을 발휘할 수 있는 독특한 외식산업 개념을 만들어낸 사람들이다. 우리 점주들은 내부좌석, 브로일러, 그리고 그 무엇보다도 유명한 '와퍼', 이 세 가지의 독특한 개념 위에 레스토랑을 세우고 수익을 창출해내고 있다.

1970년대 초, 몇몇 기업이 우리가 운영하는 텍사스 매장을 매입하고 개발하는 데 관심을 보였다. 어느 날, 나는 제임스와 데이비드로부터 전화를 받았다. 그들은 내가 가지고 있는 매장에 관심을 보이는 업체들이 있다는 것을 알고 있지만, 가능하다면 필스버리에 팔 수 있겠느냐고 물었다. 나는 갈등하지 않을 수 없었다. 우리 회사를 사들이기 위해 훨씬 더 적극적으로 나서는 다른 회사들이 있었기 때문이었다. 우리는 각자가 가지고 있는 데이터와 정보를 공유하며 이 문제를 빨리 마무리 짓기로 합의했다.

1970년대 초였던 당시에 나는 규모가 크고 발전 잠재력도 상당한 회사의 매각을 혼자 감당하기에는 너무 젊었고, 경험도 부족했다. 나에게 주어진 선택지는 텍사스와 코네티컷에서 버거킹 매장을 여는 일을 계속하거나, 아니면 지금까지 그 일을 진행하던 회사 가운데 하나 또는 둘 다 매각하는 것뿐이었다. 나는 버거킹 텍사스를 매각하기로 했다. 그 당시 일곱 자리

숫자에 달하는 금액은 대학에 보내야 할 아들을 둔 갓 재혼한 아버지에게
는 큰돈이었다. 필스버리가 우리 레스토랑을 인수하기 위해 적어 낸 입찰
가격은 최고가는 아니었다. 사실 최고가에서 한참 아래였다. 그러나 전화
를 끊고 나서 가맹점 수수료도 내지 못해 허덕이며 쩔쩔매던 시절이 떠올
랐다. 그리고 그때 제임스와 데이비드에게 받았던 따뜻한 격려도 생각났
다. 그들과 나 사이에 그동안 쌓인 신뢰를 생각하며, 나는 그들의 뜻을 받
아들였다.

-댈러스·코네티컷 가맹점주, 피트 맥과이어

제임스 맥라모어는 버거킹을 필스버리에 매각했다.

1966년 5월에 끝나는 회계연도의 중간쯤에 이르렀을 때였다. 맥도날드의 성장세가 우리보다 훨씬 빠르다는 것이 분명하게 드러나고 있었다. 그들과의 격차는 점점 더 벌어졌다. 맥도날드의 자금력은 확실히 막강했고, 검증된 부동산개발 체계를 운영하고 있었으며, 금융시장에 접근할 준비도 갖추어져 있었다. 이는 우리가 가지고 있지 않은 그들만의 강점이었다. 그들은 최근 주식상장 성공을 통해 엄청난 탄력을 받고 있었고, 나도 뭔가 금융 분야에서 우리 역량을 강화하지 않는 한 그들을 따라잡기는 어렵겠다는 생각을 하고 있었다.

우리가 규모나 수익 면에서 선두보다 뒤떨어져 있었던 것은 사실이지만, 여전히 햄버거 패스트푸드 업계에서 우리는 2위 업체였다. 우리의 목표는 규모의 확장을 위해 필요한 자본을 확보함으로써 그 위치를 유지하는 것이었다. 그러므로 부동산개발 능력은 미래의 성공을 위한 핵심요소가 될 것이고, 이를 위해서는 새로이 자본을 확보하고 부동산 취득을 위해 조금 더 현명한 방법을 모색해야만 했다.

1965년 당시 나의 머릿속에는 여러 가지 생각이 오가고 있었고, 모두 회사의 미래 방향설정에 결정적인 영향을 미치게 될 것들이었다. 그때 나는 블리스앤드컴퍼니와의 실망스러운 협상으로 상당히 낙담하고 있었고, 또 한편으로는 버거킹에 대한 나의 지분비율을 높일 수 없다는 점도 내 마음을 불편하게 했다. 사실 회사의 지분을 좀 더 사들일 수 있기를 바랐지만, 그러한 기회는 오지 않았다. 나는 다른 대안을 고민해야 했다. 그리고 가장 중요한 것은 지금까지 내가 열심히 일한 노고에 대해 그 열매를 맛볼 때가 되었다는 생각이 들기 시작한 것이다. 1965년, 버거킹으로부터 받는 내 연봉은 3만 2,500달러였다. 여기서 세금을 제하고 나면 실제로 내가 가족을 부양하기 위해 사용할 수 있는 돈은 2만 7,500달러였다. 이것 말고는 다른 수입이 없었고, 다른 형태의 유동성 자산도 가지고 있지 않았다.

낸시는 내 연봉에 맞춰서 가정을 꾸려가기 위해 애쓰고 있었다. 나는 당시 열아홉 살이던 팸, 열일곱 살이던 린, 열세 살이던 휘트, 그리고 가장 어린 열한 살 막내 수지까지 부양해야 하는 가장이었다. 이는 쉽지 않은 일이었다. 이 아이들을 입히고, 대학을 보낼 등록금을 마련하고, 그 밖에 필요한 뒷바라지를 하려면 좀 더 많은 돈이 필요하다고 생각했다. 나는 우리 가정의 문제를 해결하기 위해 하비 프루호프에게 개인적으로 돈을 빌려달라고 부탁할 만큼 절박했다. 돌이켜보면 모든 상황이 복잡했던 것 같다. 회사는 엄청난 이익을 내고 있지만 나는 낸시와 가족의 생계조차 속 시원하게 해결해주지 못하고 있었다.

물론 내가 이사회에 연봉을 올려달라고 요청하면 연봉은 늘어날 수 있었을 것이다. 그러나 그런 요청을 하기에는 무엇보다도 자존심이 허락하지 않았다. 하비도 마찬가지였지만, 나도 회사가 얻는 수입을 대부분 재투자하는 것이 최선의 전략이라고 생각하고 있었다. 또나는 경영자로서 누구 못지않게 비용절감을 강조해왔다. 데이브와 하비와 나는 회사의 순자산가치를 꾸준히 키우고, 매년 안정적인 이익을 발생시키는 인상적인 경영기록을 발표함으로써 회사의 명성을 높여가는 데 적극적이었다. 그러므로 이사회도 이익배당을 검토조차 해본 바 없었고, 우리도 회사의 높은 실적을 이유로 성과급을 따로 책정받겠다는 생각을 해보지 않았다. 우리의 전략은 가능한 한 빨리 회사의 자본을 확충하고 사업확장의 기반을 마련하는 데 집중하는 것이었다.

필스버리로부터 합병 제안을 받았을 때 나는 일단 이야기는 해보고 싶었다. 나는 그런 생각을 데이브에게 털어놓았고, 데이브는 그 제안을 별로 긍정적으로 생각하지 않았음에도 불구하고 일단 이야기를 나눠보자는 데는 동의했다. 데이브는 가장 친밀하고 소중한 친구이자 동료이며, 오랜 세월을 통해 나와 내 가족을 지지해주었던 사람이다. 그는 회사가 독립적으로 존재하기를 바라는 마음을 가지고 있었지만 분명 내 의견을 존중하고 따르겠다는 생각을 하고 있었을 것이다. 그는 아내와 네 명의 자녀를 둔 내 입장을 충분히 배려할 만큼 이해심이 많은 사람이었다. 나는 그에게 만족스러운 가격이 제시된다면 회사를 매각하자고 제안했고, 내가 그런 생각을 하게 된 이유는 내 개인사정 탓이 크다고 솔직하게 말했다. 데이브는 필스버리의 제안 내용을 검토해보자고 대답했다.

우리는 우리의 생각을 하비에게 전했다. 그는 솔직히 필스버리와의 협상에 별다른 열의가 없어 보였지만, 그것이 데이브의 생각이고 나의 강력한 희망사항이라는 것을 알고 난 후 강하게 반대하지는 않았다. 그는 지금까지처럼 우리가 계속 현재 상황을 견디고 회사의 독립성을 유지하기를 원했지만, 그렇다 해도 그는(그의 아들 버드를 포함해서) 우리에게 필스버리의 제안을 거절해야 한다고 주장하지도 않았다.

한편 블리스앤드컴퍼니와의 협상은 구체적인 진전이 없었지만, 나는 개인적으로 블리스의 에드워드 글래스메이어와 접촉을 유지하면서 버거킹의 성장을 위한 자금조달 계획을 마련해보려고 애쓰고 있었다. 1966년 3월, 그는 일종의 환매계약을 통한 스톡퍼처스제stock-purchase plan를 제안했다. 그러나 이 계획은 블리스에 일방적으로 유리한 내용이 포함되어 있었기 때문에 우리 쪽에서는 누구도 찬성하지 않았다. 우리는 이사회와 함께 이 제안을 자세히 검토한 후 거절하기로 했다.

우리는 자본확보를 위해 생각할 수 있는 모든 방안을 검토했다. 마이애미퍼스트내셔널뱅크First National Bank of Miami의 밥 맥대널드Bob McDanald 전무이사는 우리 회사의 여신 한도를 높여주는 방식으로 우리를 도와주었고, 이에 더하여 장기자금 조달을 위한 조건을 보다 유리하게 바꿔주기 위해 노력했다. 이는 우리가 절실히 바라는 바였지만, 애석하게도 성공하지는 못했다. 우리도 모르는 창의적인 자금조달 방안이 있었는지는 몰라도, 어쨌든 우리는 그 외의 다른 방법을 생각해내지 못했다.

뉴욕을 여행하는 동안 나는 체이스맨해튼은행 Chase Manhattan Bank의 부사장인 월터 데니스 Walter Dennis를 만났다. 그전에 나는 그를 하비 프루호프의 텍사스 목장에서 만난 적이 있었다. 당시 하비는 나에게 자신의 목장에서 조지아퍼시픽사의 임원들을 초대해 바비큐 파티를 연다면서, 며칠간 함께 지내며 그들과 만나자고 제안했다. 그때 조지아퍼시픽사의 임원들을 여럿 만났는데 데니스도 그때 만난 사람들 가운데 하나였고, 당시에 그는 나와 버거킹 이야기에 상당한 관심을 보였다. 뉴욕에서 데니스와 몇 차례 만났지만, 애석하게도 그가 받아들일 만한 자금계획을 세울 수 없다는 사실만 확인했다. 우리는 계속 노력하고 있었지만 일이 진척될 기미는 보이지 않았다.

그 후 몇 개월 동안, 나는 뉴욕에서 스톤앤드웹스터 Stone and Webster, 이스트먼딜런유니언증권 Eastman Dillon Union Securities, 프랜시스아이듀폰트 Francis I. DuPont, 칼엠러브로즈 Carl M. Loeb Rhoades, 어빙트러스트 Irving Trust, 존행콕생명 John Hancock Life, 매스뮤추얼 MassMutual 등 주요금융회사의 고위임원들을 만났다. 한번은 우리 회사에 금융을 지원해주는 문제를 놓고 존행콕의 사장과 대화를 나눈 적이 있었는데, 그는 우리 회사의 상황을 검토해본 후 대출을 고려해보겠다고 말했지만, 대신에 그 대가로 우리 회사의 상당한 지분을 요구했다. 나는 그렇게 하기는 어렵다고 거절했다. 나는 맥도날드가 초창기에 어쩔 수 없이 받아들여 체결했던 금융계약이 선례가 되어 그들이 이런 무리한 요구를 하는 것이라고 생각했다. 어쨌든 맥도날드의 상장과 그로 인한 큰 성공을 목격하며 우리도 뭔가 창의적인 방식으로 자금을 조달해야 한다는 압박을 받고 있었으나, 별다른 결과를 내지 못한 채 1965년은 마무리되었다.

1966년에는 켄터키프라이드치킨이 기업공개에 성공하여 상장기업이 되었고, 그에 이어 마이애미 지역 내에서 우리와 경쟁을 벌이던 로열캐슬 등이 잇따라 상장했다. 그에 따라 우리가 받는 압박감도 커졌다. 1966년 2월 2일, 하비와 나는 다시 블리스앤드컴퍼니와 만나 상장 추진 가능성을 논의했다. 2월 4일에는 하비와 함께 우리의 높은 자산 대비 부채비율과 운전자금의 추가확보 필요성에 대해서 오랫동안 이야기를 나눴다. 대부분 사업의 성장에 필요한 자금조달과 관련된 이야기였다.

3월 26일, 시카고에 있는 JMB 컨설턴트JMB Consultants라는 회사의 대표라고 자신을 소개한 짐 무어Jim Moore라는 사람으로부터 전화를 받았다. 그는 필스버리가 합병 가능성에 관해 이야기를 나누고 싶어 한다고 전하면서 내게 이 문제를 논의할 의향이 있는지 물었다. 나는 동의했고, 3월 30일 점심 때 우리는 필스버리의 부사장으로 인수와 합병을 담당하고 있는 테드 저지Ted Judge를 만났다. 점심을 겸한 만남에서 나는 필스버리가 부즈앨런해밀턴 측으로부터 받은 보고로 인해 버거킹에 큰 관심을 가지게 되었다는 사실을 알게 되었다.

나는 저지에게 버거킹의 역사와 최근의 성장, 그리고 앞으로의 성장 가능성에 대한 우리의 견해 등 전반적인 사항을 전달했다. 또 나는 그에게 필스버리에 대한 정보를 달라고 요청했고, 그도 그에 대한 충분한 정보를 내게 주었다. 그는 나에게 회사의 가치를 어느 정도로 평가하느냐고 물었다. 나는 우리 회사의 상장을 검토하면서 회사 가치를 2,000만 달러 정도로 평가했다고 말했고, 이 정도의 금액이라면 우리 이사회에서도 충분히 논의가 가능할 것으로 생각한다고 답했다. 이 가격은 다음 회계연도의 세후 예상수입에 20배를 곱하여 산정한 것이었다. 그날의 만남에서 어떤 특별한 결론은 내려지지 않았지만 우리는 둘 다 충분히 생각할 시간을 갖기로 했다. 나는 이사회에 이날의 대화 내용을 알릴 필요가 있었기 때문에, 그에게 이사회에 제출할 만한 필스버리에 대한 자료를 준비해달라고 요청했다.

앞에서 말한 것처럼 필스버리가 우리에게 접촉해온 것은 1966년 3월 26일이었다. 그들은 우리와 합병에 대해 협상할 목적으로 그 이전부터 시카고의 JMB 컨설턴트와 계속해서 논의를 해온 듯했다.

나는 우리가 누구에게 내놔도 부끄럽지 않은 좋은 실적을 쌓아왔다고 자부했다. 독립 회계법인이며 외부감사 역할을 했던 피트마윅미첼 Peat, Marwick, Mitchell & Co. 은 1965년 5월 31일로 끝나는 회계연도의 세후이익을 44만 6,239달러, 순자본을 105만 6,612달러로 보고했다. 몇 달 후에 발표한 1966년도의 결과는 세후이익 75만 8,008달러, 순자본 178만 9,620달러였다. 이처럼 우리 사업은 아주 빠른 속도로 성장하고 있었고, 우리처럼 자기자본이익률이 50~70%에 달하는 회사는 우리 업계에서 거의 찾아볼 수 없었다.

저지와 무어를 만나고 이틀 후인 4월 1일, 버거킹 이사회가 열렸다. 나는 필스버리가 우리와 합병하고자 하는 의향을 전달해왔다고 이사회에 보고하며 며칠 전에 무어와 저지를 만나 이 문제에 관해 이야기를 나눴다고 말했다. 또 블리스앤드컴퍼니에서 제출한 제안서도 이사회에 보고하면서 그들의 방안에 따라 주식을 공모하는 안도 검토할 것을 제안했다. 이사회는 적어도 현재 상황에서는 블리스 쪽 제안에 대해서는 논의를 보류해야 한다고 의견을 모았다.

다음 2주 동안 우리는 실행 가능한 금융조달 방안을 마련하기 위해 상업은행과 투자은행들을 계속해서 만났다. 4월 14일, 나는 글래스메이어에게 우리는 주식상장을 하지 않기로 했다고 통보했다. 다음 날, 우리는 매스뮤추얼로부터 150만 달러의 장기대출 제안을 받았다. 이는 우리가 처음으로 제안받은 직접부채 형식의 버거킹 부동산 금융 제안이었는데, 이후 우리가 협상할 수 있었던 유사한 금융계약들의 표준 같은 역할을 했다. 그러나 우리가 생각하고 있는 전반적인 재정의 필요성에 비추어 볼 때, 이 제안은 우리가 찾고 있는 조건과는 큰 차이가 있었다.

당시 우리는 4월 중순까지 전국 도시의 76개 매장부지에 대한 매입 또는 임대차계약을 체결하기 위해 협상 중이었다. 이들 중 상당 부분은 개발자들이 우리가 제시한 설계와 규격대로 건물을 짓고 나서 이를 우리에게 직접 임대하는 방식으로 진행하고 있었다. 그렇게 해서 임차한 매장을 우리는 점주들에게 재임대하는 방식으로 매장을 열었다. 이렇게 계약하면 현금이 거의 혹은 전혀 필요하지 않기 때문에 우리는 순조로운 성장세를 지속할 수 있었다. 물론 우리는 더 큰 자본의 유입을 통해 우리 자신의 명의로 부동산을 소유하고 개발할 가능성을 놓치고 있었다.

4월 30일, JMB 컨설턴트로부터 필스버리 측이 우리에게 제출할 제안서를 작성하는 데 뭔가 어려움을 겪고 있다는 이야기를 전해 들었다. 그리고 이어서 다가온 여름 내내 이따금씩 연락을 받기는 했으나, 나도 다른 중요한 문제들로 바빴기 때문에 필스버리와의 협상은 마음 한구석으로 밀려나 있었다. 당시에 나는 몇몇 대형 생명보험회사들과 함께 부동산개발을 위한 대규모 금융지원 방안을 논의하느라 정신이 없었다.

한동안 소강상태에 놓여 있던 필스버리와의 협상은 1966년 8월 말, 다시 본격적으로 재개되었다. 8월 24일, 나는 우리 회사의 재무책임자인 글렌 존스와 함께 미니애폴리스로 가서 필스버리의 테드 저지, 그리고 JMB 측의 이번 협상 담당 책임자인 월터 그레고리 Walter Gregory와 함께 저녁식사를 했다. 25일과 26일에는 필스버리의 경영진을 만나고, 그들의 시설 일부를 둘러보았다. 필스버리 측의 고위인사들과 만나 합병 문제에 초점을 맞춰 흥미로운 대화를 나눴다.

9월 7일, 월터 그레고리는 자신의 시카고 사무실에서 나에게 전화를 걸어 폴 제롯 Paul Gerot(필스버리의 이사회 의장이자 CEO), 테런스 해널드 Terrance C. Hanold(재무담당책임자), 테드 저지와 9월 15일로 예정돼 있던 미팅에서 우리 회사의 경영진을 만날 수 있느냐고 물었다. 이는 어려운 일이 아니었다. 우리는 가디언빌딩 Guardian Building에 있는 하비의 사무실에서 만났는데, 이 자리에서 그들은 필스버리의 보통주와 우선주 패키지로 구성된 합병 방안을 제안했다. 우리는 그들의 제안을 검토하면서 몇 가지 질문을 던졌고, 자세히 검토한 뒤 2주 후에 다시 만나기로 하고 헤어졌다.

데이브와 나는 9월 28일, 우리의 법률자문이자 이사회 이사인 톰 웨이크필드와 함께 미니애폴리스로 날아갔다. 우리는 거기서 하비와 함께 디트로이트에서 비행기로 날아온 버드 프루호프Bud Fruehauf를 만났다. 그날, 다섯 사람은 함께 저녁식사를 하며 필스버리의 제안에 관해 이야기를 나눴다. 다음 날에 우리는 필스버리 경영진과 오랜 회의를 거친 후 잠정 합의안을 도출했고, 필스버리의 사장인 로버트 키스Robert J. Keith와 폴 제롯이 미네카다클럽Minnekada Club에 준비해놓은 저녁을 먹으며 그날 하루를 마감했다. 다음 날 아침, 간단한 마무리 회의를 가진 뒤 우리는 마이애미로 돌아왔고, 프루호프 부자는 디트로이트로 돌아갔다. 그러나 한 가지 반드시 풀어내야 할 문제가 있었다. 폴 제롯은 거래가 성사되려면 상표권의 소유도 필스버리로 이전되어야 한다는 점을 분명히 밝혔다.

1961년에 우리는 벤 스타인과 계약하고 전 세계에서 버거킹 영업을 할 수 있는 권리를 얻었다. 그 계약서에 따르면 우리는 그가 보유하고 있는 버거킹의 명칭, 서비스마크, 상표에 대한 독점사용권을 받고, 상표권을 유지하고 보호할 책임을 갖도록 되어 있었다. 그리고 그 대가로 우리가 벌어들이는 매장 수수료 수입의 15%를 그에게 주기로 했다.

1963년까지 마이애미 본사로 들어오는 수수료 수입은 꾸준히 늘고 있었다. 스타인과 계약을 체결한 후 나는 회계장부 담당자에게 매월 수수료 수입의 15%에 해당하는 액수의 수표를 그에게 발행해주고, 수수료를 낸 매장의 명단과 매장별 금액을 동봉해서 그에게 보내라고 지시했다. 또 오해를 피하기 위해 새로 개설되는 매장에 대한 정보도 그에게 충실히 전달해주었다. 아마도 그는 이러한 자료들을 통해서 앞으로 그가 지불받게 될 수입도 대충 예상할 수 있었을 것이다. 또 우리가 상당한 재정적 문제를 안고 있다는 사실도 눈치챘을 것이라고 확신한다. 어쨌든 매달 그에게 송금되는 액수도 빠른 속도로 늘어나고 있었다.

물론 우리는 장차 그와의 사이에서 일어날 일도 예측할 수 있었다. 나는 언젠가는 그에게 거액을 지불하고 그가 가지고 있는 상표에 대한 소유권 자체를 가져와야 한다고 생각하고 있었다. 1962년, 그러니까 우리가 계약을 체결하고 1년쯤 후에 그가 10만 달러를 이야기한 것으로 기억한다.

그러나 당시 우리 입장에서 그 정도 금액은 도저히 받아들이기 힘든 상황이었다. 나는 그에게 분명히 말했다.

"벤, 10만 달러를 마련할 능력은 없습니다만, 어쨌든 다시 생각해보고 나중에 연락을 드리지요."

그는 그렇게 하라고 대답하며, 대화가 진행되고 있는 것 자체가 기쁜 일이라고 말했다. 나도 마음속으로 돈이 마련되면 가능한 한 빨리 연락을 하겠다고 생각했다.

그로부터 6개월 후에 나는 그에게 다시 전화를 걸었다. 당시 우리 자금상황은 훨씬 좋아진 상태였다. 사실은 놀라울 정도로 일이 잘 풀려가고 있었다. 우리 매장은 확장되고 있었고, 거의 모든 매장의 운영 상황은 성공적이었으며, 새로 매장을 내고 싶다는 가맹점 희망자들이 몰려들고 있었다. 수수료 수입은 빠르게 증가했고, 미래의 전망도 아주 고무적이었다. 이익도 빠르게 증가했으며, 우리는 이익금을 다시 사업확장에 재투입하고 있었다. 수익이 증가함에 따라 우리는 충분한 현금흐름을 창출하면서 적당한 속도의 확장세를 유지하고 있었다.

10만 달러 정도는 마련할 수 있을 것 같아 나는 다시 벤에게 전화를 걸었다.

"몇 달 전에 나눴던 얘기 말입니다. 당신이 말씀하셨던 10만 달러를 제가 마련할 수 있을 것 같습니다. 중단되었던 상표권 완전 양도 계약을 마무리 지었으면 좋겠습니다."

그의 대답은 언제나처럼 빨랐다.

"짐, 내 생각이 조금 바뀌었어요. 당신 두 사람은 회사를 정말 잘 키워왔고, 앞으로도 더 잘할 거예요. 그렇게 되면 당신의 수수료 수입도 크게 늘 테고, 당연히 내가 받을 몫도 늘어나겠지요. 그런 미래의 전망을 반영하자면 이제는 30만 달러 정도는 받아야 할 것 같아요. 이 금액은 세월이 흐르면 더 늘어나겠지요. 30만 달러 선에서 대화를 나눠볼 의향이 있어요. 한번 생각해보고 다시 연락 주세요."

몇 개월 전에 10만 달러가 벅찬 금액이었던 것처럼 지금 상황에서 30만 달러도 벅찬 금액이었다. 나는 그 일을 그냥 내버려 두기로 했다. 우리는 사업을 성장시킬 것이고, 그 결과에 따라 15%를 그에게 지급할 것이다. 그냥 그대로 놔두면 되는 것이다. 우리가 그토록 필요로 하는 자금이 확보되지 않는 한 다른 대안은 없었다.

필스버리와의 협상이 한창 진행 중이던 1966년 후반부터 1967년 초반까지, 우리는 벤에게 매달 많은 금액을 지급하고 있었고, 그 금액은 계속 늘어나고 있었다. 필스버리 측도 사업이 우리의 예상대로 성장한다면, 왕을 인질로 잡고 버티고 있는 벤에게 계속하여 거액을 지급해야 한다는 것을 잘 알고 있었다. 또 상표권 소유 그 자체도 그들에게는 중요한 문제였다. 필스버리의 폴 제롯 회장이 나에게 전화를 걸었다.

"짐, 버거킹의 상표 소유권을 완전히 가져와야 합니다. 그러지 않으면 인수할 수 없습니다. 상표권을 완전히 넘겨받기 위해 한 번 더 협상을 시도해주실 수 있습니까?"

나는 말했다.

"물론입니다. 스타인에게 이 상황을 있는 그대로 이야기하고 결과를 알려드리겠습니다. 그는 인수를 막으려 하지는 않겠지만, 분명 가격을 더 높일 것입니다."

나는 벤에게 전화를 걸어 필스버리가 우리 회사를 인수하려 하고 있지만, 상표권을 완전히 넘겨받고 그와 우리 사이에 맺어진 수수료 지분에 관한 약정을 없애지 않으면 협상은 깨질 수밖에 없다고 현재의 상황을 설명했다. 그리고 상표권 완전 양도를 위해 원하는 가격이 얼마인지 정확하게 제시해달라고 요구했다. 역시 이번에도 그는 오래 걸리지 않았다. 그의 대답은 간단했다.

"짐, 나는 내가 가지고 있는 상표권이 250만 달러의 가치는 충분히 있다고 생각해요. 그 정도 가격이면 완전히 넘길 수 있어요."

"그 제안을 그대로 필스버리 쪽에 전달하겠습니다."

나는 이렇게 대답하고 전화를 끊었다.

폴 제롯에게 연락하자 그는 그 가격을 지불하는 데 동의했다. 계약서는 바로 작성되었다. 동시에 지금까지 유지되던 벤 스타인과 우리 사이의 계약은 종료되었다.

필스버리는 벤 스타인에게 250만 달러를 지급하기로 했다. 그런데 그는 여기에 더하여 자신의 변호사 비용으로 5만 달러를 더 요구했다. 필스버리는 이 요구까지 받아들였다. 이렇게 해서 골치 아팠던 상표권과 수수료 배당 문제가 해결되고, 합병을 가로막던 가장 큰 장애물이 치워졌다.

스타인이 당초의 합의에 없던 5만 달러를 추가로 요구했을 때 나는 은근히 짜증이 났다. 물론 계약은 스타인과 필스버리 사이에 체결되었기 때문에 나와 데이브 그리고 하비에게는 아무런 금전적 손실이 없었다. 그러나 기분이 나쁠 수밖에 없는 것은 벤이 마지막 순간에 합의를 뒤집고 새로운 요구조건을 내세웠기 때문이었다. 나는 그런 식으로 사업을 하는 것을 좋아하지 않는다.

나는 필스버리도 그 일로 언짢았을 것이라는 생각이 들어 벤에게 강한 유감의 뜻을 전달했지만, 그는 나의 불편한 심사를 그리 중요하게 생각하지 않았다. 벤은 계약이 마무리되면 255만 달러의 수표 한 장을 받게 될 것이다. 필스버리와 폴 제롯은 마지막에 또다시 5만 달러를 요구받은 것에 대해 기분은 나빴겠지만 나에게 내색하지는 않았다.

상표권 하나를 넘겨받기 위해 그렇게 큰돈을 지급한 것은 잘한 일이었을까? 1996년의 버거킹 전체 매출이 연간 80억 달러를 넘고 매장들로부터 들어오는 수수료만 해도 해마다 약 2억 4,000만 달러에 이르렀다는 사실에서 이 질문에 대한 답을 찾을 수 있을 것이다. 만일 벤과의 계약이 계속 유효하여 수수료의 15%를 그에게 주었다면 벤스타인의 잭슨빌 회사는 1년에 3,500만 달러를 벌어들이게 되었을 것이다. 물론 1996년이 오기 전에 그와의 사이에 어떤 합의가 이루어져 어떤 식으로든 변화가 있었을지는 모르는 일이다.

한편 마이애미의 우리 회사에는 필스버리 측 회계사와 변호사들이 건너와 우리가 그들에게 제출한 각종 보고서 내용을 기반으로 실사작업을 분주하게 진행하고 있었다. 10월 27일에는 폴 제롯과 테런스 해널드가 필스버리의 총무책임자인 밥 하워Bob Hauer와 함께 도착해 남은 현안들을 정리하고 정식 합병에 최종합의했다. 하비와 데이브 그리고 나는 제롯과 해널드와 마주 앉아 해결해야 할 크고 작은 문제들에 대한 모든 협의를 마쳤다. 마지막으로는 코럴게이블스Coral Gables에 위치한 리비에라컨트리클럽Riviera Country Club에서의 점심식사로 우리는 모든 절차를 마무리했다.

폴 제롯은 11월 1일, 필스버리 이사회에 자신의 의견서를 제출했다. 11월 2일, 나는 두 통의 전화를 받았다. 한 통은 제롯에게서 온 것으로, 이사회가 제출된 합병 안건을 검토한 후 일주일 후에 최종결론을 내기로 했다는 것이었고, 또 한 통은 하비 프루호프로부터 온 것인데, 그는 우리가 아무래도 필스버리를 상대로 손해 보는 협상을 한 것 같다고 말했다. 하비는 이번 합병의 내용과 조건에 불만이 좀 있는 것 같았다. 나는 오히려 그런 이야기를 그제야 꺼내는 그를 이해할 수 없었다.

다음 날 아침 9시에 나는 벤 스타인과 그의 변호사를 만났다. 오후 2시 반쯤, 그는 255만 달러로 1967년 5월 31일까지 상표권 인도를 마치는 데 합의했고, 이 합의에 대해 5,000달러를 또다시 요구했다.

다음 날 나는 하비와 만나 그의 우려를 풀어주고, 제롯에게는 모두가 합병에 동의했다고 알려주었다. 필스버리 이사회는 그다음 주에 회의를 열고 필스버리의 우선주와 관련된 몇몇 조건을 제외한 합병계약을 승인했다. 나는 며칠 후 텍사스에서 하비를 만나 제롯으로부터 전달받은 약간 수정된 내용에 관해 이야기를 나눈 후, 결국 그에 동의하기로 했다.

하비가 마이애미로 돌아온 후 11월 29일에 우리는 폴 제롯과 다시 만났다. 우리의 만남과 대화는 우리의 새 사무실에서 종일 계속되었다. 그 이전에 우리는 새로 지어진 2층짜리 건물로 이사했는데, 1957년부터 아주 요긴하게 사용했던 코럴웨이의 7호 매장 뒤편 사무실보다 훨씬 큰 건물이었다.

제롯은 자신이 제출한 버거킹 인수 건을 놓고 이사회와 약간의 갈등이 벌어졌다고 말했다. 이사회 임원 가운데 몇 사람이 버거킹 인수를 위해 지급해야 하는 금액이 너무 높다고 생각하여 이사회에서 한

참 동안 격론이 벌어졌다는 것이었다. 원래 필스버리는 미국에서 가장 규모가 큰 제분업체 가운데 하나였다. 그러던 필스버리가 몇 년 전부터 식료품 생산 및 소매 사업에 뛰어들었다. 이는 원래의 사업분야인 곡물과 제분 분야에서 벗어나 보다 잠재적 수익성이 높은 분야로 이전해야 한다고 확신한 제롯의 리더십과 주도력 덕분이었다.

1966년 필스버리의 순이익은 1,100만 달러를 간신히 넘기는 수준이었다. 필스버리는 뉴욕증권거래소를 통해 보통주 439만 9,678주를 발행하여 주당 35달러에 팔았고, 당시 필스버리의 시가총액은 1억 5,000만 달러에 불과했다.

우리 회사가 요구한 2,000만 달러를 조달하기 위해 필스버리는 보통주 40만 주와 500만 달러어치의 전환우선주 발행을 제안했다. 우리는 이 제안에 동의했고, 그 결과 버거킹 주주는 필스버리 전체 주식의 10%를 소유하게 되었다. 필스버리 이사회의 몇몇 이사가 이 부분에 불만을 표시했다는 것이었다. 그들은 실패 가능성이 큰 위험한 사업분야라는 것 말고는 외식사업에 대해 아는 것이 별로 없는 사람들이었다.

그들은 원래 하던 일에서 벗어나 새로운 사업분야에 뛰어들면 결국 재앙에 이르게 될 것이라는 느낌을 받았을 것이다. 버거킹에서 수익이 나지 않는다면 어떻게 되겠는가? 제롯은 그들을 설득하기 위해 너무 바빠 정신이 없을 지경이었다. 그가 이사회에 제안한 합병안에 따르면, 순자본이 170만 달러에 불과하고 75만 8,000달러의 이익을 내는 버거킹이라는 회사를 인수하기 위해 2,000만 달러나 되는 주식을 새로 발행하게 되어 있었다. 이사회 이사들이 선뜻 받아들이지 못하는 것도 무리는 아니었다.

나중에 제롯으로부터 들은 바에 따르면 당시 이사회의 반발은 엄청났다고 한다. "너무 방만한 경영을 하며 불필요한 지출을 한다"고 주장하는 사람도 있었고, "당신이 고집 피우지만 않았어도 나는 그 회사를 인수하기 위해 어떤 비용도 지출하지 않았을 것"이라고 말하는 사람도 있었다고 한다. 그런 복잡한 과정을 거쳐 결국 이사회는 상당한 진통 끝에 원래의 안을 약간 수정하는 조건으로 합병에 동의했다.

폴 제롯은 마이애미로 날아와 이사회에서 수정한 안을 우리에게 전달했다. 하비와 데이브와 나는 그와 함께 이 수정안을 바탕으로 최종 합의안을 준비했고, 그 내용을 우리 회사의 법률자문을 맡아주던 뉴욕의 셔먼앤드스털링Shearman and Sterling으로 보내 내용을 확인하고 문서를 준비해달라고 요청했다. 1967년 1월 19일, 제롯과 나는 공동 발표를 통해 두 회사의 합병 의사를 공식적으로 발표했으며, 이와 별도로 모든 버거킹 가족에게 이 사실을 알렸다.

그 발표가 있었던 날부터 정식 합병 예정일인 1967년 6월 21일까지 우리는 필스버리 측과 정식 합의한 내용을 바탕으로 변호사, 회계사들과 함께 세부적인 실무를 진행하느라 바쁜 시간을 보냈다. 그 때문에 우리는 마이애미와 뉴욕, 그리고 미니애폴리스를 쉴 새 없이 오가야 했다. 벤 스타인이 보유하고 있던 버거킹의 명의와 상표권을 필스버리로 이전하는 일이 마무리되었고, 합병과 관련된 최종 계약 내용이 확정되고 양측 모두가 이에 동의하고 서명까지 마쳤다. 합병은 예정대로 6월 21일에 완전하게 마무리되었다.

합병 다음 날, 나는 미니애폴리스 공항에서 낸시와 네 아이들을 만났다. 나는 그들도 이번 특별한 행사의 일원이었다는 사실을 느끼기를 원했다. 아이들은 버거킹이 "아빠와 데이브 아저씨의 회사"라고 듣고 자랐다. 택시를 잡아타고 시내로 가서 필스버리 경영진에게 가족을 소개하고, 새로운 사무실 이곳저곳을 둘러보게 했다. 9월이 되면 필스버리의 연례주주총회가 열릴 것이고, 그때 나는 필스버리 이사회의 이사로 선출되도록 되어 있었다. 그리고 즉시 필스버리 경영진의 일원으로서 버거킹의 사장 겸 CEO 직을 맡게 될 예정이었다.

가족을 미니애폴리스로 부른 또 다른 이유는 가족휴가 때문이었다. 필스버리 사무실에서 나온 우리는 공항으로 가서 캐나다 위니펙Winnipeg으로 가는 비행기를 탔다. 그리고 거기서 록키산맥의 재스퍼Jasper로 가는 캐나디안내셔널Canadian National 열차를 탔다. 기차 여행은 우리 가족에게는 특별한 행사였다. 우리는 특실 침대칸에서 여행하며 밀밭을 지나고 매니토바Manitoba와 서스캐처원Saskatchewan을 지나 서쪽으로 질주하면서 즐거운 저녁식사를 했다.

다음 날 오후 재스퍼에 도착해서 우리는 미리 예약한 스테이션왜건으로 옮겨 탔다. 우리는 닷새에 걸쳐서 록키산맥의 장대한 산악지대를 여행하며 웅장한 물줄기와 폭포, 아름다운 호수, 설원과 빙하를 둘러보았다. 밴프스프링스Banff Springs나 샤토레이크루이스Chateau Lake Louise와 같은 품위 있는 호텔에 머물고, 밴프와 재스퍼에서 골프를 즐기는 것도 여행의 즐거움을 더해주었다. 그런 후 캐나다의 워터턴레이크스국립공원Waterton Lakes National Park으로 가서 프린스오브웨일스호텔Prince of Wales Hotel에 투숙했다. 우리는 가는 곳마다 장관을 이루는 경치와 광경에 매료되었다. 이후 우리는 국경을 넘어 몬태나주의 장엄한 글레이셔국립공원Glacier National Park으로 가서, 그곳 특유의 소박한 맥도널드로지McDonald Lodge에 머물렀다. 7월 초임에도 고잉투더선로드Going-to-the-Sun Road; 몬태나주 글레이셔국립공원을 관통하는 산악도로-옮긴이를 따라 펼쳐진 거대한 빙하의 풍경은 감탄을 자아냈다.

우리는 몬태나주 그레이트폴스Great Falls까지 가서 스테이션왜건을 반납하고 비행기로 와이오밍주 캐스퍼Casper에 도착했다. 거기서 우리는 또 다른 차량을 한 대 빌려 캘리포니아주 새러토가Saratoga의 올드벌디클럽Old Baldy Club으로 갔다. 올드벌디를 찾은 것은 그때가 두 번째였는데, 그 후로 낸시와 나와 아이들에게는 이곳을 찾는 것이 연례행사가 되었고, 최근에는 손자손녀들에게도 연례행사가 되다시피 했다. 그곳에서 한 주간을 즐겁게 보낸 후 우리는 덴버Denver로 차를 몰았고, 거기서 집으로 돌아오는 비행기를 탔다.

그때는 나에게 휴가가 절실히 필요한 시기였다. 나는 몇 년 동안 내 시간의 3분의 1을 집을 떠나 이곳저곳을 돌아다니면서 버거킹 사업을 위해 장소를 물색하고, 임대하고, 필요한 자금을 구하고, 가맹점주를 만나며 보냈다. 최근 몇 개월 동안의 필스버리와의 협상과 그쪽 경영진과의 잇따른 만남도 내게 휴가가 간절하게 필요한 이유 중 하나였다. 몇 주간을 가족과 함께 보낸 것은 정말 대단한 일이었다. 필스버리와 함께 사업가로서 새로운 출발을 하기에 앞서 이렇게 휴식을 취하며 다시 열정을 샘솟게 만드는 것은 나에게 매우 소중한 일이었다.

나는 필스버리 경영진의 일원이자 회사의 최고경영자라는 새로운 역할이 기다리고 있는 마이애미로 돌아왔다. 나를 둘러싼 상황은 합병과 함께 완전히 달라져 있었다.

우선 내 연봉이 합병 전 3만 2,500달러에서 6만 7,500달러로 껑충 올랐다. 거기에 더하여 버거킹이 정해진 목표 이상의 영업성과를 달성할 경우 별도의 상여금이 보장되었다. 나는 이전에는 주식시장에 투자할 돈이 없었기 때문에 배당 같은 것을 받은 적도 없었다. 그러나 합병과 함께 받게 된 필스버리 주식 덕에 매년 9만 달러 이상의 배당을 받게 되었고, 시간이 갈수록 내게 돌아올 배당액은 늘어날 가능성이 매우 컸다. 나는 필스버리의 주식가치가 앞으로 해가 지날수록 크게 높아질 것으로 보고 있었다. 그렇게 생각한 이유는 버거킹으로 인해서 필스버리의 전체 이익이 급속하게 늘어날 것이고, 그것이 필스버리의 주가에 긍정적인 영향을 미칠 것이 분명하다고 생각했기 때문이다. 이렇게 내 개인소득이 늘어나면서 지금까지 겪었던 재정적 부담에서 한결 여유로워졌다. 또 만일 재정적으로 상당히 어려운 상황에 놓인다 해도 내가 가진 필스버리 주식을 매각하면 된다고 생각하니 훨씬 마음이 편해지기도 했다. 1966년에는 팸이 플로리다주립대학교에 입학했고, 린은 1968년에 오하이오주 옥스퍼드Oxford에 있는 마이애미대학교에 진학하겠다는 계획으로 준비하고 있었다. 개인적인 재정문제에 관한 한 나는 더 이상 걱정할 필요가 없을 정도로 모든 문제가 해소되었고, 이제는 오로지 회사 경영에만 집중할 수 있게 되었다.

이제는 필스버리 경영진의 일원이라는 책임감도 있었기 때문에 회사를 성공적으로 운영한다는 것은 내게 매우 중요한 과제였다. 여러 사람 앞에서 입증해내야 할 많은 것들이 있었다. 필스버리의 이사회나 폴 제롯, 그리고 필스버리의 임원들에게 버거킹을 인수한 것이 얼마나 훌륭한 결정이었는지를 보여주고 싶었다. 41세의 중년에 접어든 나는 스스로 자신을 매우 훌륭하게 평가하고 있었고, 내 개인적 상황에 대해서뿐 아니라 버거킹의 빠른 성장과 발전 전망에 대해서도 상당한 확신과 흥분에 차 있었다.

어쩌면 우리는 재무 문제에 관한 다양한 가능성을 열어두고 다른 대안을 모색해볼 수도 있었을 것이고, 사업에 대한 우리의 지분을 유지할 수도 있었을 것이다. 분명한 것은 버거킹은 기회가 무르익은 사업분야의 주역이 될 운명이었다는 것이다. 우리 세 사람은 그 사실을 알고 있었고, 아직 다듬어지지 않은 불확실성으로 가득한 거친 길 위에서 회사를 끌고 가려면 조금은 더 완벽한 경영이 필요하다는 것도 알고 있었다. 우리가 너무 훌륭하고 강한 운영시스템과 사업방식만을 고집한 것은 실수였을지도 모른다.

사업과 관련한 중요한 의사결정은 그 시점에 이용 가능한 정보와 앞뒤 사정을 고려하여 내려진다는 사실을 인식하는 것이 중요하다. 가장 좋은 선택이 무엇인지는 시간이 한참 지난 뒤에야 알 수 있다.

결과적으로 첫 매각 제안에 대한 나의 대응은 잘못된 것이었고, 하비와 데이브의 말이 옳았다. 내가 잘못한 것은 나의 개인적인, 그리고 사업적인 재정문제와 욕심에 너무 즉각적으로 반응했다는 것이다. 나는 모든 측면을 충분히 고려한 종합적인 판단을 내리지 못했다. 나는 20년 넘게 사업을 해왔으면서도 이와 같은 상황에서 행동하기 전에 잠시 멈추고, 충분히 반성하고, 심사숙고하여 행동하는 법을 배우지 못했다. 2000년에 이를 즈음 버거킹의 가치는 10~20억 달러가 되었다. 버거킹은 현존하는 세계에서 두 번째로 규모가 큰 체인레스토랑이 되었다. 이는 오랜 시간에 걸쳐 이와 같은 가치를 만들어내기 위해 노력한 많은 이들 덕택에 이루어진 결과다.

사람은 각각의 다른 전략이 어떤 결과를 낳게 될지 단지 추측만할 수 있을 뿐이다.

최고의 리더에게 배우다

6년 하고 몇 개월쯤 전, 열여덟 살의 나이에 쿠바에서 건너와서 당시 이미 200개나 되는 매장을 거느리고 있던 버거킹이라는 아주 큰 회사에 주말 잡역부로 입사해 업무과라고 불리는 부서에 배치되어 근무하기 시작했다고 상상해보라.

채용되고 나서 간단한 오리엔테이션 과정이 있었는데, 거기서 들은 이야기는 크게 두 가지였다. 1) 버거킹은 제임스 맥라모어와 데이비드 에저튼 두 사람에 의해 세워졌다. 그리고 그들의 사진도 보여주었다. 2) 이 회사는 최근 필스버리에 인수되었다. 거금을 들여 이 회사를 인수한 필스버리는 제분업계의 아이콘 같은 회사다.

주말 잡역부로서 나는 회사 건물 전체를 돌며 이것저것 챙겨야 했다. 당시 회사는 2층짜리 건물을 쓰고 있었는데, 그렇게 큰 건물은 아니었다. 내가 해야 하는 일은 차량에 주유하기, 공항에서 사람들을 모셔 오기, 커피 타기, 접시 닦기 등 그야말로 온갖 잡일이었다.

가끔 제임스 맥라모어가 토요일에도 회사에 나와서 자기 사무실에서 몇 시간 동안 머무르기도 했다. 어느 날 커다란 파일 캐비닛을 그의 사무실 근처로 옮기던 중이었는데, 나를 발견한 그가 내 이름과 함께 장래의 꿈이 무엇인지, 쿠바에서는 어떻게 나왔는지 등 이것저것 질문을 던졌다. 그러고는 내게 "잠깐 앉아서 쉬었다가 일하지?"라고 말했다.

호기심이 발동한 나는 그에게 사업을 어떻게 시작하게 되었는지를 물었고, 마이애미 시내에 있던 그의 식당, 그와 데이비드에게 와퍼라는 새로운 메뉴의 영감을 준 어느 길가의 가판식당 이야기 등 회사의 긴 역사를 생생하게 들을 수 있었다. 나는 우리 식구가 마이애미에 도착한 날 아버지 손에 이끌려 처음으로 와퍼를 먹었던 이야기, 그리고 그때까지 몇 개월 동안 고기를 먹지 못했던 이유 등을 그에게 이야기했다.

나를 가장 놀라게 한 것은 버거킹의 사장이 나같이 한창 감수성이 예민한 나이의 쿠바 출신의 별 볼일 없는 청년에게 시간을 내어 이야기를 나누었다는 것이었다. 그가 나에게 시간을 내주었다는 사실은 나에게 매우 특별한 느낌을 주었고, 내게는 매우 중요한 일이었다.

어리고 순진했던 나는 그에게 이렇게 물었다.

"맥라모어 씨, 방금 비서로부터 받은 고무도장에 'NFW'라고 적혀 있더군요. 그게 무슨 뜻인지 물어봐도 될까요?"

그는 특유의 희미하면서도 밝은 웃음과 함께 대답했다.

"무의미한 요청이 담긴 서류에 찍는 도장이야. '말도 안 돼No Fucking Way!'의 약자지."

그 일을 계기로 우리는 복도에서 마주칠 때면 반갑게 인사를 나누게 되었다. 몇 개월 후, 나는 같은 부서 내의 다른 보직(인쇄)으로 발령을 받았다.

그로부터 2년 후, 나는 나 혼자만으로 구성된 1인 부서의 책임자가 되었고, 나중에는 열두 명의 직원을 두게 되었다. 제임스 맥라모어는 가끔 내 부서의 규모가 커진 것을 두고 자신의 창업과 성장과정이 비슷하다며 농담을 던졌다.

제임스 맥라모어는 내게 스승 같은 사람이었다. 그는 내가 미국에서 만난 유일한 '성공'한 사람이었다. 그의 차분함과 자신감 그리고 성실함은 대화를 통해 나에게 전해졌고, 그것은 기업과 학교를 통틀어 내가 받은 교육의 전부라 해도 과언이 아니다. 그가 가끔 던져주는 짧은 이야기를 통해 나는 자신감을 키웠다. 또 어떻게 영수증을 보관하는지, 또 어떻게 해서 와퍼를 한입 씹을 때 모든 재료를 한 번에 맛볼 수 있는 제품으로 만들 수 있었는지 등 아주 흥미롭고 재미있는 이야기를 들려주기도 했다.

나는 그와 그를 통해서 드러나는 모든 것을 추종하는 팬이 되었고, 그의 가족과 친구가 되었다. 이 모든 이야기는 그와 나의 작은 호기심에서부터 시작되었다.

-오리지널임프레션Original Impressions 창립자이자 CEO,

롤런드 가르시아Roland Garcia

합류하다

와퍼 누적판매 100만 개 달성이 가까웠음을 알리는
현황판 앞에 서 있는 제임스 맥라모어, 1993년 9월

필스버리와의 협상 과정에서 나는 버거킹이 필스버리의 자회사이기는 하지만 독립적인 경영이 보장되어야 한다는 조건을 내걸었다. 합병이 이루어진 지 불과 닷새 후인 6월 26일, 로버트 키스는 이 조항을 다시 한번 분명히 하는 내용의 정책선언문을 발표했다. 그는 이 선언에서 "우리는 버거킹을 자율적이고 독자적으로 경영하기로 결론을 낸 바 있고, 필스버리 측 구성원은 일종의 정복자나 침략자로서 행동한다는 오해를 받을 만한 일을 해서는 안 된다"고 분명히 못 박았다. 또 버거킹의 성장과 발전이라는 가치에 공헌할 만한 역량이 필스버리에게 있다고 믿는다며, "최소한 합병 후 첫해만이라도" 이러한 잠재자원을 지원받을 권한을 내게 부여해주어야 한다고 말했다.

나는 필스버리가 회사의 전략적 방향을 결정하는 데 보다 적극적으로 역할을 하고, 운영상의 문제나 전술적 결정을 내리는 데도 뛰어들 것이라고 예상했다. 그러나 불행하게도 버거킹 특유의 모험적이고 일단 부딪치고 보는, 직감적인 경영 스타일은 상당한 도전을 받게 될 것이 분명해 보였다.

1967년 9월 12일, 필스버리의 연례주주총회가 열렸다. 나는 그 자리에서 버거킹에 대한 전반적인 소개를 해달라는 요청을 받았다. 나는 사업확장 전략과 그 결과 예상되는 성장잠재력에 관해 설명했다. 폴 제롯은 그 총회를 끝으로 38년간의 근무를 통해 보여준 지도력에 대한 찬사를 받으며 경영에서 은퇴했다. 나는 버거킹의 인수에서 핵심적인 역할을 한 제롯을 높이 평가하며, 그의 진심 어린 배려와 설득이 필스버리의 일원이 될 것을 결심하게 했다고 말했다. 나는 그가 물러나는 것이 진심으로 아쉬웠다.

나는 9월에 있었던 필스버리 이사회에는 참석하지 않았다. 나는 그 뒤로 예정된 주주총회에서 필스버리의 이사로 선임될 예정이었다. 로버트 키스가 이사회 의장 겸 CEO로 선출되었고, 테런스 해널드는 사장 겸 최고재무책임자로 선임되었다. 로버트 키스는 자신의 의장 취임의 전제조건으로 테런스 해널드의 사장 직 임명을 요구했다. 후에 나는 이러한 최후통첩 같은 요구가 이사회 전체 구성원의 뜻과는 맞지 않았다는 사실을 알게 되었다. 이사들 가운데 여럿이 테런스 해널드가 사장으로서 적임자가 아니라고 생각하고 있었다. 실제로 그의 취임 후 얼마 지나지 않아 나와 해널드의 갈등이 수면 위로 떠올랐다.

나와 필스버리 이사회의 정식 첫 만남은 11월에 있었다. 로버트 키스는 그 자리에서 버거킹에 대해 간단하게 한마디 해달라고 요청했고, 나는 그 기회를 통해 버거킹을 인수하기로 한 것은 분명히 현명한 결정이었다는 사실을 다시 한번 확인해주었다. 나는 그들에게 버거킹의 역사를 간단하게 소개하고 특히 최근 몇 년 사이의 발전상을 말해주었다. 그 자리에서 나는 성장하고 있는 패스트푸드산업의 잠재력과 그 업계에 뛰어들어 선두기업의 위치를 차지하고 있는 버거킹에 대한 열정을 감추기가 힘들었다. 이사들 가운데 여러 사람이 필스버리가 버거킹 인수에 너무 많은 돈을 썼다며 불만스러워하는 것을 알고 있었음에도 불구하고 나는 그들 앞에서 버거킹이 앞으로 몇 년 안에 필스버리를 견인해가는 기업이 되고, 수익창출의 주역으로 단단히 역할을 할 것이라고 강조했다. 결과적으로 그때의 내 예측은 매우 정확했다는 사실이 훗날 드러났다.

12월 19일, 나는 준비 중이던 사업추진 방안을 요약하여 편지로 적어 이사회 의장에게 보내면서 그 내용을 1968년의 이사회에서 발표할 수 있도록 해달라고 요청했다. 그 내용 안에는 버거킹을 몇 년 안에 상장하겠다는 계획도 포함되어 있었다. 이는 맥도날드와 켄터키프라이드치킨이 몇 년 전에 상장했고, 현재 그 주식이 원래 공모가보다 몇 배 높은 가격으로 거래되고 있다는 사실에 근거하여 만들어진 계획이었다. 맥도날드의 당시 주가는 공모가 대비 40배 이상이었고, 켄터키프라이드치킨은 54배에 달하는 가격으로 거래되고 있었다. 그들은 프랜차이즈 매장을 내기 위한 자금을 동원할 충분한 능력을 확보했다. 물론 이때 그들이 사용하는 화폐는 비싸게 거래되는 그들의 주식이었다. 그것은 사업확장을 위해 필요한 자금을 조달하는 이상적인 방식이었다.

나는 로버트 키스에게 다음 회계연도에는 버거킹이 250만 달러 이상의 세후이익을 달성할 것이고, 몇 년 안에 500만 달러를 돌파할 것이라고 말했다. 버거킹을 상장하여 이익의 30배에 해당하는 가격으로 주식을 공모할 경우 최소한 7,500만 달러의 자금을 확보할 수 있으며, 40배의 가격으로 공모하면 1억 달러를 모을 수 있다. 우리의 연간 이익을 500만 달러로 계산하면 1억 2,500만 달러에서 2억 달러를 얻을 수 있고, 이는 지난 6월에 필스버리가 버거킹을 인수하기 위해 2,000만 달러의 주식을 발행한 것이 엄청난 성공으로 이어진다는 것을 의미한다. 즉 필스버리는 엄청난 이윤을 창출하고, 버거킹은 훨씬 빠른 속도로 성장할 수 있다는 것이 나의 예측이었다. 내가 이사회에서 이러한 미래 비전을 제시하려고 마음먹은 것은 불과 6개월도 지나지 않았음에도 불구하고 과연 필스버리가 우리가 바라는 빠른 성장과 부동산개발 전략을 적극적으로 지원할 의지나 능력이 있는가에 대한 의문이 생기기 시작했기 때문이었다.

버거킹 점주들도 당시 투자자들 사이에서 레스토랑 주식이 상당히 높은 가격에 거래되고 있다는 사실을 잘 알고 있었다. 만약 상장이 된다면 점주들 가운데는 자신의 사업을 버거킹에 되팔고 싶어 하는 사람들도 있을 것이라고 나는 생각했다. 대부분의 점주들은 시스템 안에서 안정적으로 성장해나가길 원했다. 이러한 점주들은 자신의 사업을 위한 시장이 항상 존재한다는 사실을 알면 상당한 안도감을 느낄 것이다. 의장도 내 생각에 적극 찬성하며 정식 회의 주제로 올리겠다고 결심하는 듯했다.

나는 이사회에서 발언하면서, 그들의 관심을 끌기 위해 최근 많은 외식체인기업들이 대기업에 인수되었고, 그들을 인수한 기업들 가운데는 필스버리처럼 식료품 소매업체들도 꽤 있다는 사실을 강조했다. 최근 이렇게 대기업에 인수된 업체의 목록을 보면 그들도 외식산업의 성장잠재력을 다시 한번 인식하지 않을 수 없을 것이라고 기대했다. 나는 특히 최근 일어난 통합, 인수, 합병의 사례를 몇 개 거론하면서 그들의 이목을 끌고자 했다.

내가 1949년에 처음으로 식당을 열었을 때 외식산업의 시장규모는 100억 달러 이하였고, 1966년에도 230억 달러에 지나지 않았다. 그리고 그 가운데 패스트푸드산업이 차지하는 규모는 35억 달러에 불과했다. 그러나 1996년이 되면 버거킹의 전체 매출만 해도 80억 달러가 넘고, 외식산업의 전체 매출규모는 2,250억 달러에 이르게 된다! 1967년이라는 그 시점은 외식산업에 대한 엄청난 기회가 눈앞으로 다가오고 있던 시기였다. 이 산업의 잠재력이 정확하게 어느 정도인지 확인되지 않은 채로 이 사업에 뛰어드는 것이 과연 잘하는 일인지, 여전히 많은 사람들이 의구심을 품고 있던 때였다.

나는 6개월 동안 경영진의 일원으로 일하면서, 필스버리가 많은 매장을 내고 부동산을 개발하며 빠른 성장을 이끌어가는 맥도날드의 공격적인 사례를 보면서도 그것을 따라가기를 주저하고 있으며, 심지어 소심하기까지 하다는 것을 느끼고 있었다. 만일 내가 설명한 사업계획안이 채택된다면, 버거킹이 필스버리의 소유이지만 여전히 독립적으로 운영되는 것에 대해 그들이 훨씬 편안하게 받아들이게 될 것이라고 생각했다. 그들은 상당한 관심을 갖는 듯했다. 그러나 재정적 성장에 대한 고도로 효율적인 그 접근방식을 그들이 따라야 할 의무는 없었다.

　이사회는 내 발표를 흥미롭고 진지하게 듣고 나더니 몇 가지 적절한 질문을 던졌다. 그러나 그저 토론과 논의에 머물렀을 뿐 구체적인 결론이나 진전은 없었고, 결국 상장 계획은 앞으로 나가지 못하고 중단되었다.

　나는 이때 기업의 업무절차에 대한 중요한 교훈을 얻었다. 내가 가진 생각을 직접 이사회의 안건으로 상정하는 것은 바람직하지 않은 방법이었다. 그것은 경영진의 일이었다. 그러한 일은 그들의 특권이고 책임이었던 것이다. 내가 한 것과 같은 방법으로 될 일이 아니라는 것을 그때는 알지 못했고, 결국 계획은 앞으로 진전하기 어렵게 되어버렸다. 나는 거대기업의 이런 식의 업무절차에 익숙하지 않았다. 그렇게 호기롭게 나서기보다는 조금 더 적절하고 효과적인 기회와 방법을 찾기 위해 노력했어야 했다. 그들 앞에서 발표할 사업계획안을 준비하면서 알게 된 것은, 이미 그들은 그들대로 마음속에 버거킹의 미래와 성장에 대해 그려놓은 그림이 있었다는 것이다. 필스버리는 버거킹의 성장을 위해 자금을 조달할 때 지금까지 그들이 익숙하게 해왔던 전통적인 방법을 사용할 것이고, 버거킹의 성장속도는 내가 생각했던 것보다 훨씬 더딜 것이다.

　필스버리는 버거킹 지분에 수백만 달러를 추가 투자했고, 또 그들이 허용할 수 있는 범위 안에서 최대한으로 자금 차입을 승인했다. 이는 앞으로 우리가 기업평가기관이 수용할 수 있는 범위 안에서 부채비율을 조정해야 한다는 것을 의미했다. 이렇게 전통적인 방식을 따라 자금을 조달하게 되면 우리는 나중에 부동산개발을 위해서 부채를 늘리고 싶어도 제한을 받게 될 것이다. 맥도날드는 성장전략을 수행하는 과정에서 전통적인 자금조달 방식을 사용하지 않았기 때문에 이런 제약을 받지 않았다. 각 지역마다 각각의 독특한 장점을 이용하여 자금을 조달했기 때문에, 그들의 이 독특한 자금조달 방식은 그들이 모든 부동산을 소유하고 통제할 수 있도록 해주었다. 몇 년 동안 이러한 전략은 큰 성과를 거두었고, 그들은 미국에서 가장 큰 부동산 소유 기업이라는 부러운 지위를 누리게 되었다. 부동산 소유에 대한 이러한 전략과 접근방식은 주주들에게 매우 큰 이익을 안겨주었다.

내가 그들 앞에서 주장한 바도 있기 때문에 필스버리 경영진은 맥도날드의 자금조달 전략에 대해 검토하기는 했지만, 우리도 비슷한 방식으로 자금조달에 나서겠다는 결론에는 의견을 모으지 못했다. 이로써 필스버리는 상당한 재정적 이익을 얻을 기회를 놓친 것은 물론이고, 매장 점주들에 대한 영향력도 상실했다. 이 점은 몇 년 후에 상당히 중요한 결과를 낳게 된다.

맥도날드는 단지 가맹점의 본사라는 지위를 넘어 건물과 땅의 주인이라는 지위도 가지고 있었기 때문에, 가맹점이 자신들이 정한 운영규칙을 엄격하게 따르도록 강력하게 통제할 수 있었다. 실적이 낮거나 규정대로 운영하지 않는 매장에 대해서는 임대계약을 종료시키는 방식으로 가맹점 자격을 박탈했다. 그러나 우리의 경우는 본사가 점주들을 통제할 수 있는 근거가 그들과 우리 사이에 맺은 가맹점 계약서밖에 없으므로 맥도날드처럼 엄격하고 단호하게 가맹점을 대하기는 어려웠다. 임대계약서야말로 그들에게 영향을 미칠 수 있는 가장 큰 무기였다. 맥도날드의 경우 회사가 요구하는 운영규정을 준수하지 않으면 가맹점주는 사업도 잃고 임차한 부동산도 잃게 된다. 이런 상황에서 매장과 점주들이 본사에 도전하기는 어려울 것이다.

1968년 10월 14일은 하비 프루호프가 세상을 떠난 슬픈 날이었다. 그는 정말 훌륭하고 좋은 친구이자 상담자이며 스승이었다. 그가 세상을 떠나면서 느꼈던 상실감은 이루 말할 수 없다. 나는 디트로이트로 날아가 그의 장례식에 참석하고 며칠간 그곳에 머물며 그의 아내 앤절라를 위로했다. 나는 내가 직접 쓰고 우리 이사회의 승인을 받은 추도사를 낭독했다. 추도사에는 이 뛰어난 인물에 대해 모든 사람이 느꼈던 커다란 존경의 마음이 담겨 있었다.

우리는 우리의 친구이자 동료이며, 모든 직원 및 동료들과 임원 및 관리자들, 그리고 그를 아는 모든 이들의 조언자였던 프루호프 씨를 그리워하게 될 것입니다. 그리고 우리 마음속에는 그에 대한 높은 존경심이 오래도록 남아 있을 것입니다.
우리 이사회는 하비 프루호프의 서거를 맞아 뼈저린 슬픔을 표합니다. 그리고 고인의 비망록을 우리 회사에 영구히 보존하고, 고인의 사랑하는 아내 앤절라 프루호프 여사에게 한 부를 전달해드리기로 했습니다.

1968년에는 또 우리 회사의 재무담당 수석부사장이자 좋은 친구이며 버거킹의 헌신적인 구성원이었던 글렌 존스가 세상을 떠나고,

바로 뒤이어 레슬리 패새트Leslie Paszat가 입사했다. 그는 1970년대 회사의 경영에 중요한 역할을 하게 될 인물이다.

이야기를 조금만 앞으로 돌리자면, 합병이 있기 몇 개월 전인 1967년 3월 10일에 테런스 해널드와 폴 제롯이 버거킹 이사회의 이사로 선임되었다. 데이브 에저튼은 1969년 8월 21일에 버거킹의 임원이자 운영책임자로서 가지고 있던 직책에서 사임했다. 그는 합병이 이루어지면서 회사의 운영스타일과 조직문화가 급격히 변한 것을 알았고, 두 가지 모두 자신의 손에서 벗어났다고 생각했다. 버거킹 첫 창업의 순간부터 그때까지 데이브의 기여와 공로는 가히 전설적인 것이었다. 그가 회사를 떠났다는 것은 회사의 역사에서 중요한 한 시대가 끝났음을 의미했다. 그의 사임은 회사와 나의 주변상황이 전과 많이 다를 것임을 상기시켜주었다.

1971년에는 로버트 키스와 필스버리의 회계담당자인 거스 돈하우Gus Donhowe가 이사회에 합류했고, 폴 제롯은 사임했다. 나는 폴 제롯이 필스버리 쪽 사람들 가운데 다른 누구보다도 버거킹 조직을 잘 이해하고 있다고 느끼고 있었다. 1973년 11월 21일에는 버드 프루호프가 이사회 이사 직에서 사임했고, 몇 년 후에는 톰 웨이크필드도 사임했다. 이렇게 몇 년에 걸쳐 버거킹 이사회의 인적 구성이 크게 변하면서 버거킹은 필스버리의 일부로, 필스버리 측의 실질적인 목적 안에서 운영되기 시작했다. 1968년 말쯤부터 이미 버거킹은 필스버리의 일원이기는 하지만 완전히 독립적으로 운영한다는 원래의 합의는 무력화되었고, 모기업의 방침에 따른 엄격한 규정에 따라 운영되기 시작했다.

1968년 초, 필스버리와 버거킹 사이에 새로운 관계가 설정되는 분위기 속에서 나는 매우 좌절했다. 내가 회사의 경영과 관련하여 그들에게 의견과 제안을 제출하거나 발언할 때마다 거의 사사건건 필스버리 경영진 다수와 충돌하는 것 같았다. 과연 이러한 환경 속에서 내가 버거킹의 전문경영인이라는 역할을 성공적으로 수행할 수 있는가에 대한 의문이 들기 시작했다. 지난 20년 내내 나는 내 위로 누구도 상사로 모신 적이 없는 상태에서 일해왔다. 그러나 새로운 체계 속에서는 뭔가 결정을 내리려면 항상 누군가와 상의하고, 그들과 토의하고, 그들의 검토를 통과해야만 했다. 나는 이런 경영체제가 매우 낯설었다. 이런 시스템은 너무 비효율적이고, 내가 적응하기도 어렵다고 생각했다.

혹시 그 당시의 나와 비슷한 위치에 있는 사람이 있다면 이런 충고를 전하고 싶다. 경영 스타일에 대한 도전에 직면할 때 가장 중요한 것은 새로운 체제에 적응하는 것이다. 한 조직의 리더의 위치에 있다면 공동의 목표를 향해 함께 계속해서 나가는 것이 당신의 책무이고, 그 역할을 맡고 있다면 그 책무에 충실하겠다고 다짐하는 것이 중요하다.

Chapter

18

합병의 후폭풍

제임스 맥라모어는 1969년에 버거킹의 새로운 시장을 개척하기 위해
일본을 방문했다. 그러나 필스버리는 일본 시장 개척에 별 관심이 없었다.
그로부터 얼마 지나지 않아 맥도날드가 일본 진출에 성공했다.

필스버리의 최고경영진은 1968년에 마이애미로 산업심리학자를 파견하여 버거킹의 사업경영 방식에 대해 파악할 것을 지시했다. 그는 나를 포함하여 우리 회사의 최고위 임원들 한 사람 한 사람과 인터뷰를 하고 우리의 경영 스타일이나 장점, 약점 등에 대한 평가를 담은 보고서를 제출하라는 지시를 받고 있었다. 나는 이런 종류의 업무과정이 매우 낯설었지만, 우리는 최대한 그의 활동에 협조했다. 나는 그가 상당히 많은 결론을 빠르게 내렸을 것이라고 짐작했다. 아마도 내가 너무 세세한 부분까지 지나치게 관여한다는 의견도 포함해 보고했을 것이다.

그의 조사와 보고가 있은 후, 나는 회사의 다른 경영진에게 더 많은 책임과 권한을 위임하라는 압력을 이전보다 훨씬 더 많이 받게 되었다. 그들은 현장에 대한 직접적이고 실제적인 관여를 하는 나의 경영방식을 더는 발휘하지 못하도록 하고, 현장에서 나를 떠나게 하려고 하는 것 같았다. 그들은 내가 시시콜콜한 사안까지 일일이 관여하고 결정하는 현장에서 벗어나 '큰 그림을 그리는 일'에 집중하는 것이 회사의 장기적인 이익에도 부합한다고 말하며 나를 설득하려 했다. 내가 일상의 세부적인 일들은 다른 사람에게 맡기고 전략가로서 역할을 해야 한다는 것이 그들의 생각이었다. 나도 현재의 필스버리 경영진이 그런 식으로 일을 하도록 훈련을 받았을지도 모른다고 생각했고, 대기업은 그런 식으로 운영되는 것이 바람직하다는 것을 이해할 수는 있었다. 그러나 그런 경영방식이 우리도 받아들여야 할 긍정적인 변화의 흐름이라는 점에는 동의할 수 없었다. 그들은 나도 회사 경영진의 일원으로서 미니애폴리스 측의 익숙한 방식으로 일해주기를 바랐던 것 같다.

갑자기 나의 경영 스타일을 바꾸라는 요구도 받아들이기 어려웠고, 그보다 더 실망스럽고 화나는 것은 필스버리의 일원이 되자마자 그러한 요구를 받았다는 사실이었다. 나는 항상 최고경영자로서 회사 내의 임원들과 긴밀한 관계를 유지하고 의사결정의 과정에도 적극적으로 개입해야 한다고 생각해왔다. 또 여러 해 동안 매장 점주들에 대해서도 깊은 헌신과 유대를 키워왔고, 이러한 끈끈한 관계를 약화시키고 퇴색시키고 싶지 않았다. 사업에 대한 현장감각을 계속 유지하기 위해서라도 나는 부동산 취득, 프랜차이즈 권한 부여, 새로운 지역 개척, 사업자금 조달 등 지난 여러 해 동안 우리의 성공에 꼭 필요했던 많은 사안들에 대해 계속 현황을 파악할 필요가 있었다. 회사에 대한 전체적이고 직접적인 관여를 줄여야 한다는 생각은 나로서는 받아들일 수 없었다. 지금까지 잘 작동하던 경영방식을 지금처럼 민감하고 중요한 시기에 바꿔서 혼란을 초래한다는 것은 이치에 맞지 않았다.

내 귓전에서 어떤 경고음 같은 것이 울리는 것 같았다. 지금까지 현장 중심으로 운영되던 우리의 사업이 새로운 기업과의 관계 속에서 적응하기 위해 많은 힘든 시절을 겪게 될 것이라는 생각이 들었다. 지금껏 우리는 현재의 경영 스타일 아래서 놀라운 성과를 달성해냈고, 회사 내의 사기는 항상 최고였다. 최근 몇 년간 우리의 자기자본이익률은 늘 75%를 초과했다. 우리는 업종 선두기업 가운데 하나였다. 지금까지 우리는 대단한 성공을 거두었고, 미래의 전망도 매우 밝았다. 지금은 우리의 경영 주도권을 불안정하게 만들면 안 되는 시기였다. 그러나 그들이 우리에게 보내는 메시지는 간단했고, 우리는 '그들의 방식'으로 일해달라는 요구를 받기 시작했다. 이것은 그들이 버거킹의 운영권을 본격적으로 인수하겠다는 공세의 시작이었다. 사실 우리도 언젠가는 그런 일이 일어날 것을 알고 있었는지도 모른다. 다만 이러한 일이 너무 빨리 일어났다는 것에 놀랄 뿐이었다.

나는 필스버리의 요구를 존중하여 아서 로스월Arthur Rosewall을 부사장단의 일원으로 승진시키고 매장과 프랜차이즈 운영 책임을 맡겼다. 아서 로스월은 관리자로서 풍부한 경험이 있었다. 그는 자신에게 맡겨진 책임을 수행하는 데 필요한 조직개편을 단행했다. 필스버리 경영진은 그러한 그의 행보에 만족했지만, 내가 보기에는 그가 원하는 대로 조직이 개편되면 갈등의 불꽃이 튀기 시작하는 것은 시간문제였다. 실제로 그러한 갈등은 내 주변에서부터 시작되고 있었다. 그들의 요구에 따라 경영현장에서 한발 멀어지자 늘 내게서 떠난 적이 없었던 일과 회사에 대한 열정도 덩달아 떨어지는 것 같았다.

나는 항상 사람들에게 강력한 동기를 부여하는 역할을 했던 것이 지금까지 버거킹이 성공한 주요 원인 가운데 하나라고 생각하고 있었다. 일상적으로 수행하던 업무와 더불어 직원들과 점주들의 꿈을 만들고, 야망을 키우게 하고, 승리를 약속하는 것도 나의 중요한 역할이라고 생각해왔다. 그로부터 25년 뒤, 내가 페어차일드열대식물원Fairchild Tropical Garden 대표로 재직할 때도 나는 우리 식물원 소식지에 "꿈과 포부Dreams and Aspirations"라는 제목의 칼럼을 게재하라고 운영책임자에게 지시하기도 했다. 당시 우리는 한 번도 기금을 모금해본 적이 없었지만 그로부터 불과 몇 년 만에 몇 천만 달러를 모금하는 데 성공했다. 사람들은 누구나 자신이 속한 조직의 성공을 바라기 때문에, 그때는 모두 다 크게 고무될 수밖에 없었다. 반면 책상에 앉아 서류만 뒤적거리고 있는 경영자는 사람들에게 동기를 부여하거나, 그들 자신이 사업과 조직에서 중요한 역할을 하고 있다는 사실을 느끼도록 만드는 것이 상당히 어렵다.

지금까지 고도로 중앙에 집중되어 있던 회사 운영체계를 바꾸려는 움직임이 계속됐고, 그 결과 필스버리는 버거킹 조직을 그들이 지금까지 유지해왔던 운영구조 안으로 쉽게 끌어들였다. 어쩌면 그들에게는 처음부터 그런 의도가 있었을 것이다. 결국 버거킹의 경영과 관련된 중요한 의사결정을 할 때 버거킹 경영진은 소외되는 반면 필스버리의 의지가 강하게 반영되는 결과에 이르렀다. 그러나 이러한 경영방식은 많은 문제점을 낳게 되는데 그 가운데 하나가 비효율이었다.

1969년 7월, 필스버리의 CEO가 나를 만나기 위해 와이오밍주 새러토가로 날아왔다. 당시 나는 그곳에서 가족과 2주간의 휴가를 보내고 있었다. 그는 나와 필스버리의 차기 경영자 선임 문제를 이야기하고 싶어 했다. 회사 소유의 세이버라이너Sabreliner; 미국에서 개발된 중소기업용으로 적합한 제트기-옮긴이 제트기가 도착했고, 그는 올드벌디클럽의 객실에 여장을 풀자마자 바로 본론으로 들어갔다. 그는 내게 필스버리의 차기 CEO 직을 맡아볼 생각이 없느냐고 물었다. 나로서는 의외의 제안이었지만, 그렇게 오래 망설이지는 않았다.

나는 내가 그 자리의 적임자라고는 생각하지 않는다고 말했다. 대화는 그리 오래 끌지 않았다. 나도 그전에 필스버리 안에서 승진의 사다리를 타고 더 높은 자리로 올라가는 꿈을 꾸어보지 않은 것은 아니었다. 그러나 합병 후 2년 정도 필스버리의 내부를 경험해보고, 버거킹 경영을 둘러싸고 적지 않은 실망을 한 터여서, 냉정하게 생각해 내가 그 직책에 적합한 후보자라고는 생각할 수 없었다. 또 나는 마이애미에서의 오랜 생활에 너무나 만족하고 있었기 때문에 미니애폴리스로 이사를 해야 한다는 것도 썩 내키지 않았다. 크고 복잡한 거대기업을 경영하는 것이 즐겁지도 않을 것 같았고, 내가 잘할 수 있는 일도 아닌 듯했다. 또 내가 그러한 일에 맞게 훈련되어 있다는 생각도 들지 않았다. 그보다 몇 개월 전에 CEO가 나에게 직접 손으로 쓴 편지를 보낸 적이 있었는데, 그 편지에는 그가 나를 이제까지 만난 누구보다도 훌륭한 경영자 가운데 한 사람이라고 생각한다고 적혀 있었다. 나는 그의 글이 진심이었다고 생각한다. 나는 버거킹 경영에 관한 그 시점에 내가 가장 적임자라고 자부했지만, 그 이상의 다른 생각은 없었다.

1969년, 나는 미국 상무부의 요청에 따라 다섯 명으로 구성된 무역사절단의 일원으로 일본을 방문했다. 이러한 일을 맡게 된 것은 결국 내가 일상적 업무에서 거리를 두기를 원하는 미니애폴리스의 분위기와 무관하지 않다는 생각이 들었다. 어쨌든 나는 이 여행을 '큰 그림'을 그리는 일이라고 생각했다. 일본 방문의 목적은 일본에도 버거킹 스타일의 사업이 가능한지를 판단하기 위해서였다.

일본에 2주쯤 머물면서 보니 그곳에는 아직 미국의 패스트푸드점과 비슷한 형태의 외식업체가 전혀 없는 것 같았다. 다만 켄터키프라이드치킨 매장 하나가 오사카 세계박람회장 근처에 지어지고 있었다. 이 매장은 1970년 봄에 정식으로 개점할 계획이었다. 내 눈에는 일본이 또 하나의 거대한 기회의 땅처럼 보였다. 나는 일본 정부의 통상 담당 관리들과 일본의 주요 무역상사 대표들, 그리고 수십 명의 기업체 관련자들을 고루 만났다.

또 일본에서 기업이 어떤 식으로 조직되고 운영되는지도 살펴보았다. 오사카와 요코하마, 교토 등을 방문하고, 특히 도쿄에서는 우리와 합작법인을 설립하는 방안을 논의하기 위해 미국에 방문할 의사를 보인 여러 회사 대표들과 접촉하는 데 많은 시간을 보냈다. 나는 미국으로 돌아와 일본에서 본 가능성을 필스버리 경영진에게 보고했다.

일본에 합작법인을 설립함으로써 새로운 놀라운 기회를 잡게 될 것이고, 일본 시장을 쉽게 공략할 수 있을 것이라는 나의 확신을 그들에게도 전해주려고 애를 썼다. 내가 일본에서 접촉한 기업들은 적절한 경영진도 갖추고 있었고, 매장을 세울 만한 부지도 보유하고 있었다.

미니애폴리스의 필스버리 고위경영진은 필스버리의 국제업무를 담당하는 부서에서 이 프로젝트를 맡아야 한다고 생각했다. 나는 이것이 말도 안 된다고 판단했다. 그들은 외식산업에 대해서 하나도 아는 것이 없는 사람들이었다. 나는 내 생각을 국제업무 책임자에게 이야기했고, 그도 내 생각에 동의했다. 우리 둘은 모두 이 일이 버거킹 경영진에 의해 진행되어야 하는 일이라는 데 의견이 일치했지만, 필스버리 경영진의 생각은 달랐다. 결국, 나는 미국을 방문한 일본 측 인사들을 마이애미에서 만난 후, 기회를 결과로 만들기 위해 미니애폴리스로 보냈다. 그러나 별다른 결과를 만들어내지 못한 채 협상이 끝나버렸다.

반면 맥도날드는 이 기회를 우리와는 다르게 접근했다. 그들은 내가 일본을 방문하고 19개월 후인 1971년 7월 20일에 도쿄 긴자에 첫 번째 매장을 열면서 일본에 첫발을 내디뎠다. 맥도날드와 일본 측이 50대 50의 지분으로 만든 합작회사는 1996년에 이르면 1,100개 매장을 거느린 거대조직으로 발전하게 된다. 맥도날드는 일본 시장이 해외시장 가운데 가장 크고 수익성 높은 시장이라고 판단하고 있었다. 그들은 첫 매장을 연 후 짧은 기간 동안 엄청난 성장을 이뤘다.

일본에서 발견한 새로운 기회를 제대로 잡지 못한 것에 나는 큰 좌절감을 느꼈다. 필스버리가 미국에 존재하는 거대하고 잠재력 있는 국내시장을 적극적으로 공략하려 하지 않는 것에 대해서도 환멸을 느끼고 있었다. 여전히 미국 시장은 낚싯줄을 던지기만 하면 대어를 낚아 올릴 수 있는 엄청난 잠재력을 지닌 시장이었다. 결국 필스버리가 일본에 합작기업을 세우는 일을 제대로 추진하지 못한 것은 버거킹 사업에 대한 전반적인 의지와 열정이 부족한 가운데 벌어진 하나의 해프닝에 불과했다.

1970년을 지나 1971년에 접어들면서 프랜차이즈 확장과 이를 위한 부동산개발에 대해 필스버리의 시각은 점점 더 부정적으로 변해가는 것 같았다. 프랜차이즈망 확장은 회사를 성장시키기 위한 기본전략임이 분명했고, 나는 프랜차이즈 확장 없이 버거킹 사업을 키울 수 있다는 그들의 생각을 도저히 이해할 수 없었다. 그들은 오히려 프랜차이즈망을 축소할 생각을 하고 있었다. 버거킹 이사회에서 우리 측 경영진은 여러 차례에 걸쳐서 프랜차이즈 확장과 부동산개발이 회사의 장기적인 이익극대화를 위해 꼭 필요한 전략이라는 것을 설득하기 위해 애를 썼다. 그러나 필스버리 측 경영진은 이러한 주장을 번번이 무시했다. 이로 인해 양측 간의 긴장이 고조되었고, 그렇지 않아도 이미 존재하고 있던 마이애미와 미니애폴리스 간의 갈등의 폭이 더욱 확대되었다. 이렇게 주요 정책적 이슈에 대해 양측의 견해차가 확연해지면서 그들에 대한 부정적인 감정도 커졌고, 마이애미 측 경영진은 '그들 대 우리'의 대립관계에 문제의 본질이 있다고 생각하게 되었다.

이제 문제는 기업 내 갈등으로 비화하고 있었다. 가장 기본적인 전략적 문제에 대해 의견의 일치를 보지 못하는 사이에 양쪽 모두 바로 눈앞에 있는 엄청난 기회를 놓칠 수도 있다는 염려가 생겨났다. 버거킹 이사회에서 이 문제로 격론이 벌어지는 것은 당연했다. 나는 버거킹의 최고경영자 그룹이 모두 참석한 한 회의에서 우리의 프랜차이즈 프로그램을 다시 활성화하기 위한 계획을 발표했다. 미니애폴리스 측 경영진은 이 계획에 반대했을 뿐 아니라 그 정책을 과거보다 훨씬 강력하게 비난했다. 우리는 그들이 회사의 운영전략 전반에 대한 방향전환을 우리에게 지시한 것으로 해석할 수밖에 없었다.

결국, 회의는 파국으로 끝을 맺는 듯했다. 나는 완전히 좌절감에 빠진 채 필스버리 쪽 사람들을 향해, "엘리베이터를 타고 나가기 전에 수류탄을 꺼내 안전핀을 뽑고 탁자 위에 놓고 가라"고 말했다. 이 '수류탄' 발언에 그들은 적잖은 충격을 받은 것 같았다. 그 후 이 표현은 필스버리 내부에서 크고 작은 갈등이 있을 때마다 자주 언급되었다고 한다. 이렇게 터져 나온 커다란 파열음은 버거킹의 CEO이자 이사회 의장인 나의 퇴장 절차가 시작되었음을 알리는 신호탄이었다.

장기적인 전략목표라는 관점에서 볼 때 1970년대 초는 아주 중요한 시기였다. 1967년과 1968년, 맥도날드와 버거킹은 거의 비슷한 수의 신규매장을 출점시켰다. 그러나 우리는 가용자본과 차입한도의 제한을 받고 있었고, 우리 경영진이 이미 우려했던 대로 성장세도 제한적일 수밖에 없었다. 마침 맥도날드도 성장계획을 원래의 계획보다 축소했기 때문에 우리와 그들의 격차는 이전과 비슷하게 유지되고 있었다. 그들은 미국이 자칫 불경기에 접어들 수도 있고, 그렇게 되면 자신들의 사업에도 악영향이 미칠 수 있다는 점을 우려하는 것 같았다. 그러나 우리의 생각은 정반대였다.

버거킹 사업에 관한 한 우리는 우리 힘이 닿는 한 최고의 성장을 만들어낼 준비가 되어 있었고, 실제로 최선을 다하고 있었다. 그리고 우리의 도약을 위해 모기업인 필스버리가 자금을 제대로 지원해주기를 바랐다. 그러나 그러한 지원은 결코 없었다. 우리 경영진은 "기병대는 언제 오나요?"라고 묻기 시작했다.

맥도날드의 경우, 설립자인 레이 크록은 자신의 회사에서 논의되고 있던 감원 계획에 매우 부정적이었고, 새로 임명된 CEO도 마찬가지였다. 1967년에 해리 손번이 사장 직에서 사임한 것은 이 때문이었는지도 모른다. 손번의 뒤를 이은 신임 사장은 빠른 성장을 추구하겠다는 의지를 분명히 했다. 맥도날드는 과거 그들이 경험했던 것, 그리고 지금까지 우리가 상상할 수 있었던 것보다 훨씬 빠른 성장을 구가하기 시작했다.

1970년대, 즉 필스버리의 주도로 버거킹의 성장을 억제하려는 계획이 추진되고 있을 당시, 맥도날드는 엄청나게 빠른 속도로 앞서 나갔다. 1967년에 105개의 매장을 새로 열고, 1968년에는 109개의 매장을 열었는데, 1969년에는 211개, 1970년에는 294개, 1971년에는 312개, 1972년에는 368개, 1973년에는 445개, 1974년에는 515개의 매장을 열었다.

반면 우리는 1974년까지 그들에 비하면 길가에 떨어져 있는 부스러기나 집어 먹는 정도의 성장을 기록하고 있었다. 결정적인 분수령이 된 1970년 한 해 동안 우리는 167개의 매장을 새로 열었다. 이들 매장 대부분은 필스버리와 합병이 결정되기 전부터 개점을 준비하고 있던 곳들이었다. 그러나 정말 실망스럽게도 1971년에는 새로 연 매장의 수가 107개로, 1972년에는 91개로 줄어드는 것을 가슴 아프게 지켜볼 수밖에 없었다. 우리는 장렬하게 싸웠지만 이제는 우리 경영진도 패배를 인정할 수밖에 없었다. 기병대가 돌격했지만 적은 황금 장식을 쓰고 말 위에 올라타 있었다!

맥도날드는 이제 부동의 1위 자리를 차지했다. 그들이 자신의 위치에서 스스로 비틀거리고 떨어지지 않는 한 누구도 그들에게 도전하기는 어렵게 되었다. 만약 그때 우리가 용기를 내어 우리의 방침을 유지했다면 버거킹이 어떤 놀라운 성취를 거둘 수 있었을지 모른다는 생각을 하면 여전히 마음이 괴롭다.

프랜차이즈 확장에 주력하고 최선을 다한 것은 버거킹을 세계 최대의 외식사업체로 성장하게 한 요인이었다. 회사와 매장 사이의 협력과 시간, 정력, 그리고 동원할 수 있는 모든 것을 동원한 그들의 헌신은 우리 성공의 열쇠였다. 우리와 매장 사이에는 크고 작은 문제들이 수시로 발생했고, 때로는 그 갈등을 해결하기 위해 법정에서 다투기까지 했지만, 그것은 프랜차이즈사업에서는 언제든지 있을 수 있는 일이다. 점주들 가운데는 비협조적이고 다루기 어려워 부실사업자로 분류되는 사람들도 있었지만, 대다수는 우리의 시스템을 믿고 지지하며 헌신적으로 열심히 일하는 사람들이었다. 그들은 우리 사업의 진정한 중추였다. 그들은 자신들이 버거킹 사업의 진정한 역동성을 제대로 이해하지 못하고 있다는 평가를 받는 것을 불명예로 여겼다.

1971년 10월 7일에 최고경영자로부터 받은 간단한 문서를 보면 버거킹의 확장에 관한 그들의 전략이 어떠한 철학을 기반으로 세워졌는지 잘 드러난다. 그 문서의 제목은 '자금조달 및 사업계획의 원칙과 제한사항'이었다. 이 문서는 필스버리가 장차 버거킹의 성장을 어떻게 견인해나갈지를 간단하게 설명하고 있는데, 네 가지로 요약하면 이러하다.

- 우리가 회사의 성장을 위해 얼마나 많은 자금을 조달할 것인지는 오로지 수익성을 기준으로 판단할 것이다.
- 앞으로 부동산개발은 회사가 직영하는 매장을 우선한다.
- 프랜차이즈 가맹점을 위한 부동산개발은 부동산개발 우선순위에서 가장 마지막 순위로 한다.
- 점주가 직접 자신이 사용하려고 하는 매장을 개발하는 것은 우리가 필요한 만큼만 허용한다.

이러한 정책과 전략적 방향을 문서화했다는 것은 그동안 내가 가장 두려워했던 일이 현실로 나타났음을 의미했다. 필스버리는 우리에게 앞으로 매장은 직영매장을 중심으로 하고, 가맹점을 줄이고, 부동산개발을 포기하라는 압박을 해온 것이다. 이런 결정이 실제로 내려졌다는 것은 충격적이었다. 나는 그 문서를 충분히 읽어본 후 미니애폴리스로 전화를 걸어 이렇게 물었다.

"당신들이 우리 회사를 사들인 이유가 도대체 뭐요?"

여하튼 그 전화통화는 서로 매우 언짢고 짧게 끝났다.

나는 필스버리 경영진의 일원으로 일할 날이 앞으로 얼마 남지 않았음을 알고 있었다. 버거킹이 얼마든지 누릴 수 있었던 세계시장 진출이라는 거대한 기회를 포기하는 대가를 치르면서까지 내가 그 회사의 경영진으로 남아 있을 이유가 없었다. 이미 사람들은 내가 필스버리의 철학이나 업무 스타일을 탐탁지 않게 여긴다는 사실을 알고 있었고, 그들은 나를 독불장군처럼 생각하고 있었다. 내가 그 기업의 전략과 관련한 문제들에 대해서 대부분의 경영진과 의견이 다르다면, 내 목소리를 크게 높인다고 해서 견해차이가 해소되지는 않을 것이다. 회사 안에서 내 의견에 귀를 기울여줄 사람은 없었다.

나는 필스버리 이사회에 출석해서 자포자기의 심정으로 다시 한 번 내 주장을 펼쳤지만, 아무런 효과도 없었고 내 처지는 더욱 어려워졌다. 경영의 책임자로서 해결할 수 있는 한계를 넘은 지는 이미 오래되었고, 이사회에서 내 주장을 이야기한다고 해결될 일도 아니었다. 나는 이러한 일들을 겪으며 이사회 소속 이사의 역할에 대해 중요한 깨달음을 얻고 있었다. 이사회의 이사들은 누군가 새로운 아이디어나 전략적 방향을 제시해준다 해도 그것을 실제로 경영에 도입하기를 주저한다. 그 이유는 이러한 아이디어가 좋은 것인지 나쁜 것인지 판단하는 데 상당히 많은 시간이 걸리기 때문이다.

고위경영진에 속한 사람일수록 이런 문제에 관하여 어떤 결론에 다다르기까지 괴로울 정도로 오랜 시간을 소모하는 법이다. 버거킹 문제에 관해 그들이 결론에 도달하기까지는 아직 긴 시간이 필요한 듯했다. 경영진은 내가 보기에는 끔찍한 잘못이라고 여겨지는 생각을 전적으로 지지하고 있었다. 그러나 나는 이것이 거쳐야 할 과정이라는 것을 알고 있었고, 가장 좋은 방법은 일단 내가 이러한 흐름에 적응하는 것뿐이라고 생각했다. 불행하게도 필스버리는 버거킹의 미래 전략의 핵심을 찢어버렸다. 그리고 그것은 앞으로도 한참 동안 지속될 듯했다.

1971년에 최고경영자에게서 회사의 방향을 근본적으로 전환하겠다는 방침을 전달받고 난 후, 나는 미니애폴리스로부터 9페이지 분량의 손으로 직접 적은 또 다른 문서를 받았다. 문서 작성일은 1972년 1월 22일로 적혀 있었고, 대외비 도장이 찍혀 있었다. 이것은 10월 7일에 받은 문서만큼이나 나를 화나게 했다. 이 문서는 10월의 문서에 명시된 정책을 보충하고 합리화하는 근거를 담고 있었다. 그러나 내가 보기에는 이 문서의 근거가 된 가정과 결론이 그들이 버거킹의 프랜차이즈 프로그램에 대해서 너무나 무지하다는 것을 여실히 드러내고 있었다.

며칠 후인 1972년 1월 28일, 나는 이 대외비 문건이 담고 있는 내용에 대한 나의 견해를 밝히고, 이 문제에 대해서 진지하게 토론과 대화를 해보자고 제의했다. 회사의 다수 의견이 이 문건의 내용에 동조하고 있다면 결국 버거킹은 눈앞에 있는 큰 기회의 상당 부분을 잃어버리게 될 것이다. 나는 내가 보유하고 있는 필스버리 주식의 가치라는 관점에서 이 문제를 생각해보았다. 상식적이고 정상적인 판단력을 가진 사람이라면 누구나 필스버리의 성장과 이익을 크게 신장시킬 새로운 기회를 버거킹이 만들어주고 있다는 사실을 알고 있었을 것이다. 그러함에도 경영진이 버거킹의 성장과 그 가속도를 의도적으로 축소하고 억제하려고 한다는 확신을 지울 수 없었다.

1월 22일 자 대외비 문건은 가맹점에 대한 그들의 인식을 보여주었다. 이것은 버거킹 사업에 결정적인 작용을 할 것이 분명했다. 필스버리는 버거킹 가맹점주들을 이런 시선으로 바라보고 있었다.

1. 자신들의 영업활동에서 손실이 발생하면 이를 자신이 책임지기보다는 버거킹 본사에 넘기려는 기발한 모사꾼들이며,

2. 반독점 소송을 무기 삼아 회사를 위협하며 회사와의 협상에서 우위를 점하려 드는 사람들이고,

3. 계약이행 의무에 저항하며 소송을 무기로 버거킹을 협박하여 양보를 요구하고,

4. 사업 초기에만 매장을 성실하고 깊이 있게 관리하며,

5. 매장을 다섯 개쯤 출점시키고 나면 점장으로서 기능과 역할에 대한 관심은 크게 줄고 지역책임자 정도로 자신을 높여 생각하며, 만일 매장을 열 개쯤 출점시키면 아예 자신이 특정 지역의 지부장이 되었다고 생각하고,

6. 그에 앞서 한 서너 개 매장만 출점해도 사업권을 획득한 운영자 역할을 망각하고 투자자의 관점에서만 바라보며(이런 사업권자에게 훌륭한 성과를 기대할 수 없고),

7. 자기 책임 아래 출점한 점포의 수가 늘어날수록 성장과 운영에 대한 열정은 이에 반비례하여 떨어지며,

8. 초기에는 매장운영에 적극 나서다가 시간이 갈수록 일반적인 관리자가 되어 매일 섬세하게 매장을 운영하는 데는 싫증을 내는 패턴, 혹은 일명 '가맹점주 수명주기'가 고착화되고,

9. 일정한 단계 이상으로 성장하면 매장을 더욱 혁신하고 확장하고 수준을 높이려는 새로운 아이디어에 저항하고, 재투자를 통한 매출증대보다 현금의 원활한 흐름에 더욱 관심을 기울이며,

10. 이미 여러 개의 매장을 낸 사업권자들에게 새로운 매장의 출점이 집중되면서 사업권자의 수명주기는 점점 더 단축되고, 결국 사업권이 재거래되는 일이 발생한다.

이 문건은 가맹점주들이 버거킹 운영에 큰 공헌을 하고 있다고 확신하던 버거킹 경영진에게는 큰 타격이 되었다. 우리는 점주들을 진심으로 존경했다. 그러나 필스버리 쪽 사람들에게는 그러한 감정이 전혀 없었다. 그 문건으로 인해 필스버리에 대한 버거킹 경영진의 감정은 불신에서 분노와 실망으로 바뀌었다.

우리 마이애미 사람들은 버거킹 사업과 함께 성장해왔고, 1950년 대부터 거듭된 폭발적인 성장을 목격하고 즐거워하며 오랜 세월을 보낸 사람들이었다. 1954년부터 800개 이상의 매장을 열었지만 거의 한 곳도 실패한 사례가 없었음에도, 1972년에 이르러 지금까지 회사를 세우고 이끌어온 공격적인 성장전략을 포기하겠다는 계획이 다른 곳에서 만들어지고 있었던 것이다.

미니애폴리스 측의 이번 발표는 아마도 필스버리가 몇 해 전에 이

미 결정해두었을 대폭축소 의지를 다시 한번 분명하게 표명한 것이었다. 1970년 5월 말에 끝나는 회계연도에 우리의 신규매장 출점은 167곳으로 최고점을 기록했다. 이는 그전 12개월에 비해 34%나 늘어난 것이었고, 그만큼 우리의 성장이 탄력을 받고 있으며 우리가 회사를 성장시키기 위해 매우 적극적으로 노력하고 있음을 보여주는 수치였다. 1970년대 중반쯤에 이르면 우리는 전국적으로 656개의 매장을 운영하게 된다. 합병 후에도 우리의 급속한 성장이 한동안 계속된 것은 몇 년 전, 즉 필스버리에 흡수되기 전부터 이어지고 있던 성장의 탄력이 한동안 유지된 결과였다.

1970년까지는 특별한 문제 없이 매주 세 곳 정도의 매장을 새로 열 수 있었다. 그러나 새로운 정책이 본격적으로 영향력을 발휘하면서 우리의 확장세는 크게 꺾였고, 새로 개점하는 가맹점의 수도 경쟁업체에 비해 큰 폭으로 뒤처지게 되었다. 이는 아래의 표에 잘 나타나 있다.

연도	신규점포 수	
	맥도날드	버거킹
1967	100	70
1968	109	108
1969	211	108
1970	294	167
1971	312	107
1972	368	91

어떤 사업전략이 성공했는지 실패했는지는 그 결과를 보면 확실

하게 알 수 있다. 우리의 사업성과는 초라했다. 우리는 물에 빠져 죽은 것처럼 거의 움직임이 없었고, 그사이 우리 경쟁업체는 영원히 빼앗기지 않을 부동의 1위 자리를 굳히려는 듯 신규매장 개설에 가속도를 붙이고 있었다.

1974년이 되자 맥도날드의 성장세는 이전보다 훨씬 더 가팔라졌고, 매주 거의 열 개의 매장을 새로 열고 있었다. 이들 매장은 거의 다 프랜차이즈 매장이었다. 그리고 매장의 부동산은 맥도날드가 소유하거나 관리하고 있었다. 한마디로 황금알을 낳고 있었던 것이다. 맥도날드는 가맹점과 가맹점을 개설하기 위한 부동산개발의 의미를 너무나 잘 이해하고 있었고, 필스버리는 그들과 정확히 반대의 생각을 가지고 있었다. 맥도날드의 성장전략은 우리와 비교할 때 항상 선제적이었기 때문에 그들은 시장의 선두기업으로 우뚝 설 수 있었다. 나는 그들이 이 시장의 지배자라는 위치를 의도적으로 포기하거나 알면서도 놓칠 가능성은 전혀 없다고 생각했다. 마이애미의 경영진에게 나는 우리가 가장 높은 자리를 차지하기 위한 경쟁에서 패했으며, 이제 우리가 달성할 수 있는 현실적인 목표는 2위 자리라도 지켜내는 것이라고 솔직하게 고백했다.

1966년으로 잠시 돌아가 보면, 필스버리가 버거킹을 인수하는 문제를 한창 논의하고 있을 당시에 필스버리 이사회 의장이자 CEO였던 폴 제롯은 내가 버거킹에 남아 경영을 책임진다는 보장이 없다면 버거킹을 인수할 생각이 없다고 이사회에 분명히 밝혔다. 당시 나의 나이는 마흔을 넘고 있었고, 복잡한 금융 문제나 당시 한창 논의 중이던 인수합병 계약 등에 관한 지식과 경험이 상당히 부족했다. 그전 20년 동안 버거킹은 내 삶의 거의 전부나 다름없었고, 나는 버거킹의 CEO로서 내가 감당할 수 있는 역할을 최선을 다해 감당할 준비가 되어 있었다. 은퇴는 꿈도 꾸지 않았다. 나는 계속 그 자리에서 우리의 꿈과 포부를 현실로 만드는 데 나의 역할을 다하고 싶었다. 그리고 나는 그 일에 나보다 적임자는 없다고 믿고 있었다. 폴 제롯과 합병 문제를 논의하면서 향후 최소한 5년 이상 내게 지휘봉을 맡기겠다는 그의 생각에 동의했다. 그는 이러한 나의 약속을 믿고 이사회에 버거킹 인수 건을 보고하고 추진한 것이다.

내가 폴 제롯과 이사회에 약속한 기간은 5년이었다. 그 이후에는 계속해서 적극적으로 회사를 위해 일하겠다고 따로 약속한 바가 없었다. 5년 후의 일은 필스버리가 얼마나 적극적으로 버거킹을 지원해주는가에 따라 달라질 것이고, 무엇보다도 내가 CEO이자 필스버리 경영진의 일원으로 얼마나 보람 있게 일할 수 있는가에 따라 달라질 것이 분명했다. 나는 나의 역할이 필스버리에 큰 도움이 되기를 바랐고, 무엇보다도 필스버리가 버거킹을 인수한 일이 얼마나 현명하고 재정적인 측면에서 잘한 결정이었는지를 증명하고 싶었다.

나와 필스버리 사이의 5년간의 계약은 1972년에 끝이 났다. 내가 외식업계에서 보낸 시간이 25년째 되던 해였다. 단지 사업을 더 성장시키고 그 과정에서 좀 더 부자가 되는 것만이 인생의 전부는 아닐 거라는 생각이 들기 시작했다.

내가 필스버리의 임원이 되던 1967년 당시, 나는 이사회 구성원 가운데는 필스버리 주식을 가장 많이 가지고 있는 사람이었을 것이다. 그렇지만 이를 내세워 내가 회사의 정책결정에 필요 이상으로 영향력을 행사하지도 않았고, 그렇게 해서도 안 되는 일이었다. 그러나 내가 과거 버거킹 지분의 절대량을 보유했던 대주주였고, 현재는 필스버리 주식의 10%를 소유하고 있는 사람이라면 그보다 더하지도 덜하지도 않은 영향력은 행사할 수 있어야 한다고 생각했다. 더군다나 나는 최소한 버거킹과 관련된 문제에 대해서는 그들보다 조금이라도 더 알고 있는 사람이었기 때문에 필스버리의 전략적 방향에 대한 내 생각을 이야기해야 한다는 책임감도 있었다.

이사진 일부에게 나는 거슬리는 존재였을지도 모르지만, 회사의 전략과 운영계획에 관해 연구하고 의견을 내는 것은 나의 의무이자 책임이었다. 경영진의 생각에 동의가 될 때, 혹은 그들의 생각이 잘못되었다고 느낄 때, 이러한 내 의견을 그들에게 솔직하게 알리는 것도 나의 업무라고 생각했다. 최고경영진의 판단이 잘못되었다고 생각되어 그들을 비판한 것으로 인해 나는 종종 곤란한 상황에 빠졌다. 이사회에서 그들의 생각에 반대함으로써 나는 친구가 줄고 적이 늘어나는 것을 감수해야만 했다.

필스버리에서는 버거킹에 대한 지원을 축소하는 대신 전혀 낯선 다른 사업에 뛰어들어야 한다는 의견이 많아졌다. 내가 생각하기에는 너무나도 잘못된 전략이었다. 인수 대상으로 새롭게 거론되는 기업들에 대해 그들은 거의 아는 것이 없으면서도 경영진은 이들 기업 가운데 몇 개를 인수하도록 이사회를 강력하게 설득하기 시작했다.

필스버리는 〈본 아페티 Bon Appétit〉와 〈본 보야즈 Bon Voyage〉 두 개

의 잡지를 인수했다. 또 노스캐롤라이나주에 본사를 두고 있는 한 보험회사와 합작하여 콜어컴퓨터Call-A-Computer라는 컴퓨터 시분할time-sharing 회사를 새로 만들었다. 미네소타주에 본사를 두고 있는 주택 건설업체인 펨텀PEMTOM도 인수했다. 또 씨앗과 꽃, 나무 판매업체인 바크먼스유러피언플라워마켓Bachman's European Flower Markets을 인수하여 정원사업에도 뛰어들었다. 여기서 그치지 않고 얼마 후에는 캘리포니아에 있는 수버랭셀러Souverain Cellars라는 포도주 양조장을 사들였다. 당시의 연례보고서에는 이렇게 적혀 있었다.

"수버랭 와이너리를 필스버리의 주력사업으로 삼으려는 것이 회사의 의도이다."

그러나 2년 후에 발표된 또 다른 연례보고서에는 이렇게 적힌다.

"우리는 이 사업(수버랭)에 지출하고 다시 처분하는 과정에서 너무 많은 비용을 들였다."

필스버리는 아칸소주와 루이지애나주에서 활동하던 J-M 폴트리패킹J-M Poultry Packing Co.이라는 업체를 인수하면서 양계사업에도 뛰어들었다. 이러한 잇따른 인수합병의 결과는 매우 실망스러웠다. 지나치게 다양한 분야로 사업영역을 확대했을 뿐 아니라 모두 생소한 분야였기 때문에, 그들의 전략은 암울한 실패로 끝날 수밖에 없었다.

나는 우리가 이미 소유하고 있고, 잘 알고 있고, 잘하는 주력사업에 소홀하면서 현재 사업과 관련성도 없고, 잘 알지도 못하는 신사업 진출에 경영진이 그토록 목을 매는 이유를 도무지 이해할 수 없었다. 우리는 버거킹의 기반 위에 확고하고 분명하게 자리를 잡고 미래를 설계해야 한다는 것이 나의 생각이었다. 어째서 이렇게 무모하고 엄청난 투자로 과중한 자금부담을 자청하고, 회사의 관심을 여러 곳으로 분산시키는 것인지 나로서는 도저히 풀 수 없는 의문이었다. 시간이 지난 후 인수했던 기업 대부분을 매각하면서 심각한 손실을 본 것은 전혀 놀랄 일이 아니었다.

1979년에 필스버리는 그린자이언트사Green Giant Company; 미국의 야채 통조림 회사-옮긴이를 인수했다. 내가 필스버리 이사로 취임한 첫해인 1968년에 경영진은 이 회사에 대한 인수 제안을 내놓았던 적이 있었다. 그린자이언트는 미네소타주를 중심으로 운영되는 통조림 및 냉동 야채 판매회사로, 설립 이래 여러 번 주인이 바뀐 회사였다. 경영진은 그린자이언트가 전략적으로 그들과 잘 어울린다며 합병 승인을 이사회에 촉구했다. 나는 경영진으로부터 올라온 제안서를 검토한 후 끔찍한 생각이라는 결론을 내렸다.

이사회 이사들 앞에 제출된 합병 추진 계획서에 따르면, 합병이 마무리되고 난 후 그린자이언트의 주주들이 우리 전체 주식의 40% 가까이를 차지하게 되어 있었다. 그린자이언트의 사업은 장기적으로 성장잠재력이 그리 높지 않은 업종이었다. 이 회사를 인수해서 우리가 보게 될 이익이 별로 없다는 것이 나의 판단이었다. 게다가 이 회사를 인수하게 되면 그만큼 버거킹에 대한 필스버리의 관심이 희석될 것이 분명했기 때문에 나는 더더욱 찬성할 수 없었다. 나는 인수 제안 자체가 말이 안 된다고 생각했고, 분명한 반대의사를 이사회 의장에게 전했다.

안건이 정식으로 이사회에서 논의되자 나는 발언권을 얻어 강하게 반대했다. 나의 강력한 반대가 필스버리 경영진을 불쾌하게 했겠지만, 결국 인수안이 부결된 것으로 만족할 수 있었다. 그러나 내가 그들과 한 팀으로 녹아들지 못한 것은 사실이었고, 이는 그 회사의 오랜 불문율에 반하는 일이었다. 당시 큰 회사 이사회의 이사로서 경험이 거의 없었기 때문이었는지, 나는 내가 경영진과 미묘한 관계에 놓여 있다는 사실을 그때는 제대로 인식하지 못했다.

필스버리는 여러 건의 다양한 인수합병 계약을 성사시켰고, 이로 인해 회사의 막대한 재원이 흩어진 동시에 많은 일들이 뒤죽박죽되기 시작했다. 회사의 상황이 이렇게 되자 주식시장의 참여자들도 필스버리가 지금 무슨 일을 하고 있고, 무슨 생각을 하고 있으며, 어디를 향해 가고 있는지 다시 들여다보기 시작했다. 필스버리가 단행한 말도 안 되는 몇 건의 인수합병은 금융권에 좋지 않은 인상을 주었고, 그 결과 주식가격이 하락하기 시작했다. 이로 인해 마이애미 쪽 직원들의 사기도 덩달아 떨어졌지만, 과연 미니애폴리스 측이 이 문제를 제대로 인식하고 고민하고 있는지조차 의심스러웠다.

1967년, 나는 당시 시장가격인 45달러를 기준으로 버거킹 지분과 필스버리 지분을 거래했다. 그로부터 6년 후 주가는 17.25달러로 떨어졌다. 즉 60%의 손실이 발생한 것이다. 나는 그것이 경영부실, 특히 버거킹과 관련한 전략적 문제들을 서투르게 다룬 경영의 실패 탓이라고 생각했다. 회사의 주가 하락으로 개인적으로 입은 손해는 둘째 치더라도 내가 몸담은 회사의 경영 성적이 엉망이 되었다는 사실을 받아들이기가 너무 힘들었다. 투자자들은 필스버리 경영진에 대한 믿음이 별로 없고, 우리의 전략적 방향을 이해할 수 없다는 확실한 메시지를 우리에게 보내온 것이다. 이렇게 혼란스러운 상황이 계속되면서 투자자와 주주들은 필스버리의 미래 잠재력에 대해 심각한 의문을 제기하고 있었다.

버거킹은 너무나 크고, 수익성이 높고, 미래가 확실했기 때문에 필스버리 경영진이 그냥 지켜보기만 했어도 얼마든지 잘 돌아갈 수 있는 유망한 회사였다. 그러나 합병이 성사되고 불과 몇 년 만에 필스버리 쪽 사람들이 버거킹 경영에 대거 투입됐다. 합병 후에도 독립적인 운영을 보장하겠다는 원래의 약속은 이미 옛이야기가 되어 있었다. 물론 필스버리 경영진은 버거킹이 최대의 역량을 발휘하고 있는지 감독할 의무를 지고 있기 때문에, 그들이 경영에 간섭하는 것도 어느 정도는 이해할 수 있는 일이었다. 그러나 그들이 그러한 임무를 효과적으로 수행하기에는 미니애폴리스와 마이애미 사이의 1,700마일이라는 거리는 극복하기 어려운 지리적인 장벽이었다. 그들은 효과적인 경영활동을 제약하는 이러한 난제를 해결하고 싶었을 것이고, 자연스럽게 필스버리 쪽의 많은 사람들이 버거킹을 경영하고 감독하기 위해 마이애미로 넘어왔다. 처음에는 일반직원 수준의 우리 관리자들이 미니애폴리스의 담당자들과 긴밀하게 협력하도록 지시를 받았다. 그러나 점점 보다 큰 관리체계가 형성되었고, 이로 인해 마이애미 쪽에서 오랫동안 유지되었던 관리조직의 권위가 서서히 무너지기 시작했다.

버거킹이 전략적 방향을 바르게 설정하도록 돕는 것은 필스버리의 책임이었으며, 우리도 그들이 그러한 역할을 해주기를 기대했다.

그러나 불행하게도 그들에게 우리는 그들 조직에 속한 일개 운영부서 정도에 지나지 않았다. 대기업이 작고, 왜소하고, 보다 현장중심적으로 운영되는 기업을 인수했을 때, 기업운영이 서로 중첩되고 무거운 관료적 지배체제가 자리 잡는 일은 자주 발생하는 문제다. 필스버리는 지금까지 어떻게 운영되어왔는지, 현재 그 안에서 어떤 일이 벌어지고 있는지 제대로 알지 못하는 회사를 상대로 문화적으로 전혀 생소한 경영구조를 강요했던 것이다.

이러한 갈등은 유사한 형태의 인수합병 사례에서 자주 발생하는 일이고, 대개 그 결과는 실망스럽다. 나는 필스버리가 버거킹을 자신들의 기업운영의 틀에 서서히 흡수하고 편입시키는 과정을 질서정연하고 순리적으로 진행하기를 바랐다. 버거킹이 경영스타일과 조직문화가 상당히 다른 필스버리 조직에 편안하게 적응하고 편입될 수 있는가는 모든 이들의 관심사였다. 나는 이러한 과정이 진행되는 동안에 버거킹의 전략적 방향이 이렇게도 심각하게 바뀔 줄은 미처 예상하지 못했다.

그들과의 약속 기간 5년이 종료된 1972년 5월, 나는 버거킹의 CEO 직에서 물러났다. 나는 직책에서 물러나면서 버거킹이 정상궤도에 오르는 것을 보지 못하고 떠나는 것이 너무 아쉬웠다. 물론 가장 큰 원인은 상부로부터 낙하산처럼 강요된 잘못된 전략 탓이었지만, 1972년 그 시점에 우리가 급성장 중인 외식산업 분야에서 2위 업체로 전락하고 있음은 분명한 사실이었다. 그것이 나를 정말 괴롭게 한 부분이었다. 물론 버거킹의 수익은 해마다 서서히 늘어나고 있었지만,

문제는 그것이 아니었다.

내가 가장 중요하게 생각한 것은 버거킹이 앞으로도 계속 성장하고 뻗어나가야 한다는 것이었고, 그러려면 프랜차이즈와 이를 위한 부동산개발이라는 원래의 뿌리와도 같은 모습으로 돌아가야 한다는 것이었다. 이 모든 것은 버거킹의 미래 경영자들과, 앞으로 몇 년의 시간 동안 그들이 채택하게 될 미래 전략에 달려 있었다. 1972년 당시에 버거킹은 그와는 다른 방향으로 달려가고 있었고, 나는 가능한 한 빨리 방향이 재정립되기를 바랄 뿐이었다. 이제 앞으로는 내가 버거킹의 경영자로서 그 과정에 관여하는 일은 없을 것이다. 물론 여전히 필스버리의 이사로, 그리고 버거킹 이사회 의장으로서 버거킹의 일에 관여하기는 하겠지만, 의장이라는 직함 자체가 순전히 명예직이 될 가능성이 컸다.

내가 버거킹을 떠남과 동시에 필스버리는 새로운 경영진을 출범시켰다. 외부인을 영입한다는 이야기는 처음부터 없었다. 빌 스푸어Bill Spoor가 이사회 의장 겸 CEO로 선임되었고, 몇 년 후에는 사장직도 겸하게 되었다.

다행히 새로운 경영진은 출범한 지 얼마 지나지 않아 버거킹이 가능한 한 빨리 필스버리의 주력사업으로 자리 잡아야 한다는 사실을 인식하기 시작했다. 그 덕분에 본사로부터 강력한 지원을 받을 수 있었고, 보다 적극적으로 프랜차이즈망 확장과 부동산개발을 추진하기 시작했다. 1973년 필스버리의 보고서는 버거킹이 1973 회계연도 안에 200개의 매장을 열 계획이라고 발표했다. 실제로 1년 후, 1974년의 보고에 의하면 버거킹은 223개의 매장을 새로 열었고, 전체 매장의 수는 1,199개로 늘어났다. 그동안 거의 강요하다시피 프랜차이즈 매장 출점을 억제하던 분위기를 생각하면 아주 인상적인 변화가 일어난 것이다.

비슷한 시기에 맥도날드는 2년간 960개의 신규매장을 열었고, 이는 버거킹의 두 배에 달하는 숫자였다. 그러나 우리도 늦은 감은 있지만 원래의 궤도로 빠르게 복귀하고 있는 것만은 분명했다. 우리의 주요한 경쟁자는 이제 우리가 다시 따라잡기 어려울 정도로 앞서가고 있었다. 하지만 어쨌든 우리가 이탈했던 궤도로 돌아가 다시 경쟁을 시작한 것은 기쁜 일이었다.

나는 버거킹을 인수한 필스버리가 몇 년간 지원에 소극적이었던 것에 실망했지만, 이러한 좌절의 경험도 새로운 전진을 위한 준비의 과정으로 받아들이려고 노력했다. 외식산업 분야에 익숙하지 못한 미숙한 경영진이 버거킹의 엄청난 잠재력을 쉽게 인지하고 활용하기 어려울 정도로 버거킹 시스템은 너무나 훌륭하고, 너무나 강했다. 새로운 경영진이 중요한 고비를 잘 넘기고 현실을 제대로 인식하게 된 것은 정말로 다행스러운 일이었다.

빌 스푸어는 필스버리가 1967년부터 1972년 사이에 단행한 인수합병으로 보유하게 된, 외식산업이나 식품사업과 관련이 없는 많은 사업체들을 매각하는 작업도 잘 이끌었다. 그는 이로써 필스버리가 본궤도로 재진입하는 데 크게 공헌했다. 내가 생각했던 바와 같이 분산된 기업의 역량을 한 방향으로 모으면서 필스버리와 버거킹의 미래 전망은 훨씬 밝아지기 시작했다.

교육을 도운 제임스 맥라모어

내가 어머니의 손에 이끌려 마이애미에 있는 버거킹 매장을 처음 가본 것은 여덟 살 때였다. 우리 가족은 쿠바를 탈출한 난민이었고, 그때 나는 생전 처음으로 '와퍼' 또는 '햄버거'라고 불리는 음식을 맛보았다. 그때의 그 크기와 맛은 한마디로 환상적이었다! 나는 형에게 "나는 이다음에 크면 이 식당의 주인이 될 거야"라고 말했다.

그로부터 8년이 흐른 어느 날, 형이 우리 동네에도 버거킹이 들어왔다고 알려주면서 나중에 그 식당을 사고 싶다면 지금 미리 거기에 취직해서 경험을 쌓아보라고 했다. 나는 1970년 4월 1일에 버거킹에 취직했고, 이는 나의 아메리칸 드림의 시작이었다.

1972년 봄, 나는 버거킹 26호점에서 일하던 중 그 지역 책임자였던 래먼 모럴Ramon Moral과 함께 제임스 맥라모어를 처음 만났다. 우리 매장의 총 지배인이었던 짐 윈스테드Jim Winstead는 맥라모어에게 나를 소개하면서, 가장 훌륭한 직원이지만 올해 여름이 끝나면 대학에 진학하게 될 것이고 아버지가 운영하는 마리나marina; 소형보트나 요트의 정박지-옮긴이에서 일하며 공부하게 될 것이라고 말했다. 그러자 제임스 맥라모어는 버거킹에서 일하면서도 대학 공부를 할 수 있지 않겠느냐는 말을 했다. 나는 그때 그의 말을 대수롭지 않게 생각하고 하던 일을 계속했다.

한 달쯤 후, 짐 윈스테드가 나를 사무실로 부르더니 맥라모어 씨가 주는 거라며 봉투를 하나 건네주었다. 그 봉투 안에 들어 있는 편지에서 맥라모어는, 만일 내가 버거킹에 계속 머물겠다면 매장의 부책임자로 승진시켜줄 것이고, 그렇게 되면 모기업인 필스버리로부터 상당한 혜택을 받게 될

뿐 아니라 필스버리 장학 프로그램을 통해 학비를 해결할 수 있을 거라고 제안했다. 내가 버거킹의 직원으로 일하는 이상, 학비의 100%에 해당하는 금액과 함께 도서구입비도 지원받을 수 있다는 것이었다.

이 편지를 읽은 나는 짐 윈스테드에게 이렇게 물었던 것으로 기억한다.

"이 혜택을 받으려면 제가 어떻게 하면 되지요?"

그는 대답했다.

"아무것도 필요 없어. 그냥 여기서 계속 일하기만 하면 돼."

그는 또 내가 관리자로 승진하면 건강보험, 관리자 수당, 직원 스톡옵션 프로그램, 연금 등 많은 혜택을 새롭게 누리게 될 것이라고 말해주었다. 결국 이런 혜택 덕분에 나는 대학에 진학할 수 있었고, 거의 평생을 버거킹에서 일하며 보내게 되었다.

1996년, 버거킹의 폴 클레이튼Paul Clayton 사장이 내게 마이애미대학교에 설치된 제임스 맥라모어 경영자교육훈련센터James W. McLamore Executive Education Training Center 개소를 축하하는 첫 수업에 참석해달라는 부탁을 했다. 내가 받은 교육혜택에 대해 보답할 기회였다. 나는 조금도 주저할 것 없이 참석하겠노라고 약속했다.

다음 달에 나는 제임스 맥라모어 경영자교육훈련센터의 역사적인 개소를 축하하는 행사에 참석하기 위해 플로리다주의 코럴게이블스로 갔다. 이 훌륭한 교육시설이 문을 여는 행사에 버거킹 가맹점주를 대표하여 참석하게 된 것은 나로서는 흥분되는 일이었고, 내가 받은 여러 혜택에 보답할 기회이기도 했다. 당시 제임스는 건강이 좋지 않기 때문에 그 행사에 참석할 수 없었지만, 나를 포함한 25명 정도의 점주들이 제임스를 대신하여 자랑스러운 마음으로 그 자리를 지켰다.

센터의 개소는 제임스 맥라모어의 큰 업적 가운데 하나이지만, 제임스가 우리와 함께할 수 있는 날이 그리 길지 않다는 것을 그때 우리는 알고 있었다. 이 센터는 교육을 위해 노력했던 한 훌륭한 인물과, 교육을 받는다는 것의 중요성을 기리는 곳이 될 것이다.

제임스 맥라모어가 남긴 행적을 보면 항상 그는 교육의 중요성을 가리키고 있었다. 그는 훌륭한 교육이야말로 성공으로 향하는 수단이라고 믿었다. 물론 자신이 자발적으로 지원하고 열심히 공부한다면 말이다. 제임스는 더 나은 사람이 되기 위해 최선을 다하는 이들을 존중했다. 그리고 그는 교육이야말로 그 노력의 시작이라고 믿었다.

나는 제임스 맥라모어와의 우연한 만남으로 인해 얻었던 많은 행운을 지금도 누리고 있다. 지난 33년간 나는 버거킹의 성공적인 가맹점주로 일해왔다. 제임스가 이전에 한 번도 만난 적 없는 17세의 낯선 소년에게 친절과 기회를 베풀어준 것에 영원히 감사하며 살 것이다. 그 만남이 내 삶을 더 좋은 방향으로 바꾸어주었다. 제임스 덕분에 나는 진정한 아메리칸 드림을 이룰 수 있었다.

-가맹점주, 알렉스 살게로Alex Salguero

내려오다

제임스 맥라모어는 마이애미 돌핀스 팀에 투자했다.
돈 슐라는 팀을 슈퍼볼에 진출시켰다.

1972년 5월, 버거킹 CEO 직에서 퇴임하기는 했지만 그 후의 삶에 대한 구체적인 계획을 세워두고 회사를 떠난 것은 아니었다. 솔직히 걱정스러웠다. 너무도 익숙하고, 늘 나의 삶에 자극을 주던 버거킹이라는 세계를 특별한 계획도 없이 떠난 것이었기 때문이다. 이제는 버거킹을 대신해 그 못지않은 도전의식을 깨워줄 만한 무언가를 찾아야 했다. 그러나 그것은 결코 쉽게 찾을 수 있는 것이 아니었다. 나는 25년 전에 시작했던 외식사업가로서의 나의 활발했던 경력이 끝났음을 알고 있었다. 가장 중요한 문제는 내가 과연 어떻게 지금까지와 전혀 다른 삶을 살아나갈 수 있겠느냐 하는 것이었다.

　　당시 나는 46세였고, 은퇴자로 살기에는 너무 젊었다. 게다가 몸도 아주 건강했다. 더 할 일이 없다고 생각하며 은퇴자로 살 생각은 조금도 없었다. 은퇴생활이라는 것이 어떤 것인지 막연한 상상도 해본 적이 없었다. 다만 내가 다시 외식사업 분야로 돌아가지 않겠다는 생각은 확고했다. 그 이유는 내가 앞으로도 버거킹과의 관계를 어떤 식으로든 유지하겠다는 생각이 있었기 때문이다. 내가 버거킹의 투자자 가운데 한 사람이라는 것은 변함이 없었으며 회사에 대한 진실한 애정도 여전했다. 그래서 나는 내가 할 수 있고 그들이 필요로 하는 범위 내에서 버거킹에 계속해서 관여하고자 하는 생각이 있었고, 그들과 컨설팅 계약을 체결하는 문제도 진지하게 고민하고 있었다.

그러므로 이런 상황 속에서 나의 삶에 적절한 자극을 줄 만한 도전의 대상을 찾는 것이 무엇보다 중요했다. 낸시는 내 앞에 그러한 기회들이 수없이 널려 있다며 나를 안심시켰지만, 나는 확실하게 몰입할 만한 무언가를 찾아내야 했다. 활동적이지도 않고, 아무런 도전도 받지 않고 산다는 것은 내게는 너무나 불안한 상상이었다. 어느 방향으로 가야 할지는 확실하지 않았지만, 어디서부터 시작할지는 분명히 알고 있었다.

첫 번째로 해야 할 일은 버거킹 본사 건물에서 벗어나는 것이었다. 버거킹 경영진도 회사의 공동창업자이자 전직 CEO와 함께 사무 공간을 공유하는 것은 편하지 않을 것이다. 어쩌면 그들은 자신이 불필요한 감시를 당하고 있다고 생각하게 될지도 모를 일이었다. 나는 그곳에서 몇 블록 떨어져 있고 우리 집에서도 아주 가까운 곳에 있는, 원래 버거킹 사무실로 사용하던 건물 일부를 빌려 내 사무공간을 따로 마련했다.

1972년, 나는 회사를 떠나면서 버거킹이 미국 내에서 가장 크고 성공적인 체인레스토랑의 하나로 인정받고 있다는 사실이 자랑스러왔다. 나는 우리가 앞으로도 성장을 거듭할 것이고 역동적으로 성장하는 외식서비스산업 분야에서 선두기업의 위치를 유지하게 될 것이라고 확신했다. 필스버리가 적절한 지원만 해준다면 지금 회사경영을 맡고 있는 아서 로스월과 그 팀이 앞을 향해 뻗어나갈 수 있을 것이다. 결국 관건은 필스버리의 지원이었다. 내가 필스버리의 주식 지분을 가지고 있다는 사실에 자부심을 느끼게 될지, 그렇지 않을지도 거기에 달려 있었다. 나는 한때 성공 가도를 달리는 것같이 보였던 수많은 외식사업체가 끝내 실패하는 것을 목격해왔음에도 급변하는 시장 속에서 예측할 수 없는 변화의 바람 앞에 버거킹이 흔들릴 수도 있다는 생각은 하지 않았다.

지난 18년간의 세월 동안, 버거킹은 나의 정력과 시간을 모두 쏟아부을 수 있었던 대상이었다. 나는 그 안에서 벌어지는 역동적인 상황들로부터 받는 자극을 즐겼다. 그러나 이제 상황이 바뀌었다.

나는 이전에 좋아했던 활동들에 적극적으로 뛰어들기로 했다. 사회봉사, 자선사업, 투자, 교육, 부동산, 골프, 정원 가꾸기, 독서, 가정생활, 여행, 강연, 통상협력 업무, 기업 이사회 활동 등이었다. 나는 사업 관련 활동, 특히 내게는 고향 같기도 하고, 세계에서 가장 익숙한 지역이기도 한 마이애미 지역의 비즈니스 관련 활동에 적극적으로 참여하기로 했다.

가장 많은 관심을 기울여야 하는 분야는 내 개인 차원의 투자였다. 필스버리는 실적이 저조하기는 했지만, 그래도 지난 5년 동안 내가 소유하고 있던 필스버리 주식의 가치는 상승했고, 그 덕분에 나의

Chapter 19 : 내려오다

자산도 늘어났다. 나는 마음만 먹으면 개인 투자활동으로도 상당한 성공을 거둘 수 있다는 자신감이 있었다. 그동안은 내가 속한 회사의 경영에 많은 시간과 정열을 쏟아야 했기 때문에 다른 분야나 다른 기업에 대한 투자에 관해서 많이 생각해보지 않았지만, 이제는 이러한 투자를 위해 연구하고 다른 일도 할 수 있을 만큼 시간 여유가 충분했다.

버거킹에서 일하는 동안에도 다른 기업에 대한 투자를 전혀 하지 않았던 것은 아니었다. 그 가운데 하나가 1969년에 마이애미 돌핀스Miami Dolphins에 투자했던 일이다. 당시 마이애미 돌핀스는 아메리칸풋볼리그AFL; American Football League에서도 늘 하위권을 맴돌던 팀이었다. 당시 AFL은 NFLNational Football League; 미국을 대표하는 풋볼 리그로 훗날 AFL을 합병하게 된다. -옮긴이에 대항하여 경쟁하던 신생 리그였다. 아메리칸풋볼리그는 막 출범했고, 마이애미 사람들은 우리 도시를 대표하는 풋볼팀을 가지고 있다는 것을 자랑스러워했다. 조 로비Joe Robbie가 1966년에 팀을 설립하고 마이애미를 연고지로 삼도록 승인을 받았다. 당시 리그 당국과 팀 간의 연고지 계약에 따라 조 로비는 돌핀스 팀의 총괄매니저가 되었다.

당시에 조는 연고지 권리를 따내는 데 필요한 자금 마련에 어려움을 겪었다. 1969년에는 팀 내에서 그 자신의 투자지분이 확고하지 않았기 때문에 다른 군소 투자자들과의 사이에서 입지가 미묘했던 상황이었다. 그는 합치면 60%의 지분을 행사하게 되는 몇몇 투자자들의 단체행동으로 인해 곤란해하고 있었다. 이미 많은 부채를 지고 있었던 터라 자신의 지분 확대를 위해 더 많은 자본을 유치하기도 어려워, 그가 처한 상황은 긴박했다.

돌핀스는 더 많은 자금을 끌어들일 수 있는 상황도 아니었고, 이미 많은 부채를 지고 있는 데다 극심한 현금유동성 위기를 겪고 있었다. 그들의 홈구장인 오렌지볼Orange Bowl 스타디움에서 매주 일요일에 열린 경기의 관중 수는 구장 최대 수용인원의 절반밖에 안 되는 4만명도 채 되지 않는 정도였다.

돌핀스가 AFL 측으로부터 받는 중계권 수입은 연간 50만 달러에 불과했다. 1990년대에 NFL 팀들이 평균 4,000만 달러의 중계 수입을 챙긴 것과 비교하면 양동이의 물 한 방울밖에 되지 않는 미미한 액수였다. 조 로비는 당시의 어려운 재정 및 지원 상황을 극복하기 위해 팀을 다른 도시로 옮기겠다며 마이애미 시민들에게 엄포를 놓고 있었다.

나는 우리 집에서 로비를 만나, 네 명의 다른 친구들과 함께 돌핀스의 군소 투자자들의 지분을 매입할 수 있을 정도 규모의 투자를 하기로 합의했다. 당시 나는 마이애미퍼스트내셔널뱅크의 이사였다. 그때는 전국적인 영업망을 갖춘 은행이 허용되지 않던 시기였기 때문에 이는 플로리다에서 가장 큰 은행이었다. 나는 그들에게 이 은행의 은행장을 만나 새로운 투자자들에게 자금을 융자해줄 의향이 있는지 물어보고 그의 판단을 구해보겠다고 말했다. 은행 측은 우리 생각에 흥미를 보였고, 우리가 받아들일 만한 자금지원책을 마련하기로 약속했다.

우리는 새로운 군소 투자자로서, 무엇보다도 로비가 자신의 우호

지분을 늘릴 수 있도록 자금을 조달하겠다는 것을 분명히 했다. 즉 우리 다섯 명이 로비의 우호지분의 소유자로서 돌핀스 투자자 대열에 합류했고, 이로써 돌핀스는 계속해서 마이애미에 남게 되었다. 훗날 우리 도시와 지역사회 그리고 플로리다주 전체에 미친 영향을 생각할 때 당시의 투자는 참 잘한 일이었다고 생각하고 있다.

이러한 투자결정을 하고 몇 개월 사이에 중요한 사건들이 연달아 일어났다. 가장 큰 일은 NFL과 AFL이 NFL의 명칭과 로고를 사용하는 조건으로 통합된 것이다. 이어 조 로비가 돈 슐라Don Shula를 감독으로 영입했다. 후에 돈 슐라는 볼티모어 콜츠Baltimore Colts의 감독으로도 활약하게 된다. 이어서 미국 프로 풋볼계가 흥분할 만한 일이 벌어졌다.

구단주인 로비는 돌핀스의 CEO이기도 했고, 그는 팀의 사업부문을 맡아 책임지고 운영했다. 새로운 투자자로 참여한 우리가 해야 할 역할은 그렇게 많지 않았다. 홈 경기를 관전하고 가끔 선수들과 함께 구단 비행기를 타고 다른 도시로 가서 원정경기를 응원하는 정도였다. 그나마 이것도 풋볼 시즌인 가을과 겨울 사이에, 경기가 열리는 주말에만 할 수 있는 일이었다. 미국 프로 풋볼 경기는 가을에 시작하여 이듬해 1월쯤 끝나며 경기는 대개 주말에 열린다. -옮긴이 그런데 돈 슐라 감독이 1971년, 1972년, 1973년 이렇게 3년 연속 팀을 슈퍼볼에 진출시키면서 굉장히 흥미진진한 일이 되어버렸다.

특히 돌핀스는 1972년에 드디어 슈퍼볼에서 첫 우승을 차지했는데, 그해에는 단 한 차례의 패배도 없이 17전 전승으로 시즌을 마무리했다. 당시 돌핀스는 로스앤젤레스 컬러시엄Los Angeles Coliseum 구장에서 열린 슈퍼볼 경기에서 워싱턴 레드스킨스Washington Redskins를 상대로 14-7로 이기며 우승했고, 마이애미 사람들은 우리 지역에 대해 전에 느껴본 적 없는 대단한 자부심을 갖게 되었다. 결국, 마이애미 돌핀스에 대한 투자는 즐거움과 더불어 커다란 투자수익도 낼 수 있었던 아주 성공적인 투자가 되었다. 나를 포함한 소수지분 투자자들은 그로부터 몇 년 후 우리 지분을 조 로비에게 매각했다. 우리가 성공적인 스포츠 프랜차이즈 구단을 키워내는 데 중요한 역할을 했다는 기쁨을 맛볼 수 있었던 시간이었다.

나는 1969년에 전미레스토랑협회 산하 주요기관인 정부사무위원회Government Affairs Committee의 위원장 직을 수락했다. 이 직책을 맡으면서 나는 외식산업과 관련한 이해관계와 관심사를 다루기 위해 시카고와 워싱턴을 오가며 많은 시간을 보내게 되었고, 전국의 다양한 외식산업 관계자들과 교분을 나누게 되었다. 이 직책을 맡아 일하면서 나는 우리 업계에서 일어나고 있는 변화를 보다 예리하게 관찰할 수 있었다.

이처럼 CEO 직에서 은퇴하기 전부터 나는 여러 단체의 이사회를 비롯한 버거킹 바깥의 여러 일들에 적극적으로 참여해 활동하고 있었다. 버거킹의 CEO 직에서 물러난 후의 새로운 삶에 대해 조금은 준비가 되어 있었던 셈이다.

나는 지역이나 주 또는 전국적인 조직과 관련된 여러 가지 활동에 참여해왔다. 1950년대에는 청소년육성회Junior Achievement; 고교생들에게 사업경험을 쌓도록 도와주는 기관-옮긴이, 학부모교사연합회Parent Teacher Associations, 리틀리그Little League, 유나이티드웨이United Way; 미국의 자선단체-옮긴이, 교회 등에서 크고 작은 직책을 맡았고, 1953년에는 마이애미레스토랑협회 회장을 역임했다. 1960년대에는 플로리다레스토랑협회Florida Restaurant Association 의 이사와 회장 직을 맡았고, 로열팜테니스클럽Royal Palm Tennis Club 의 설립을 돕고 여러 해 동안 회계담당자로 일했으며, 나중에는 회장 직도 맡았다. 또 마이애미퍼스트내셔널뱅크 이사, 매사추세츠주 노스필드 마운트헤르몬학교 기금책임자, 도럴-이스턴 골프토너먼트대회Doral-Eastern Golf Tournament 이사, 페어차일드열대식물원 기금책임자, 전미레스토랑협회 이사 등을 맡았고, 마이애미대학교의 설립자협회Society of University Founders 에도 가입했다. 나는 나의 사업과 직접적인 관련이 없는 활동에 참여하는 것도 중요하다고 생각했다.

은퇴 후의 새로운 삶을 시작하면서, 현역에서 왕성하게 활동하며 거의 초능력에 가까운 사업성과를 냈던 사람들이 은퇴하고 나면 불과 몇 년이 지나지 않아 세상을 떠나는 이유를 이해할 수 있게 되었다. 그들 중 상당수가 갑자기 너무나 크게 달라진 일상의 변화에 적응하는 데 실패한 것이다. 매우 왕성했던 사업가로서의 경력이 끝난 후 그들은 무엇을 해야 할지를 찾아내는 데 어려움을 겪었다. 사업가로서 활발하게 활동하던 시기에는 나도 중요한 의사결정과, 빡빡한 여행 일정과, 이어지는 회의, 힘든 선택들, 그리고 업무와 관련된 압박감으로 가득 차 있었기 때문에 은퇴 후 그들이 직면했을 갑작스러운 변화를 충분히 이해할 수 있었다. 나는 엄청나게 활동적이었던 삶이 갑자기 바뀌게 되면 그렇게 해서 생겨난 공백을 무언가 다른 것으로 채워야 한다고 생각했고, 그렇게 하지 않으면 삶의 패턴이 변화함으로 인한 문제가 생기지 않을 수 없다는 것을 알고 있었다. 나는 과거에 벌여놓았던, 회사와 관련 없는 외부활동들이 내가 직면하게 될 과도기를 통과하는 데 얼마나 큰 도움이 될지 당시에는 잘 알지 못했다.

대기업에서 근무하는 사람들 대부분은 보통 55세에서 65세 사이에 퇴직하게 된다. 만일 그때를 대비해 충분한 준비를 해놓지 않으면 퇴직의 충격이 의외로 심각한 영향을 미친다. 갑작스러운 퇴직으로 인해 만성 우울증에서부터 무기력증까지 다양한 심리적 혼란이 초래될 수 있다. 은퇴 후의 인생길 곳곳에 놓여 있는 함정을 피하려면 미리 치밀한 준비를 해두어야 한다. 그러나 그것은 말처럼 쉬운 일은 아니다.

나는 은퇴하기 훨씬 전부터 이 문제에 대해 상당한 준비가 되어 있었다. 은퇴 후에도 충분히 나 자신을 바쁘게 만들고 삶에 활력을 불어넣을 방법을 알고 있었기 때문에 나는 내키지 않는 은퇴생활의 희생자가 되지 않을 수 있었다. 은퇴를 결심하면서 나는 버거킹을 떠나 완전히 새로운 삶으로 순조롭게 나아갈 수 있을 것이라 확신했다.

새로운 삶에 적응하기

제임스 맥라모어는 정원을 돌보는 일을 좋아했고,
자신의 저택에도 훌륭한 정원을 가꾸고 있었다.

내가 머지않아 버거킹의 CEO 직을 떠나야 한다는 것을 직감하던 때에도 나는 그렇게 고민하지는 않았다. 나의 은퇴 문제를 놓고 필스버리와 나는 서로를 존중하는 가운데 매우 실무적이고 열린 대화를 나눴다. 물론 그때의 일이 그립기는 하겠지만 이미 그 직책은 이전의 CEO 자리가 아니었다. 상당한 역할이 필스버리 경영진에게 넘어가 버린 상태였다. 버거킹은 필스버리의 시각에서 보면 하나의 실무부서처럼 여겨지고 있었고, 필스버리 산하의 다른 실무부서들이 하는 것과 똑같이 경영 상황을 보고하고 지시를 받는 상태였다. 나는 그런 일을 계속하기 위해 CEO 직을 연장할 생각은 없었다.

내가 나의 새 개인사무실에 자리를 잡고 나자 여러 곳에서 여러 가지 직책과 책임을 맡아달라는 전화가 걸려왔다. 너무 많은 제안과 초빙 요청이 있었기 때문에 나는 한발 물러서서 숨을 고르며, 내가 과

Chapter 20 : 새로운 삶에 적응하기

연 이러한 제안을 받아들여 새로운 일을 시작한다면 얼마나 많은 시간을 할애할 수 있을까 생각해보았다. 그리고 나는 이 모든 제안을 일단 검토해보기로 했다. 우선 나의 마음속의 우선순위를 정해놓고 여러 제안 가운데 어떤 것이 나에게 가장 중요한 의미를 주게 될지를 고민해보았다. 사회봉사, 투자활동, 자선활동, 취미생활, 집안일, 공부, 몇몇 기업이나 기관의 이사회 등 다양한 선택지가 내 앞에 놓여 있었다. 나는 그 가운데 어떤 일에 뛰어들 것인가를 결정하기 전에 그 하나하나를 평가해보았다.

제일 먼저 마음에 떠올린 것은 취미생활이었다. 나는 정원 가꾸기를 좋아했고, 남부 플로리다는 그런 취미를 즐기기에는 최적의 장소였다. 버거킹 시절, 집으로 돌아가기 위해 오헤어인O'Hare Inn; 시카고 인근의 호텔-옮긴이을 나서서 버스를 타고 시카고 공항으로 가던 때가 생각난다. 그때 차창 밖에는 폭설이 내리고 있었고, 나는 하루만 지나면 따듯하고 햇볕이 내리쬐는 마이애미로 돌아가 정원을 가꾸고 있을 내 모습을 상상했다.

나는 정원 가꾸기에 그만큼 푹 빠져 있었다. 많은 사업가들이 일에 너무 집중한 나머지 다른 것에 눈 돌릴 시간조차 갖지 않으려고 한다. 그러나 그 부작용은 의외로 크다. 어떤 경우 은퇴 후 생명까지 위협받을 수 있다. 목적이 상실되고, 지루해진 삶은 정신과 신체 건강에 큰 영향을 미친다. 내가 그러한 범주에 속하지 않았다는 사실은 정말 다행스러운 일이다.

퇴임하기 3개월 전, 나는 마이애미의 집 근처에 부동산을 좀 사들였다. 우리가 사는 집 앞에 있던 호수 근처의 땅으로, 집이 한 채 있고 참나무가 자라는 아름답고 아기자기한 모양의 땅이었다. 이곳을 사들이고 나서 내 개인소유 땅은 1.5에이커 늘었고, 내 땅에 속해 있는 호숫가의 길이는 500피트로 늘어났다. 내가 그 땅을 사들인 이유는 여러 가지로 볼 때 정원으로 가꾸기 좋을 것 같다는 생각이 들어서였다. 나는 우리 가족의 집을 지은 후로 상당한 시간과 정성을 들여 아주 사랑스러운 정원을 가꾸고 있었는데, 이 땅에 정원을 더 늘릴 생각을 하니 머릿속에 새로운 구상과 아이디어가 가득 떠올랐다.

정원 가꾸기 열혈 애호가의 시각에서 보면 마이애미는 온화한 아열대기후로 1년 열두 달 다양한 식물과 함께 보낼 수 있는 아주 특별한 곳이다. 내가 처음에 마이애미에 마음이 끌렸던 것도 이 독특한 환경 때문이었다. 나는 은퇴 후의 삶을 놓고 다양한 일들에 대한 우선순위를 정하며 정원 가꾸기에 본격적으로 몰입하겠다는 결심을 했다. 4월에 부동산을 인수함으로써 상당히 많은 시간과 에너지와 신경을 집중해야 할 무언가가 생긴 것이다. 나는 정원 가꾸기를 통해 긴장감으로부터 해방되어 마음을 치유하고, 직업적인 나의 정체성을 완전히 바꾸어볼 수 있을 거라 기대했다.

내 은퇴 날짜가 한 달 앞으로 다가온 시점에 마이애미에 있는 CBS 계열의 지역방송인 WTVJ-TV가 우리 집으로 카메라와 마이크를 들고 찾아와 내가 버거킹을 떠나는 것과 관련된 이야기를 특집방송으로 제작했다. PD는 내가 새로 산 땅에서 원예복 차림으로 인터뷰를 하도록 연출했다. 나는 그 인터뷰에서 지난 여러 해 동안 느꼈던 즐거움과 흥분을 회상했고, 앞으로 무엇을 할 것인지에 대해서는 아직 결정하지 못했다고 말했다. 다만 남부 플로리다를 떠나지 않고, 지역적으로든 전국적으로든 가치 있는 무언가를 찾아서 해보고 싶다고 털어놓았다. 나는 정원 가꾸기 취미와 계획에 대한 특별한 기대감도 감추지 않았다.

장시간의 출장길에서 나는 주로 열대 원예학이나 정원 디자인, 또는 그와 관련된 책들을 탐독했다. 이러한 책들은 복잡한 공항과 비좁은 좌석에서 오랜 시간을 보내는 단조로운 비행을 지루하지 않게 만들어주었다. 또 토요일이나 일요일을 집에서 보낼 때면 대개 마당에서 일하면서 화단과 작은 폭포를 만들고, 스프링클러나 야외조명을 설치하고, 그리고 무엇보다도 식물들을 가꾸며 시간을 보냈다. 새로 매입한 1.5에이커의 땅은 은퇴 후 나의 삶이 지루하지 않을 것이라는 보증수표 같은 것이었다. 물론 지나친 희망도 다분히 포함되어 있었지만, 적어도 당분간은 나를 상당히 바쁘게 만들어줄 계획이 준비되었던 것이다.

뭔가에 몰두하고 계속해서 스스로 자신에게 자극을 주어야 한다고 생각하면서 나는 내 개인의 신상을 다시 검토해볼 필요성을 느꼈다. 나는 마이애미퍼스트내셔널뱅크와 필스버리 그리고 버거킹의 이사회 멤버로서 해야 할 활동도 적극적으로 할 생각이었고, 그것 말고도 몇몇 단체와 기업의 이사 직도 새로 받아들이기로 했다. 나는 또 전미레스토랑협회 회장 직책 때문에 상당히 많은 곳을 다녀야 했다. 노스필드 마운트헤르몬학교의 기금이사 일에도 상당히 관여하고 있었고, 청년경영인협회YPO; Young Presidents Organization 활동에도 적극적이었다. 청년경영인협회는 다양한 분야의 훌륭한 전문가들이 많이 참여하고 있는 단체였다. 그들의 활동은 재미있었을 뿐만 아니라 교육적이고, 무엇보다 항상 독특하고 매력적인 장소에서 행사가 열렸다. 때문에 나와 낸시에게는 과거 버거킹에서 일했을 때는 가볼 수 없었던 특별한 장소에서의 특별한 경험을 가능하게 해주는 매력이 있었다.

또한 남부 플로리다의 경제계 그리고 지도자들과 오랜 유대관계로 말미암아 마이애미권 상공회의소Greater Miami Chamber of Commerce 의 부회장 직책도 맡게 되었다. 나는 이와 같은 다양한 조직에서 앞으로 적극적으로 활동하기를 기대하고 있었다.

낸시와 나는 와이오밍주 새러토가의 올드벌디클럽에 여름별장을 짓기 위해 택지를 사들였다. 퇴직하고 나서 몇 달 후, 우리는 낸시의 구상을 반영해 집을 설계하기 위해 건축가를 한 사람 고용했다. 낸시에게 이 일은 신나는 일이었다. 그녀는 이런 종류의 일을 계획하고 디자인하기를 즐기는 사람이었다. 이렇게 퇴직 후 나의 삶에는 도전적이고 보람 있는 활동이 여러 개 추가되었고, 적당히 바쁜 시간을 보낼 수 있었다.

몇 달 동안 여러 건의 새로운 제안이 계속 들어온 것은 다행한 일이었다. 퇴직하고 몇 달 후에 나는 마이애미대학교의 기금수탁자로 일해보지 않겠느냐는 전화를 받았다. 나는 이 제안을 기쁜 마음으로 받아들였다. 나는 마이애미대학교가 지역사회의 지원을 받기에 충분한 가치를 지닌 교육기관이라고 생각했고, 그 일에 참여하고 싶었다. 대학으로부터 제안을 받은 직후, 이번에는 마이애미에서 방송되

는 공영방송 채널인 채널2 WPBT를 운영하는 커뮤니티텔레비전재
단Community Television Foundation의 이사 직을 맡아달라는 제안도 들어왔
다. 이어 페어차일드열대식물원의 기금수탁자가 되어달라는 전화도
걸려왔다. 망설임 없이 나는 이 세 가지 직책을 수락했고, 그 직책을
가진 사람이 수행해야 하는 책임도 기꺼이 받아들였다.

유타주에서 휴가를 보내던 도중에는 사우스이스트뱅크Southeast
Banks의 회장인 후드 배싯Hood Bassett의 전화도 받았다. 그는 남동부지
역의 은행 임원 모임의 대표를 맡고 있다고 자신을 소개했다. 그는 나
에게 워싱턴에 있는 연방준비제도이사회Federal Reserve Board의 일곱 명
이사 가운데 하나로 입후보해볼 것을 제안했다. 나는 그 직책을 맡게
되면 워싱턴에서 보내는 시간이 너무 많을 것 같아서 고민 끝에 사양
했다. 어지간하면 마이애미 이외의 지역으로 삶의 근거지를 옮기고
싶지 않았다.

주변의 많은 사람으로부터 연방 상원의원에 출마하라는 권유를
받았지만, 정치를 하는 데는 전혀 관심이 없었기 때문에 그 제안은 진
지하게 생각해보지 않았다. 나는 또 오렌지볼Orange Bowl; 미국의 6대 대학
풋볼 리그 가운데 하나-옮긴이 조직위원회의 위원이 되었다. 이어 마이애미권
유나이티드웨이 캠페인United Way Campaign; 지역 노동자들의 권익을 위한 기금조성
프로그램-옮긴이의 의장 직도 수락했다. 이런 다양한 모임과 활동에 뛰어
들어 국내외 여행이 잦아진 데다 마이애미 돌핀스에 투자까지 하면서
은퇴 후의 삶은 낸시가 예상한 대로 말할 수 없을 정도로 바빠졌다.
오히려 은퇴 후가 더 바빠진 듯했다.

마이애미대학교와 채널2 공영방송 일은 생각보다 바빴다. 그러나 가장 나를 바쁘게 만든 것은 전미레스토랑협회의 일이었다. 나는 신임 부회장이자 정부사무위원회 의장으로서 생각했던 것보다 훨씬 많은 시간을 할애해야 했다. 1974~1975년에는 처음 의장 직을 맡아 상당히 바빠질 것으로 예상됐다. 1년 만에 일이 훨씬 더 많아진 것이다. 나의 절친한 친구이자 회장인 헨리 볼링 Henry Bolling 이 건강상의 이유로 자신의 일을 나에게 넘겼기 때문이었다. 나는 그의 요청을 받아들였다. 이는 앞으로 2년 동안 협회와 관련된 일로 상당히 많은 여행과 출장을 다녀야 한다는 것을 의미했다.

미국 전역을 돌면서 수많은 외식산업 관계자들 앞에서 연설할 기회를 여러 번 만들어준 이 새로운 직책을 맡게 된 것은 나에게 참으로 기쁜 일이었다. 이미 내 인생의 매우 중요한 부분이 되어버린 이 성장하는 산업과 관련하여 최신 흐름을 파악하고 새로운 학습과 경험을 쌓을 기회가 생긴 것이다. 그 후 몇 년간의 출장 일정은 다소 과중하고 그로 인해 피곤하기도 했지만, 내가 우선순위를 가리며 무엇을 하고 싶은지 생각했을 때 꼭 하고 싶은 일이었던 것은 분명했다.

1973년에 마이애미대학교의 기금수탁자로 선출되고 나서도 학교로부터 제안받은 그 다양한 지도자 직책을 모두 받아들였고, 여러 위원회에서 맡은 책임을 감당하기 위해 바쁘게 움직였다. 처음에는 금융위원회 의장으로 일했으며, 후에는 집행위원장을 거쳐 1980년대에는 기금이사회 의장으로 선출되었다. 이후 나는 이 직책을 10년간이나 수행하면서 미국 역사상 세 번째로 큰 규모의 자선기금을 모금하는 데 성공한 끝에, 명예의장에 추대되며 의장 직에서 물러났다. 그

러니 이 활동은 어쩌면 버거킹 은퇴 후에 나의 새로운 본업이었다고
도 할 수 있다.

　나는 채널2 WPBT의 이사회 의장으로 일하면서 비즈니스 관련
뉴스 프로그램을 편성하자고 제안했다. 당시 우리는 다른 주요 채널
의 저녁뉴스 프로그램과 힘겨운 경쟁을 하고 있었다. 사장이었던 조
지 둘리George Dooley 는 내 제안을 적극적으로 찬성했고, 1979년부터
15분 분량의 〈나이틀리 비즈니스 리포트The Nightly Business Report 〉라는
제목의 프로그램을 방송하기 시작했다. 이는 얼마 지나지 않아 공중
파 TV에서 가장 인기 있는 프로그램 가운데 하나가 되었다. 후에 이
프로그램은 마이애미에 있는 방송국 스튜디오에서 제작되어 매주 평
일 저녁 전 세계로 방송되었다.
　나는 1979년에 이사회 의장 직에서 물러나기까지 매우 큰 성과
를 거두었다고 생각한다. 〈나이틀리 비즈니스 리포트〉에 대한 구상
을 한 것도 그 가운데 하나였다. 1970년대에 나는 스토러방송Storer
Broadcasting Company 과 라이더시스템, 사우스이스트뱅킹Southeast Banking
Corporation 등의 이사회에도 참여했다. 이들 세 회사는 모두 마이애미
에 본사를 둔 훌륭한 평가를 받는 회사로, 한때 각자 자신들의 분야에
서 전국적인 명성을 얻었던 이들이다. 또 텍사스주 미들랜드Midland 에
있는 한 작은 규모의 석유가스회사 이사회에 합류했고, 아비더Arvida
Corporation 라는 부동산개발 업체가 강도 높은 기업 개편 작업을 진행
하던 때 아주 잠깐 이사로 재직하기도 했다. 이 일곱 개 회사의 이사
회에서 일하는 한편 내가 투자한 여러 분야에 줄곧 관심을 기울인 덕

분에 나는 계속해서 매력적인 비즈니스 세계와 관계를 유지할 수 있었다.

나의 여러 투자결정 가운데는 결과가 좋았던 것도 있지만, 좋지 않았던 것도 있다. 석유 관련 사업은 좀 부진했고, 덴버의 한 소 사육장에 대한 투자는 좀 손해를 보았다. 또 나는 사람들을 상대할 때 그의 성격과 평판 그리고 경험을 충분히 고려해야 한다는 것도 배우게 되었다. 은퇴 직후 몇 년의 시간 동안 가장 만족스러웠던 부분은 바로 얼마 전까지 몸담았던 기업의 세계에서 항상 느꼈던 심리적 압박과 스트레스를 더는 느낄 필요가 없다는 점이었다.

내 잔에는 물이 가득 차기 시작했고, 이제 곧 넘칠 지경에 이르렀다.

Chapter

21

흔들리는 버거 왕국

1979년의 호텔 및 레스토랑 인사들의 모임.
왼쪽부터 패트릭 오맬리(캔틴), 배런 힐튼(힐튼호텔),
J.윌러드 메리어트(메리어트사), 커널 샌더스(켄터키프라이드치킨),
제임스 맥라모어(버거킹), 케먼스 윌슨(홀리데이인).

1960년대에 들어서며 미국인의 생활방식은 이전과는 완전히 달라졌다. 사회적, 경제적 변화는 미국인들의 외식 빈도를 훨씬 높여놓았다. 1940년대 말부터 여성과 청소년들이 노동에 뛰어들면서 미국인 가정의 수입이 늘어났다. 2차대전과 한국전쟁에서 돌아온 젊은 남성들이 결혼하고 가정을 꾸리며 '베이비 붐'이라 불리는 현상이 두드러졌다. 이로 말미암아 도심 인구가 교외로 대거 이동하면서 대규모 주택 건설과 쇼핑센터 개발, 고속도로 건설이 이어졌다.

자동차와 함께 다양한 소비재에 대한 수요도 급증했다. 텔레비전 방송은 아직 걸음마 단계였지만 미국인의 생활에 엄청난 영향을 끼쳤다. 데이브와 나는 이러한 변화의 흐름을 재빨리 감지하고 그 기회를 잡기 위해 뛰어들었다. 우리 사업분야의 초기 선구자로서 우리는 규모와 경험이라는 측면에서 유리한 출발을 할 수 있었고, 그 이점을 사업에 적극적으로 활용하기로 했다.

1950년대는 버거킹과 비슷한 형태의 식당들이 곳곳에 여러 개의 매장을 열었는데, 그들은 광고를 통해 소비자들에게 인지도를 높일 수 있고 수요를 창출할 수 있다는 사실을 깨닫기 시작했다. 1960년대 말까지 버거킹은 지역방송은 물론 그보다 넓은 권역 혹은 미국 전체를 대상으로 방송을 송출하는 전국방송에까지 광고를 낼 정도로 광고시장의 중요한 광고주로 자리 잡았다. 이는 가맹점과의 계약에 따라 가맹점 수수료와는 별도로 매출의 4%를 공동광고 및 마케팅 비용으로 부담하게 되어 있었기 때문에 가능한 일이었다. 이러한 전략은 1970년대와 1980년대는 물론 1990년대의 성장을 이끌며 큰 효과를 거두었다.

1970년대 초부터 버거킹은 TV를 통해 와퍼가 어떻게 생겼고, 어떻게 해서 만들어지게 되었는지를 대중에게 쉽게 알릴 수 있게 되었다. 당시의 거의 모든 미국인이 버거킹에 대해서 알게 되었다. 매장마다 '와퍼가 시작된 곳'이라는 대형 문구가 자랑스럽게 걸려 있었고, 사람들의 마음에는 '버거킹'과 '와퍼'라는 우리를 대표하는 두 개의 브랜드 이름과 함께 '버거킹 매장은 식사하기 좋은 곳'이라는 인식이 자리 잡았다. 모든 고객에게 버거킹에 오면 좋은 음식과 뛰어난 가성비, 그리고 빠른 서비스를 만날 수 있다는 간단하고 명료한 메시지를 전달했다. 와퍼야말로 미국에서 가장 훌륭한 햄버거라는 것을 인식시키는 것이 우리의 홍보전략이었고, TV 광고라는 수단을 통해서만 얻을 수 있는 굉장한 효과 덕분에 이러한 메시지는 고객들의 뇌리에 단단히 박히게 되었다. "와퍼와 프렌치프라이, 그리고 콜라는 위대한 미국인의 음식이다." 우리는 이 아이디어를 대중에게 판매했던 것이다. 우리는 이것이 적시에 적절하게 제공된 옳은 메시지라 믿었다.

우리의 경쟁자들도 이런 우리 모습을 아무 생각 없이 지켜보고만 있지는 않았다. 맥도날드도 우리가 하는 정도의 노력은 하고 있었고, 거기에 더하여 그들은 초창기부터 특별히 어린이 시장을 목표로 삼고 집요하게 공략하고 있었다. 특히 '로날드 맥도날드'라는 이름의 광대를 등장시킨 기발한 시도는 아주 효과적인 광고전략이었다. 다른 프랜차이즈 브랜드들도 자금력이 허락하는 범위 안에서 속속 TV 광고에 등장했다. 버거킹을 필두로 하여 급성장 중인 많은 프랜차이즈 외식업체들이 좋은 서비스에 목말라 하던 고객들을 파고들기 시작했다. 이렇게 현대식 체인레스토랑이 번성하면서 외식산업계는 미국에서 가장 큰 광고주로 자리 잡았다.

이러한 TV 광고의 효과로 체인레스토랑의 확장은 더욱 가속화됐다. 우리의 경우 TV 네트워크의 비용효과를 이용할 수 있었기에 1960년대 초부터 전국적인 사업체가 되기로 결심할 수 있었던 것이다. 시청자들에게 각인되는 인상적인 메시지와 그 비용을 따져볼 때 이는 최고의 투자였다. 1970~1980년대의 전국방송망을 통한 TV 광고는 그 정도의 비용을 감당할 수 있는 소수의 기업에게 매출신장의 기회를 제공했을 뿐 아니라, 대중의 인지도를 높이고 품위 있는 서비스를 받고 싶다는 대중의 욕구를 자극하여 외식서비스 시장 전체의 판을 키우는 데도 한몫했다. 또 이러한 광고를 통해 프랜차이즈 매장을 소유하고 운영해보고 싶다는 사업에 대한 열망 또한 자극했다. 그 결과 외식서비스산업은 오랫동안 비약적인 성장을 구가했다.

1970년대가 시작되면서 외식업계는 자신들의 입장이 매우 독특하다는 것을 스스로 깨닫게 되었다. 체인레스토랑은 1960년대 초까지만 해도 대중에게 잘 알려지지도 않았고, 매장도 그리 많지 않아서 다수 대중의 눈에는 뜨이지 않았다. 체인레스토랑에 대한 광고도 마찬가지였다. 그러던 것이 1970년대에는 프랜차이즈 레스토랑의 매출이 과거에는 상상조차 할 수 없을 정도로 늘어났다. 이러한 성장과 더불어 광고비도 함께 증가했고, 외식서비스에 대한 고객들의 강력한 수요가 형성되었다. 이러한 시장의 활력에 더해, 외식산업의 성장잠재력을 남들보다 먼저 간파한 똑똑한 사람들이 대거 이 시장으로 뛰어들었다. 그들은 주도권을 쥐기 위한 경쟁에서 힘들어하거나 과감한 마케팅 투자를 주저하며 머뭇거리는 사람들로부터 사업체를 인수할 준비가 되어 있었다.

맥도날드는 1990년대 초까지 이렇게 급변하는 시장에 가장 잘 대응한 업체였다. 그 결과 그들은 1992년 말에 자신들이 15억 달러의 연간 세전수익을 올렸으며 1만 2,418개의 매장을 운영하고 있다고 자랑스럽게 밝힐 수 있었다. 비슷한 시기에 버거킹은 6,648개의 매장을 운영하며 2억 5,000만 달러의 연간 세전수익을 올렸다. 우리는 업계의 2위 자리는 지킬 수 있었지만 1위와 비교할 때 그 격차가 너무 컸다. 1970~1980년대는 버거킹의 확장에 매우 중요한 시기였지만, 맥도날드에게는 그야말로 최고의 화려함을 즐기던 시기였다.

아서 로스월은 내가 떠난 직후 회사를 맡아 5년간 이끌었지만, 건강악화로 1977년에 회사를 떠났다. 그해 2월, 도널드 스미스^{Donald}

Smith가 버거킹의 CEO 겸 사장으로 취임했다. 이전에 맥도날드의 고위임원직을 지낸 바도 있던 그는 1980년 5월까지 회사를 진두지휘하다가 미니애폴리스 본사와의 갈등으로 물러났다. 그는 회사를 경영하는 3년 동안 이전보다 훨씬 높은 수준의 매장운영을 주장했고, 마케팅 책임자였던 크리스 쇼언러브Chris Schoenleb 의 주도로 마련된 많은 훌륭한 마케팅 방안들을 적극 지지하고 도입하려 했다.

도널드 스미스가 떠난 후 루 니브Lou Neeb 가 CEO 겸 이사회 의장으로 취임했다. 그는 필스버리가 1976년에 인수한 스테이크앤드에일Steak and Ale 의 사장을 역임한 바 있었다. 참고로 스테이크앤드에일의 창업자인 노먼 브링커Norman Brinker 는 필스버리 이사회의 이사 겸부사장 직과 함께 스테이크앤드에일의 CEO 직을 맡고 있었다. 루 니브가 1982년을 끝으로 버거킹을 떠나자 브링커가 스테이크앤드에일과 버거킹 두 회사의 이사회 의장과 CEO 직을 모두 맡게 됐다. 이후그는 제프 캠벨Jeff Campbell 을 버거킹의 CEO 겸 의장으로 승진시켰고, 제프는 그 직책에 1988년 말까지 머물렀다. 노먼 브링커는 시장의 흐름을 인식하고 레스토랑의 개념을 성공적으로 구축하는 데 탁월한 능력을 보여주었다. 그는 도널드 스미스가 떠난 후 리더십 공백으로 인한 어려운 상황을 빠르게 안정시키는 데 성공했다.

제프 캠벨은 1970년대 초에 마케팅 분야를 맡아서 크리스 쇼언러브 밑에서 일한 적이 있었다. 마케팅 부서에서 열정적이고 창의적인 직원으로 두각을 나타낸 제프는 이른바 "당신의 방식대로 드세요Have It Your Way"라는 광고 캠페인을 성공시켰다. 이를 계기로 그는 빠르게 승진했고, 1975년 매장당 연간매출 42만 달러를 달성하는 데 큰 역할을 했다.

캠벨은 마케팅 부서에서 일하면서 지역책임자 직책에 지원했고, 북동부지역 담당 부사장 직을 맡아 업무를 성공적으로 수행했다. 지역 전체를 맡아 경영한 경험을 가지고 그는 1981년 다시 마이애미로 돌아와 마케팅 부서의 최고책임자가 되었다. 그때쯤 버거킹의 매장당 매출은 72만 8,000달러에 달했다. 그로부터 4년이 지나서 이 수치는 100만 달러를 돌파하게 되었다. 노먼 브링커가 제프를 버거킹의 CEO 겸 이사회 의장으로 승진시킨 것은 바로 이 무렵이었고, 그는 그로부터 5년간 직책을 맡았다.

이사회 의장으로서 제프 캠벨이 처음 추진한 계획은 '운영구조개선Operation Shape Up' 계획이었는데, 이는 매장의 운영을 획기적으로 개선하고자 했던 도널드 스미스의 구상을 바탕으로 만들어진 프로그램이었다. 이 프로그램의 성과는 오래지 않아 나타났다. 1980년대 초반, 버거킹은 광고대행사 제이월터톰슨J. Walter Thompson Advertising Agency에 광고를 맡겼고, 아주 분명하고 잘 만들어진 메시지로 시장을 강타하며 커다란 광고효과를 거뒀다. 1983년 필스버리의 연례보고서는 자랑스럽게 밝히고 있다.

"버거킹의 광고는 솔직한 창의력으로 세간의 화제가 되었다."

여러 해 동안 우리가 펼친 다양한 마케팅 전략의 중요성에 주목해 볼 필요가 있다. 광고 캠페인이라는 것은 대중에게 어떤 메시지를 효과적으로 던져주기 위해 만들어지는 것이다. 버거킹은 대중에게 우리가 누구이고 우리는 무엇을 하는 사람인지, 그리고 우리 매장에서 식사하는 고객은 어떤 것을 누릴 수 있는지를 알려주고자 했다. 창의력이 이 전략의 핵심이었고, 우리 메시지를 가능한 한 효과적으로 널리전달하는 것이 우리의 과제였다.

1970년대 초에 시작된 초기 홍보문구 가운데 하나가 "당신의 방식대로 드세요"였다. 홍보효과도 굉장히 뛰어났고, 버거킹을 새로운궤도에 올려놓은 홍보 캠페인이었다. 이 광고를 통해서 우리는 고객들에게 특별하고 새롭고 독특한 서비스를 약속했다. 그 서비스는 다른 패스트푸드점에서는 누릴 수 없는 특별한 것이라는 점도 강조했다. 우리는 고객이 원하는 바에 따라 샌드위치를 만들 것이라고 약속했는데, 이는 맥도날드를 의식한 전략이었다. 우리는 맥도날드의 제품과 서비스 방식이 고객들에게 그들 자신이 특별한 대접을 받고 있으며 대우받고 있다고 느끼도록 만들기에는 좀 취약하다고 판단하고있었다. "특별하게 만들라, 버거킹을 만들라Make It Special, Make It Burger King"는 고객들이 우리 매장에서 어떤 대우를 받게 될지에 대한 기대와 각자의 기호대로 주문하여 만드는 서비스를 강조한 아주 성공적인홍보문구였다.

1980년대 초에도 제프 캠벨과 카일 크레이그Kyle Craig의 마케팅지식과 지도력 덕분에 성공적인 광고를 연달아 내보낼 수 있었다. 그들은 우리 햄버거의 질을 강조하는 데 초점을 맞추었고, 이러한 홍보전략은 대중의 마음속에 버거킹을 햄버거 먹기에 가장 좋은 장소로각인시켰다. "배고프지 않아요Aren't You Hungry?"라는 광고 캠페인은 불에 직접 굽는, 맛있는 재료와 소스가 어우러진 우리 햄버거를 보여줌으로써 블록버스터급 성공을 거둔 광고였다. "버거의 전투Battle of the Burgers"라는 광고는 버거킹 와퍼에 대한 고객들의 높은 선호도를 보여주는 설문조사 결과를 공개하면서 우리의 경쟁업체를 정면으로 저격했다.

이런 혁신적인 메시지를 담은 광고 덕분에 1981년부터 1987년 사이에 매장당 평균매출은 두 배로 증가했다. 이런 기대를 뛰어넘는 성공은 버거킹만의 고집과 탁월한 매장운영을 강조한 데 힘입은 것이었다. 광고가 고객에게 약속한 것을 실제로 현장에서 제대로 제공하는 데에 경영의 초점을 맞춘 것이다. 그러므로 무엇보다 매장을 잘 운영해야 했다. 만일 그렇지 않았다면 광고는 아무런 소용이 없었을 것이다. 그런데 보통 기업의 마케팅 담당자들은 아주 창의적인 메시지를 만들어내는 데만 신경을 쓴 나머지 이 간단하면서도 중요한 점을 간과하는 경우가 많다.

1985년 이전에 상당한 효과를 발휘한 네 가지의 마케팅 전략은 초창기의 주요 광고문구 가운데 하나인 "와퍼를 드시려면 두 손이 필요합니다It Takes Two Hands to Handle a Whopper"라는 카피에서 출발한다. 이 카피는 내가 CEO로 재직하던 시절 BBDO뉴욕에 본사를 둔 세계적인 광고대행사-옮긴이가 만든 것이다. 이 문구는 사람들이 오직 버거킹 매장에 와야만 누릴 수 있는 가성비와 제품의 질 그리고 독창성에 대한 강렬한 메시지를 담고 있다. 이 메시지가 크게 히트한 "당신의 방식대로 드세요"라는 광고로 이어지면서 버거킹이 미국에서 최고의 외식서비스를 제공하는 업체로 자리매김할 수 있는 강력한 토대가 만들어졌다. 그러나 불행히도 1985년 이후에 전개된 마케팅 전략은 이전의 광고 캠페인만큼의 결과를 만드는 데는 실패했다. 버거킹의 세계가 흔들리기 시작한 시기였다.

1980년대 초반, 버거킹은 신규매장 개설과 이익 면에서 괄목할 만한 성장을 이루었다. 이 시기는 전반적으로 경기가 호황을 누리던 때였고, 외식서비스 시장도 인상적인 속도로 성장하던 시기였다. 당연히 버거킹 프랜차이즈 매장을 내고 싶어 하는 사람도 늘어났다. 계약에 따라 매장으로부터 거둬들인 광고비 덕분에 1985년에는 연간 1억 7,500만 달러를 마케팅 비용으로 활용할 수 있었다. 같은 해 미국 내의 버거킹 매장은 4,225개로 증가했다. 여기에 강력한 광고 캠페인이 결합하면서 마케팅에 상당한 이점을 누릴 수 있는 중요한 물리적 토대가 형성되었다.

제프 캠벨은 마이애미에서 상당히 성과를 거둔 후, 본사로부터 미니애폴리스로 자리를 옮겨 필스버리의 외식사업 부문을 맡아달라는 요청을 받았다. 그러면서도 그는 버거킹의 CEO 겸 이사회 의장의 직책은 계속 가지고 있었다. 그러나 그가 마이애미를 떠난 후 상황이 많이 달라졌다. 도널드 스미스가 버거킹을 떠난 1980년부터 버거킹의 사장 겸 CEO로 일했던 제리 룬헤크Jerry Ruenheck가 1985년에 자리에서 물러나 은퇴하고 한 사람의 가맹점주로 변신했다. 카일 크레이그는 캠벨이 의장으로 승진한 후 마케팅을 총책임지면서 아주 높은 성과를 낸 사람이었지만, 승진하여 필스버리의 다른 외식사업 운영책임자로 떠났고, 나중에 스테이크앤드에일의 CEO가 되었다. 이후 그는 필스버리를 떠나 미국 켄터키프라이드치킨의 사장을 역임했다. 버거킹은 카일의 공백을 뼈저리게 느껴야 했다.

제리 룬헤크와 카일 크레이그가 회사를 떠나고 제프 캠벨이 미니애폴리스로 자리를 옮긴 후 버거킹은 한동안 경영이 불안정해졌고, 그 결과 임원들의 이직률이 눈에 띄게 높아졌다. 1986년 한 해 동안 마케팅 최고책임자의 자리를 세 명의 임원이 거쳐 갔고, 그 가운데 특별히 더 긴 시간 근무한 사람을 꼽기도 어려웠다. 마케팅 부서의 업무는 여러 명의 담당 임원들에게 나뉘어 넘겨졌고, 그들은 자신이 맡은 과제를 체계적으로 처리하기보다는 그저 임시방편적으로 수행했다.

이렇게 중요한 자리에 있었던 사람들이 차례로 회사를 떠나면서 여러 가지 면에서 회사는 내리막길을 걷기 시작했다. 최고경영진과 마케팅 조직의 혼란으로 이후 이어진 광고 캠페인들은 참담한 결과를 맞았다. 그 대표적인 예가 최악의 광고 실패사례로 꼽히고 있는 "허브 더 너드Herb the Nerd"라는 광고였고, 그 후에도 여러 개의 광고가 잇따라 실패했다. 심지어 "허브 더 너드"는 〈애드버타이징 에이지Advertising Age〉줄여서 〈애드 에이지〉라고도 불리는 광고업계 신문-옮긴이에 의해 '올해 최악의 광고'로 선정되기까지 했다. 바로 이어서 여러 개의 새로운 광고를 등장시켰으나 별로 나은 결과는 없었다. 심지어 우리 회사 소속의 마케팅 관련 연구원들조차 1985~1987년 시기를 "애매한 이미지의 시대blurred-image era"라고 말할 정도였다.

잘못된 아이디어를 담은 광고들이 연달아 실패하는 절망스러운 상황이 이어지면서 버거킹은 초점을 잃고 말았다. 대중은 버거킹이

전하는 메시지를 혼란스럽게 받아들였다. 게다가 각 메뉴들의 가격이 서서히 오르면서 문제는 더 복잡해졌다. 이는 결코 현명하지 못하고 허술한 전략으로 판명되었고, 그 결과 매장을 방문하는 고객 수가 계속 하락했으나, 당시 버거킹은 상황에 적절하게 대응하지 못했다. 광고가 초점을 잃고 헤매는 동안 모든 메뉴의 가격이 계속 상승하면서 버거킹 역사의 중대한 고비를 맞았다. 버거킹은 높은 가성비를 느낄 수 있는 곳이라는 대중의 생각도 바뀌기 시작했다. 이대로 방치할 경우 회사의 미래전망이 크게 꺾일 수도 있는 위기였다.

버거킹은 지금까지 고객에게 우리는 누구이며, 우리는 무엇을 하는 사람들인가에 대한 명료한 메시지를 던져주는 방식으로 사업을 성장시켰고, 그 메시지의 핵심은 언제나 고객이 누리는 가성비였다. 가성비라는 것은 가격보다 훨씬 중요한 문제다. 가성비라는 것은 다양한 서비스의 내용과 그로 인해 고객이 매장에서 느끼게 되는 분위기까지 포함된 개념이나, 우리는 이 모든 면에서 실패를 거듭하고 있었다. 경영진이 이 모든 문제의 심각성을 제대로 인식하는 데는 여러 해가 소요되었다. 그사이에 매장을 찾는 고객의 수는 계속 줄어들었다. 그러나 버거킹이 여전히 높은 이익을 내고 있었기 때문에 경영진은 이 문제를 대수롭지 않게 생각했다. 그러는 사이에 모든 것이 총체적으로 붕괴하고 있었고, 미래의 전망은 전혀 밝아 보이지 않았다.

1985년은 필스버리에게나 버거킹에게나 모두 좋지 않은 해였다. 특히 실망스러운 것은 윈 월린Win Wallin이 필스버리의 부사장 직을 떠나기로 했다는 것이었다. 그는 여러 해 동안 버거킹을 포함한 필스버리의 외식사업 전반을 관장해왔다. 그는 버거킹 경영진은 물론 가맹점주들로부터도 높은 평가를 받는 경영자였다. 그의 지명도와 지성, 그리고 성숙한 리더십은 사업상의 복잡한 관계를 잘 정리하는 데 안정적인 역할을 했다.

1985년 5월, 필스버리는 다이버시푸드Diversifood를 3억 9,000만 달러의 현금을 주고 사들였다. 다이버시푸드는 갓파더스피자Godfather's Pizza 체인과 차트하우스Chart House; 미국의 해물요리 전문 체인레스토랑-옮긴이 식당, 그리고 시카고 지역과 루이지애나·버지니아주 일부 지역의 377개 버거킹 매장을 운영하고 있었는데, 이들은 당시 운영상태가 매우 좋지 않았다.

우리의 가장 큰 가맹점 사업자였던 차트하우스는 도널드 스미스가 CEO로 있던 시기에 갓파더스피자를 인수했는데, 후에 이 인수는 과도한 비용이 투자된 실수인 것으로 판명되었다. 그때의 인수로 차트하우스의 법인명이 다이버시푸드로 바뀌었다. 당시 이미 갓파더스피자는 영업과 운영에 많은 문제를 지니고 있었고, 갓파더스피자의 인수로 다이버시푸드의 주가도 크게 하락했다. 심각한 마케팅과 영업, 그리고 회사의 이미지 실추 등으로 인해 직원들의 사기는 크게 저하되었다. 그 결과 매장의 운영과 매장들의 실적 등 모든 면에서 어려움이 커졌다. 도널드 스미스가 CEO에서 물러나 다른 직책을 맡게 되었을 당시 다이버시푸드의 상황은 좋지 않았다.

그럼에도 필스버리가 다이버시푸드를 인수한 것은 버거킹의 명성을 더 추락시키지 않기 위한 불가피한 조치였다. 당시 몇 년간 다이버시푸드가 운영하던 377개 버거킹 매장의 운영상황은 매우 좋지 않았고, 이로 인해 매우 중요한 시장에서 버거킹에 대한 평판이 나빠지고 있었다. 어쨌든 다이버시푸드를 인수하면서 버거킹의 상황은 그럭저럭 정리가 되었다. 그러나 제대로 아는 것이 거의 없다시피 한 피자사업에 덩달아 뛰어들어 부실한 피자 업체를 살려내야 한다는 것은 또 다른 문제였다. 또 태평양 연안에서부터 대서양 연안까지 전국에 흩어져 있는 차트하우스 체인의 풀서비스 레스토랑을 경영해야 하는 것도 역시 문제였다. 나는 내가 1970년대 초반에 주장했던 것처럼, 필스버리가 당시 아서 로스월이 내건 조건에 따라 차트하우스를 인수하지 못했던 것이 뒤늦게 안타까웠다. 이제 필스버리는 차트하우스의 다른 부실 조직까지 떠안아 왕의 몸값을 지불해야 하는 상황이 되었다.

거기에 더하여 1985년에는 빌 스푸어가 필스버리의 CEO 직을 떠났다. 이렇게 회사의 고위경영진이 잇따라 회사를 떠나면서 심각한 경영 공백이 생겨났다. 여러 부서의 주요 직책을 겸임하면서 필스버리의 새로운 CEO 자리에 오른 잭 스태퍼드Jack Stafford는 상당히 어려운 상황 속에서 매우 다양하고 복잡한 여러 사업을 효과적으로 수행할 수 있는 조직을 구축해야만 하는 아주 힘든 숙제를 떠안게 되었다.

1986 회계연도에 발표한 1985년 회계보고서는 "그 이전 3년간 눈부신 성장을 보였지만, 그해의 매장당 연간매출 증가는 소폭에 그쳤다"라고 솔직하게 인정하고 있다. 버거킹의 경우 가격인상을 반영한 매장당 매출은 오히려 전년보다 낮아졌다. 매장을 방문하는 고객의 수가 급락한 것은 말할 것도 없었다.

1985년부터 1988년 사이에 버거킹 임원실의 주인은 더 빠른 속도로 바뀌었다. 이러한 경영환경의 급속한 변화는 혼란스러운 결과로 이어졌다. 장기적인 전략이 제대로 수립되지 않으면 눈앞의 전술적인 문제나 운영상의 문제를 해결하기 어렵고, 빠른 수정이 불가능하며, 눈앞의 불도 끄지 못하게 된다. 이 중요한 시점에 버거킹 경영진은 사업에 중대한 악영향을 미칠 수 있는 여러 잘못된 결정을 연속해서 내리고 있었다.

우선, 이미 지나치게 많은 메뉴가 있었음에도 충분히 검증되지 않은 새로운 메뉴를 등장시켰다. 경영진이 매출과 고객의 감소세를 차단하기 위해 내놓은 여러 방안 가운데 하나가 바로 신메뉴 출시였다. 경영진이 수익을 높이기 위해 내놓은 두 번째 수단은 가격을 계속 올리는 것이었다. 그들은 가격인상을 통해 매장의 수익성을 높일 수 있을 거라고 기대했다. 이 두 가지 모두 전략적 관점에서 볼 때 굉장히 잘못된 방법이었고, 결과는 의도와는 정반대로 나타났다. 더 안타까운 것은 이러한 잘못된 전략으로 인해 생겨난 문제를 경영진이 고통스러울 정도로 오랫동안 인식하지 못했다는 것이다.

계속해서 신제품이 출시되고 있었고, 경영진은 그로 인한 피해가 얼마나 큰지 인지하지 못하고 있었다. 버거킹는 제한된 메뉴가 성공의 열쇠라는 단순한 전제 아래 세워진 회사다. 그러나 고객들은 이제 너무 많아진 메뉴로 인해 혼란을 느끼고 있었다. 메뉴가 다양해지면서 매장에서 문제가 발생하기 시작했다. 실제로 서비스 속도가 떨어졌고, 제품들의 전반적인 품질이 저하되었으며, 매장직원들은 고객의 주문사항을 정확하게 이행하는 과정에서 실수가 빈발했다. 실제로 이는 가장 큰 고객 불만사항이 되었다. 또 지속적인 가격인상으로 고객 충성도가 서서히 무너져갔다. 우리가 우리 자신에게 시장과 동떨어진 가격을 매기고 있다는 사실이 점점 더 분명해졌다.

1986년 내내, 그리고 1990년대까지, 매출과 방문고객 수는 계속해서 떨어졌다. 잘못 기획된 마케팅과 광고전략으로는 이러한 피해를 만회할 수 없었다. 1985~1986 회계연도의 광고비 지출액은 1억 9,000만 달러였고, 이는 1988년에 이르러서는 2억 2,700만 달러로 늘어났다. 이와 같은 엄청난 광고 공세에도 불구하고 매출악화와 고객감소는 나아지지 않았다. 1988년 가을 무렵 가맹점들의 동요는 거의 반란 수준으로까지 커졌고, 그랜드메트로폴리탄이 이 혼란에 가세했다. 필스버리와 버거킹의 주도권 다툼은 상황을 더욱 악화시킬 뿐이었다. 변화의 바람이 불고 있었지만, 이 바람이 버거킹과 가맹점들, 그리고 우리의 미래에 어떤 영향을 미칠지는 아무도 알 수 없었다.

몇 년이 지난 후, 버거킹은 1986년부터 1993년 사이에 매장당 고객 수가 34%나 감소했다는 사실을 인정하지 않을 수 없는 상황이 되었다. 이제 우리는 두 가지 질문에 대한 답을 찾아야 했다. 어쩌다가 이런 혼란에 빠지고 말았을까? 어떻게 해야 이 수렁에서 빠져나갈 수 있을까?

런던에서 날아온
선전포고

버거킹 매장 카운터에 서 있는 제임스 맥라모어

내가 이사회 이사로 있던 라이더시스템이 1988년 10월 3일 월요일부터 사흘 동안 버지니아주의 윌리엄스버그Williamsburg에서 이사회를 열었다. 아침식사 자리에는 이사들 가운데 몇 명이 먼저 도착해서 앉아 있었다. 내가 식당에 들어섰을 때 놀라운 소식이 나를 기다리고 있었다. 은퇴한 부사장이자 모빌오일Mobil Oil Corporation의 법무자문위원이던 허먼 슈미트Herman Schmidt가 나를 발견하더니 거의 소리치듯 물었다.

　"짐, CNN 뉴스 봤어? 필스버리에 관한 소식이던데?"

　그는 이어서 〈뉴욕 타임스The New York Times〉 아침판에서 본 전면광고 이야기를 했다. 영국의 그랜드메트로폴리탄이라는 회사가 필스버리 주식을 주당 60달러에 현금으로 사들이겠다는 광고를 냈다는 것이었다. 충격을 받았다는 표현은 굉장히 부드럽게 말한 것이다. 나도 평소 필스버리가 인수 위협에 취약할 수 있다고 걱정하기는 했지만,

이는 너무나 충격적인 소식이었다. 그 전날 뉴욕증권거래소에서 기록한 필스버리의 종가는 38달러였으니 60%의 프리미엄을 붙여서 사겠다는 충격적인 공개 선전포고가 나온 것이다.

이러한 원하지 않는 적대적 인수합병은 이례적이기도 했고, 매우 공격적인 것이었다. 그랜드메트로폴리탄은 필스버리를 인수하겠다는 의사가 분명했고, 최고의 가격을 제시했다. 그들의 제안은 그동안 필스버리 인수를 저울질하던 다른 기업이나 필스버리 측의 백기사white knight: 기업사냥꾼에 맞서 피인수 회사에 우호적인 역할을 해주는 세력 혹은 기업-옮긴이가 되어줄 이들이 경쟁을 단념하게 만들 정도로 파격적이었고, 필스버리가 자신을 스스로 방어하기 위해 내세울 수 있는 모든 방어수단에 대항하기 위해 철저하게 계산된 것으로 보였다. 필스버리는 그랜드메트로폴리탄의 공세에 어떤 식으로든 대응해야 했다. 나는 곧 미니애폴리스로부터 전화가 올 것 같다는 예감이 들었다.

필스버리가 기업의 인수합병 시장에서 인수 표적이 될 수 있다고 생각할 만한 몇 가지 이유가 있었다. 우선 최근 2~3년 동안 필스버리에 대해서 부정적인 보도가 많았다. 그 원인의 상당 부분은 경영진이 자주 바뀐 것과 이로 인한 잦은 변화에 있었다. 빌 스푸어는 1973년부터 1986년까지 13년간 회장 겸 CEO로 있었다. 그는 존 스태퍼드John Stafford를 강력하게 지지했고, 자신을 이을 신임 CEO로 이사회에 그를 강력 추천했다.

그린자이언트의 마케팅 최고책임자였던 존 스태퍼드는 뛰어난 평판과 배경을 가지고 필스버리로 들어왔다. 필스버리가 1979년 2월에 그린자이언트를 인수한 후, 그는 경영진에서 중요한 역할을 하며 회사에 많은 공헌을 했다. 그는 조직에서 중요한 위치로 급부상했다. 1984년에 이사회는 그를 필스버리 사장으로 선출했고, 그는 스푸어와 좋은 관계를 유지하며 협력해나갔다. 1986년, 스푸어가 은퇴할 나이가 되자 그의 강력한 추천으로 필스버리 이사회는 스태퍼드에게 이사회 의장 겸 사장, 그리고 CEO 직을 모두 맡겼다. 그러나 얼마 지나지 않아 스태퍼드는 경영자로서 임무를 수행하는 과정에서 많은 운영상의 실책을 저질렀다.

그는 CEO가 되면서 문제가 많은 여러 가지 사업을 넘겨받았다. 댈러스에 본사를 둔 스테이크앤드에일은 과도하게 확장되어 경영진의 통제를 벗어난 상태로 멋대로 굴러가고 있었다. 매출과 이윤은 이전 수준보다 더 떨어졌고, 회사는 여러 곳의 매장을 폐점해야 하는 상황에 몰렸다.

수익성이 높았던 베니건스태번Bennigan's Tavern; 아일랜드식 레스토랑 베니건스의 전신-옮긴이도 경영진에 의해 제대로 통제되지 않아 비슷한 문제가 나타나고 있었다. 경영은 상당히 느슨해졌고, 효율성은 점점 떨어졌다. 버거킹의 문제가 조금씩 풀리는 듯했지만 다른 편에서는 이러한 문제가 함께 나타나기 시작한 것이다.

1986년에 버거킹 경영진은 수익성을 높여야 한다는 압박을 받고 있었다. 1980년부터 1984년까지는 가격이 안정적으로 관리되고 있었고 수익성도 눈에 띄게 증가했다. 이 4년 동안 마케팅 프로그램도 성공적으로 운영되어 매출과 고객 수가 꾸준히 증가했다. 그러나 불행하게도 비용도 함께 증가하고 있었다. 당시 매장의 수익성은 크게 좋아졌지만 경영진은 향후 수익성이 압박을 받을 가능성을 고민했다. 그리고 그 문제에 대한 해결책은 간단하게 내려졌다. 바로 가격을 올리자는 것이었다.

1986년이 시작될 무렵, 버거킹의 주요 매장의 매출은 감소했고, 고객 수도 줄어들었다. 가격인상이 잘못된 정책이었다는 것은 분명해졌고, 시기도 좋지 않았다. 1988년까지 고객 수는 자유낙하했다. 경고음이 울리고 있었으나 아무도 듣지 못하고 있는 듯했다. 마케팅 전략이 너무 허술하고 어설펐으며, 회사는 부정적인 보도를 양산해냈고, 외식산업계와 광고산업계에서 조롱거리로 전락했다. 언론에서도 악명 높은 "허브 더 너드" 광고의 엄청난 충격을 예로 들며 좋지 않은 보도를 쏟아냈다.

여기서 존 스태퍼드가 광고대행사를 제이월터톰슨에서 N. W. 에이어N. W. Ayer로 바꾼 것은 또 다른 패착이었다. "허브 더 너드"의 대참사를 겪은 후 에이어사가 내놓은 "당신들이 하는 것처럼 우리도 한다We Do It Like You'd Do It"라는 광고는 또 다른 의문을 가져온 비효율적인 캠페인이었다. 이러한 각종 광고에 수억 달러의 비용을 지출했지만, 버거킹의 매출과 고객 수는 여전히 줄고 있었다. 이러한 대형 광고에 비하면 규모가 작기는 하나, "버거킹 타운Burger King Town", "바쁜 세상을 위한 최고의 음식Best Food for Fast Times", "더 크고 더 좋은Bigger and Better", "토치 직화가 더 좋아 Torch Broiling Is Better" 등의 작은 규모의 광고도 모두 실패했다.

당시 나는 필스버리의 각 사업부문 내부에서 일어나고 있는 모든 상황을 특별하게 자세히 알고 있지는 않았지만, 문제가 크다는 증거는 많이 있었다. 회사의 소비자제품 판매 부문과 외식사업 부문 모두 시장점유율이 감소하고 있다는 것은 필스버리가 여러 가지 면에서 어려움을 겪고 있다는 증거였다. 스태퍼드는 이러한 실망스러운 결과로 곤란한 상황에 놓이게 되었고, 필스버리 이사회는 자신들에게 보고되는 수치를 탐탁지 않아 했다.

엎친 데 덮친 격으로 빌 스푸어가 회사의 문제 해결에 도움이 되는 역할을 하고 싶다는 의사를 표명한 것을 언론은 필스버리를 곤란한 지경에서 벗어나게 한다는 명분으로 그가 CEO 직을 노리고 있다는 뜻으로 해석했다. 언론이 상황을 정확하게 해석하고 있었는지는 모르지만, 이러한 언론보도는 경영자들 간에 분쟁이 있다는 관측을 부채질했다. 필스버리의 매출, 마케팅, 수익 문제, 그리고 버거킹과 가맹점 간의 문제 등에 시장의 관심이 집중되었다.

1988년 3월에 플로리다 네이플스Naples에서 열린 필스버리 이사회에서는 경영 문제를 놓고 집중적인 논의가 벌어졌다. 스태퍼드는 사직서를 제출하고 모양 좋게 물러났고, 이사회는 그의 뒤를 이을 새 CEO로 빌 스푸어를 선임했다. 이 자리에서 이사회는 빌에게 후임자가 나올 때까지 임시로 CEO 직을 맡아달라고 요청했다. 언론은 이 사건을 비중 있게 보도했는데, 금융 관련 언론으로부터 혹평이 줄을 이었다.

〈포천Fortune〉지는 "필스버리의 가마솥 경영The Management Caldron at Pillsbury"이라는 제목의 기사를 실었다. 모든 기사들은 필스버리가 곤경에 처해 있으며, 이 난관을 극복하고 필스버리가 이전에 누리던 시장에서의 지위와 수익성을 회복하기 위해 과격하고 인기 없는 정책을 거침없이 구사하는 강경파 전직 CEO를 복귀시켰다고 보도했다. 언론과의 관계는 그 어느 때보다 부정적이었다. 회사의 어려움을 제대로 확인하기 위한 격렬한 내부검토가 있을 것이라는 예측보도가 곳곳에서 나왔다. 그랜드메트로폴리탄이 주당 60달러나 되는 거금을 주고 필스버리의 주식을 매수하겠다는 발표를 접한 1988년 10월 4일, 나는 이와 같은 갖가지 생각으로 머릿속이 어지러웠다.

필스버리가 인수합병의 표적이 될 수 있다는 소문은 이전부터 있었다. 그렇다면 무엇이 그랜드메트로폴리탄의 마음을 끌었던 것일까? 눈에 띄게 약해진 시장지배력과 자체적인 경영문제는 기업사냥이나 인수를 노리는 이들의 구미를 당기는 요인으로 작용할 것이 분명하다.

게다가 당시는 재계나 경제언론지에서 기업의 인수합병에 관한 이야기가 마치 유행처럼 유달리 많이 거론되던 특별한 시기였다. 당시는 정크본드junk bond; 수익률이 아주 높지만 위험률도 큰 채권-옮긴이 금융이 성행하면서 시중에는 현금이 넘쳐났다. 기업사냥꾼이나 기업인수를 고려하는 사람들이 쉽게 현금을 조달할 수 있었다. 마이클 밀컨Michael Milken; 미국의 정크본드 금융의 대표적인 인물로 후에 채권과 증권 관련 법에 의해 유죄판결을 받았다. -옮긴이을 비롯한 몇몇 사람들이 만든 드렉셀번햄램버트Drexel Burnham Lambert 같은 투자은행들이 정크본드의 세계를 지배했다. 이러한 정크본드 금융의 성행 덕에 이 시기에 미국 역사상 가장 규모가 큰 기업인

수가 여러 건 발생한다. 당시 기업사냥꾼들이 목표로 삼은 기업을 인수하기 위해 거액의 부채를 발생시킴으로써 훗날 보험회사, 상업은행, 저축은행, 대부업체 등 수많은 금융기관의 도산을 불러오기도 했다. 또 많은 금융기관이 이러한 일에 가담했다는 이유로 거센 비난을 받았다.

1988년 2월에 나는 도널드 스미스로부터 전화를 받았다. 그는 1977년부터 1980년 5월까지 버거킹의 사장으로 재직했다. 그는 버거킹 역사상 최고의 전성기를 이끌며 엄청난 매출과 이익증가의 성과를 냈던 사람이다. 가맹점주들도 그를 높이 평가했고, 기본에 충실하고 원활한 경영을 지향하며 효율적인 경영을 추구하는 경영자라 여겼다. 그는 이전에 맥도날드에서 고위경영진의 일원으로 일하다가 필스버리의 제안을 받고 버거킹 사장 겸 CEO로 오게 되었다.

그는 회사경영을 개선하기 위해 많은 일을 했다. 가맹점주들이 그에 대해 높은 존경심을 갖게 된 것은, 당시에 매장운영 수준을 최고 상태로 유지하는 것이 매우 중요하다는 인식을 회사와 점주들이 함께 공유했기 때문이다. 스미스는 규정을 강화했고, 가맹점주들은 그가 규정으로 정해진 운영절차를 벗어나는 것을 절대 용납하지 않는다는 것을 잘 알고 있었다. 그들은 그런 스미스의 결단력을 좋아했고, 그가 탁월한 통솔력을 가진 팀 빌더라는 사실을 높이 평가했다. 스미스가 경영을 책임지고 있는 동안에는 "누가 책임자인가?"라는 질문은 전혀 나오지 않았다.

문제는 스미스가 자기 못지않게 강경한 리더십을 가진 미니애폴리스 측을 상대해야 한다는 것이었다. 얼마 지나지 않아 전략적 문제와 경영 스타일의 차이로 인해 서로의 의견대립이 가시화됐다.

스미스는 버거킹을 운영하고 회사의 전략적 방향을 결정하는 과정에서 더 많은 재량을 행사하고 싶어 했지만, 실제로는 상당수의 문제에 대해서 필스버리 경영진과 이사회의 승인과 통제를 받아야만 하는 상황이었다. 이로 인한 심리적인 좌절감이 쌓여가고 갈등이 심해지며 감정적인 충돌이 일어나기 시작했다. 이는 1967년의 합병 이후 늘 존재했던 '우리 대 그들'이라는 대결구도를 더욱 고조시켰다. 마이애미의 경영진은 자신들이 마치 미니애폴리스 쪽을 향해 손을 내밀고 구걸하는 듯한 느낌이 들었던 것 같다. 내 회사의 전략을 수립하는 과정에서 내가 소외당하고 있다고 느낀 것이다. 그들은 현장에는 와보지도 않은 사람들이 문제해결에 대한 전술적인 접근과 대부분의 운영 문제에 관한 결정을 내리고 있다며 불평했다.

사실 이와 같은 문제는 모회사와 자회사 간에 흔히 벌어질 수 있는 일이다. 합병 전의 필스버리와 버거킹은 각각 독립된 기업이었고, 각자 자신만의 개성과 철학을 지니고 있었다. 이러한 집단 간의 차이가 때로 개인 간의 갈등으로 이어지면 원활한 업무협조는 이루어지기 어렵다. 그랜드메트로폴리탄이 인수전에 뛰어든 그때까지 21년 동안 필스버리와 버거킹 사이의 갈등은 줄곧 존재해왔다. 스미스가 회사를 떠난 것도 결국 이러한 갈등의 골이 깊어졌기 때문이었다. 1980년, 펩시코PepsiCo; 펩시콜라의 제조회사-옮긴이 에서 자회사 타코벨Taco Bell과 피자헛Pizza Hut을 맡아줄 것을 그에게 제안했다. 스미스는 회사를 떠나는 것이 짐짓 즐거워 보였다. 미니애폴리스의 경영진도 그가 사라지는 것이 결코 싫지 않다고 미루어 짐작해도 될 만한 이유는 충분히 있었다.

　스미스는 펩시코에서 잠시 일하다가 허시푸드Hershey Foods; 허시 초콜릿으로 알려진 허시컴퍼니의 당시 사명은 허시푸드였다. - 옮긴이로 옮겨 이 회사의 외식사업 부문을 맡았다. 당시 허시는 미국 북동부지역을 중심으로 600개 이상의 식당매장을 운영하고 있던 프렌들리스아이스크림Friendly's Ice Cream Corporation을 소유하고 있었다. 이후 스미스는 주로 중서부를 중심으로 한 레스토랑 체인인 퍼킨스패밀리레스토랑Perkins Family Restaurant이 인수한 홀리데이인Holiday Inn의 이사회로 들어갔다. 몇 년 동안 퍼킨스의 실적은 부진했고, 이는 그렇지 않아도 문제가 많았던 홀리데이인에게 또 다른 불필요한 문제를 안겨주었다. 이사회는 홀리데이인의 구조조정과 함께 퍼킨스를 처리하기로 했다. 스미스는 퍼킨스 체인의 경영진을 인수하고 회사의 수익성을 가능한 수준까지 회복시키기 위해 노력하는 조건으로 레버리지 매수leveraged buyout; 매수 회사가 매수자금의 상당 부분을 피인수 회사의 자산을 담보로 하여 차입한 자금으로 충당하는 기업매수 방식-옮긴이에 관심을 보였다.

　배스브라더스Bass Brothers Enterprises; 로버트 배스와 그의 형제들이 텍사스주 포트워스에 설립한 투자회사-옮긴이와 그곳의 핵심 담당자인 리처드 레인워터Richard Rainwater가 이 거래의 기획자인 동시에 레버리지 매수의 파트너가 되었다. 스미스는 몇 년 만에 퍼킨스의 실적을 호전시켜 회사와 투자자들에게 커다란 이익을 안겨주었다. 그는 이 과정에서 개인적으로 큰 성공을 거둔 것은 물론 배스브라더스로부터 높은 평가를 받았다. 도널드 스미스가 1988년 2월에 내게 전화를 걸었을 때, 그는 내게 소개해줄 사람이 있다며 그를 데리고 우리 집을 방문하겠다고 말했다. 이튿날, 우리 세 사람은 우리 집 수영장 옆에 마주 앉았다. 스미스가 데리고 온 사람은 금융거래 중개 전문가였는데, 그가 배스브라더스와 작업하던 시절 알게 된 사람이었다. 그들이 나를 찾아온 목적은 나중에 스미스로부터 홀리데이인과 퍼킨스 사이의 거래에 대한 이야기를 듣고 난 후에야 알게 되었다. 그들은 필스버리로부터 버거킹을 사들이고 싶었던 것이다.

필스버리의 이사였던 나는 그 문제에 대한 어떤 논의도 피하고 싶었다. 처음에는 그들과 이 문제를 언급하는 것도 내키지 않는다고 그들에게 말했다. 그들이 정 이 문제를 필스버리 측과 논의하고 싶다면 빌 스푸어와 직접 이야기해야 할 문제였다. 내가 이 문제의 한복판에서 이 논의를 주도하고 싶지는 않았다. 도널드 스미스는 버거킹의 상황이 점점 악화되어 내가 마음이 안 좋을 것이고 기꺼이 필스버리와의 사이에서 중재자 역할을 맡아주리라 생각했던 것 같다. 그러나 나는 그런 일에 끼어들고 싶지 않았다.

스미스는 이미 일부 우리 가맹점주들과 대화를 나눈 것이 분명했다. 이는 당시 언론을 통해서도 이미 보도된 내용이었는데, 가맹점주들이 필스버리의 버거킹 관리에 불만을 품고 있다는 내용의 기사가 많이 있었다. 스미스는 몇몇 가맹점주와 접촉해 자신이 버거킹을 인수하는 것에 대한 그들의 반응을 타진했다. 나는 스미스에게 그의 의향을 필스버리 측에 전달해줄 수는 있다고 말했고, 그러한 내용을 나중에 혹시 필요한 경우에 대비해 근거로 남겼다.

다음 날 아침, 나는 필스버리의 법무자문에게 스미스가 나를 방문했던 사실을 알리고, 경영진이 나와 스미스 사이의 대화 내용에 대해 더 알고 싶어 한다면 내가 파악한 대로 자세히 설명해줄 수 있다고 말했다. 그러나 그들 가운데 내게 추가 정보를 얻기 위해 전화를 건 사람은 아무도 없었다. 그렇지 않아도 시중에 필스버리가 기업인수 대상으로 떠오를 것이라는 소문이 무성한 당시 상황을 생각할 때 이는 정말 이상한 일이었다. 나는 얼마나 많은 사람이 우리를 곁눈질하여 보며 저울질하고 있는지 궁금해지기 시작했다.

도널드 스미스가 버거킹을 인수할 의향을 보이며 논의를 시작하려던 무렵, 시카고의 투자자이자 기업인수 전문가인 빌 팔리Bill Farley가 필스버리 주식을 사 모으고 있다는 소문이 들려왔다. 1988년 중반까지 팔리는 필스버리 주식을 300만 주 정도 매수했으며, 그의 평균 매수단가는 38달러 정도였다. 팔리는 이전 몇 년 동안 몇 개 회사를 적극적으로 인수했던 이력이 있어서 기업사냥꾼이라는 별명이 붙어 있었다. 그가 이렇게 특정 회사의 주식을 대량으로 꾸준히 매수하면 회사 측은 회사 경영권이 그에게 넘어갈지도 모른다는 위기감을 느끼게 된다. 이렇게 되면 회사는 더 많은 지분을 확보하기 위해 자기 회사 주식을 대량으로 사들이게 되고, 팔리는 적대적 인수를 포기하는 대가로 자신이 보유하고 있는 주식을 비싼 값에 회사 측에 팔아 큰 이익을 얻는다. 이러한 방식의 주식거래를 금융업계 용어로 그린메일greenmail이라고 한다.

1988년 여름 동안 필스버리의 주가는 일시적으로 3~4달러 정도

하락했고, 팔리는 이때 1,000만 달러 이상의 손실을 보았다. 게다가 그는 주식매입을 위해 차입한 돈에 대한 높은 이자도 지불하고 있는 상황이었다. 투자은행가이자 분석가이기도 했던 팔리는 취약한 기업의 상황을 꿰뚫어보는 안목이 있었다. 필스버리가 그의 다음 표적이라는 것은 분명해 보였다.

팔리가 1,000만 달러의 장부상 손실을 보자 그가 필스버리 주식을 대량으로 매수한 것은 치명적인 실수처럼 보였다. 그는 과거에도 거액을 빌려 여러 회사의 주식을 대거 사들인 적이 있었지만, 이번 일은 아무래도 불안해 보였다. 그러나 그의 모험에는 재미있는 측면도 있다. 그랜드메트로폴리탄이 필스버리의 인수를 끝낸 뒤 몇 달 후, 부에노스아이레스에서 열린 청년경영인협회 행사에 참석했다가 우연히 팔리를 만나게 됐다. 나는 그때 사들였던 필스버리 주식이 어떻게 되었느냐고 한번 물어보았다. 그는 7,700만 달러의 수익을 냈다고 대답했다. 어쨌든 그의 감각은 인정해주어야 한다.

우리 쪽 이사들도 누군가 필스버리에 눈독을 들이고 있다는 것을 알고 있었을 것이다. 그러나 팔리에 대한 것 말고는 구체적으로 누가 필스버리를 노리고 있는지 전혀 알지 못했다. 문제는 첫 번째 인수 공세가 어디서부터 어떤 형태로 올 것이냐 하는 것이었다. 이 문제는 이 사회가 구체적으로 토론하고 싶어 하는 주제는 아니었다. 그러나 그랜드메트로폴리탄의 10월 4일 발표는 이 문제에 대한 분명한 답이 되었다.

그랜드메트로폴리탄의 10월 4일 공개제안이 있고 며칠 후, 필스버리 이사회에서는 임시특별회의가 소집되었다. 필스버리의 주주들에게 그랜드메트로폴리탄의 제안은 그냥 넘겨버릴 수 없는 대단한 의미가 있었다. 필스버리 주가는 인수가 임박했다는 예상으로 인해 시장가치가 60%나 상승했다. 차액을 노린 투자자들이 두 발 벗고 뛰어들었다. 그들은 인수 전쟁이 주가를 더 끌어올릴 것이라고 믿고 있었다. 이제 이사회 이사들이 어떤 반응을 보일지에 주주들의 시선이 모아졌다.

처음에 주주들 대부분은 이사회가 이 제안을 받아들여야 한다는 반응을 보였다. 그 이유는 두 가지였다. 첫째는 매수 제안 가격이 시장가격과 비교할 때 "거절하기에는 너무 높다"는 것이었다. 두 번째 이유는 이 제안이 철회되는 것이 두려웠기 때문이었다. 주주들에게는 숲속 덤불 속에 있는 새 두 마리보다 새장 속에 있는 새 한 마리가 더 나았던 것이다. 그랜드메트로폴리탄은 전날 종가보다 60% 높은 가격에 매수하겠다고 제안했다. 주주들 입장에서는 자신들이 가진 주식의 가격이 하루아침에 크게 상승한 것이다. 그러나 주주들은 그 제안을 받아들일지를 결정할 권한이 없다. 주주를 대신해 중요한 사안을 결정할 권한과 의무를 전적으로 행사할 수 있는 유일한 조직은 이사회다.

그 전해인 1987년 12월에 필스버리 이사회는 소위 '주주권리보호방안 shareholders' rights plan'이라는 것을 채택한 바 있는데, 이것을 사람들은 간단하게 '독약 poison pill'이라고 불렀다. 그 내용을 보면, 회사가 인수 위협을 받을 경우 이사회는 주주들에게 시장가보다 싼 가격으로 인수자의 주식을 살 권리를 준다는 것이다. 이렇게 되면 회사를 인수하려 했던 기업은 비싼 비용을 부담하게 된다. 실제로 이러한 제도가 있는 한 적대적인 인수자는 이사회와 직접 협상하고 합의를 시도할 수밖에 없다. 반면 이러한 주주권리보호방안이 없는 경우, 주주들이 입찰가격으로 주식을 팔아 결국 적대적인 인수자가 자신들이 정한 조건으로 주식의 과반수 혹은 전부를 취득할 수 있게 된다. 적대적 인수자가 주식을 충분히 확보할 수 있으면 인수 방식을 여러모로 유리하게 이끌어갈 수 있다. 물론 이는 지나치게 단순화하여 설명한 것이기는 하지만, 필스버리와 그랜드메트로폴리탄 사이에서는 이 주주권리보호방안이 효력을 발휘하고 있었다. 따라서 두 회사는 협상에 나설 수밖에 없는 상황이 되었다.

이사회가 가장 먼저 반드시 해야 할 일은 그랜드메트로폴리탄이 제시한 주당 60달러라는 가격을 필스버리 주식의 전체 가치를 대표하는 것으로 인정할지를 판단하는 것이었다. 만일 이사회가 이를 인정하지 않는다고 결정한다면 이는 이사회가 다른 인수 희망자로부터 더 나은 제안을 기다린다는 의미로 해석될 수 있고, 그렇다면 이사회는 주가를 이 가격보다 높이기 위해 필요한 조치를 하거나 회사를 재편하거나 내부혁신을 단행하여 실제로 더 나은 제안이 누군가에게서 나오도록 유도할 책임을 지게 된다.

당시 회사의 법무 관련 업무는 기업인수합병 문제에 상당한 전문성을 인정받고 있던 스캐든, 압스, 슬레이트, 미거 앤드 플롬Skadden, Arps, Slate, Meagher & Flom에 맡기고 있었다. 그들은 필스버리에 다양한 법적 문제에 대해서 조언하고, 이사회가 주주들의 위임을 받아

수탁책임을 행사할 때 따라야 할 전략을 제안할 책임이 있었다. 또 이사들은 자산가치평가, 재무구조조정, 그리고 그들이 해야 할 여러 가지 상황에 대한 대응이나 다른 여러 문제들을 상의하기 위해 재무 컨설턴트의 도움을 받을 필요가 있었다. 이 역할은 미국의 4대 투자은행에 맡겨졌다. 바로 드렉셀번햄램버트, 워서스타인퍼렐라Wasserstein Perella & Co., 퍼스트보스턴First Boston, 그리고 셰어슨리먼휴턴Shearson Lehman Hutton이었다. 또 영국계 투자은행인 클라인워트-벤슨Kleinwort-Benson에도 자문을 의뢰하고 있었다. 당시 이들 투자은행에 지급되는 비용은 상당했다. 내 기억이 맞는다면 4,000만 달러 이상의 수수료를 내고 있었다.

10월에 열린 필스버리 이사회는 주주들에게 주주권리보호방안에 따른 권리, 즉 적대적 인수자의 주식을 시장가격의 절반에 매입할 수 있는 권리를 부여했다. 이 '독약'은 앞으로 벌어질 공방전의 방향을 결정하는 중요한 역할을 했다. 투자은행들의 연구와 자문을 바탕으로 필스버리 이사회는 주당 60달러라는 가격은 "불충분하다"고 판단했고, 주주들에게 주식을 내놓지 말라고 권고했다. 당시 투자은행들은 필스버리의 주당 실질가치는 60달러에서 73달러 사이라고 분석했다.

그러나 백기사를 찾기 위한 노력은 실패했고, 경영진은 구조조정을 실시하여 이를 통해 회사의 주가가 그랜드메트로폴리탄이 지급하겠다는 가격보다 훨씬 높은 가격에 다다를 수 있다는 희망을 보여주기로 했다. 이렇게 하면 필스버리는 인수되지 않고 독립성을 유지할 수 있다.

그들이 고려하는 구조조정의 핵심은 버거킹이었다. 구조조정안에는 필스버리가 보유하고 있는 버거킹의 주식을 주주들에게 우선 매각한 뒤 필스버리로부터 분리하는 방안이 포함되었다. 이 계획의 세부안을 보면, 버거킹은 분사되기 전에 최소한 10억 달러가 넘는 자금을 빌리게 된다. 자금을 빌리고 나면 버거킹은 필스버리에 이와 비슷한 수준의 엄청난 금액을 배당금 명목으로 지급하고, 필스버리는 이 금액을 모두 주주들에게 현금배당 형식으로 전액 지급한다는 것이었다. 이러한 배당은 필스버리 주식의 주가상승에 크게 영향을 미칠 것이다. 버거킹을 분사하고 거액의 배당금을 지급하면 필스버리 회사의 주식가치 총액이 그랜드메트로폴리탄이 제안한 수준을 뛰어넘는다는 것이 이 계획의 골자였다. 이러한 주식가치 총액의 예측치는 이사회에서 결정하고, 그들은 앞서 말한 네 곳의 국내 투자은행이 해준 조언과 설명에 근거하여 이를 결정하게 된다.

이러한 방어전략을 세우는 데 가장 중요한 역할을 하는 것이 버거킹이었다. 만일 어느 회사가 필스버리를 인수하게 되면 버거킹 분사에 상당한 세금부담이 따를 것이다. 바로 이 점이 너무 부담스러워 그랜드메트로폴리탄이 인수 제안을 철회할 수밖에 없을 거라고 본 것이다. IRS Internal Revenue Service; 미국 국세청-옮긴이는 버거킹을 필스버리의 주주로부터 정상적으로 분사하는 것을 비과세 거래로 보겠지만, 나중에 필스버리가 누군가에 의해서 인수된다면 국세청은 버거킹의 분사를 일종의 매각으로 간주할 것이다. 그러면 회계상으로 회사가 막대한 자본이득을 얻는 것이 되어 이에 따른 양도소득세는 엄청날 것이다.

버거킹은 필스버리에 그렇게 많은 배당금을 내는 데 필요한 현금을 마련해야 하므로 최소한 10억 달러 이상의 차입을 시도하게 될 것이다. 만일 이러한 차입이 성공하고, 투자은행도 차입이 충분히 가능하다고 판단한다면, 필스버리는 주주들에게 주당 15달러 정도를 배당하겠다고 발표하게 될 것이다.

그러나 이 정도 큰 규모의 자금을 빌리고, 그 빌린 돈을 배당금 명목으로 필스버리에 내고 나면 버거킹의 재정상황은 위태로울 정도로 악화할 것이고, 향후 확장에 필요한 자금 확보도 어려워질 것이다. 또 가맹점에 대한 회사의 투자나 서비스를 제대로 수행할 수 없게 될 것이다. 한마디로 기업의 현실적인 목적을 위해 버거킹을 파산시키자는 것이나 다름없는 계획이었다.

투자은행에 의해서 수립된 계획은 버거킹을 거의 빈사상태로 만들어놓고 부실해질 대로 부실해진 버거킹을 필스버리로부터 떼어내 버리겠다는 화가 치밀 수밖에 없는 내용을 담고 있었다. 이런 과정이 다 끝나고 나면 필스버리로부터 독립한 후 껍데기만 남게 될 정도로 부실해진 버거킹의 주가는 공개시장에서 주당 11~12달러에 거래되리라는 것이 투자은행의 의견이었다. 어쨌든 분사 작업을 통해서 만들어진 두 가지 행동과 더하여 '세금 알약'이라는 부담까지 져야 한다면 이 적대적인 인수자로부터 회사를 확실히 지킬 수 있다고 생각한 것이다.

필스버리 주식 1주당 15달러의 현금배당금이 지급되고, 이후 버거킹 주식 8,800만 주가 시장에서 12달러에 거래된다는 것은 원래 버거킹 주식의 가치가 최소한 27달러 이상이라는 것을 의미한다. 이는 필스버리의 주당 가치가 그랜드메트로폴리탄이 제시한 60달러보다 훨씬 높다는 사실을 델라웨어주 법원에 설득할 수 있는 중요한 근거가 될 것이다. 필스버리의 투자은행은 이렇듯 분사 후 버거킹의 발행 주식 수가 8,800만 주가 되도록 하고, 그 주식이 12달러 정도에 공개 시장에서 거래되도록 분사 계획을 설계했다.

만일 이런 일이 실제로 일어난다면, 거의 파산상태에 이른 버거킹의 시장가치가 10억 달러 이상으로 평가된다는 말이 된다. 나는 이를 도저히 납득할 수 없었다.

인수 전쟁

조지 H. W. 부시 대통령을 만나는 제임스 맥라모어

분사 계획에 대한 가맹점들의 반응은 다양했다. 그러나 모든 가맹점주와 버거킹 경영진 사이에 한 가지 공감대는 분명히 있었다. 필스버리라는 회사의 한 부분으로 계속 존재하는 것보다는 버거킹이라는 독립된 회사 이름을 되찾고, 버거킹이라는 독자적인 이름으로 주식이 증권시장에서 거래되는 것이 훨씬 바람직할 것이라는 점이었다. 가맹점주들은 최근 몇 년 동안 버거킹 사업에 대한 필스버리의 각종 일처리에 실망하고 있었으며, 그들 중 상당수는 차라리 분사하는 것이 낫겠다는 생각을 하고 있었다.

가맹점주들이 그렇게 느낄 만한 이유는 여러 가지가 있었다. 그들은 수익목표를 달성하기 위해서라며 버거킹 직영매장과 그에 딸린 값비싼 부동산을 팔아넘기겠다는 필스버리의 일관된 정책에 동의하지 못하고 있었다. 가맹점주들은 이를 근거로 필스버리가 사업에 대한 장기적인 헌신성이 부족하다고 판단했다. 그들은 또 버거킹의 경영위기가 만성화될 것이라고 우려했다. 버거킹 임원진의 높은 이직률도 그들을 동요케 하는 또 하나의 이유였다. 실제로 그들은 지난 17년 동안 이사회 의장이 아홉 명, 사장이 열 명, 그리고 마케팅 최고책임자가 여덟 명이나 교체되었다는 구체적인 수치를 들며 비판하고 있었다.

반면 필스버리의 계획에 따라 분사를 추진할 경우, 버거킹은 독립할 수 있지만, 회사의 재정건전성에 엄청난 타격을 입게 될 것이라는 우려가 있었다. 버거킹이 10억 달러의 빚을 새로 지고 이 엄청난 금액을 필스버리로 넘긴 후 분사되면 필스버리의 주주들은 두둑한 현금배당금을 챙기게 되겠지만, 버거킹은 과연 시장에서 살아남기 위한 경쟁을 계속할 만한 여력이 남아 있게 될지 의문스러웠다. 가맹점주들은 이렇게 되면 자신들에게 어떤 일이 벌어질지 충분히 알 수 있었기 때문에 결국에는 분사 정책에 반기를 들었다. 이러한 분사의 결과는 무시무시한 것이었다. 1967년에 버거킹이 필스버리에 합병된 이후 가맹점과 필스버리 본사 사이에 이처럼 분노와 알력이 심각해진 것은 처음이었다.

그랜드메트로폴리탄으로부터 공개제안이 있고 나서 몇 주간의 절망적인 시간 동안, 필스버리 경영진은 이사회가 받아들일 수 있을 만한 구조조정 방안을 만들어내는 일에 몰두했다. 필스버리의 주식이 주당 60달러라는 그랜드메트로폴리탄이 제안한 가격보다 더 높다는 사실을 입증해내는 것이 그들의 목표였다. 이 작업의 핵심인 버거킹의 주당 가치는 27달러는 충분히 된다고 여겨졌다. 이는 분사가 실제

Chapter 23 : 인수 전쟁

로 진행되고 은행의 예측대로 시장이 반응하는 것을 전제로 한다.

분사 후 버거킹의 실제 주식가치를 어떻게 결정하느냐 하는 것은 중요한 문제였다. 실제 일반 투자자들은 극도로 과대평가된 버거킹의 주식가치를 어느 정도로 평가해줄까? 투자은행들은 매출, 비용, 이익 등에 관련한 경영진의 향후 운영예측에 기반을 둔 예상수익성과 재무 상태를 전망하여 판단을 내리기로 했다.

이렇게 해서 작성된 버거킹 경영에 대한 전망치가 필스버리에 제출되었다. 필스버리는 좀 더 낙관적인 전망과 높은 수익잠재력을 보여주는 방향으로 수정하여 재작성해달라는 요청과 함께 이를 반려했다. 그러나 투자은행 측이 가지고 있는 데이터로는 필스버리가 원하는 수준의 낙관적인 예측보고서를 작성할 수 없었다. 당시 버거킹의 CEO 겸 사장으로 재직 중이던 찰스 올콧Charles Olcott은 책임질 수 없는 보고서에 서명하기를 거부하고 사임했다. 그는 자신이 투자은행 측에 처음 제출한 자료에 이미 충분히 '낙관적'인 시각이 반영되어 있다며, 더 이상의 '숫자 부풀리기'는 할 수 없다고 말했다.

이때가 버거킹 역사상 가장 슬픈 순간이었다. 후에 올콧은, 이미 알맹이가 다 빠진 버거킹의 향후 이익 전망치를 지나치게 높게 잡아놓은 예측보고서에 서명하거나 사임하거나 둘 중 하나를 선택하라는 압력을 받았다고 내게 털어놓았다. 그는 자신의 윤리의식을 저버리고 그들과 팀플레이를 하지 않으면 해고하겠다는 강요성 통보를 받았던 것이다. 상당히 원칙주의자였던 올콧은 내게 이렇게 말했다.

"짐, 나는 도저히 할 수 없었어요. 1차 보고서조차 이미 거품이 잔뜩 끼어 있었어요. 그런데 아예 그 거품을 더 부풀려 터뜨리라는 거에

요. 나는 그냥 웃기는 소리 그만하라고 말하고 나와버렸어요."

11월 6일 일요일, 필스버리는 긴급이사회를 열고 버거킹 분사 방안을 논의했다. 여기서 그들은 가장 최근에 작성된 가정과 데이터를 기반으로 만들어진 버거킹의 미래 수익 예상치를 내놓았다. 이 수치는 그들의 분사 정책을 충분히 정당화해줄 만큼 높았고, 투자은행들은 이를 기반으로 분사된 버거킹의 주식이 시장에서 주당 약 12달러 선에 거래될 수 있다는 의견을 냈다. 이사회는 이러한 의견을 내도록 투자은행들에 압박을 가했으며, 전문가 집단이라는 그들은 필스버리로부터 고액의 자문료를 받는 처지였다.

나도 필스버리의 이사 가운데 한 사람이었기 때문에 버거킹 경영에 대한 예측과 가정에 대해서 왈가왈부하기는 좀 어려웠지만, 솔직히 직감적으로 마음에 들지 않았다. 내가 보기에는 지나치게 '장밋빛 전망'으로 가득 찬 예측보고서였다. 개인적으로는 몇몇 구체적인 사항에 대해 강력하게 문제를 제기하고 싶었지만 내가 그렇게 하는 것도 적절치 않았다. 그나마 내가 할 수 있는 일은 투자은행을 상대로 그들이 만들어 온 경영예측과 결론에 대해 날카로운 질문 몇 개를 던지는 정도뿐이었다. 현재의 시장동향에 비추어 볼 때 버거킹이 이러한 목표치에 쉽게 도달할 수 있겠느냐는 나의 질문에 그들은 간단하게 "그렇다"고 대답했고, 내가 그들에게 던진 몇 가지 공격적인 지적에 대해서도 그들은 대충 얼버무리고 말았다. 이미 보고한 예측치를 어떻게든 정당화할 수밖에 없는 것이 그들의 입장이었을 것이다.

나는 당시 버거킹의 매장당 매출과 방문고객 수가 3년 연속 줄어들고 있다는 사실을 알고 있었다. 또 회사 경영진이 이러한 추세를 반전시킬 방법을 찾아냈다는 증거도 전혀 없었다. 이러한 내 생각이 옳다는 것은 훗날 입증되었다. 그로부터 또다시 5년 동안 매장당 매출과 방문고객 수는 내내 감소세를 면치 못했다. 은행 측은 내가 제기한 문제에 대해 나름 애써 설명했지만, 나는 그들의 전망에 대해 심각한 의구심을 지울 수 없었다. 그러나 나를 포함해서 필스버리 이사회 구성원은 필스버리 경영진이 지지하는 수치와 주장에 대해 심하게 이의를 제기할 수 있는 입장은 아니었기 때문에, 결국 최종적인 분석은 자문을 맡은 은행의 의견을 크게 벗어나지 않는 선에서 내려질 수밖에 없었다.

가장 치명적이었던 순간은 이사회에서 버거킹의 분사 방안에 대해 최종표결을 할 때였다. 나는 버거킹이 다시 독자적인 회사가 된다는 점에는 찬성했지만, 엄청난 자본 부족과 그로 인해 거의 파산한 상태로 분사되어 독립한다는 것은 끔찍한 일이라고 생각했다. 나는 그 계획이 도저히 마음에 들지 않았으나, 결국 그 계획이 표결에 상정되었을 때는 찬성표를 던졌다. 나를 제외한 모든 이사회 이사들이 이 계획을 지지하고 있었고, 내가 반대표를 던져봐야 득보다는 실이 더 많을 것이라는 생각이 들었기 때문이었다.

당시 이사회는 하나로 뭉쳐 있다는 점을 외부에 과시할 필요도 있었다. 게다가 필스버리 이사회 이사로서, 만일 성공한다면 필스버리 주주들에게 가장 이익이 되는 방안을 지지하는 것은 나의 임무이기도 했다. 나는 버거킹이 분사된 후에 주가가 과연 11~12달러 선 이상의 가치를 유지할 수 있을지에 대해 큰 의문을 품었다. 그러나 만일 내가 틀렸고 은행들의 분석이 옳았다면 이 분사 과정은 주주들에게 큰 만족을 주는 거래로 결론지어질 수 있을 것이다. 필스버리 이사회 이사로서 주주들의 이익을 지키는 것은 나의 의무이자 책임이었다. 나는 마음으로 버거킹을 더 지지할 수는 있었지만, 그들의 이익을 위해 행동할 수는 없었다.

다른 이해당사자의 입장에 대해서도 생각해보았다. 나는 회사의 모든 직원의 이익을 최대한 고려해야 할 책임도 있었다. 가맹점의 경우는, 만일 계획대로 분사가 진행된다면 부정적인 영향을 미칠 것이 분명했다. 거기에 대해서는 의문의 여지가 없었다. 나는 그들의 이익도 돌볼 의무가 있었다. 그들은 회사의 재무건전성이 훼손되지 않을 것을 요구할 권리를 갖고 있었고, 우리의 납품업체, 채권자, 직원 모두 마찬가지였다.

필스버리 주주를 위한 최고의 거래를 추구하는 것이 나의 공적인 임무이긴 하지만, 나는 적어도 개인적으로는 그랜드메트로폴리탄이 이 문제에 대한 최고의 해법을 찾아주었으면 하는 바람을 품기 시작했다. 실제로 필스버리 경영진과 은행 측은 가맹점들이 분사안을 지지하지 않는다면 분사 후 버거킹 주식을 시장에 내놓는 것이 쉽지 않을 수 있다는 우려를 하고 있었다. 그래서 필스버리는 11월 14일, 직원 및 가맹점주와 대화를 위해 제리 레빈 Jerry Levin 을 마이애미로 보내어, 분사를 전제로 하여 만든 향후 전망치가 유효한 것이며 분사 후에도 버거킹은 생존 가능할 뿐 아니라 역동적인 기업으로 발전할 것이라는 점을 설득하기로 했다.

레빈은 올콧이 버거킹의 CEO 직에서 사임함에 따라 그 후임으로 임명된 사람이어서 마이애미 측이 그의 등장을 달가워하지 않으리라는 것은 충분히 예상할 수 있었다. 그러나 분사 계획이 성공적으로 수행되기 위해서는 가맹점의 지지를 끌어낼 필요가 있었고, 그들에게 이를 설득시키는 것은 레빈의 책임이었다. 그러나 레빈은 가맹점주와 직원들의 대표를 만나기에 앞서 우선 버거킹의 경영진부터 먼저 설득해야 했다.

시간을 잠시 뛰어넘어, 그랜드메트로폴리탄이 필스버리를 인수한 후, 나는 한 중간관리자에게 직원들이 이 새롭고 충격적인 변화의 한복판에서 어떤 생각을 했는지 서면으로 적어달라고 부탁했다. 그리고 다음과 같은 서신을 받았다.

"그랜드메트로폴리탄의 인수에 대한 생각"

몇 주 전, 예상했던 일이 벌어졌다. 필스버리에서 550명이 해고되었고, 이와는 별도로 버거킹 직원도 550명이 해고됐다. 영국 제4위의 대기업인 그랜드메트로폴리탄에 인수된 지 두 달도 안 되어 벌어진 일이다.

한마디로 완전히 더러운 싸움이었다. 의심할 여지가 없었다. 필스버리의 최고경영진은 아마도 자신들이 정말 좋은 싸움을 하고 있다고 느꼈을 것이다. 이것은 필스버리라는 이름의 존엄과 필스버리의 전통, 그리고 회사의 포트폴리오를 구성하는 수백 개 브랜드를 구축하기 위해 오랫동안 최선을 다해온 사람들을 지키기 위한 독립전쟁이었다. 그러나 1776년 7월 4일의 독립혁명 때와는 달리 미국은 영국에게 패배했다. 필스버리는 그들의 주주뿐 아니라 직원들도 "더는 안 돼"라고 말할 것이라는 걸 생각하지 못했다. 주주들은 주당 60달러가 되는 순간을 아마 보지 못할 것이다. 구조조정과 버거킹 분사라는 막연한 약속은 기대했던 만큼의 금전적 대가로 돌아오지 못했다. 그것은 필스버리의 전통과 함께 지옥으로 떨어졌다. 필스버리 이사회와 고위경영진은 여러 번 기회를 걷어찼다. 직원들에 대해 말하자면, 그들은 이제 경영진에 대한 어떠한 기대도 포기했다. 여러 해에 걸친 만성적인 불안정과 경영 실패는 직원들의 희생을 불러왔다. 필스버리 주주들이 필스버리 주식 1주당 일정한 수의 새로 상장된 버거킹 주식을 갖게 될거라는, 버거킹 분사에 대한 제리 레빈의 기쁨에 찬 발표는 커다란 충격을 몰고 왔다. 그들은 직원들이 자부심과 소속감을 느낄 거라 예상했던 모양이다. 그러나 직원들은 퇴직금 대신 받은 주식이 발행 이후 기하급수적으로 폭락하는 끔찍한 광경을 목격해야 했다. 제리는 자신이 독립된 버거킹을 이끌 것이라는 터무니없는 허세를 부렸지만……. 그나저나, 그의 이야기를 들었던 직원들도 다 사라지고 이제 3분의 1밖에 되지 않을 것이다.

직원들은 회사가 지금 어떤 상태인지 업계 분석가나 주주들보다 훨씬 더 정확하게 알고 있는 사람들이다. 그래서 그들은 갑자기 등장한 그랜드메트로폴리탄에 기대를 걸었고, 그들에게 운을 걸어보기로 했다. 그러나 직원들은 어떤 좋은 일이 일어날 리가 없다는 것을 알고 있는 듯했다. 싸움에서 누가 이기든, 회사의 대량해고는 예정된 일이었다.

나는 이 글이 대부분의 가맹점주와 직원들의 심정을 담고 있다고 생각한다. 버거킹 쪽 사람들은 필스버리 측이 회사를 붕괴시킬 생각을 하는 것이 분명하다고 믿으며 무척 분노하고 있었다.

결국 갈등이 최고조에 달할 무렵, 필스버리는 버거킹 분사 계획을 포기하기로 결정했다. 피해를 볼 것이 분명한 가맹점의 반발과 분노가 여론을 움직인 결과였다. 그 아이디어는 그로 인해 커다란 영향을 받게 될 다양한 이해당사자들로부터 이해를 얻는 데 실패했다. 만약 그래도 추진을 강행한다면 법적으로 복잡한 소송에 휘말리게 될 가능성이 높았다.

11월, 델라웨어주 상법재판부 심리에서 앨런Allen 판사는 몇 가지 중요한 발언을 했다. 우선 그는 그랜드메트로폴리탄 변호사들에게 필스버리의 내부 재무정보를 들여다본 결과 필스버리의 주당 가치가 60달러보다 높을 수 있다고 판단한다고 말했다. 또 상황이 바뀌지 않는다면 자신은 이 생각을 고수할 수밖에 없으므로, 그랜드메트로폴리탄 측은 그의 생각이 바뀌기를 바란다면 "어떤 움직임을 보여주어야 한다"고 했다. 그는 다음 심리를 12월 12일에 속개하기로 했다. 그때 분사 문제에 대해서 다루기로 하고, 분사를 반대하는 사람들이 자신들의 주장을 고수할지, 그러지 않을지도 그때 들어보겠다고 말했다. 앨런 판사가 그랜드메트로폴리탄 측에 던진 메시지는 분명했다.

"나는 필스버리의 주당 가치가 60달러 이상이라고 본다. 그러함에도 당신들이 게임을 계속하고 인수를 추진하기를 원한다면 더 나은 조건을 제시해야 할 것이다."

필스버리 측에 대한 메시지도 분명했다.

"왜 당신들 회사의 주식가치가 60달러를 넘는다고 생각하는지, 그리고 앞으로 어떻게 이 가치를 계속 유지할지 그 이유와 방법을 제시해달라. 앞으로의 가치를 어떻게 예상하는가? 그리고 그러한 예상치가 나온 근거는 무엇인가?"

그리고 그는 마지막으로 이렇게 말했다.

"만일 당신들이 주주를 위해 주당 가치를 더 높일 수 없다면, 그랜드메트로폴리탄의 제안을 거부할 수는 없다."

이로써 필스버리 이사들은 그랜드메트로폴리탄이 제안한 내용보다 더 설득력 있고 나은 계획안을 만들어내야 한다는 부담을 안게 되었다. 만일 설득력 있는 방안을 제시하지 못한다면 판사가 직권으로 분사와 배당을 금지하고, 주당 60달러에 인수하겠다는 그랜드메트로폴리탄의 제안을 받아들일지 말지를 주주가 직접 결정하도록 하는 상황을 맞닥뜨리게 될 것이다.

12월 초, 그랜드메트로폴리탄은 주당 인수가격을 63달러로 올렸다. 필스버리 측에게는 이를 받아들일지를 결정할 시한을 주었고, 시한 내에 받아들이지 않으면 제안을 철회할 수도 있다는 위협도 함께 던져놓았다. 앨런 판사가 정한 다음 심리 일자인 12월 12일도 다가오고 있었기 때문에 필스버리 측이 받는 압박은 극심했다. 또 한편으로는 양측 변호사들 간의 만남을 통해 양측의 이견이 해결된다면 인수가가 조금 더 높아질 수 있다는 가능성도 논의되었다.

필스버리 이사회는 12월 11일 일요일의 전화회의를 통해서 양측을 대표하는 투자은행들 사이에 인수가를 66달러로 올릴 수 있다는 가능성이 논의되고 있다는 사실을 알게 되었다. 조금 더 높여 67달러가 될 수도 있다는 암시도 받았다. 한편으로는 인수가격을 65달러로 올리는 대신 시한은 자정까지로 하고, 만일 받아들여지지 않으면 인수협상을 종료하겠다는 것이 그랜드메트로폴리탄 CEO인 앨런 셰퍼드Allen Sheppard의 공식적인 입장이라는 정보도 들어왔다. 필스버리 이사들의 부담은 더욱 커졌고, 이쪽에서 활용할 수 있는 모든 옵션을 검토했다. 다음 날 델라웨어주 상법재판부에서 열릴 윌리엄 더피William Duffy 판사의 심리를 코앞에 두고 필스버리가 고려할 수 있는 선택의 폭은 매우 적었다.

당시의 복잡한 상황은 다음과 같은 정도로 요약될 수 있을 것 같다. 우리는 65달러라는 제안을 받아들일 수도 있고, 거부하면서 더 높은 가격을 요구할 수도 있다. 아마 66달러, 또는 67달러까지 요구해볼 수도 있을 것이다. 혹은 더 높은 가격, 예컨대 68달러를 요구하고, 이 금액을 받아들이지 않으면 소송을 각오하고, 이른바 독약이라고 불리는 주주권리보호방안을 발동하는 방법도 있었다. 소송은 최소한 3개월은 걸릴 것이고, 승소할 가능성은 높지 않았다. 우리 쪽 변호사들은 소송으로 간다면 "상당히 오랫동안 늪에 빠져 허우적거려야 할 것"이라고 반복해서 상기시켜주었다. 그만큼 사업에 미치는 타격은 엄청날 것이다. 싸움이 계속되는 동안 불확실성이 계속될 것이고, 이는 기업활동과 직원들의 사기를 떨어뜨리는 결과를 가져올 것이 분명했다.

주주들과 시세차익을 노리는 투자자들은 빨리 합의를 보라고 압박하고 있었고, 양측 간의 이견의 폭은 그렇게 크지도 않았다. 필스버리 이사회 이사들은 12월 12일 월요일 오전까지도 빈번하게 서로 통화를 하며 의견을 나눴다. 더피 판사의 심리는 오후 2시로 예정되어 있었다. 65달러라는 인수 제안 가격은 공식적으로는 전날 자정을 넘기면서 철회된 상태였다. 현재의 공식 제안은 63달러였고, 우리는 이 가격을 받아들일지 말지를 고민해야 했다. 이날의 전화회의에서 우리는 당시의 공식 제안이 부적절하다며 거부하기로 한 결의를 통과시켰다. 우리 측 변호사들은 다시 협의를 계속하면 66달러 정도에서 충분히 합의할 수 있다고 장담했다. 반면 나는 불리한 법원의 판결을 감수하기보다는 빨리 합의하는 것이 좋다고 주장했다. 이사들 대부분도 내 말에 찬성하는 듯했지만, 공식적으로 이를 표명할 필요는 없었다. 공은 델라웨어 법원으로 넘어갔고, 그 심리의 판결에 따라 우리는 다음 행동의 방향을 결정해야 했다.

더피 판사는 12월 12일 늦은 시간까지 심리를 진행했으며, 12월 16일에 판결을 내렸다. 오랜 심리의 결과로 나온 이 판결에 따라 필스버리는 버거킹 분사와, 인수자로부터 회사를 방어하기 위해 사용할 수 있는 핵심적인 무기인 이른바 '독약'을 사용하는 것이 금지되었다. 이렇게 해서 필스버리의 운명은 결정되었다. 인수를 막기 위한 소송을 벌이든지, 아니면 그랜드메트로폴리탄과 최선의 협상을 하는 것 말고는 방법이 없었다.

필스버리 이사회의 마지막 회의는 12월 18일 미니애폴리스에서 열렸다. 양쪽의 변호사들은 더피 판사의 판결 직후 이미 뉴욕에서 만나서 인수가격을 주당 66달러로 하는 인수제안서를 그랜드메트로폴리탄 측이 다시 제출하기로 합의했다. 이사회는 이 자리에 참석했던 변호사들과 은행 측의 의견을 들은 후에 그들의 조언을 받아들여 주당 66달러는 적정한 가격이며 필스버리의 주주들은 그 제안을 받아들여야 한다는 내용의 결의안을 통과시켰다. 이 결의안에는 빌 스푸어 한 사람만 반대표를 던졌다. 같은 날, 합병협정이 체결되었다. 1989년 1월 3일까지 필스버리의 주식 전량을 내놓고, 주당 66달러에 매입하며, 나머지 모든 주식에 대해서는 이 가격을 반영하여 합병 후 기업의 주식을 교환해주는 이른바 백엔드 머저 back-end merger 방식으로 정리하기로 했다.

필스버리가 합병 전쟁에서 공식적으로 항복선언을 하고 나서 며칠 뒤, 그랜드메트로폴리탄 미국사업 부문 CEO 이언 마틴 Ian A. Martin 은 '버거킹의 경영방식에 상당한 변화가 있어야 할 것'이라는 발언을 했다.

"우리는 식품소매업 부문에서 상당한 경험을 가진 사람을 영국에서 데려올 것이다. 그것은 거의 확정적이다."

〈마이애미 헤럴드〉는 그동안 버거킹의 분사를 추진하면서 가맹점과 필스버리의 관계가 악화된 점을 들어 마틴과 가맹점 측의 대화가 시작될 것을 기대한다는 보도를 내놓았고, 다른 신문들도 인수전 기간 내내 가맹점은 그랜드메트로폴리탄 쪽을 지지했으며 런던의 승리에 박수를 보냈다고 보도했다.

나는 12월 19일, 미니애폴리스를 출발해 마이애미로 돌아왔다. 공항에서 나는 〈USA 투데이 USA Today〉, 〈뉴욕 타임스〉, 〈월스트리트 저널Wall Street Journal〉 등 몇 종류의 지역신문을 샀다. 모두 그랜드메트로폴리탄의 인수전 승리에 대해 속보를 내놓고 있었다. 지역언론들은 이 새로 등장한 영국 회사가 필스버리 측과 수천 명의 직원들과 지역사회에 어떤 변화를 가져올지에 대해 예측하는 기사를 쏟아냈다. 트윈시티Twin Cities; 미네소타주에서는 미니애폴리스와 바로 동쪽 가까이 세인트폴 두 도시를 묶어 트윈시티라고 부른다. -옮긴이에 거주하는 많은 사람들의 삶이 힘들어질 것이며, 많은 이들이 일자리를 잃고 생계를 위협받을 것이라는 기사도 있었다.

그랜드메트로폴리탄의 입장에서 생각해보자. 그들은 필스버리 주주들에게 무려 57억 달러를 주고 회사를 인수했다. 필스버리의 현재 경영상황을 토대로 회사의 가치를 57억 달러로 평가한 것이겠지만, 그랜드메트로폴리탄은 자신들이 브랜드를 구축하고 마케팅하는 나름대로의 능력이 있으며 이를 바탕으로 필스버리의 시장입지와 실적을 강화시키겠다고 공언하고 있었다. 필스버리는 국내외에서 나름 유명한 브랜드를 보유하고 있었다. 몇 가지만 예를 들어도 버거킹, 와퍼, 하겐다즈Häagen-Dazs, 그린자이언트, 토티노스피자Totino's Pizza, 밴더캠프스Van de Kamp's, 필스버리스베스트Pillsbury's Best, 필스버리도우보이Pillsbury Doughboy 등이 있다. 그랜드메트로폴리탄이 이들 브랜드를 성공적으로 경영하여 그들이 단행한 거액의 투자결정이 잘못된 것이 아니었음을 입증해주기를 모든 사람들이 바라고 있었다. 나는 마이애미의 버거킹 사무실에 있는 사람들이 자신들에게 닥칠 경영상의 도전에 어떻게 접근할지 궁금했다.

1989년 1월 9일부로 필스버리는 그랜드메트로폴리탄에 정식으로 인수되었고, 이언 마틴은 필스버리와 버거킹의 이사회 의장으로 취임했다. 그는 43세의 젊은 나이인 배리 기번스Barry Gibbons를 버거킹의 CEO로 임명하고 마이애미로 보냈다. 배리가 마이애미에 도착한 후 며칠이 지나서 나는 버거킹월드헤드쿼터Burger King World Headquarters 빌딩 5층에 있는 내 사무실에서 그에게 전화를 걸었다. 나는 버거킹의 공동창업자이며 최근까지 필스버리의 이사로 일했던 사람이라고 나를 소개하고, 환영의 인사와 함께 "가능하면 빨리" 한번 만나고 싶다는 뜻을 전했다.

그는 정말로 나를 만나고 싶다며 지금 바로 내려가도 되겠느냐고 물었다. 몇 분 후에 그는 내 사무실을 방문했다. 즐거운 분위기 속에서 인사를 나눈 후, 나는 하고 싶었던 이야기를 곧바로 꺼냈다. 우리는 최근까지 적대적인 위치에 있었기 때문에 그는 내가 사무실을 비우고 건물을 나가는 것이 옳다고 생각하고 있을 듯했다. 어쩌면 그렇게 기대하고 있을지도 몰랐다. 나는 이 문제에 대해 이야기하고 싶었다.

"사실 당신과 나는 최근의 치열한 싸움에서 서로 적대적인 자리에 있었습니다. 그러나 나는 그랜드메트로폴리탄이나 당신을 내가 못마땅해하는 듯한 느낌을 주고 싶지는 않습니다. 실제로 못마땅하지 않기 때문입니다. 내 관심사는 전혀 다른 곳에 있습니다. 나는 당신과 그랜드메트로폴리탄이 버거킹 사업을 크게 성공시키기를 바랍니다. 그리고 혹시 필요하다면 어떤 도움이라도 주고 싶습니다."

그는 나를 뚫어지게 바라보며 이렇게 말했다.

"맥라모어 씨, 전부터 당신에 관한 이야기를 많이 들었습니다. 여기 오기 전에 당신에 대해서 꽤 많이 알아보았답니다. 이 회사의 설립자로서, 버거킹과 관계 있는 모든 사람으로부터 존경을 받은 분이었다는 것을 알고 있습니다. 이 사무실에서 계속 버거킹에 관여를 해주신다면 우리나 회사 모두에게 큰 도움이 될 것입니다. 그렇게 되면 우리에게도 영광입니다."

나는 그의 이 말에 큰 감동과 위안을 받았다.

이 대화 후 나는 내 사무실을 계속 사용할 수 있었다. 그러나 훗날 1992년 8월 24일에 몰아친 허리케인 앤드루로 인해 이 건물은 3,000만 달러 이상의 피해를 보았고, 건물을 모두 비워야 했다. 회사 건물의 피해도 컸으나 이 살인적인 허리케인의 직접 영향권 안에 있었던 많은 직원들의 집과 삶이 엄청난 타격을 입은 것은 더 마음 아픈 일이었다. 배리 기번스의 리더십으로 인해 그랜드메트로폴리탄 측에서는 이 자연재해의 피해를 본 직원과 가족들의 문제를 특별히 챙겨주었다.

그러나 직원들은 버거킹의 미래 변화를 위해 그들에게 곧 불어닥치게 될 구조조정이라는 폭풍이 그들의 삶을 어떻게 뒤흔들지는 아직 알지 못했다.

Chapter

24

매출감소의 악몽

버거킹월드헤드쿼터에서

그랜드메트로폴리탄이 57억 달러의 현금을 주고 필스버리를 인수했을 때, 그중 버거킹의 가치가 15억 달러에 이른다는 것이 시장 전문가들의 추측이었다. 그리고 그랜드메트로폴리탄은 버거킹이 가지고 있던 몇 가지 문제들도 그대로 물려받았다.

앞에서 말한 대로 버거킹의 실적은 1985년부터 꾸준히 줄어들고 있었고, 1993년에 다시 실적이 호전되기까지 이 감소세는 7년간이나 계속되었다. 이 기간 동안 제품가격은 계속 올랐지만 매장 평균매출은 감소했다. 더 심각한 것은 방문고객의 감소였다. 경영진은 이 문제를 알고 있었지만, 실질적인 고민을 하고 있다는 기미는 거의 보이지 않았다. 영업이익 감소를 반전시키겠다며 제품가격을 올렸지만, 이로 인해 오히려 매출은 자유낙하하고 있었다. 수익이 줄면서 매장운영의 수준도 점점 악화되었다.

수익성을 개선해야 한다는 압박을 느낀 그랜드메트로폴리탄 측의 새로운 경영진은 또다시 제품가격을 올린다는 전략을 들고 나왔고, 버거킹과 가맹점주들 모두 더 골치가 아파졌다.

우리의 주력제품인 와퍼의 가격은 1960년대 중반에 39센트였던 것이 1993년에는 지역에 따라 1달러 97센트에서 2달러 89센트까지 올라 있었다. 같은 기간 동안 10센트였던 12온스짜리 청량음료는 대부분 매장에서 79센트까지 올랐지만, 크기도 16온스로 늘어났다는 점은 고려해야 한다. 10센트였던 프렌치프라이는 크기를 세 종류로 나누며 가장 작은 것은 79센트, 가장 큰 것은 1달러 29센트에 팔았다. 물론 재료비와 포장비가 올랐기 때문에 가격인상을 해야 할 이유가 없었던 것은 아니지만, 가격의 인상폭을 그것만으로 설명할 수는 없었다.

재료비와 포장비가 소매가격에서 차지하는 비중은 원래 43%였지만 당시에는 30% 미만을 차지하고 있었고, 이는 고객들이 과거에 비해 같은 돈을 내고 훨씬 적은 양의 음식을 받는다는 말이 되었다. 우리의 사업은 고객들에게 가능한 한 높은 가성비를 제공한다는 단순한 명제에 기반을 두고 있다. 그러나 우리는 원래의 취지를 상실하고 있었고, 1993년이 될 때까지 이를 원래대로 회복하려는 시도를 해볼 엄두도 못 내고 있었다.

1993년까지, 실적을 다시 호전시키기 위한 다양한 마케팅 전략과 광고 전략이 실행되었다. 버거킹은 광고와 마케팅 프로그램을 실행하는 과정에서 수억 달러에 달하는 비용을 지출했지만 의미 있는 결과는 나오지 않았다. 좀 거리를 두고 있는 내 관점에서 바라봤을 때 분명 마케팅이나 광고의 문제가 아니었다. 고객들에게 가성비의 가치를 전달하는 데 실패하고 있다는 사실에 나는 충격을 받았다. 고객은 우리의 귀에다 대고 무엇이 잘못되었는지 소리치듯이 말하고 있는데 경영진은 그 소리를 듣지 못하고 있었다.

회사가 처음 사업을 시작했을 때 설정한 기본 토대였던 제품의 질과 빠른 서비스라는 개념에 왜 관심을 두지 못하는지 이해하기 어려웠다. 매장들은 손볼 부분이 많았고, 운영전략은 형편없이 낙후되어 있었다. 이런 상황에서는 광고라는 것이 양날의 검이 될 수 있다는 사실을 기억해야 한다. 제품과 서비스가 제대로 되어 있지 않고, 사업 자체가 엉망으로 운영되고, 고객의 기대에 한참 미치지 못하는 상태에서 고객들을 매장으로 초대하는 것은 위험하고 현명하지 못한 일이다. 그럴듯한 광고에 혹해서 매장으로 찾아오는 새로운 고객이 있다 해도 막상 고객으로서 자신의 요구가 전혀 충족될 수 없는 현실을 직접 보게 되면 회사는 더 큰 어려움에 빠지게 된다.

1985년부터 1993년까지 많은 광고 캠페인이 전파를 탔다. 각각의 광고마다 나름의 주제와 메시지가 담겨 있었다. 그러나 새로운 광고가 등장할 때마다 새로운 메시지가 던져지며 일관성은 흔적을 잃고 말았다. 강력하고 일관된 이미지를 만들어내고 그 이미지를 강화할 수 있는 능력을 갖추고 있지 못한 듯했다.

"허브 더 너드" 광고에 이어 등장한 광고는 "버거킹 타운"이라는 광고였다. 이 광고는 각 지역의 버거킹 매장이야말로 미국 전역의 '고향'에서 최고의 햄버거를 만들어줄, 그 지역에 상주하고 있는 전문가라는 메시지를 담고 있었다. 반면 "바쁜 세상을 위한 최고의 음식"이라는 광고에서는 버거킹 매장에 오면 정신없이 바쁜 세상에 맞는 최고의 음식을 맛볼 수 있다는 메시지를 전달했다. 이렇게 자주 바뀌는 메시지로 인해 우리는 대중을 혼란스럽게 만들고 있었다.

이 어려운 시기에 나는 한 무역 관련 출판사의 편집자로부터 전화를 받았다. 그는 버거킹이 광고를 통해 대중에게 던져주는 모호하고 왜곡된 메시지에 관한 내 생각을 물었다. 그는 회사가 대중과 어떻게 소통하려고 하는지 이해를 하지 못하겠다고 말했다.

더 시급한 문제도 있었다. 새로운 광고나 판촉활동을 시작하는 것보다 더 중요한 것은 제품의 질과 서비스의 수준을 높이고 매장 내부를 전반적으로 손질하는 것이었다. 그것이 순서였다. 내부를 정리하는 것이 우선이고 광고는 다음의 일이다.

어느덧 메뉴의 가짓수가 너무 많아졌고, 그로 인해 중요한 문제가 발생했다. 지나치게 많은 종류의 메뉴는 혼돈을 불러오기까지 했다. 원래 우리의 주력제품은 햄버거였으나 언제부터인가 치킨, 생선, 디저트뿐 아니라 온갖 종류의 독특한 샌드위치를 팔고 있었다. 와퍼는 분명 모든 미국인으로부터 가장 사랑받는 샌드위치였음에도 경영진은 햄버거 자체와 우리만의 독특한 직화 방식에 집중하기보다 신상품 개발에 더 관심을 가졌다. 우리는 이제 더 이상 '미국 버거의 왕'이 아니었다. 우리가 오랫동안 싸워 힘겹게 얻은 고귀한 위치였는데 말이다.

"당신들이 하는 것처럼 우리도 한다"라는 고전적인 광고는 또 다른 실패작이었다. 수백만 달러를 들여 내보낸 이 광고는 만일 고객들이 직접 음식을 준비하게 된다면 어떤 식으로 하게 될지 보여주고, 우리도 그와 똑같은 방식으로 제품을 준비하고 있다는 메시지를 전달했다. 1993년 7월 16일 자 〈월스트리트 저널〉은 이 광고에 대해 "매디슨 가Madison Avenue; 미국의 광고업계를 가리키는 말-옮긴이의 배수구가 누군가의 회의실에서는 좋게 평가되었을지 모르지만 실제로는 전혀 가치 없는 구호들로 꽉 막혀 있는 것 같다. 1988년에 버거킹이 잠시 내놓았던 따라 발음하기도 힘든 구호인 '당신들이 하는 것처럼 우리도 한다' 같은 것들 말이다"라고 논평했다. 기사는 또 이렇게 이어간다.

"가끔 오래된 구호가 죽지 않고 여전히 기억 속에 남아서 브랜드들을 괴롭히는 경우가 있다. 버거킹은 "당신의 방식대로 드세요"라는 구호 이후에도 대부분 기억에서 쉽게 사라지지 않을 잊을 수 없는 대사를 열 개나 내놓았다."

"당신의 방식대로 드세요"는 매우 성공적인 광고문구였으나 그사이에 대중의 기억에서 사라져버렸다.

햄버거에 대한 중요성을 그동안 잊고 있었음을 뒤늦게 깨닫고 나서 한동안은 "우리도 한다"라는 광고를 통해 다시 한번 햄버거를 굽는 우리만의 독특한 방법을 강조했다. 이는 경쟁업체들과의 차별성을 강조한 것이었다. 이 광고는 해변에서 즐겁게 놀고 뒤뜰에서 요리하는 장면을 등장시켰지만, 문제는 우리 매장에서 실제로 가능한 장면은 거의 없었다는 점이다. "가끔은 규칙도 무시해야 한다Sometimes You Gotta Break the Rules"라는 광고도 굉장히 돈을 많이 들여 제작한 광고였다. 이 역시 논란이 많았는데, 최소한 이 광고를 기획한 마케팅 임원들은 아마도 고객들에게 최고의 음식과 서비스를 제공할 수만 있다면 버거킹은 어떠한 극단적인 일도 기꺼이 벌일 각오가 되어 있다는 메시지를 던져주려는 의도였을 것이다.

그러나 시간이 흐르며 이렇게 비싼 돈을 들여 만든 광고도 결국 수명을 다해 퇴장하고, 그동안 매출실적은 제자리걸음에, 방문고객 수는 자유낙하를 계속하고 있었다. 나는 버거킹이 고객들에게 더 이상 최고의 가성비를 제공하지 못하고 있다는 것이 문제의 핵심임을 확신했다. 우리는 우리를 스스로 과대평가하고 있었으며, 이는 시장의 평가와는 동떨어진 것이었다. 우리는 다양한 활동과 광고를 통해 모든 미국인들에게 버거킹이 지금 상황에서 버거킹의 가치를 되돌려 놓기 위해 무언가를 하고 있다는 메시지를 꾸준히 내보냈어야 했다.

이런 잘못된 마케팅 활동을 계속하고 있는 동안에, 나는 웬디스Wendy's; 미국의 패스트푸드 체인업체 가운데 하나-옮긴이 체인레스토랑의 설립자인 데이브 토머스Dave Thomas의 전화를 받았다. 나는 전미레스토랑협회 회장으로 재직하던 1975년에 그를 만난 적이 있었다. 그때 나는 NRA 무역박람회NRA Trade Show and Exposition 참석차 시카고에 있었고, 그는 웬디스의 마흔 번째 매장이자 일리노이주에서의 첫 번째 웬디스 매장 개점을 위해 시카고에 와 있었다. 당시 우리는 초면이었지만, 그는 내게 매장 오픈행사에 참석해 몇 마디 해달라고 부탁했다. 이 일을 계기로 나는 이 흥미로운 사내와 오랜 우정을 지속해오고 있었다.

몇 년 후에 그는 포트로더데일플로리다주의 도시-옮긴이로 이사를 했고, 우리는 다양한 지역행사와 모임에서 자주 보게 되었다. 이러한 만남이 계속되면서 우리의 우정과 서로에 대한 존경심은 깊어졌다. 우리는 둘 다 학대받고 버려지는 아이들의 안타까운 사연에 관심을 가지고, 이 문제와 관련한 플로리다 남부지역의 자선활동을 지원하고 있었다. 어린이가정협회Children's Home Society라는 이름의 활동이었는데, 이 협회가 지원하는 맥라모어아동센터The McLamore Children's Center는 마이애미에서 꽤 알려진 아동시설이었다.

데이브 토머스는 전화로 아동복지 문제에 관련하여 상의할 것이 있다고 했다. 나는 당시 내 사무실이 있던 버거킹월드헤드쿼터에서 함께 점심을 하자고 말했다. 그렇게 해서 우리가 함께 식당으로 걸어 들어가던 도중에, 그는 갑자기 내 쪽으로 몸을 돌려 짓궂은 눈짓을 하며 말했다.

"짐, 버거킹의 광고들 말입니다. 앞으로도 죽 그렇게 하세요. 환상적입니다."

그의 짓궂은 표정을 보면서 나는 우리가 대중의 마음속에 버거킹을 어떤 이미지로 심어주려 하고 있는지 우리의 경쟁업체들도 이해하지 못하고 있다는 느낌을 받았다.

우리의 상황을 잘 알고 있는 그가 선의를 가지고 해준 이 말을 듣는 나의 표정은, 아마도 상당히 실망스러워 보였을 것이다. 그는 만일 내가 지금도 회사 경영권을 쥐고 있다면 어떻게 하겠느냐고 물었다. 나는 이렇게 대답했다.

"리 아이어코카Lee Iacocca; 크라이슬러를 위기에서 부활시킨 것으로 유명하여 한때 유력한 대통령 후보로도 거론되었던 경영자-옮긴이가 크라이슬러를 위해 했던 것같이 열심히 일하며 회사의 충실한 대변자가 될 겁니다. 나는 내가 30년 전에 와퍼를 만들었고, 와퍼는 미국인이 가장 좋아하는 햄버거이고 최고의 햄버거라는 멘트와 함께 TV에서 와퍼를 보여줄 겁니다."

그로부터 몇 개월 후에 나는 데이브 토머스가 직접 등장하는 웬디스 광고를 보게 되었다. 그는 처음으로 직접 출연한 광고에서 웬디스의 충실한 대변인 역할을 하고 있었다. 이 광고가 원래부터 구상되어 있던 것인지, 아니면 나와의 대화를 통해 이런 아이디어를 생각해낸 것인지는 알 수 없었다. 그러나 웬디스 홍보에 창업자인 데이브 토머스를 등장시킨 이 광고는 지금도 외식산업계에서 가장 성공적인 마케팅 전략의 하나로 손꼽히고 있다. 이러한 인간적인 접근에 초점을 맞춘 마케팅 전략에 힘입어 웬디스의 매출은 몇 년간 빠르게 늘어났다.

데이브 토머스는 그 특유의 소박한 이미지를 활용하여 가성비 높은 주력상품과 몇몇 신상품을 효과적으로 대중에게 소개했다. 웬디스는 가성비라는 문제를 정면으로 다뤄야 한다는 필요성을 제대로 인식하고, 열광적인 소비자들의 반응을 마케팅에 활용한 최초의 체인레스토랑 가운데 하나였다. 토머스는 회사의 사실상의 수석대변인이 되어 고객들에게 웬디스의 가치에 관한 메시지를 전달했고, 웬디스의 매장당 매출액은 크게 늘었다. 반면 버거킹 매장의 평균매출과 방문고객 수는 별다른 변화가 없었다. 1993년까지 매장 평균매출은 7년째 감소세를 기록하고 있었으며 매장당 방문고객 수는 1984년과 비교하여 25%나 감소한 상황이었다. 이렇게 매출이 떨어지면서 상당수 점주들의 재정상황도 악화되었다.

1989년부터 1993년까지, 즉 그랜드메트로폴리탄이 버거킹을 인수한 초창기에도 매출과 고객 감소 문제는 해결되지 않았다. 버거킹 마케팅 부서가 보관하고 있는 많은 기록들은 당시의 슬픈 상황을 잘 말해준다. 다음 표에서 '고객점유율'은 즉석서비스레스토랑 QSR; Quick Service Restaurant 업종 전체 고객 가운데 버거킹 고객이 차지하는 비중을 나타낸다. 여기서 전체 고객이란 햄버거를 포함한 각종 샌드위치를 판매하는 패스트푸드 식당의 고객을 말한다. '매장당 평균매출'은 제품가격 인상을 고려하지 않은 실제 매출액이며, '평균고객수'는 버거킹 매장을 찾은 실제 고객 수이다.

연도	고객점유율	매장당 평균매출	평균고객수
1985	17.0	1,014,000	943
1986	16.6	1,020,000	893
1987	16.5	1,012,000	872
1988	16.6	983,000	842
1989*	16.2	952,000	792
1990	15.7	955,000	735
1991	15.0	946,000	697
1992	14.6	961,000	687

*그랜드메트로폴리탄이 인수한 시점은 1989년이다.

평균고객수의 감소세를 보면 1985년 943명이었던 것이 1992년에는 687명으로, 8년 사이에 25% 이상 줄어든 것을 통계로 확인할 수 있다. 만일 이러한 경향이 그 후로도 계속되었다면 회사나 가맹점이 입은 타격은 엄청났을 것이다. 실망스러운 매출과 수익 감소, 가맹점의 좌절감, 그리고 미래에 대한 고민 등으로 암울하던 1993년 중반,

짐 애덤슨Jim Adamson 이 새로운 CEO로 취임했다. 모두가 지금까지의 흐름을 뒤집고 다시 회사를 정상궤도에 올려주기를 기대하며 그의 취임을 지켜보고 있었다.

제임스 맥라모어, 버거킹을 다시 살리다

나는 패스트푸드사업이나 프랜차이즈산업에 대한 경험이 전혀 없었음에도 불구하고 COOChief Operations Officer; 최고운영책임자로 버거킹에 들어왔다. 마치 오리가 물 밖에 나와 있는 느낌이었다. 내가 CEO가 되기 전, 나는 제임스 맥라모어가 버거킹 본부 건물에 개인사무실을 가지고 있음에도 불구하고 사람들이 회사의 활동에 대해서 적극적으로 그의 도움을 구하거나 그와 대화를 나누려고 하지 않는다는 사실을 알고 있었다.

1993년에 CEO가 된 후, 나는 다시 제임스 맥라모어의 도움을 받을 수 있으면 좋겠다고 생각했다. 그는 여전히 우리와 같은 건물에 있었다. 나는 그의 사무실로 내려가서 이렇게 말했다.

"짐, 당신은 버거킹 그 자체입니다. 지금 회사가 8년째 어려움을 겪고 있지 않습니까. 내부적으로는 회사가 가맹점과 반목하고 있습니다. 저는 당신이 과거 버거킹에서 했던 일들을 정말 높이 평가합니다. 그리고 앞으로도 우리를 계속 도와주기를 바랍니다. 내가 지금 당신을 찾아온 것은 회사를 다시 되돌려놓고 싶기 때문이고, 이를 위해 당신의 능력을 적극적으로 활용하고 싶어서입니다. 당신은 회사를 위해 무언가를 할 수 있을 겁니다."

제임스 맥라모어가 대답했다.

"물론 나도 돕고 싶습니다. 그러나 한 가지 조건이 있습니다. 나는 잔인할 정도로 정직하게 이야기할 것입니다. 그리고 거침없이 작살을 던질 것입니다. 조금도 숨기지 않고 내가 생각하는 대로 말할 겁니다."

나는 그날 밤 집으로 돌아와 그가 한 말의 의미를 곰곰이 생각해보았다. 다음 날 다시 회사로 출근하면서, 나는 그의 말을 전적으로 받아들이기로 했다.

버거킹을 대대적으로 개혁하려면 가맹점주들의 적극적인 지지를 끌어낼 필요가 있었다. 맥라모어와 나는 함께 이른바 '짐 앤드 짐 쇼Jim and Jim Show'를 시작했다. 자주 만나 회사의 경영과 관련된 모든 문제를 함께 이야기하고 버거킹이 현재 직면하고 있는 문제를 해결하기 위한 전략을 세워나갔다. 그는 나의 멘토였고, 후원자였다. 그는 가맹점들과 함께 이 전략을 추진할 수 있도록 나를 도와주었다. 이것은 최근 몇 년 동안 회사가 할 수 없었던 일이었다. 8개월이 지나고, 버거킹의 방향을 새롭게 설정하기 위해 가맹점들과 새로운 프랜차이즈 계약을 체결했다. 가맹점과의 관계가 이렇게까지 풀린 것은 맥라모어의 솔직함과 열정 덕분이었다.

제임스 맥라모어의 적극적인 도움이 없었다면 짧은 시간 안에 이런 합의를 이끌어내는 것은 불가능했을 것이다. 그는 누구든 자신을 따르게 만들고, 그들을 성공으로 인도할 수 있는 포용력과 지혜를 지닌 사람이었다. 그는 가맹점들에 대해서도 그런 능력을 유감없이 발휘했다. 가맹점주들은 그의 말을 경청했고, 그를 존경했다. 내가 버거킹의 CEO로서 성공한 것은 전적으로 그의 인간적인 영향력과, 가맹점과 그의 관계 덕택이었다.

내 경력을 돌이켜보면 CEO로 일한 것은 버거킹이 처음이었다. 그때 제임스 맥라모어로부터 배운 많은 교훈은 이후 나의 경력을 통틀어 계속하여 큰 도움이 되었고 성공적으로 내 일을 수행할 수 있게 해주었다.

-1993~1995년 버거킹 CEO, 짐 애덤슨

다시 현장으로,
다시 기본으로

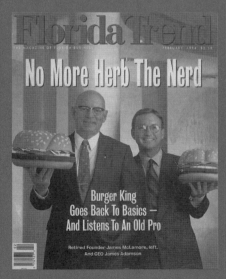

짐 애덤슨과 짐 맥라모어

나는 버거킹의 CEO 직에서 물러난 후에도 경영진과 가맹점주들 가운데 몇몇 사람들과는 꾸준히 대화를 유지했지만, 공식적으로 경영에 관여한 적은 없었다. 관여라고 한다면, 가맹점주들이 모인 전국대회에서 연설을 한다거나 비공식적인 자리에서 내 의견을 이야기하는 정도가 전부였다. 더는 회사의 미래를 설계하고, 발표하고, 설명할 수 있는 위치에 있지 않았고, 공석이든 사석이든 이야기할 기회가 있더라도 회사의 전략을 승인 또는 불승인하거나 회사에서 일어나는 일에 대해 찬반을 표시하는 일은 전혀 하지 않았다.

이러한 전국대회는 경영진이 가맹점과의 관계를 돈독하게 회복하는 가운데 운영 및 마케팅 전략을 제시할 수 있는 기회였다. 이런 기회가 있을 때마다 나는 버거킹의 본래 운영시스템은 업계 최고였으며, 이러한 기준을 고수하는 것이 매우 중요하다는 간단하고도 기본에 충실한 메시지를 반복해서 강조했다. 나는 이 사업을 구축하는 기본적이고 근본적인 원칙을 준수하는 것의 중요성을 더욱더 강조해야 한다고 생각했다. 그것은 바로 음식의 질, 매장의 청결도, 서비스의 속도, 직원들의 태도였다. 이것은 언제나 버거킹 사업의 성공을 위한 기본공식이었으며, 나는 기회가 주어질 때마다 이 원칙을 다시 세우기 위해 노력했다.

데이브 에저튼과 나는 버거킹의 성공을 위해서는 품질과 청결, 속도, 그리고 친절한 직원이라는 기본원칙이 반드시 충실하게 준수되어야 한다고 믿었다. 그리고 어떤 곳이든 새로 진출하는 시장에서 빠르게 규모를 키우기 위해 온 힘을 다해야 한다는 것도 명심하고 있었다. 우리는 강력한 시장지배력을 구축하면 대가는 저절로 따라온다고 생각했다. 또 공격적인 확장이라는 목표를 추구하고 싶었지만, 급속한 확장전략으로 가맹점의 재무사정이 불안정해지는 위험에 노출되어서는 안 되기 때문에 우리는 지혜로운 성장 계획을 수립하는 데 집중해야 했다.

경쟁력 강화라는 가장 중요한 전략적 목표를 추구하기 위해서는 가맹점들이 스스로 우리의 최대 광고주가 되어주어야 한다고 그들을 설득했다. 나는 항상 그들이 버거킹 사업을 구축하는 데 중요한 역할을 해준 것에 대해 감사의 뜻을 표해왔다. 나는 늘 그들을 걱정했고, 그들도 그것을 알고 고맙게 생각했다. 버거킹의 성공 여부는 가맹점 하나하나가 성공하느냐에 달려 있었다. 그들이 가맹점 계약서에 서명했다는 것은 그만큼 우리를 믿고 신뢰하고 있다는 뜻이었고, 나는 그들의 믿음이 잘못된 것이 아님을 입증하기 위해 애를 썼다.

1993년 무렵, 가맹점 상당수가 큰 어려움을 겪고 있었다. 사업은 크게 침체해 있었고, 뭔가 극적인 일이 벌어지지 않는 한 상황은 나아지지 않을 것이라는 절망적인 분위기가 팽배했다. 그러던 1993년의 어느 날, 당시 전미가맹점주협회National Franchisee Association 회장이었던 제리 룬헤크의 전화를 받았다. 다가오는 그들의 행사에서 가맹점주들을 위해 현재 버거킹이 직면하고 있는 문제와 그 대처방안에 관하여 이야기해줄 수 있겠느냐는 것이었다.

제리의 제안을 수락하기 전에 나는 당시 버거킹의 CEO였던 배리 기번스와 이 문제를 상의했다. 배리 기번스가 버거킹의 CEO로 일하던 4년 반의 기간 내내 나와 그의 관계는 확실히 우호적이었다. 그는 지적인 사람이었고, 프랜차이즈와 매장운영, 마케팅 등에 관해서 자신만의 분명한 견해를 가지고 있었다. 우리 사이에는 여러 가지 문제에 대한 이견이 있었지만, 자주는 아니어도 가끔이라도 만날 일이 있으면 이에 대해서 진지하고 자유롭게 토론하며 소통할 수 있는 사이였다.

배리는 여러 가지 문제로 가맹점들과 대립각을 세우며 언쟁을 했고, 때로는 그들과 회사 사이의 법률적인 계약관계까지 내세우며 그들의 책임에 관한 자기의 생각을 날카롭게 주장하기도 했다. 나는 회사에서 적극적인 역할을 맡아달라는 요청을 받은 적도 없었고, 그런 부탁을 받을 것이라는 기대도 하지 않았다. 배리는 마이애미 재계에서 호평을 받는 사람이었다. 그는 사람들로부터 공감을 끌어내는 능력이 있는 매력적인 연설가였고, 유능한 기업경영인이라는 평가를 받았다.

Chapter 25 : 다시 현장으로, 다시 기본으로 나는 그에게 가맹점주들의 모임에 초청을 받았으며 그 제안을 받아들이고 싶다고 내 뜻을 밝히면서, 나의 참석과 발언이 회사의 상황에 건설적인 도움을 주게 될 것이라고 말했다. 나는 버거킹이 지금 직면하고 있는 문제는 회사 스스로 만든 것이고, 내가 연설을 하게 된다면 이런 생각을 솔직하게 말하게 될 것이라고 털어놓았다. 나는 현재 우리가 겪고 있는 문제의 원인이 된 우리의 정책과 전략, 그리고 수많은 전술적 결정을 있는 그대로 드러내고 냉정하게 평가하는 것 말고는 현재의 딜레마에서 벗어날 방법이 없다고 생각했다. 고맙게도 그는 나에게 초청을 받아들이고, 기탄없이 이야기해달라며 나를 지지해주었다.

나는 흥미로운 위치에 서게 되었다. 가맹점주 앞에서 버거킹의 정책과 운영 문제를 이야기해달라는 요청을 버거킹 경영진으로부터 받은 것은 21년 만에 처음이었다. 나는 이러한 기회를 얻게 된 것이 반가웠다. 나는 제리에게 전화를 걸어 2월 25일에 탬파에서 열릴 전미가맹점주협회 행사에 참석해서 연설할 것이라고 전했다.

나는 현재 우리 사업이 어떤 길을 걷고 있으며, 그것이 얼마나 잘못된 길인지를 정확하게 알고 있다고 생각했고, 이 문제를 어떻게 다루어야 하는지에 대한 분명한 의견도 가지고 있었다. 이러한 의견을 공식적으로 대중 앞에서 밝힐 수 있게 된 것은 반가운 일이 아닐 수 없었다.

나는 지금까지 버거킹이 심각하게 무언가를 잘못하고 있다는 확신이 들 때도, 이에 대해 공적으로든 사적으로든 의견을 개진한 적이 없었다. 그렇게 하면 시스템이 흐트러질 수 있다고 생각했기 때문이었다. 회사의 운영시스템 안에서 경영진의 지지와 승인과 지원 속에서 공개적이며 건설적으로 문제를 다룰 수 없다면 나의 비판은 상황을 더 악화시킬 뿐이라고 생각했던 것이다.

행사장에서 내가 소개되자 긴 박수가 이어졌다. 이 골치 아픈 모임에 참석한 사람들은 내가 그들의 문제가 무엇인지 알고 있다고 믿는 듯했다. 자신들이 처한 어려운 상황에서 벗어날 수 있는 의미 있는 제안을 해주기를 바라고 있는 것 같았다. 당시 버거킹은 8년째 매장 매출과 방문고객 수가 감소하고 있었고, 그러한 추세가 끝날 기미는 전혀 보이지 않았다. 매우 우울한 상황이었다. 심지어 탬파라는 도시 전체가 침울해져 있는 듯한 느낌마저 들었다.

나는 그 시간 동안 현장에서 살짝 비켜서서 벌어지는 상황들을 지켜보았다. 문제의 핵심을 요약해서 말하자면, 당시 매출감소의 원인은 효과적이지 못한 광고와 메뉴 가짓수의 증가 때문이었다.

여기에 한 가지 원인을 더 꼽아보자면, 1985년부터 마케팅 부서를 진두지휘하는 마케팅 CMO가 2년에 세 명꼴로 교체되었다는 점도 들 수 있을 것이다. 이들은 시장 안에서 회사의 지위를 높일 방안에 관해 자기만의 확고한 소신이 있는 사람들이었다. 당연히 사람이 바뀔 때마다 회사의 마케팅 전략도 전면 수정되었다. 그리하여 몇 년간 제품가격은 계속 오르고, 무개념에 가까운 메뉴의 증가는 고객과 직원 모두를 혼란에 빠트렸다. 그 결과 광고와 판촉, 그리고 매출증대를 위한 홍보활동에 10억 달러 이상을 지출했지만 매장당 평균 방문자 수는 34%나 감소한 것이다.

당시의 연설에서 내가 제일 먼저 꺼낸 이야기는, 우리가 우리 스스로에 대해 시장의 평가와는 전혀 다른 평가를 내리고 있다는 것이었다. 사람들은 더는 버거킹 매장을 가성비를 누릴 수 있는 곳이라고 생각하지 않았다. 이는 가장 기본적인 문제였고, 이 문제를 해결할 수 있는 유일한 방법은 지난 몇 년간 우리가 고객들에게 제공한 것보다 더 높은 가성비를 제공해주는 것뿐이었다. 몇 년 전, 타코벨은 주력 메뉴의 가격을 대폭 인하하면서 외식사업계에 충격을 안겨주었다. 그러자 웬디스와 맥도날드가 바로 뒤이어 저렴하면서도 먹음직스러운 새로운 메뉴를 출시해 고객도 늘고 매출도 늘어났다. 그러나 이러한 가격할인 전쟁을 지켜보면서도 버거킹은 아무 일도 하지 않았다.

경쟁업체들이 가격인하 경쟁을 벌이기 시작한 직후, 나는 본사 건물 복도에서 우연히 만난 마케팅 최고책임자에게 이런 상황에 어떻게 대응하려고 하는지 물어보았다. 나는 그의 마음속에 어떤 계획이 있을 것이라고 믿고 있었다. 그러나 그는 내 생각과는 달리, 경쟁사의 가격할인은 결국 역효과만 낼 것이라고 말했다. 나는 그 말을 듣고 속으로 깜짝 놀랐다. 나는 그에게 그렇게 생각하는 이유를 물었다. 그는 그들의 가격인하가 제품이 그만큼 싸구려라는 메시지를 대중에게 던지고 있다고 대답했다.

그의 기본적 인식은, 고객들은 낮은 가격의 제품을 오히려 싫어하고 찾지 않는다는 것이었다. 그는 대중에게 버거킹은 일정한 수준 이상의 가격을 유지한다는 메시지를 줌으로써 이윤도 높아질 수 있다고 생각했다. 나는 내 귀를 의심하지 않을 수 없었다. 메뉴를 구성하고 각 메뉴에 가격을 붙이는 것은 매우 중요한 전략이다. 나는 버거킹이 계속해서 '일정 수준 이상의 가격' 정책을 고수한다면 머지않아 재앙에 직면할 것이라고 확신했다. 한마디로 우리는 세상이 어떻게 돌아가고 있는지 전혀 모르고 있었던 것이다.

내가 전미가맹점주협회에서 연설할 무렵, 버거킹의 시스템은 만신창이가 되어가고 있었다. 게다가 미국 경제 전체가 상당 기간 침체기를 겪고 있었고, 실업률이 높아지고 있었다. 소비심리도 매우 위축됐고, 사람들은 그 어느 때보다도 가격 대비 효용을 중시하는 소비행태를 보이고 있었다. 나는 점주들을 향해 말했다.

"1990년대는 '가성비 소비의 시대'로 기록될 것입니다."

나는 이 가성비 문제를 정면돌파하는 것이 사업의 첫 번째 과제라고 제안했다. 나는 회사가 효과적인 가치공학 프로그램을 수립하지 못한다면 가까운 미래에 더 큰 어려움에 직면하게 될 것이라고 강조했다.

내가 두 번째로 지적한 문제점은 와퍼가 중요한 마케팅 수단으로 활용되지 못하고 있다는 점이었다. 나는 버거킹이 와퍼를 개당 99센트에 판매하는 특별할인행사를 진행할 때마다 매출이 급격하게 치솟은 과거 기록을 제시했다. 우리의 대표상품을 특별히 낮은 가격으로 내놓을 때마다 사람들은 우리 매장에 떼를 지어 몰려들었다. 와퍼를 99센트에 판매하고 이에 맞춰서 프렌치프라이나 탄산음료의 가격도 적절하게 조정하여 판매하는 특판 프로그램을 많은 매장에서 정기적으로 실시할 필요가 있다고 주장했다.

이렇게 해서 일단 매장을 방문하는 고객 수를 늘리면 이것이 전체 제품군의 매출증가에도 영향을 미친다. 물론 이익의 폭은 좀 줄어들겠지만, 이익의 절대 액수는 확실히 늘어나게 된다. 나는 경영진을 향해 과거에 우리가 누렸던 높은 수준으로 매출을 회복시키고 싶다면 와퍼를 고객을 끌어들이는 미끼로 활용해야 한다고 촉구했다. 이 전략은 확실히 성공적이었다. 몇몇 혁신적인 생각을 하는 가맹점주들이 와퍼의 가격을 99센트로 내리고 나서 매출이 40% 혹은 그 이상 늘어난 것이다. 이런 파격적인 가격인하를 하기 직전 와퍼의 가격은 지역별로 편차는 있었지만 대개 1.79달러에서 2.09달러 정도였다. 메커니즘은 간단했다. 이렇게 가격인하를 하면 와퍼 한 개에서 발생하는 이익은 확실히 줄어든다. 그러나 파격적으로 낮아진 와퍼 가격으로 인해 매장을 찾는 고객 수는 크게 늘고, 이들을 상대로 와퍼 이외의 다른 제품이나 부수적인 상품은 종전과 비슷하거나 같은 가격으로 판매하면 전체 이익은 증가하게 되는 것이다.

결국, 와퍼가 버거킹을 구원해줄 것이다. 우리가 와퍼라는 상품을 처음 내놓은 것은 1957년이었다. 그 이후 와퍼는 미국인이 가장 좋아하는 커다란 햄버거로 인식되어왔다. 1993년까지 우리는 매일 200만 개의 와퍼를 팔았고, 미국인들은 평균적으로 와퍼 이외의 다른 햄버거 한 개를 먹는 동안 와퍼를 두 개 먹는다는 사실이 조사로 확인되었다. 나는 이 와퍼야말로 잘만 이용하면 가장 강력하고 효과적인 마케팅 도구가 될 것이라고 확신했다. 이와 동시에 지금까지 회사가 펼친 몇 가지 마케팅 전략에 대해 강력 비판했다.

내가 연설하고 있는 동안에도, 버거킹은 스테이크 샌드위치와 빵

가루를 입힌 냉동새우튀김이나 빵가루를 입혀 튀긴 치킨가스 등으로 구성된 '저녁바구니' 세트를 홍보하는 데 수천만 달러를 지출하고 있었다. 그러나 이런 상품들은 질적으로 좋은 평가를 받지 못하고 있었다. '저녁바구니'는 제대로 구색이 갖춰진 저녁식사를 즉석서비스로 제공한다는 취지로 개발된 상품이었다. 여기에 더하여 고객들은 주문 후 식사를 기다리는 동안 팝콘을 공짜로 먹을 수 있도록 했다.

이는 이미 고객들의 뇌리에 박혀 있는 우리의 서비스 시스템과는 동떨어진 메뉴였다. 이렇게 해서 출시된 여러 가지 저녁바구니 세트 상품 가운데 가장 대중이 많이 찾은 종류는 역시 와퍼에 프렌치프라이가 곁들여진 것이었다. 이는 놀라운 일이 아니었다. 이 두 가지 제품은 너무 오랫동안 대중으로부터 폭넓은 사랑을 받아온 메뉴였기 때문이다. 사람들은 다소 부족한, 급하게 내놓은 메뉴에는 관심이 없고 여전히 와퍼와 감자튀김을 찾고 있다는 메시지를 회사에 확실하게 전달하고 있었다. 만일 신메뉴를 개발하는 과정에서 가맹점에게 의견을 말할 기회를 주었더라면 이런 메뉴는 애초에 출시되지 못했을 것이라고 나는 확신했다. 이 '저녁바구니'라는 메뉴의 판매량은 매장당 하루 20개도 안 되었지만, 회사 측은 거의 1년 반이나 이 메뉴를 살려두고 홍보하는 데 4,000만 달러가 넘는 돈을 썼다. 그러나 결국은 이 메뉴를 폐지하면서 경영진은 신메뉴 개발의 실패를 인정할 수밖에 없었다.

최근의 무분별한 메뉴 확대는 고객과 직원들 모두에게 좋지 않은 영향을 주었고, 서비스가 늘어진 원인도 여기에 있었다. 나는 몇 년간 나름의 방식으로 시장을 분석한 결과, 미국인들은 버거킹을 가장 낮은 가성비를 제공하는 패스트푸드 체인으로 인식하고 있었다고 경영진에게 직언했다. 이 조사에 의하면 고객들의 가장 큰 불편은 직원들이 고객의 주문을 정확하게 이행하지 못하고 있다는 것이었다. 이는 그렇지 않아도 가짓수가 많은 메뉴에 더하여 다양한 아이템을 추가한 결과라고 나는 설명했다.

나는 또 가맹점에 대한 본사의 서비스가 줄어든 것에 대해서도 맹비난을 퍼부었다. 각 지역과 권역을 총괄하던 지사들이 속속 문을 닫고 가맹점들은 본사와의 연결고리가 단절된 채 자신의 문제를 스스로 해결해야만 했다. 나는 이것이 매우 근시안적인 정책이며, 그 결과 미국 전역에서 매장운영의 질이 전반적으로 떨어질 수밖에 없었다고 비판했다.

영국 런던에 있는 그랜드메트로폴리탄 본사는 마이애미에 있는 버거킹 본사와 지리적으로 멀리 떨어져 있다. 그랜드메트로폴리탄은 금융과 마케팅 분야에 전문성이 있는 회사였고, 그 분야에서는 국제적으로 높은 명성을 얻고 있는 것이 사실이었다. 그러나 탁월한 경영능력이라는 면에서는 높은 평가나 점수를 받는 회사는 아니었다. 버거킹 본사가 각 매장에 대한 서비스를 줄일 수밖에 없도록 그들이 조직개편을 주도한 것이 분명했다. 그러므로 그 결과로 빚어진 후유증에 대해서도 책임을 져야 했다. 비용절감도 중요하지만, 비용을 절감하기 위해 회사가 고객이나 가맹점에 반드시 제공해야 할 서비스를 제공하지 못했다면 그로 인해 회복할 수 없는 손실이 초래되는 것은 당연한 일이다.

나는 과거의 비효율적인 광고활동에 대해 이야기하며, 현재 우리가 TV를 통해서 내보내는 메시지들이 회사에 대한 적절한 이미지를 구축하는 데 실패하고 있다고 주장했다. 당시 우리의 광고에는 MTV미국의 음악 전문 채널-옮긴이의 댄 코티스Dan Cortese; 미국의 배우 겸 MC-옮긴이가 모델로 출연하고 있었는데, 그를 추종하는 팬들의 연령층은 대체로 18~25세의 젊은 층이었다. 당시 그는 우리 광고에 등장하여 버거킹을 "내가 가장 사랑하는 장소"라고 알리고 있었다. 내가 탬파에서 많은 가맹점주 앞에서 이 광고를 신랄하게 비판한 때로부터 10개월쯤 지났을 때, 몇몇 업계신문과 〈USA 투데이〉, 〈월스트리트 저널〉 등이 그해 버거킹의 TV 광고를 1993년 최악의 광고로 선정했다.

나는 당시 진행하고 있던 광고 스타일에서 벗어나 보다 넓은 범위의 다양한 소비자를 향해 우리의 상품과 우리가 제공할 수 있는 높은 가성비에 대해서 강조해야 한다고 제안했다. 즉 우리가 양질의 햄버거와 함께 높은 가성비를 지닌 다른 상품들을 판매하는 업계 선두업체라는 인식을 고객들에게 심어줄 필요가 있다는 것이다. 여러모로 검토해본 결과, 우리의 대표 주력상품인 와퍼가 이러한 메시지를 대중에게 전달하기 위한 가장 적절한 도구라고 나는 강조했다.

당시 회사와 가맹점 간의 약정에 따르면, 가맹점주는 자신의 지역에서 어떤 광고와 마케팅 전략을 사용할 것인지를 결정할 수 있는 권한을 가지고 있었다. 나는 이러한 앞뒤 맞지 않는 정책은 버거킹 전체의 이익을 위해서 폐기해야 한다고 주장했다.

싫든 좋든, 중앙조직은 전반적인 기업 광고와 마케팅 전략을 결정할 유일한 권한을 지녀야 하고, 이에 대한 확신도 함께 가지고 있어야

Chapter 25 : 다시 현장으로, 다시 기본으로

한다. 그러므로 그 권한은 전적으로 버거킹의 CEO에게만 주어져야 한다. 가맹점들은 마케팅이 거듭 실패하고 그때마다 엄청난 광고비만 날리는 것을 몇 년째 목격하고 있었다. 미디어기획과 광고지출 기능은 혼란을 거듭하고 있었고, 초점이 불명확한 우리의 광고 전략은 외부 관찰자들이나 언론은 물론 가맹점들로부터도 상당한 비판을 받고 있었다. 상황이 그러하니 가맹점들이 직접 광고 업무에 목소리를 내고 스스로 결정권을 갖고 싶어 하는 것도 이해할 수 있었지만, 내 판단으로는 그렇게 해서는 안 될 것 같았다. 나는 잘하든 못하든 이 문제에 대한 최종권한은 경영진에게 맡겨져야 한다고 확신했다.

물론 각 지역 시장마다 거기에 맞는 독특한 특징과 기회, 현상이 있고, 당연히 마케팅 전략이 다를 수밖에 없다. 때문에 전국방송망을 가진 채널보다는 지역에 특화된 지역방송을 통한 광고의 중요성도 커지는 추세인 것은 사실이었다. 우리도 우리의 가맹점 규모를 다시 확장세로 돌리기 위해 적합한 광고 전략을 찾고 있었지만, 문제는 회사가 운영문제, 메뉴의 무분별한 확대, 가격인상, 서비스 악화 등 반드시 바로잡아야 할 문제들을 정면으로 다루기를 회피하고 있다는 사실이었다. 이러한 것들을 해결하지 않고는 회사의 전국적인 시스템을 다시 경쟁력 있는 수준으로 회복시킬 수는 없었다. 우선 해야 할 일은 사업구조 전체를 손보는 일이었고, 그에 발맞춰서 각 매장도 대대적으로 개혁해야 했다.

본디 마케팅 부서가 해야 할 가장 중요한 책임은 어디에 어떠한 문제가 있는지를 제대로 식별해내고 그에 맞는 해결책을 찾아내는 것이지만, 버거킹의 마케팅 부서는 이 일을 제대로 하지 않고 있었다.

경영진도 이미 회사 안팎의 연구팀으로부터 다양한 보고를 받고 있었기 때문에 어떤 문제가 있는지 여러 해 전부터 알고 있었다. 그러나 경영진은 이러한 타당한 지적들을 무시했다. 경영진은 다음 단계로 나가기 전에 먼저 운영상의 결함이나 다른 심각한 문제점을 제대로 인식하고 대처해야 했으나 그렇게 하지 못했다. 나는 각 매장의 운영 상태에 심각한 문제가 있는 상황에서 고객을 매장으로 끌어들이기 위한 광고에 집중하는 것은 무의미하다고 지적했다.

당시 아주 골치 아픈 새로운 경쟁 양상이 벌어지고 있었다. 나는 가맹점주들 앞에서 왜 우리는 이미 다른 업체가 도입한 이중 드라이브스루 판매를 도입하지 않는지 모르겠다고 말했다. 당시 우리는 새로 등장한 몇몇 사업체들로부터 상당한 위협을 느끼고 있었다. 그들의 주력상품도 와퍼와 거의 비슷한 크기의 햄버거였다. 그것은 와퍼보다는 약간 작았지만, 가격은 99센트로 당시 와퍼 가격의 절반 정도였다. 그에 더하여 청량음료와 프렌치프라이 정도를 함께 팔고 있었는데 이들의 가격도 우리보다 약간 낮았다. 그들은 매장에 음식을 먹을 수 있는 별도의 홀을 갖추지 않는 대신 두 개의 드라이브스루 창구를 통해서만 제품을 판매했다. 당시 통계에 의하면 햄버거를 찾는 고객들의 60%가 드라이브스루 방식을 선호했다. 이런 점에서 그들은 중요한 경쟁우위를 누리고 있었다. 그들의 메뉴구성은 마치 30년 전의 버거킹 매장처럼 간단했다. 햄버거는 먹을 만하고, 서비스는 빠르고, 가격은 쌌다. 그들은 치열하게 노력하며 매출을 키우고 있었지만, 우리는 그때까지 아무런 반응을 보이지 않고 있었다. 우리의 무대응이 경쟁업체들을 시장으로 불러들이고 있었으며, 그들은 새롭게 뛰어들어도 자신들과 싸우려고 덤비는 상대는 없을 것이라 확신하며 시장으로 진입하고 있었다.

나는 미래에 대한 자신감을 담아 연설을 마무리했다. 물론 그러한 낙관적 전망의 근거도 구체적으로 제시했다. 우리가 가진 가장 큰 이점 가운데 하나는 매장 수라는 측면에서 여전히 시장에서 2위 자리를 확고하게 지키고 있다는 점이었다. 우리가 매년 2억 7,500만 달러의 수익을 여전히 올리고 있다는 것은 낙관적인 전망의 중요한 근거였다. 그러나 무엇보다도 중요한 이점은 미국 사람들이 가장 좋아하는 샌드위치인 와퍼가 바로 우리의 제품이라는 사실이었다. 나는 이 두 가지를 우리의 이익을 극대화하는 데 적절하게 사용해야 한다고 강조했다. 매장운영과 마케팅활동에서의 경쟁력을 다시 회복시킬 수만 있다면, 버거킹 매장이야말로 식사하기 가장 좋은 장소라는 점을 대중의 마음속에 다시 각인시킬 수 있을 것이고, 그렇게만 된다면 매출과 이익을 증가세로 돌려놓는 것은 시간문제였다.

현장에 있던 점주들의 반응으로 미루어 볼 때 그들이 나의 진단에 동의하고 있다는 것을 알 수 있었다. 나는 내 생각을 분명하며 오해의 여지가 없도록 명료하게 밝혔고, 경영진에게는 내가 지적한 문제들을 처리하는 데 전력을 다해야 한다는 메시지를 전달했다. 이제 그들이 이 새로운 도전에 어떻게 반응하는지 흥미롭게 지켜볼 차례였다.

탬파 행사에 참석한 점주들은 내가 회사 일에 좀 더 적극적으로 관심을 표명하고 있다는 점에 대해서도 반가워하는 듯했다. 한쪽에서는 내가 회사의 사업방식에 대해 이러쿵저러쿵하는 것에 대한 비판과 불만이 있었지만, 배리 기번스와 COO인 짐 애덤슨도 내가 회사의 운영 전반에 대해 적극적으로 의견을 이야기하고 개입해주기를 바라고 있었다. 그 일이 있기 몇 개월 전에 나는 유럽과 중동, 그리고 아프리카에서 영업 중인 가맹점주들의 모임에서 연설하기 위해 포르투갈을 방문한 적이 있었다. 또 올랜도Orlando에 있는 디즈니월드Disney World에 모인 점주들 수천 명 앞에서 짧은 연설을 한 적도 있었다. 이제 경영진의 적극적인 지지 속에서 나는 미국 전역을 돌며 가맹점주들이나 각 지역 또는 권역별 매장관리 책임자들을 만나기 시작했다. 최고경영진도 내가 발언하는 내용에 대해 충분히 관심을 가지고 검토하겠다고 약속해주었다. 그 정도 약속이라면 내가 소매를 걷어붙이고 다시 현장에 뛰어들 만했다.

짐 애덤슨은 내게 좀 더 적극적으로 가맹점주들과 매장책임자들을 만나고, 지금처럼 솔직하고 신랄하게 내 생각을 이야기해달라고 요청했다. 짐 애덤슨은 매출과 수익성이 개선될 수만 있다면 어떤 변화와 도전도 불사하겠다는 각오가 되어 있는 것 같았고, 그 과정에서 내가 적극적으로 함께 활동해줄 것을 바라고 있었다. 나는 그가 스스로에 대해 상당한 자신감이 있기 때문에 얼마든지 자존심을 던질 수 있고, 그 덕분에 좋은 결정을 내릴 수 있을 것이라는 생각이 들었다. 아무리 회사의 문제점을 뜯어고치는 일이 중요하다고 해도, CEO가 지금은 법률적으로 아무런 관계가 없는 회사의 창업자이자 전직 CEO를 찾아가 어깨를 나란히 하고 함께 일해달라고 요청하기는 쉽지 않다.

짐 애덤슨은 5월 말, 토론토에서 열리는 전미가맹점주협회가 주최하는 또 다른 행사에서 연설해달라고 요청했다. 나는 그에게 기꺼이 가겠다고 말했지만, 내가 몇몇 업무에 관한 회사의 처리방식에 대해 계속 비판의 목소리를 낼 것이라는 점을 다시 한번 환기시켰다. 고맙게도 그는 나를 이해하고 있으며, 그런 비판이야말로 그가 내게 기대하는 바라고 대답해주었다.

토론토에서도 나는 또 한 번 따뜻한 환영을 받았다. 거기서 한 이야기도 3개월 전에 탬파에서 했던 이야기와 크게 다르지 않았다. 이 행사에 참석한 우리 경영진도 나와 점주들 사이에 확실히 서로 통하는 공감대가 있다는 사실을 확인한 것이 분명했다. 그들은 내가 문제의 핵심을 지적하고 있다는 것을 알고 있었다.

토론토 행사에서는 짐 애덤슨을 포함하여 최고경영진 몇 사람도 연설에 나섰다. 나는 그들의 연설을 들으면서 그들이 과거에 저질렀던 실수와 문제를 인식하기 시작했다는 것을 알 수 있었다. 나는 우리 경영진이 공개적이고 솔직하게 과거의 실수를 이야기하는 것을 보면서 앞으로 미래를 계획하고 매출을 다시 끌어올리기 위한 새로운 전략을 수립하는 데 꼭 필요한 치료의 과정이 진행되고 있다는 느낌을 받았다.

앞날을 위한 구체적인 해결책을 논의하는 시간에 경영진은 앞으로 메뉴의 가성비를 높이기 위한 그들의 기본적인 생각을 제시했는데, 내가 보기에는 이것이야말로 가장 중요하고 제일 먼저 다뤄야 할 문제임이 분명했다. 나는 그들이 최초로 제안한 내용이 메뉴의 가성비를 높이기에는 좀 약하다고 생각했지만, 첫술에 배부를 수는 없는 법이다. 첫출발로서는 나쁘지 않아 보였다. 나는 짐 애덤슨이 버거킹을 원래의 궤도로 되돌려놓을 수 있을 것 같다는 기대가 생겼다. 그의 단호함과 허심탄회함, 그리고 점주들과 직설적으로 대화를 나누는 태도가 마음에 들었다. 그는 우리가 공개적으로 지적하는 문제와 논쟁을 진지하게 받아들이고 있었다.

토론토 행사를 마치고 나는 시카고로 넘어가서 낸시를 만났다. 그녀는 시카고에 있는 장모님을 만나기 위해 그곳에 가 있었다. 우리는 비행기를 타고 덴버로 이동했고, 거기서 와이오밍의 올드벌디클럽에 있는 우리 집으로 돌아왔다. 버거킹은 가을에 샌프란시스코에서 전국대회를 열 예정이었으나 취소되었다. 이 대회가 열렸다면 나도 연설을 하기로 되어 있었다. 예정대로라면 점주들을 포함해서 4,000명 정도가 참석하는 대규모 행사였다. 점주들은 이 행사에서 앞으로의 계획에 대해 보다 고무적인 소식을 들을 수 있을 것이라 기대했기 때문인지 꽤 실망이 큰 듯했다.

이 행사의 취소 소식이 알려지자 전미가맹점주협회는 10월에 별도로 대회를 열기로 하고 나에게 초대연사로 나서달라고 요청했다. 나는 그 초청을 받아들였다. 그리고 그에 앞서 여름에는 마이애미에 머물면서 경영진과 가맹점 관계자들과 함께 회사의 상황에 대해서 많은 이야기를 나눴다. 당시는 회사의 잘못된 부분을 바로잡아야 할 중요한 시기였기 때문에, 시장과 현장에서 어떤 일이 벌어지는지를 보다 정확하게 알고 이해할 필요가 있었다. 또 회사 경영진과 점주들 사이의 결속을 강화하는 데 도움을 주고 싶었다. 양측 간의 가교를 구축하는 것이 서로에 대한 신뢰감을 높이는 데 도움이 된다고 생각했기 때문이다. 아직 양측 간에는 풀지 못한 문제들이 많았고, 이로 인해 팽팽한 긴장감은 물론 적대감까지 존재하는 상황이었다. 때문에 전미가맹점주협회에서의 나의 연설이 서로의 상처를 치유하고 회복하는 데 도움이 되기를 기대했다. 물론 이러한 치유와 회복이 본격적으로 시작되기 위해서는 가맹점주들의 사업이 회복세로 접어들었다는 확실한 신호가 먼저 나타나야 할 것이다.

1993년 10월에 열린 전미가맹점주협회 행사에서도 청중은 나의 연설에 좋은 반응을 보였다. 또 최근 버거킹에 대해 내가 개입하는 것과 가시적인 활동에 고무되어 있던 점주들은 나를 아주 우호적이고 따뜻하게 대해주었다. 나는 탬파와 토론토에서 했던 이야기와 비슷한 맥락의 연설을 했지만, 이번에는 가치의 문제에 대해 특별히 더 진지하게 이야기하면서, 경쟁을 회피하지 말고 정면으로 맞서야 하며 가격과 가치에 대한 메시지를 대중에게 제대로 전달하기 위한 도구로서 와퍼를 적극 활용해야 한다고 주장했다. 나는 우리가 다시 기본에 충실할 수만 있다면 앞으로의 사업을 낙관할 수 있다고 믿었다. 우리는 몇 년 동안 중요한 기본원칙을 잊고 있었고, 이제는 다시 기본으로 돌아갈 시간이었다. 다시 기본으로 돌아가기 위해서는 질과 속도, 간결성과 청결, 그리고 서비스의 중요성을 다시 강조해야 했다. 고객이 돌아오기를 바라는 것은 그다음 일이었다.

나는 내 메시지가 회사 전체를 치료하는 과정이라고 느꼈다. 나는 일관되게 경영진의 지난 실수와 미숙함, 그리고 잘못된 리더십을 통렬하게 비판하고 있었다. 내가 청중을 향하여 무엇이 잘못되었으며 앞으로 무엇을 고쳐야 하는지를 직설적으로 이야기할 때, 짐 애덤슨을 포함한 최고경영진은 청중 사이에 앉아 내 이야기를 듣고 있었다. 그리고 나는 짐 애덤슨에게 버거킹이 다시 정상궤도에 진입하기 위해서는 풀어야 할 숙제가 많다는 것을 강조하기 위해 "계속해서 그를 향해 작살을 던질 것"이라고 여러 차례 경고를 겸한 양해를 구했다. 최근 여러 해 동안 어려움을 겪던 사업에 활력을 다시 불어넣기 위한 어쩔 수 없는 선택이라고는 하지만, 그러한 날카로운 도전을 기꺼이 용납해준 그는 어떠한 찬사와 존경을 받아도 지나치지 않다고 생각한다.

짐 애덤슨이 점주들에게 한 발언도 호평을 받았다. 그와 경영진은 최근 높은 가치에 역점을 둔 메뉴를 새로 개발해 출시했고, 그 결과는 매우 긍정적이었다. 그는 그 자리에서 자신이 복잡한 메뉴를 단순화할 필요성과 제품의 질을 개선할 필요성을 느끼고 있으며, 머지않아 이에 관한 혁신적인 방안을 발표하겠다고 약속했다. 또 광고와 마케팅 활동에 대한 철저한 재검토를 약속하면서 대대적인 쇄신이 필요하다고 인정했다. 그는 가맹점이 본사에 요구하는 여러 가지 사항에 대해 받아들일 수 있는 것과 받아들일 수 없는 것을 구분하여 솔직하게 대답했다. 그의 정직하고 진솔한 표현에 점주들은 큰 신뢰감을 보냈다. 경영진과 점주들 사이에 공감대가 형성되고 상호 간의 신뢰가 회복되기 시작했다는 느낌이 들었다.

샌프란시스코 행사가 끝난 후, 나는 지역별 점주들의 모임에 수많은 초청을 받았다. 대개는 지역 내 매장관리자들의 교육이나 연수 프로그램의 초청이었다. 나는 일정이 허락하는 한 이러한 초청을 최대한 받아들였다. 나의 발언과 참석이 경영시스템에 다시 활력을 불어넣어 줄 수 있다는 믿음 때문이었다. 나는 매장관리자들 앞에서 내 의견을 말하는 것이 사업의 발전을 위해 내가 할 수 있는 가장 중요한 기여라고 생각했다. 관리자들은 고객들이 적절하게 환영받고 대접받는다고 느끼도록 할 책임이 있다. 그들은 매장에서 약 50명 정도의 직원에게 영향을 주고 있다. 그러므로 나의 연설은 약 2만 명 정도의 직원들에게 간접적으로 영향을 미치게 될 것이다. 그리고 이 직원들이 어떻게 일하는가에 따라서 매장을 방문한 고객들의 만족도가 결정될 것이다.

1993년 초가을이 될 때까지 버거킹 경영진은 많은 전략을 구상하고 연구하고 있었다. 이 전략들 가운데는 완성도가 좀 떨어져서 더 다듬어야 할 것들도 있었지만 매우 괜찮아 보이는 것도 많았다. 나는 짐 애덤슨과 좀 더 많은 시간을 함께 보내며 여러 문제에 관해 의견을 교환했다. 우리는 그때 상당히 중요한 소통 프로젝트를 추진했다. 약 1,500명 이상의 가맹점주 및 관리직원들에게 동시에 동영상 메시지를 보내는 것이었다. 30분 분량의 동영상에는 나와 짐 애덤슨이 운영과 마케팅 등 여러 문제에 관하여 의견을 교환하는 모습이 담겨 있다. 그 동영상 속의 토론은 직설적이고, 도전적이고, 격렬하기도 했지만, 회사의 사업을 이전의 수준으로 다시 회복하기 위한 미래 계획을 수립하기 위해 두 사람이 효과적으로 협력하고 있다는 메시지를 전달해주었다.

짐 애덤슨이 버거킹에서 벌이는 대전환의 마법을 금융계와 무역업계 언론이 포착했다. 〈비즈니스 위크Business Week〉미국의 경제주간지로, 현재의 〈블룸버그 비즈니스 위크〉.-옮긴이는 버거킹이 모처럼 만에 실적이 호전되고 있는 상황에 관한 기사를 내면서 버거킹의 변화를 위한 나의 역할을 비중 있게 다뤘다. 플로리다 지역의 산업과 교육 등의 이슈를 주로 다루는 월간지 〈플로리다 트렌드Florida Trend〉는 짐 애덤슨과 나의 사진을 표지에 올리고 "버거킹, 기본으로 돌아가다—관록 있는 프로의 말을 경청하다Burger King Goes Back to Basics—And Listens to an Old Pro"라는 문구를 첨가했다. 〈애드버타이징 에이지〉와 〈브랜드 위크Brand Week〉와 같은 광고업계지도 비슷한 논조로 버거킹의 변화와 새로운 운영방향을 보도했다. 버거킹은 다시 깨어나고 있었고, 사람들은 한동안 잠자고 있던 거인의 잠재력을 깨닫기 시작했다.

마케팅에 대한 제임스의 식견

버거킹에게 1990년대 초반은 격동의 시기였다. 회사는 매출과 고객이 계속 감소하고 있었고, 잦은 경영진의 교체로 말미암아 경영진과 가맹점 사이의 긴장감은 전혀 누그러질 기미가 보이지 않았다. 그러나 짐 애덤슨이 버거킹의 CEO로 선임되면서 반전의 계기가 마련되었다. 그는 "기본으로 돌아가자"는 경영 구호를 내놓았고, 이로 인해 버거킹은 그의 취임 이후 6년 동안 매장당 매출이 크게 늘었으며, 맥도날드에 빼앗겼던 시장을 되찾아오는 큰 호황을 누리게 되었다. 그러나 경영진과 점주들 사이의 가교 역할을 해준 제임스 맥라모어가 없었다면 버거킹이 그와 같은 성공을 거두기는 어려웠을 것이라고 나는 생각한다.

당시에 나는 회사로부터 미국 국내 마케팅팀을 맡으라는 요청을 받았다. 이미 나는 9년 동안 마케팅과 운영 부문에서 다양한 역할을 해왔고 그러한 업무를 진행하며 늘 가맹점들을 상대해왔기 때문에, 버거킹의 사업과 가맹점의 상황에 대해서 누구보다도 제대로 알고 있다고 자부하고 있었다. 현장의 최일선에서 오래 근무를 하다 보면 누구에게나 이런 자신감이 생기기 마련이지만, 전략과 마케팅 전반을 폭넓게 바라보기는 어렵다. 항해사가 되어 태풍의 눈 한복판을 직접 헤쳐나가는 것은 현장에서의 업무와는 전혀 다른 차원의 일이다. 매일 새로운 도전을 맞이해야 했고, 특히 가맹점 문제에 관해서 혹독한 도전을 느꼈다.

제임스 맥라모어는 전국적인 행사든 지역적인 모임이든 가맹점 관계자들이 모이는 행사에는 늘 참석했고, 사업 전반에 대한 솔직한 평가와 함께 버거킹을 정상화하기 위한 조언을 적극적으로 해주었다. 내가 그를 처음 만난 것도 그 무렵이었다. 처음 만났을 때는 꽤 긴장했지만, 그와 내가 전략과 마케팅, 그리고 가맹점과의 관계 등 여러 문제에 관하여 상당히 많은 부분 일치하는 의견을 갖고 있다는 사실을 알게 되었고, 그때부터 그와의 협력이 수월하고 즐겁게 느껴졌다. 제임스는 전국을 돌면서 가맹점주들을 만나고 나면 항상 내게 전화를 걸어 그날의 만남에 대해 설명해주었다. 그는 그러한 전화통화를 통해 좋은 내용이든 나쁜 내용이든 가맹점들의 생각을 가감 없이 솔직하게 내게 전해주었다. 그것은 절대로 사적인 소회가 아닌, 철저히 공적인 피드백이었다.

나는 자주 제임스를 버거킹 사무실에서 열리는 회의에 초대해서 우리의 마케팅 전략의 핵심적인 부분까지 검토를 의뢰했다. 내가 그에게 그런 부탁을 한 것은 우리가 수립한 전략에 대한 그의 생각을 듣고 싶었던 것도 있지만, 그가 우리의 전략을 제대로 파악해야 그것을 가맹점주들에게 이해시킬 수 있다고 기대했기 때문이다. 우리가 메뉴를 전면적으로 개편했다 해도 가맹점들이 이를 이해하고 받아들이지 않으면 새로운 프로그램은 효과적으로 운영될 수 없다. 이미 여러 해에 걸쳐 매출과 이익 감소로 힘겨워하는 가맹점의 입장에서는 또 다른 대대적인 변화를 겁내고 두려워할 수밖에 없었다. 우리는 제품의 질을 높이고, 대중이 생각하는 적정 가격대를 확인하고, 잡다하고 거추장스러웠던 메뉴를 대폭 줄였으며, 새로운 광고 방안을 내놓았다. 그러나 가맹점들로부터 이러한 변화에 대한 호응을 이끌어내는 데는 제임스 맥라모어의 역할과 도움이 절대적으로 필요했다. 가맹점들은 그의 판단을 신뢰했고, 그가 회사의 대대적인 전략 변경이 틀림없이 성과를 낼 것이라고 말했다는 이유만으로 기꺼이 회사의 방침에 따라주었다.

제임스는 내게 개인적으로도 많은 도움을 주었고, 그의 지도 덕에 나는 좀 더 자신감을 가지고 리더 역할을 할 수 있었다. 나는 그로부터 상대와의 관계를 설정하고 소통하는 부분에 있어 귀중한 교훈을 얻을 수 있었다. 제임스의 도움이 있었기에 "기본으로 돌아가자" 캠페인은 성공할 수 있었고, 회사에는 새로운 활력이 감돌기 시작했다.

제임스 맥라모어는 와퍼 하나로 버거킹이라는 작은 식당을 전국적인 브랜드로 키워낸 사람이다. 직화구이 방식의 크고 질 좋은 버거에 감자튀김과 콜라를 곁들이는 식사 방식은 미국인들의 생활양식의 하나가 되었다.

와퍼는 버거킹의 심장이자 영혼이다. 제임스 맥라모어는 1990년대 초반 내내 경영진과 가맹점을 상대로 브랜드의 본질에 충실할 때 최고의 결과를 얻을 수 있다는 점을 역설했다.

가맹점주들에 대한 그의 애정도 대단했다. 그가 일군 버거킹이라는 거대한 조직은 가맹점들과 함께 일군 것이었기 때문에, 그는 브랜드의 성공을 위해 그들의 역할이 얼마나 중요한지 잘 알고 있었다. 그는 가맹점도 하나의 고객이라고 보고 있었다. 그러므로 회사가 그들을 최고로 대우하며 섬겨야 그들도 고객들을 그렇게 섬긴다고 생각했다. 가맹점과 본사 사이의 관계에 균열이 생기고 불편해진 것을 보는 것은 그에게는 큰 고통이었고, 그는 양측이 함께 힘을 합쳐 효과적으로 일할 수 있도록 만들기 위해 지칠 줄 모르고 노력했다. 그러한 그의 헌신을 통해 나는 가맹점들의 요구를 보다 열린 마음으로 받아들이고 경청해야 한다는 가르침을 얻었다.

제임스의 헌신의 결과로 회사와 가맹점 사이의 관계는 크게 개선되었고, 그것은 가시적인 결과로도 나타났다. 버거킹은 1999년까지 6년 연속 매출신장을 기록했고, 즉석서비스레스토랑QSR의 햄버거 부문 시장점유율도 1993년 17.2%에서 21.9%로 늘어났으며, 매출액은 1993년 56억 달러에서 1999년에는 85억 달러로 늘어났다.

나는 버거킹의 고위직에서 일하는 동안 제임스 맥라모어로부터 배운 많은 교훈과 경험으로 인해 그 후의 경력에서 바로 내가 원하던 모습의 지도자로 살아갈 수 있었다. 그의 브랜드와 대중을 향한 변함없는 헌신을 지켜보면서 나는 사업의 성공을 위해 이 두 가지가 얼마나 중요한 것인지를 배울 수 있었다.

-버거킹 사장, 폴 클레이튼

Chapter

26

새로운 미션:
포화된 시장에서 살아남기

제임스 맥라모어

1994년이 시작되면서 버거킹의 매출은 확실히 빠르게 올라가기 시작했다. 충분히 좋은 메뉴가 준비되어 있다는 것을 많은 고객이 알게 되었다. 전체 매장의 25% 정도가 와퍼 가격을 99센트로 내렸고, 그 결과 두 자릿수의 매출증가율과 이익증가율이 나타났다. 매장당 방문고객 수도 20% 이상 늘었다. 그 덕분에 우리의 시장점유율도 상당히 높아졌다. 와퍼를 99센트에 내놓은 매장들 덕에 버거킹이 성공했다고 말하려는 것은 아니다. 나머지 매장들도 고객들에게 가성비 높은 메뉴를 내놓기 위해 그들대로의 노력을 기울였고, 그 결과 역시 큰 성공으로 나타났다. 치유의 과정이 시작되었다. 고객 수는 극적으로 늘어났으며, 낙관적인 사고가 매장과 회사를 지배하기 시작했다. 그 어느 때보다도 미래에 대한 확신이 생겨나고 있었다.

이러한 결과가 나오기까지 내가 도움이 되었다는 점을 나는 기쁘게 생각한다. 그리고 짐 애덤슨이 나에게 계속해서 회사에 남아서 도와달라고 한 것은 나를 더욱 기쁘게 했다. 회사와 가맹점들이 몇 년 만에 새로운 혁신과 성공을 맛보기 시작했고, 내가 그 한 부분을 차지하고 있다는 사실은 즐거운 일이었다.

그러나 아직도 해야 할 일이 많았다. 마케팅의 여러 문제들에 관해서 아직 답을 찾지 못하고 있었다. 그러나 폴 클레이튼이 새로운 CMO로 선임되면서 문제가 확실히 개선되기 시작했다. 그는 CMO로 임명되자마자 짐 애덤슨을 도와 버거킹의 광고를 맡을 새로운 광고 대행사를 물색했다. 그 결과, 디아시매서스벤턴앤드볼스D'Arcy Masius Benton & Bowles가 미디어기획 및 구매 담당사로 선정되었다. 또 작지만 매우 혁신적인 회사인 애미러티퓨리스Ammirati Puris가 광고기획을 맡았다. 나는 버거킹 경영진과 가맹점 대표들로 구성된 마케팅자문위원회가 뉴욕에서 이들 기획사를 선정하는 동안 여러 날을 그들과 함께하며 참여했다. 최근 여러 해 동안 우리가 내놓은 광고는 초점이 불분명했고, 그 결과는 매우 초라했다. 우리는 산뜻한 새 광고와 함께 새롭고, 활력이 넘치고, 혁신적인 마케팅 접근방식을 구현해야 했고, 그뿐 아니라 그에 걸맞게 각 매장의 서비스 질을 높여야 했다. 이러한 요소들이 완벽하게 갖춰지는 동시에 연간 2억 달러를 훌쩍 넘는 광고비 투입은 우리에게 매출증가를 기대하게 만들었다. 1994년 중반에 새롭게 일신한 버거킹의 분위기 속에서 경영진과 가맹점들이 흥분과 기대감을 느낄 수밖에 없었던 것은 이러한 노력 때문이었다.

정곡을 찌르는 새로운 마케팅 전략 덕분에 우리는 새로운 활력을 되찾고 있었지만, 여전히 기준에 미치지 못하는 매장들을 처리해야 하는 문제로 골치가 아팠다. 이들을 다루는 데는 상당한 주의가 필요했다.

〈내셔널 어덜트 트래킹 National Adult Tracking 〉의 조사에 의하면 버거킹과 웬디스 그리고 맥도날드 3사를 비교했을 때 우리는 '지출 대비 가치', '일관성', '즐거움을 주는 장소', '청결도', '외관이 주는 느낌' 등의 항목에서 3위에 머무르고 있었다. 이는 우리 매장운영의 현주소를 그대로 드러내 보여주는 굴욕적이고 놀라운 보고서가 아닐 수 없었다. 우리가 광고를 통해서 고객들에게 약속한 바를 현장에서 이행할 수 없다면, 강력한 광고활동을 벌이는 것은 아무런 의미가 없는 일이었다. 나는 내가 참석하는 다양한 회의나 행사에서 발언의 기회가 있을 때마다 이런 문제를 시급히 바로잡아야 한다고 강조했다. 우리는 지금의 상황이 어떠한지 잘 알고 있었다. 우리를 바라보는 고객들의 생각이 어떤지 누구나 읽고 볼 수 있도록 우리 앞에 놓인 보고서에 고스란히 담겨 있었기 때문이다. 그러나 이 시점까지도 우리의 반응속도는 매우 느렸다.

동시에 경영진은 우리의 상품군에 대해서 몇 가지 필요한 개선방안을 적용하려고 애를 쓰고 있었다. 나는 항상 우리 작은 햄버거의 크기에 대해서 걱정하고 있었다. 우리 제품은 1.8온스 정도였고 우리의 주요 경쟁사들의 제품은 1.6온스였다. 여기에는 두 가지 문제가 있었다. 첫째로, 우리 제품이 조금 더 크다는 것만으로는 고객의 신뢰를 얻지 못한다는 것이다. 그 정도의 차이는 고객들에게 크게 눈에 띄지 않는다. 둘째로, 우리 제품의 가격이 상대적으로 높다는 것이다. 소비자들은 가격은 분명히 높은데 차이는 그다지 눈에 띄지 않는다고 느끼고 있었다. 나는 가성비를 높여서 이 문제를 해결하겠다는 경영진의 대응이 옳다고 생각했다. 그들은 지금까지 일반 햄버거나 치즈버거, 그리고 와퍼주니어에 사용하던 패티의 중량을 1.8온스에서 2.8온스로 늘렸고, 이렇게 더 커진 쇠고기 패티를 두 장을 겹쳐서 만든 '메가더블치즈버거'라는 신상품도 출시하기로 했다. 이는 작지 않은 센세이션을 일으켰다. 우리는 소비자들이 가격은 더 비싸지만 품질과 제품의 가치를 판단하여 우리 제품을 구매해줄 것이라고 믿었다. 이제는 패스트푸드사업이 처음 태동할 때처럼 15센트짜리 초저가 햄버거를 내놓고 싼 가격만으로 영업하는 시대는 지났다. 어떻게 하면 평범한 햄버거를 압도할 수 있는 좋은 햄버거를 내놓느냐 하는 것이 관건이었다. 가격은 중요하지 않았다. 이러한 새로운 시도와 함께 우리는 우리의 일반 햄버거가 경쟁자들의 같은 제품보다 75%나 더 크다는 점을 강조하는 광고를 시작했다. 이제 우리는 일반 햄버거에서도 경쟁사와 확실히 차별화된 것이다. 일반 햄버거를 가지고 사업의 기반을 구축한 경쟁사들은 새로운 숙제를 떠안게 되었다. 이렇듯 경쟁사와 확연한 차별화를 시도한 것은 1973년의 "당신의 방식대로 드세요" 캠페인 이후 처음 있는 일이었다.

서비스 부문에서는 아직 많은 일이 남아 있었다. 직원교육과 운영지원 부문에서는 할 일이 더 많았다. 우리 매장의 상당수는 물리적인 업그레이드와 재투자가 절실한 상황이었다. 이런 총체적인 부실이 일어난 이유는 오랜 기간에 걸쳐 가맹점들에서 적절한 현금흐름이 창출되지 못했기 때문이었다. 회사에서 직접 경영하는 매장들은 경영진이 오랫동안 재투자를 피하면서 황폐한 지경에 이르렀다. 마케팅 방식을 개선한 것이 실적호전에 분명 도움이 되었지만, 매장운영의 질자체를 개선하는 것이 먼저였다. 우리 매장들의 물리적인 상태가 아주 좋고 잘 운영되고 있다는 점을 사람들이 인정하고 만족하지 못한다면 최고급 마케팅 프로그램의 가치와 효과도 크게 반감될 것이다. 나는 최고경영진에게 이 일의 중요성을 계속 강조했는데, 이 부분에서 상당한 진전이 이루어지는 것을 보고 기쁜 마음이 들었다.

1994년 가을로 접어들면서 우리는 사업 전반에 대한 리빌딩 작업을 본격적으로 진행했고, 매출과 수익 증대를 위한 우리 노력은 커다란 힘을 발휘했다. 성공의 첫 번째 요인은 의심할 여지 없이 미국인이 가장 선호하는 샌드위치인 와퍼 그 자체였다. 소비자 성향조사에 따르면 미국인의 와퍼에 대한 선호도가 다른 샌드위치에 비해 두 배나 높다는 것은 데이터로 입증된 상황이었다. 직화구이라는 방식과 "당신의 방식대로 드세요"라는 구호로 쌓인 와퍼의 명성은 확고했다. 〈내셔널 어덜트 트래킹〉의 조사에 따르면, 소비자들은 이 두 가지에 대해서 우리에 대해 여전히 높은 점수를 주고 있었다.

두 번째 요인은 오랫동안 쌓아온 우리의 여전한 인지도였다. 우리는 전국에 7,000개 이상의 매장을 운영하고 있었고, 대개 매장들은 지역마다 가장 번화하고 상가가 밀집한 지역에 위치해 있었다. 거대한 매장 조직과 훌륭한 입지, 그리고 전국적으로 각인된 강력한 이미지 덕택에 우리는 상당한 마케팅의 이점을 누릴 수 있었다.

세 번째 요인은 버거킹을 홍보하는 데 매출의 4%를 지출하겠다는 결정과 실천이었다. 1994년의 경우 우리는 마케팅 예산으로 2억 7,500만 달러를 책정했고, 그 가운데 2억 달러를 광고비로 지출한다는 계획을 세웠다. 이러한 강력한 이점과 함께, 매장운영 수준과 고객 서비스를 개선하기 위한 경영진의 각별한 헌신이 더해지면서 우리 매장들은 빠른 매출신장을 기대할 수 있었다. 이제 문제는 새롭게 수립된 전략을 경영진과 가맹점들이 얼마나 잘 실행하느냐는 것이었다. 이것이 성공하려면 가맹점에 대한 지원이 절대적이었다. 새로운 전략을 실행하는 데 모두의 역량을 집중시키는 것은 짐 애덤슨의 중요한 과제였고, 나는 그가 그러한 능력이 있는 사람이라고 믿었다.

이 모든 것이 1994년에 일어난 일이다. 버거킹은 확실히 그동안의 침체에서 벗어나 승승장구하기 시작했다. 이는 경쟁이 과열되고 있던 레스토랑 시장의 전반적인 상황과는 매우 대조적이었다. 많은 기업들이 매출감소와 비용의 압박으로 고민하고 있었고, 많은 경우 수익이 나빠졌다. 패스트푸드식당의 공급이 수요를 초과하고 있다는 증거가 늘어나고 있었다. '포화saturation'는 금융분석가들과 요식업자들, 그리고 체인레스토랑 관리자들이 가장 많이 입에 올리는 유행어가 되었고, 이 단어가 내포하고 있는 의미에 대한 우려가 점점 더 커지고 있었다.

이 시점에서 나는 버거킹이 치열한 경쟁환경 속에서 살아남을 수 있는 능력에 대해서는 걱정하지 않았다. 우리는 현명한 몇 가지 변화를 이끌어냈고, 그 결과 빠르게 확장하는 고객들로부터 높은 점수를 얻고 있었다. 나는 우리가 올바른 궤도를 달리고 있으며, 장차 닥칠 도전을 받아들이기에 유리한 위치에 있다는 것을 의심하지 않았다. 나는 오히려 우리의 주요 경쟁자들이 더 치열한 가격경쟁을 벌이기를 기대했다. 모든 사람이 압박이 심한 시장에서 점유율을 높이기 위해 치열하게 싸우고 있었다. 이들 참가자들이 가능한 한 최저의 비용으로 좋은 음식을 제공한다는 외식서비스사업의 기본으로 돌아가는 것은 당연한 일일 것이다.

그렇다면 미래는 어떨까? 국내의 외식산업이 존재하는 한 근본은 크게 변하지 않을 것이다. 좋은 음식과 청결한 매장, 효율적이고 정중한 서비스, 그리고 고객이 낸 비용 대비 누릴 수 있는 제품과 서비스의 총합을 언급할 때마다 내가 이 책에서 사용했던 용어인 '가성비'에 대한 미국인의 요구는 크게 바뀌지 않을 것이다. 가성비란 기본적으로 가격의 문제이지만, 그보다 훨씬 더 큰 의미를 담고 있다. 소비자는 저렴한 가격에 높은 경제적 가치를 제공하는 판매자를 선호하겠지만, 그들에게는 가격 외에도 고객에 대한 관심이나 서비스의 다양성 같은 것들도 중요하다. 빠르고 정중한 서비스도 하나의 예일 뿐이다. 성공적인 비즈니스를 구축하고, 그것이 미래에도 계속 성장할 수 있는 토대가 되는 것은 바로 이러한 매우 간단하고도 근본적인 문제이다. 어느 분야든 절대로 변하지 않는 것이 있다.

여기에 더하여 식당운영의 성공을 위한 또 하나의 중요한 열쇠는 소비자의 입맛과 요구의 변화에 적응하고 대응하는 능력이다. 요즘에는 영양과 건강에 대한 소비자들의 우려가 커지고 있다. 소비자들의 이러한 변화는 미국 식당의 메뉴구성에도 큰 영향을 끼쳤다. 쇠고기에 대한 선호도가 서서히 줄어드는 대신 닭고기, 생선, 그리고 지방 함유가 적은 다른 품목들에 대한 선호도가 높아지고 있다. 튀긴 음식에 대한 선호도는 확실히 낮아지고 있다. 소비자와 정부기관은 식료품점에서 판매하는 음식의 겉면에 영양구성을 알리는 라벨을 부착할 것을 요구하고 있으며, 이는 음식점에서 식품을 판매하는 방식의 변화를 가져올 것이다. 소비자들은 자신들이 먹는 음식이 지방과 단백질, 콜레스테롤, 비타민, 미네랄, 탄수화물, 그리고 나트륨을 얼마나 포함하고 있으며 어느 정도의 열량을 지닌 음식인지 알고 싶어 한다. 체중과 신체건강에 대한 관심이 높아지고 있고, 내가 먹는 음식이 건강에 어떤 영향을 미칠지에 대한 관심도 커졌다. 이러한 문제에 소비자가 관심을 기울일수록 외식사업자들도 그 중요성을 함께 인식하고 적응하지 않으면 변화되는 시장에서 도태되고 말 것이다.

내가 외식산업계에 첫발을 들여놓던 1940년대만 해도 훗날 언젠가는 사람이 많은 곳에서 담배를 피우는 행위가 불법으로 간주되어 처벌을 받게 될 날이 올 것이라고는 조금도 상상할 수 없었다. 마찬가지로 소비자들이 그들이 먹는 음식에 대해서 그렇게 급진적으로 다른 태도를 보이게 될 것이라고 예상할 수 없었다. 몸의 건강, 건강관리, 영양 등에 대한 대중의 관심이 커지면서 미국인의 기대수명도 늘어났다. 우리는 이러한 이슈들이 미래에는 지금보다 훨씬 더 예민한 관심사가 될 것임을 예측할 수 있고, 전국의 식당들도 이러한 고객의 달라진 요구에 맞춰 적절하게 변화된 서비스를 제공해야 할 것이다.

그렇다면 미래의 식당들, 특히 대형 체인레스토랑의 형태로 운영되는 식당들이 변화하는 소비자의 요구에 어떻게 대응하고 반응할 것인지도 예측할 수 있다. 가장 눈에 뜨이는 변화는 미국의 인구통계학적 추이로부터 발생할 것이다. 베이비붐 세대가 고령화되고 노년층의 수명이 더 길어지면 소비자의 관심과 태도, 선호도가 확실히 바뀔 것이다. 노인 인구 비율이 증가할 것이고, 10대 청소년과 18~24세 청년 인구는 그 숫자는 증가하겠지만 전체 인구에서 차지하는 비율은 감소할 것이다. 이는 소비자의 수요와 전국 식당들의 유형 변화에 중요한 작용을 하게 될 것이다.

미국의 패스트푸드식당은 외식산업 분야에 큰 공헌을 한 것은 분명하다. 베이비붐 세대는 핫도그와 햄버거, 치킨, 피자, 타코 등을 즐기며 성장했다. 그들은 나이를 먹고 경제적 지위가 높아진 후에도 여전히 패스트푸드를 즐기지만, 한편으로 더 수준 높은 식생활에 대한 수요도 늘어났다. 이러한 수요와 선호도의 변화에 따라 캐주얼 디너하우스나 테마형 디너하우스 형태의 식당이 늘어났고, 성공적으로 정착했다. TGI프라이데이스TGI Friday's, 칠리스Chili's, 애플비스Applebee's, 롱혼스테이크하우스LongHorn Steakhouse, 아웃백스테이크하우스Outback Steakhouse, 올리브가든 Olive Garden, 레드랍스터 Red Lobster, 차트하우스Chart House 등 상당히 많은 업체가 이러한 새로운 분야에서 성공을 거뒀다. 또 급변하는 외식서비스 시장에서 이러한 대형 다점포 체인들과는 별도로 새롭고 작고 혁신적인 개념의 식당들도 그들 나름의 성공을 거두었다. 소비자는 변화를 환영하고, 혁신적이고 독특한 장소에서의 식사를 선호하는 경향이 있다. 이러한 경향은 균일하고, 예측 가능하고, 일관성 있는 음식과 서비스를 제공하는 대형 다점포 체인업체에 어느 정도 위협으로 작용한다. 고객은 항상 그 이상의 무엇을 찾고, 신흥 식당들은 이들의 기호에 맞춰 새로운 실험을 계속할 것이다. 버거킹을 포함한 대형 다점포 체인레스토랑은 까다롭고 요구사항이 점점 많아지는 고객들의 관심을 끌기 위해 더 좋은 분위기와 질 좋은 음식과 서비스를 제공하는 끊임없는 도전을 해야 할 것이다.

빠르게 늘어나는 노인층의 필요와 수요에 어떻게 대응할 것인가 하는 것은 앞으로 패스트푸드 업계가 직면하게 될 가장 큰 도전이 될 것이다. 노년층은 앞으로 가장 적극적으로 겨냥해야 할 고객층이 될 것이라고 나는 생각한다. 노인들은 자신에게 이미 익숙해진 방식의 서비스를 선호하고, 이미 정해진 몸에 밴 생활방식을 잘 바꾸지 않으며, 새롭고 혁신적인 개념을 찾는 데 별 관심이 없는 이들이다. 그들은 눈앞에 펼쳐진 잔디밭이 아무리 넓더라도 그곳은 젊은이들을 위한 장소라고 생각하고 그곳으로는 발걸음도 잘 옮기지 않는다. 그러므로 나는 대형 체인레스토랑은 노령인구의 요구와 기호에 부합하기 위해 노력해야 한다고 생각한다. 물론 이런 내 생각이 대형 체인레스토랑이 어린이나 가족, 혹은 젊은이를 대상으로 한 영업을 포기하라는 말은 아니다. 젊은 세대의 기호에 부응하는 새롭고 효율적인 방식을 고안하는 것도 중요하지만, 노령인구 시장은 무시하기에는 너무 크고 중요하다.

나는 버거킹의 경영진과 점주들 앞에는 무궁무진한 기회가 놓여 있다고 생각한다. 미국 국내시장도 점점 커지고 있고, 세계시장에서의 잠재력은 더욱 크다. 미국 외식업체의 전문성은 세계시장의 우리 경쟁상대들보다 1광년쯤은 앞서 있다. 그래서 세계인들은 미국 기업이 그들에게 선보이는 새롭고 혁신적인 방식의 서비스를 늘 환영해왔고, 앞으로도 그러할 것이다. 해외시장은 훨씬 복잡미묘하지만, 그곳에는 여전히 엄청난 기회가 있다.

반면 나는 새로 창업하고 등장하는 다점포 체인레스토랑들 모두가 미국에서 전국적인 영업망을 갖추는 데 성공할 수 있을지 심히 의심스럽다. 일부 지역이나 지방에서만 강세를 띠는 업체들은 치열한 경쟁에서 살아남기 위해 자신의 지역에서 신규점포를 계속 출점할 것이고, 이미 전국적인 영업망을 가지고 있는 오래된 기성업체들도 똑같이 신규점포를 계속하여 출점할 것이다. 그러므로 이미 주요 시장들은 모두 포화상태라는 점을 명심해야 한다. 신규업체들이 현재 상황에서 재무, 마케팅, 운영 부문에서 겪게 될 위험을 극복하기는 쉽지 않을 것이다. 나는 미국 시장에서 버거킹의 존재감이나 규모를 생각할 때, 앞으로도 우리가 강력한 입지를 계속 유지할 수 있는 성장잠재력을 여전히 지니고 있다고 생각한다.

최근 몇 년 동안 버거킹은 "기본으로 돌아가라"는 원칙에 충실한 경영을 하고 있는데, 이는 사업을 처음 시작할 때 수립된 원칙을 다시 강조하고 있다는 의미이다. 이 원칙을 다시 한번 몇 개의 단어로 요약하자면 '친절한 서비스', '간단하고 이해하기 쉬운 메뉴', '청결한 매장', '저렴하고 받아들여질 만한 가격', '최고의 질' 등으로 정리할 수 있다. 물론 우리도 한때 이 원칙을 잠시 잊고 궤도를 벗어난 적이 있지만, 우리는 다시 방향을 제대로 잡았고, 그 결과 우리 사업의 기본원칙은 지금도 잘 작동하고 있다고 자부한다. 더 높은 성공을 위해 현재의 시점에서 우리에게 필요한 것은 원칙의 적절한 실행뿐이다.

데이브 에저튼과 내가 1950년대에 마음으로 상상했던 것이 지금 현실로 이루어졌다. 초기에 우리는 매장을 설립할 수 있는 곳이라면 어디든 매장을 열어 점포망을 성공적으로 구축하기 위해 노력했고, 점주가 되고 싶어 하는 많은 사람의 도움과 지원을 받아 이를 달성하고자 했다. 우리가 진출하는 모든 시장에서 우리 브랜드의 인지도를 높이기 위해 가능한 모든 자원을 끌어모으고 동원하는 것도 우리의 비전에 포함되어 있었다. 그 결과 회사는 크게 성장했다. 나는 가끔 이렇게 큰 성공을 거둘 것이라고 처음부터 상상했느냐는 질문을 받는다. 간단하게 답하자면 오래전 상상했던 것 이상의 성공을 거둔 것이 분명하다. 우리는 이 모든 결과를 달성해내는 데 중요한 역할을 했던 수천 명의 벗들에게 평생을 두고 갚아야 할 빚을 졌다. 버거킹의 역사는 이제 40년이 넘었다. 그러나 우리는 여전히 출발선에 서 있다고 할 수 있다. 왜냐하면 우리 앞에는 여전히 엄청난 기회가 놓여 있기 때문이다.

버거킹은 단단한 기반 위에서 안정을 누리고 있다. 이는 우리 사업의 방향에 대해 고객들이 받아들이고 동의해주었기 때문에 얻어진 결과이다. 버거킹 경영진의 도전과제는 앞으로의 시장변화에 맞춰서 이러한 기반을 어떻게 계속 유지하고 강화해나갈 것이냐 하는 것이다. 나는 50년 동안 외식서비스 분야와 접객 분야에 종사하면서, 마침내 큰 성공에 올라선 많은 기업이 변화의 흐름에 빠르게 대처하지 못해 발을 헛디디고 비틀거리는 것을 여러 차례 목격했다.

지난날 버거킹도 중요한 전략을 새롭게 수립해야 할 중대한 고비에 선 적도 있었고, 방향을 잘못 정하는 실수를 저지르기도 했다. 기업은 이따금씩 저지르는 판단 실수로 인해 기회를 놓치고 생존 자체를 위협받기도 한다. 현재 회사가 강건하다고 해서 미래 비즈니스 사이클의 어느 시점에 고객의 요구나 수요, 선호도를 충족시키지 못하는 미숙한 경영이나 잘못된 의사결정을 하더라도 살아남을 수 있을 거라고 생각하는 것은 커다란 오산이다.

나는 오랜 사업 경험을 통해 진실로 경청하는 능력을 가진 관리자는 극소수라는 것을 배웠다. 나는 나 자신이 남의 말을 잘 들을 줄 아는 사람이라고 생각해왔고, 이는 지도자가 자신의 역할을 제대로 수행하기 위해 반드시 갖춰야 할 자질이라고 믿고 있다. 나는 자신의 자아를 통제할 줄 모르는 사람이 지도자의 위치에 서는 것을 용납할 수 없다. 자아가 지나친 사람은 경영이라는 이름의 사다리를 어느 정도 높이까지는 오를 수 있겠지만, 타인의 말보다 자신의 마음의 소리에 더 귀를 기울이는 사람은 그로 인해 분명히 부정적인 영향을 받게 된다. 지나친 자아는 타인의 목소리를 차단하는 귀마개 역할을 할 수 있고, 나는 이로 인해 나름 훌륭한 경영진이 판단을 그르치는 모습을 여러 번 보았다.

짐 애덤슨은 최고경영자로서, 그리고 지도자로서 아주 드물고 독특한 자질을 지녔다. 그는 다른 사람의 의견을 적극적으로 물을 뿐 아니라 진지하게 귀를 기울이는 사람이다. 그래서 그의 주변에는 항상 가치 있고 통찰력 있는 조언을 할 수 있는 지식이 풍부한 사람들이 모여든다. 나는 그가 자신이 모든 해답을 알고 있지 않다는 것을 기꺼이 인정했다는 사실로 인해 감명을 받았다. 그는 이것을 자신이 이끄는 경영진뿐 아니라 모든 가맹점주 모임에서도 기꺼이 인정하고 고백하는 사람이었다.

짐 애덤슨이 CEO로 취임하고 얼마 안 되었을 때 아침식사를 함께하고 싶다며 나를 코코넛그로브Coconut Grove; 플로리다주의 해안 휴양지-옮긴이의 그랜드베이호텔Grand Bay Hotel로 초대한 일이 있었다. 그는 내가 1993년 2월에 탬파에서 한 연설에 대해서 두 가지 측면으로 큰 감동을 받았다고 말했다. 첫째는 내가 다시 회사의 일을 보기 시작했다는 사실로 인해 점주들이 무척 기뻐했다는 것, 그리고 더 중요한 두 번째 이유는 그들 모두가 회사의 당면한 문제에 대한 나의 지적이 핵심을 정확하게 찌르고 있다고 느끼고 있다는 것이었다. 나는 회사의 문제가 무엇인지에 대한 내 생각을 대략 정리해서 이야기했고, 그 행사에 참석해 내 이야기를 들은 점주들은 자신들에게 공감해주는 누군가가 드디어 등장했다는 사실로 인해 크게 기뻐했다. 나는 당시 회사가 당면한 문제를 다루는 방식에 매우 비판적이었다. 보통의 경우에는 이렇게 비판적인 생각을 거침없이 밝히면 반드시 CEO의 눈 밖에 나게 된다. 나는 직원들과 점주들을 낙담하게 만든 모든 문제를 두서없이 꺼내놓았고, 이에 대해 내가 관찰한 바를 모두 공론의 탁자 위에 올려놓았다. 이러한 이야기를 솔직하게 해야 할 필요가 있었다. 다행히 짐 애덤슨은 그러한 지적이 그가 원했던 회복 과정을 촉진하는 데 도움이 된다는 것을 알아차릴 만큼 똑똑한 사람이었다.

내가 점주들과 직원들의 대변자 역할을 할 수 있었던 것은 나의 독특한 위치 때문이었다. 나는 분명히 경영진의 일원은 아니었지만,

점주들은 이 사업부문에 대한 내 과거 경험과 관심 때문에 무엇이 잘되고 있고 무엇이 잘못되고 있는지 내가 누구보다 잘 알고 있을 거라고 믿었다. 나는 어느 한편으로 서 있지도 않았고, 매우 객관적이고 독립적인 입장이었다. 경영진과도, 업주들과도 어떤 유대도 없었음은 물론, 그들을 위해 무언가를 해야 할 의무도 없었다. 때문에 누구의 눈치도 보지 않고 내 생각을 가감 없이 이야기할 수 있었고, 경영진과 점주들 모두 내 말에 기꺼이 귀를 기울여준 것이다.

당시는 오랫동안 누적된 낙담의 결과로 적지 않은 점주들이 자신들이 감당해야 할 짐을 내려놓고 포기하려던 때였다. 나는 그들의 이러한 흐름에 제동을 걸도록 촉구할 수 있었다. 왜냐하면 그것은 정직하고 편견 없는 그들에 대한 배려의 표현이었기 때문이다. 그들도 그것을 알고 있었기 때문에 내 말을 기꺼이 받아들였다. 나는 위기를 극복하기 위해 가맹점들이 스스로 해결해야 할 모든 문제를 제기하면서 그들이 새로운 용기를 내도록 자극할 수 있었다. 나는 경영진에게도 똑같이 그들의 효율적인 리더십의 결핍에 대해 비판을 가할 수 있었다. 나는 완전히 정직하고 솔직하게 문제가 된다고 믿는 것이 무엇인지, 그리고 즉시 고쳐야 한다고 생각하는 것이 무엇인지를 이야기할 수 있었다.

짐 애덤슨은 당시 45세의 경영자였고, 이전에는 외식사업에 관한 어떠한 경험도 없었다. 그는 그러한 점을 솔직하게 인정했다. 그는 외식사업자는 아닐지 몰라도 '완벽한 소매업자'였다. 솔직히 인정할 줄 아는 그의 성격은 그가 어떤 사람인지를 말해주었고, 그의 정직함과 솔직함은 점주들로부터 높은 평가를 받았다.

무엇보다도 그는 음식과 서비스에 대한 마케팅이 버거킹이 직면하고 있는 문제의 본질이라는 것을 알고 있었다. 그는 브랜드의 인지도를 다시 구축하는 것이 중요하다는 것을 이해하고 있었다. 이는 사업의 건강성과 수익성을 회복하기 위해 매우 중요한 요소였다. 나는 그의 자아가 그가 얻을 수 있는 최고의 조언을 받아들이는 데 전혀 방해물이 되지 않고 있다는 사실에 감명을 받지 않을 수 없었다. 그는 고객들이 최고의 레스토랑 서비스를 받고 있다는 사실을 스스로 확인하는 것이 중요하다는 점을 재빨리 인식했고, 이제 그는 조직 내부에서 이 중요한 임무를 수행할 적절한 사람들을 찾을 것이다. 그리고 한편 브랜드 이미지를 구축하는 데 계속하여 집중할 것이다.

짐 애덤슨은 함께 아침식사를 하며 나에게 좀 더 사업에 적극적으로 참여해달라고 부탁했다. 나는 이전 경영진의 리더십 부족에 대해 계속 관심을 가지고 환기시키고 있었기 때문에 그의 제안이 무척 반가웠다. 나는 정중한 찬사와 함께 그의 요청을 받아들이며 내가 도움이 된다면 무엇이든 하겠다고 말했다. 그러면서도 나는 그가 회사 내의 문제를 모두 해결할 때까지 그와 그의 경영진이 문제를 바로잡을 수 있도록 강력한 도전을 계속할 것이라고 분명하게 경고를 해두었다. 이러한 서로의 이해를 통해 업무관계의 토대를 형성하는 것이 나는 매우 만족스러웠다. 나는 결코 버거킹의 새로운 전략방향을 설계하는 사람이 아니다. 그런 역할은 전적으로 짐 애덤슨과 그가 이끄는 경영진에게 맡겨져야 한다. 내 역할은 그들에게 현재 우리가 직면하고 있는 문제가 무엇인지를 끊임없이 환기시켜주는 것이고, 이러한 문제를 바로잡는 데 필요한 많은 제안을 던져주는 것이다.

　나도 사업을 오래 하면서 수많은 실수를 저질렀고, 대부분은 내가 버거킹 CEO로 일하던 1950년대, 1960년대, 그리고 1970년대 초반에 저지른 실수들이다. 그런 것들을 생각하면 지금 내가 살아 있다는 게 신기할 정도다. 나는 가끔 내가 처음으로 두 식당을 개업했던 1949년부터 1951년까지의 시기를 회상할 때가 있다. 잘못된 판단으로 인해 나는 나 자신에게 여러 번 실망했고, 그 때문에 여러 차례에 걸쳐 참담한 실패와 함께 파산의 위기에 몰리기도 했다. 패배와 실패를 통해 얻은 유일한 교훈은 역경만큼 위대한 스승은 없다는 생각이었다. 나는 사업을 일구는 과정에서 혹독한 가르침을 얻었다. 한 번, 한 번의 사고를 통해 얻은 배움과 교훈이 있었고, 이는 다음 도전에 대비하는 데 도움이 되었다. 내게는 매우 중요한 사업이 엉망이 되는 참담함 속에서 맥이 빠지고 괴로울 때, 나는 미래를 향해 더 나은 길로 나아가기 위해 어떻게 해야 할지 경청하고 반성하는 법을 배웠다. 이런 나의 삶을 통해서 나는 젊은이들에게 실패를 두려워하지 말라고 충고하고 싶다.

　짐 애덤슨의 매력은 그가 과거의 실수를 지적으로 접근하고 탐구하여 교훈을 찾고, 자신에게 최고의 조언을 해줄 수 있는 사람들의 말에 기꺼이 귀를 연다는 것, 그리고 이렇게 하여 얻은 교훈을 잘 버무려 회사의 미래에 가장 적절하고 누구나 받아들일 만한 새로운 방향의 전략을 수립할 줄 안다는 것이다.

　1994년 들어서 회사가 모든 면에서 제자리를 찾았다는 말은 아니다. 짐 애덤슨의 탁월한 경영능력에 힘입어 매출과 수익성이 크게 향상된 것은 분명히 인상적인 결과였지만 걸림돌도 여전히 많이 널려 있었다. 버거킹에 대한 전미가맹점주협회와 점주들의 우려는 여전했다. 그들은 여전히 자신들의 이익이 충분히 보호받지 못하고 있다고 느꼈다. 연방 차원에서 또는 주정부 차원에서 만들어진 프랜차이즈에 관한 법률과 규정은 가맹점주와 본사 간의 생산적인 관계 설정에 지속적인 위협이 되고 있었다. 나는 가맹점주들에게 어떤 일이 있더라도 정부를 끌어들이지 말고 모든 문제를 해결하라고 충고했다. 사실 해결해야 할 문제들이 여전히 많이 있었고, 그 문제들은 결국 인력감축이나 조직개편 등의 결과를 불러오게 될 것이다. 버거킹도 비슷한 힘들고 고통스러운 과정을 겪었고, 그 가운데 상당 부분은 아직도 치유되지 못한 아픔으로 남아 있다. 여러 해외시장으로의 확장은 체계, 통제, 운영 등에 관한 많은 복잡한 문제를 야기했다. 기회도 많았으나 위험도 상당했다.

1994년쯤부터 외식산업이 포화상태에 접어들었음을 알려주는 불길한 조짐이 나타나기 시작했다. 이미 시장의 상당 부분을 점유하고 있던 체인레스토랑들은 여전히 계속해서 신규점포를 열고 있었다. 과거처럼 규모가 빠르게 성장하지 않는 시장에서 각자 자신의 점유율을 높이고자 치열하게 싸울 수밖에 없었다. 외식시장 전체의 성장속도보다 체인레스토랑의 성장세가 더욱 빨랐고, 그 결과는 충분히 예측 가능한 것이었다. 경제지나 업계신문에서 업체들의 사망기사가 넘쳐나기 시작했다. 또 1994년쯤을 기점으로 시장은 '중대한 국면'으로 돌입했고, 할인경쟁이 시작됐다. 그 결과 이윤의 폭은 크게 줄었으며 수익성에 압박이 오기 시작했다. 투자된 자본의 수익률이 금융계의 기대에 미치지 못하는 경우가 많았고, 상황은 점점 더 악화되고 있었다. 월스트리트는 오랫동안 외식산업을 약속과 기회가 넘쳐나는 시장으로 보고 있었고, 그렇게 생각할 만한 충분한 이유가 있었다. 외식산업계에는 예상 밖의 대성공을 거둔 사례가 그만큼 많았기 때문이다.

그러나 시장이 포화상태에 접어들고 할인경쟁이 격심해지면서 곳곳에서 문제가 드러났다. 관리자와 현장인력의 감축으로 식당운영 상태가 나빠졌다. 고객들은 서비스가 안 좋아졌다는 것을 피부로 느끼고 불평하기 시작했다. 청결도가 수준 이하로 떨어진 곳도 있었다. 경영진이 자주 교체되면서 더 나은 현금흐름과 축소운영을 위해 '단기적 관점'의 전략에 집중하게 되었다. 그들은 식당에서 고객들이 직접 체감하는 질적인 부분의 중요성을 간과하기 시작했다. 나는 대대적인 재편의 순간이 눈앞에 다가오고 있다는 느낌을 받았다. 빚을 내서 무리하게 기업을 인수하거나 잘못된 금융전략으로 인한 많은 실패 사례가 등장했다. 이렇게 해서 부채가 감당할 수 없을 정도로 늘어나면 결국 파산법원의 보호라도 받아야만 억지 생존이라도 할 수 있다.

실제로 1994년 내내 유통 관련 언론에는 기업들의 실망스러운 실적과 최고경영자 그룹의 교체 소식이 줄지어 보도되었다. 투자자들도 외식산업을 전과는 다른 시각으로 바라보며 매우 조심스럽게 접근하기 시작했다. 경쟁이 격화될수록 최강자들은 약자들을 무참하게 짓밟았다. 스테이크하우스, 피자사업, 패밀리레스토랑, 커피숍, 카페테리아, 치킨사업, 이중 드라이브스루 레스토랑, 서브마린 샌드위치점, 그리고 몇몇 햄버거 패스트푸드점에서 심각한 문제가 발생했다. 소비자들은 각종 판촉행사와 가격할인행사의 폭격을 맞고 있었고, 이로 인해 업체들은 혼란과 수익률 저하에 시달렸다. 적자생존이라는 정글의 법칙이 유일한 시장지배원리로 등장하는 듯했다. 상대적으로 경험과 자본이 부족한 업체들이 이 포화된 시장에서 견뎌내기는 쉽지 않다. 경쟁에서 뒤처진 업체들은 도중에 장외로 나가떨어졌다. 앞으로도 더 많은 업체들이 결국 경쟁에서 탈락하게 될 것은 분명해 보였다.

1994년은 이미 한계를 넘어선 업계 내에서 훌륭한 경영, 운영과 마케팅의 건전성, 충분한 자본확보 등을 기준으로 옥석이 가려진 해로 기록될 것이다. 어쨌든 1995년을 맞고 있는 외식서비스산업의 상황은 이러했다. 버거킹에 관한 한 나는 적어도 회사의 이익증대에 건설적인 방법으로 최대한 공헌했다고 생각하지만, 진정한 경영책임은 나보다 한층 젊은 경영진의 몫이었다. 나는 일상적인 경영 전반에 대해 간섭할 생각이 없었지만, 그러한 요청이 들어왔을 때는 매우 큰 열의를 가지고 조언과 상담을 하고자 했다.

27

다시 처음부터
버거킹을 경영한다면?

1994년, 제임스 맥라모어와 낸시 맥라모어 부부

1943년, 불과 17세의 나이에 무일푼으로 겁 없이 코넬대학교에 입학하고 난 후, 나는 50년 동안 줄곧 외식업계에서 일했다. 일흔이 다 되어갈 무렵부터, 당시 나와 비슷한 연령대에 있는 사람들 대부분이 이미 은퇴했다는 생각이 자주 뇌리를 스쳤다. 그때마다 적어도 당분간은 나는 은퇴자가 아닌 현역으로서 무언가를 할 수 있다는 사실로 행복하기도 했다. 나의 인생행로가 나를 어디로 이끌지는 나 자신도 모르지만, 나는 그 길을 걷는 것 자체를 즐기고 있었다. 나는 내가 하고 있던 많은 일들로 늘 바빴고, 그 안에서 새로운 자극을 받으며 살아왔다. 내 주변과 내가 속한 사회를 위해 뭔가 가치 있는 공헌을 한다고 생각하며 살았다. 게다가 멋진 가족과 수준 높은 친구들이 있었고, 아주 특별한 여성과 결혼을 하고, 비교적 양호한 건강상태와 늘 합리적으로 사고할 수 있었던 건강한 정신을 유지해왔다. 내 마음에 관하여 이야기하자면, 내 마음속에는 아주 괜찮은 대리석이 여전히 놓여 있다고 생각하고 싶다. 그리고 그 밖의 모든 것에 관해서도 나는 큰 행운과 감사를 느낀다. 한마디로 내 개인의 삶은 아주 괜찮았다.

직업인으로서 그리고 사업가로서 나의 삶에서 버거킹코퍼레이션이 차지하는 부분은 굉장하다. 나는 이 회사를 세계 2위의 체인레스토랑이라는 누구나 부러워할 만한 위치까지 끌어올리는 데 어느 정도 역할을 했다는 사실로 늘 즐거움과 만족감을 느끼고 있다. 버거킹의 이러한 성취는 초창기만 해도 아무도 상상하지 못한 것이었다. 이 성취로 인한 자부심과 만족을 세상을 떠나신 부모님 그리고 조부모님과 함께 나누지 못한 것이 안타깝다. 이 책은 이 모든 성취가 어떤 과정을 통해 이루어졌고, 회사가 어떻게 성공의 정점에 도달했는지를 이야기하기 위해 쓴 것이지만, 버거킹의 이야기는 아마 끝나지 않을 것이고, 마지막 장은 결코, 넘겨지지 않을 것이다. 앞으로도 버거킹의 역사는 계속 기록될 것이고, 그 안에는 나를 포함하여 그것을 이뤄내는 데 역할을 한 많은 이들의 자부심 또한 기록될 것이다.

지나온 일을 되돌아보는 것은 나름대로 의미 있는 일이다. 68세 생일이 다가올 무렵부터 이 책을 쓰기 시작하면서 나는 "다시 한번 모든 것을 새롭게 시작할 기회가 있다면, 지금까지 했던 것과는 어떻게 다르게 할 것인가?"라고 나 자신에게 물었다. 이 질문에 사업의 영역과 개인의 영역으로 나눠 답변을 해보고자 한다.

첫째로, 데이브와 내가 버거킹의 모든 것을 좌지우지하던 13년의 기간은 어떻게 달라질 수 있었을까? 우리는 처음에 조금 큰 햄버거를

18센트에 파는 데서부터 사업을 시작했지만, 그때로 돌아가서 다시 시작한다면 15센트에 맞는 작은 햄버거를 내놓았을 것 같다. 인스타 버거킹 시스템의 창시자들은 비록 우리가 좀 더 높은 가격을 받더라도 맥도날드의 1.6온스 패티보다는 조금 큰 2온스 패티 햄버거를 내놓는 것이 마케팅 전략상 유리하다고 생각했다. 나는 그들의 생각이 잘못되었다고 여긴다. 당시 소비자들은 15센트라는 가격에 상당한 관심을 보이고 의미를 부여하고 있었다. 우리는 15센트라는 가격의 의미와 중요성을 제대로 인식하지 못했던 것이다. 또 나는 우리가 했던 브로일러에 굽는 방식이 아닌 그릴에 굽는 방식에 대해서 진지하게 고려해보았을 것 같다. 조금 더 뜨겁고, 더 향이 좋은 패티를 더 빨리 손님들에게 내놓는 방법을 찾아보기 위해서이다.

또 우리는 인스타 기계들을 보다 빨리 없애버렸을 것이다. 인스타 기계는 우리 사업 초반에 제품을 생산할 때에 심각한 골칫거리였고, 이 기계들이 일관성 없이 작동하는 바람에 우리는 너무 오랫동안 고민하고 언쟁을 벌였다. 15센트짜리 햄버거가 제대로 서비스되고, 여기에 더하여 우리가 1957년에 세상에 내놓은 39센트짜리 와퍼가 더해졌다면 사업 초창기에 우리는 시장에서 더 나은 위치를 점할 수 있었을지도 모르겠다.

다시 그때로 돌아간다면 나는 재무전략과 부동산개발에 관해서 전문가에게 더 많은 조언을 구했을 것이고, 1961년에 우리가 플로리다 밖으로 영업망을 확장했을 때보다 더 많은 위험을 감수하며 보다 공격적인 확장을 해나갔을 것이다. 지금 생각하면 우리는 좀 더 많은 임대계약을 체결하고 더 많은 부동산을 사들였어야 했다. 해리 손번이 맥도날드에서 수익성 높고 실행 가능한 부동산개발 계획을 과감히 추진했던 것처럼, 우리도 충분히 그 못지않은 부동산 전략을 구사할 수 있었을 것이다. 손번의 탁월한 부동산 금융전략은 맥도날드 성공의 실질적이고 중요한 기반이 되었다. 혹시 우리도 좀 더 정교하고 전문적인 금융 카운슬링을 좀 더 빨리 받을 수 있었다면, 당시보다 훨씬 더 수익성 높은 회사로 자리매김할 수 있었을 것이라는 아쉬움이 있다.

1965년과 1966년에 맥도날드와 켄터키프라이드치킨이 상장한 후, 나는 좀 더 효과적인 기업금융전략을 세우는 데 도움을 줄 적절한 투자은행가를 물색하는 데 더 적극적으로 나섰어야 했다. 블리스앤드컴퍼니에 많은 것을 기대하며 시간을 낭비한 것은 실수였다. 버거킹은 아직 기업공개에 나서기에는 적절하지 않다는 그들의 말에 보다 강력하게 이의를 제기했어야 했다. 우리는 위험을 무릅쓰더라도 우리에게 제대로 된 금융전략을 제공하고 이끌어줄 모험적인 은행가를 만났어야 했다. 물론 나의 이러한 말에 대하여 결과론이라고 비난하며 30년이 지나서 시가총액이 30억 달러 혹은 그 이상이 될 것을 미리 알았다면 누구나 그렇게 했을 것이라고 지적할 수도 있다.

버거킹도 1965년이나 1966년쯤 기업공개를 할 수 있었다면 필스버리 측의 합병 제안을 진지하게 검토하지 않았을 것이다. 그런 제안을 가지고 고민이라도 했을지 의문이다. 우리가 만약 독자적으로 기업공개를 했다면 데이브나 하비 프루호프 그리고 나는 아마 어느 기업에 인수되는 일을 생각조차 하지 않았을 것이다. 필스버리와의 합병은 지금 생각하면 아주 실망스러운 결정이었고, 전략적 실패였다. 합병 후 필스버리에 의해 세워진 조직 축소전략으로 인해 우리는 성장의 모멘텀을 잃었다. 가맹점과 부동산개발을 줄인 결과 우리는 다시는 맥도날드를 상대로 선두를 탈환하기 위한 엄두조차 낼 수 없게 되어버렸다. 성장과 수익성에 관한 한 우리는 완패했다.

반면 다시 그때로 돌아간다 해도 변하지 않을 것들이 있다. 데이브 에저튼을 파트너로 삼은 것은 좋은 결정이었다. 그는 점잖고 생각이 깊고 사려 깊은 사람이었고, 나의 친구이기도 했다. 그는 열심히 일하는 사람이었고, 총명하고 창의적이었으며, 헌신적인 사업가였다. 우리는 하나의 팀을 이루어 함께 많은 일을 했다. 그와는 의견대립도 없었고, 갈등도 없었다. 우리는 함께 사업을 시작하고 나서 몇 년 만에 좋은 결과를 거두며 개인적으로나 사업적으로나 견고한 토대를 마련하는 데 성공했다. 데이브는 우리의 성공과 성장에 큰 공헌을 한 사람이다.

또 광고 계획 추진을 위해 가맹점들이 일정 부분의 비용을 부담하여 협력하도록 계약을 맺어야 한다는 원칙도 고수할 것이다. 이러한 관계는 업계 최초로 시도된 광고 전략이었으며 사업 성장을 위한 확고한 기반이 되었다. 이는 우리 사업의 기본 토대이다. 와퍼를 우리 대표상품으로 등장시키고 홍보한 것은 우리가 한 일 가운데 가장 중요한 일이었고, 우리 성공의 가장 큰 이유였다. 성장과 확장이라는 문제를 생각할 때, 나는 우리가 가능한 한 미국의 모든 주에 빨리 진출하는 것이 옳다고 생각했다. 우리가 빠르게 전국적으로 알려진 기업이 되었기 때문에 우리는 대중매체와 전국적인 네트워크를 갖춘 TV 광고의 이점을 효과적으로 이용할 수 있었다. 우리의 경쟁자들은 그 정도로 전국적인 인지도를 얻기까지 몇 년을 더 기다려야 했다. 이러한 전국적인 지명도 덕분에 수익성 높은 가맹점의 규모를 빠르고 크게 늘려갈 수 있었다. 초창기에 우리의 자금사정이 허용하는 한도 안에서 부동산개발에 적극적으로 나선 것도 옳은 일이었다. 물론 더 많은 부동산을 개발하지 못한 것은 아쉽지만, 우리의 부동산개발은 회사에 큰 이익을 안겨다 준 것으로 판명되었다.

좋은 식당을 경영하기 위한 네 개의 기본원칙 안에 엄격한 품질기준을 적용하겠다는 결정도 궁극적으로 회사에 큰 이익으로 돌아왔다. 우리는 음식, 서비스, 청결, 친절, 이 네 가지를 식당운영의 기본원칙으로 정하고 이 네 가지에 관해서는 절대 타협하지 않았다. 가맹점의 성공이 곧 우리의 성공이라고 생각한 것도 옳았다. 우리는 그들의 성공을 보장하기 위해 열심히 일했다. 우리의 이익보다 가맹점주의 이익을 우선하여 생각한 것이 곧 우리의 성공의 길을 닦아주었다.

우리가 걸어온 길은 바위투성이였고, 돌기둥과 구덩이가 곳곳에 널려 있어서 항상 쉽지는 않았다. 우리는 가끔 충분한 구상과 계획 없이 일에 뛰어들기도 했고, 종종 똑똑하지 못하게 행동하기도 했지만, 중요한 것은 대개는 우리의 판단이 좋고 옳았다는 것이다. 우리는 잘못된 일보다 옳은 일을 훨씬 더 많이 했다. 버거킹은 내 능력으로 이룰 수 있었던 것보다 훨씬 큰 성공을 성취했다.

이제 자연스럽게 두 번째 질문에 대한 답변, 즉 제임스 맥라모어 개인의 인생행로가 어떻게 달라질 수 있었을지를 이야기할 차례다. 회사를 위해 혹시 다른 방식으로 일할 수 있지는 않았을까?

이 책을 쓰기 위해 나의 삶의 기억을 하나씩 떠올리면서 과거에 나에게 일어났던 많은 좋은 일들에 대해 감사함을 느꼈다. 멋진 결혼 생활, 멋진 가족, 좋은 건강, 재정적 안정, 거기에 더하여 유용하고 건설적이라고 생각되는 무언가를 위하여 나의 삶을 살아왔다는 느낌, 이러한 것들에 대한 감사이다. 특히 마지막 항목에 대해서는, 사회봉사와 자선활동에 참여한다는 것만으로도 그러한 만족감과 즐거움을 느낄 수 있었다. 나는 아무런 스트레스를 받지 않으면서도 이러한 모든 활동에 깊이 관여할 수 있다는 점에 매료되어 있었다.

만일 버거킹이 필스버리에 인수합병되는 대신, 기업공개를 하는 길을 택했더라면 나의 삶이 지금처럼 편안했을까? 그럴 것이라고 대답하기는 어렵지만, 만일 우리가 기업공개의 길을 택했다면 나는 좀 더 오래 회사에 머무르며 회사를 키우고 운영하는 데 헌신했을 것이다. 그러다 회사의 최고경영진을 교체해야 할 필요성이 대두되는 시점에 이르렀을 때, 내가 스스로 버거킹의 최고경영자로서 나의 유효성이나 내가 물러나야 할지를 판단할 수 있었을까?

나는 버거킹은 물론 우리가 경쟁하고 있는 시장에 대해서도 철저하게 이해하고 있다고 생각했기 때문에 버거킹 CEO로서 늘 편안함과 자신감에 넘쳐 있었다. 그러나 그러한 자신감으로 인해서 내가 회사에 없어서는 안 될 존재라고 스스로 믿게 되었을 수도 있다. CEO 자리에 너무 오래 머무르며 스스로 지나치게 오래 자리를 지키고 있다는 사실을 인식하지 못하는 불행한 상황이 올 수도 있었을 것이다.

최적의 경영성과를 얻는다는 것은 리더십의 진정한 시험대이다. 만일 그런 점에서 실패했다면 나는 크게 실망했을 것이다.

많은 질문이 마음속에 떠오른다. 증시에 상장된 큰 기업을 경영하는 것이 나에게 맞는 일이었을까? 만일 그렇다면 내가 CEO 직에 얼마나 오래 있게 됐을까? 유능한 전문경영인을 영입한다면 어떤 조직으로 발전시킬 수 있었을까? 다른 임원들에게 얼마나 권한을 위임할 수 있었을까? 업무에서 받게 되는 추가적인 압박이 나의 태도나 기질, 리더십 등에 부정적인 영향을 미쳤을까? 나의 건강상태는 지금보다 좋았을까? 그 상황에 건강이 어떤 영향을 주었을까? 나는 럭키스트라이크Lucky Strike 담배를 하루에 세 갑씩 피웠는데, 이는 건강에도 수명에도 결코 좋은 영향을 미치는 일은 아니었다. 담배는 언제쯤 끊어야 했을까? 스트레스 문제는 어떠한가? 스트레스로 인해 리더십에 관한 부담감이 커질 때 어떻게 대처할 수 있었을까?

한 가지는 분명하다. 만일 그때 버거킹이 기업공개를 했다면 나는 46세라는 아직 한창인 나이에 CEO 직에서 내려오기를 상당히 주저했을 것이다. 내가 그 당시에 자리에서 내려오고 은퇴하기로 한 것은 내 인생에서 아주 중대한 결정이었다. 그 당시에는 은퇴해야 한다는 사실을 받아들이기가 매우 어려웠지만, 결국 그렇게 된 것에 나름대로 만족하고 있다. 시간이 지나고 보니, 나는 회사에 대해 대단한 열정이 있었고 회사의 미래에 대한 고민도 컸지만, 당시의 상황에 이끌려서 어쨌든 CEO 직에서 내려온 것은 결국 잘한 결정이었던 것 같다. 그러나 나의 퇴진이 버거킹에게도 좋은 일이었는지에 대해서는 다른 사람들이 판단해주어야 할 것 같다.

나는 필스버리 이사회의 결정에 따라 일종의 월급사장으로 버거킹의 CEO 직을 수행했지만, 이보다는 기업공개를 하고 CEO로 일하는 것이 훨씬 효율적이었을 것이라고 믿어 의심치 않는다. 회사가 추구한 전략적 방향을 생각할 때 그 점은 분명하다. 내가 분명히 회사의 성장에 훨씬 더 힘을 실어주었을 것이라는 점에 의심의 여지가 없다. 그렇게만 되었다면, 한창 성장해나가야 했던 그 당시에 실제보다 훨씬 더 빠른 성장을 이룰 수 있었을 것이다. 그러나 나는 내가 더 오랜 기간 회사를 위해 무엇을 할 수 있었을지는 모르겠다. 예를 들어서 내가 도널드 스미스를 고용했을 만큼 현명했을지는 스스로 의심스럽다. 도널드 스미스는 중요한 시기에 회사의 성장동력을 키우기 위해 많은 일을 한 사람이다. 아마도 나라면 그렇게 하기 어려웠을지도 모른다. 내가 잘못된 계산을 얼마나 많이 하고, 얼마나 많은 실수를 했을지는 추측하기 어렵다.

'다시 그 시절로 돌아간다면 무엇을 다르게 했을까?'라는 질문에 대한 답변의 핵심은 이것이다. 버거킹은 기업공개를 통하여 증시에 상장하는 것이 옳았고, 기업공개를 하기에 적절한 시간이 올 때까지 견디고 기다려야 했다. 그때로 다시 돌아간다면 나는 이를 더 분명하게 주장하고 고집했을 것이다.

필스버리가 우리를 성장시키고 발전속도를 유지하는 데 도움을 줄 수 있는 적절한 회사라는 나의 자신감은 분명한 오판이었다. 만일 그들이 우리의 성장전략을 폐기할 수도 있다는 생각을 했더라면, 당시 우리가 취해야 할 방향은 분명했다. 우리가 상장할 수 있는 적절한 상황과 여건이 조성될 때까지 독립성을 유지하며 좀 더 기다리는 것이다.

돌이켜보면 상장기업이 되는 것이 우리에게도 가장 큰 이익을 가져다주었을 것이다. 상장기업이 되면 가맹점을 확대하는 과정에서 현금이 필요할 때 주식을 발행하여 자금을 마련할 수도 있고, 자본시장에 접근하기도 쉬워 부동산개발의 과실을 훨씬 더 많이 누릴 수 있었을 것이다. 독자적인 상장기업으로서 존재했다면 버거킹 특유의 기업경영 스타일에 의해 좀 더 빨리 성장하고 더 높은 수준의 수익성을 가질 수 있었을 것이다. 버거킹의 경영진은 남달리 의욕적인 사람들로 구성되어 있었던 것이 분명하기 때문이다.

필스버리에 인수되지 않고 독자적인 상장에 성공했다면 나는 CEO 자리에 좀 더 오래 남아 있었을 것은 분명하지만, 얼마나 오래 더 일했을지는 말하기 어렵다. 1970년대로 접어들면서 회사의 규모는 매우 커졌고, 그만큼 좀 더 전문적이고 세련된 스타일의 경영이 필요했을 것은 틀림없다. 때문에 창업자가 CEO가 되어 직접 경영하는 상황은 어느 시점에서 끝내야 했었을 것이다. 그때가 언제쯤이었을지는 알 수 없다.

분명한 것은 1972년 후에 나를 둘러싸고 일어났던 모든 놀라운 일들에도 감사하고 있다는 사실이다. 내가 받은 것보다 더 많은 것을 욕심낼 수는 없다. 나는 그대로 만족하면서 편안함을 느끼고 있다.

제임스 맥라모어는 이 자서전을 완성한 직후인 1996년 3월 말경, 암 진단을 받았다. 그리고 몇 개월 후 세상을 떠났다. 그가 직접 낳은 자식과도 같은 존재인 '버거킹의 탄생과 성장'을 제대로 기록하고 완성하는 것은 그의 마지막 책임 같은 것이었다. 왜냐하면 그는 그 이야기를 진실하고 정직하게 기록할 수 있는 유일한 인물이기 때문이다. 제임스 맥라모어의 가장 특별한 점 가운데 하나는 정직함이다. 그는 상황을 더 좋게 보이기 위해 꾸미려고 하지 않는 사람이다. 그는 모든 것을 가감 없이 곧이곧대로 적었다. 좋은 것이건 나쁜 것이건, 부끄러운 것이라도 있는 그대로의 기록을 남겼다. 그도 자기 자신이 모든 일을 완벽하게 하지 않았다는 것을 알고 있다. 그러나 그는 모든 일에 최선을 다한 사람이었다. 우리 중 누구라도 그 이상 더 잘할 수는 없었을 것이다.

맥라모어가 남긴 유지,
버거킹맥라모어재단

_스티브 루이스Steve Lewis

제임스 맥라모어는 마이애미대학교에서
이사장으로 봉사한 공로로 명예학위를
받았다.

삶에 대한 거대한 영향을 주고, 혁신적인 브랜드를 구축함으로써
남겨진 유지는 오랫동안 후세에 영향을 미치며 남아 있게 된다. 제임
스 W. 맥라모어가 남긴 유산도 그가 세상을 떠나고 20년이 넘도록 후
세에 큰 영향을 미치며 그를 기억하게 한다. 즉석서비스 레스토랑 분
야에서 세계 최고의 브랜드 가운데 하나를 만들어낸 선구적인 인물인

맥라모어는 자신의 삶을 버거킹 브랜드를 위해 바쳤을 뿐 아니라 교육을 통해 여러 사람에게 힘을 불어넣어 주고 잠재력을 성장시켜줌으로써 지역사회에도 큰 공헌을 했다.

제임스 W. 맥라모어는 자선과 봉사에 대한 열정으로 즉석서비스 레스토랑 업계 종사자들과 교육을 받기를 열망하는 많은 사람의 삶을 변화시키기 위해 헌신했다. 그는 수많은 자선단체의 기금수탁자로 봉사했고, 1975~1976년에는 전미레스토랑협회의 회장 직을 역임하는 등 그의 영향력은 버거킹 회사 안에만 머무르지 않았다.

그는 전미레스토랑협회 회장으로 재직하는 동안 업계를 대표해서 워싱턴 정가를 상대로 열정적인 로비를 벌이기도 했다. 그는 마이애미대학교의 발전기금위원회의 의장으로 10년 동안 일하면서 5억 1,750만 달러나 되는 모금을 성사시켰다. 마이애미대학교는 그의 자택이 있는 플로리다주 코럴게이블스 지역의 교육발전에 헌신한 공로를 높이 기리기 위해 1990년에 그에게 명예 인류학 박사학위를 수여했다.

자신의 주변 사람들의 삶을 개선하는 데 도움이 되고 싶다는 제임스 W. 맥라모어의 변함없는 헌신은 앞으로 오래도록 교육에 대한 지원을 계속할 수 있는 값진 유산을 남겼다.

교육의 힘과 교육이 성공적인 미래를 여는 데 중요한 역할을 할 것이라는 그의 신념을 기려 버거킹 회사와 가맹점들은 그가 세상을 떠나고 나서 바로 버거킹맥라모어재단Burger King McLamore Foundation을 출범시켰다. 이 재단은 2000년부터 버거킹 장학금 프로그램Burger King

Scholars을 운영하기 시작했다. 이는 지역사회의 학생들과 직원들을 대상으로 장학금을 제공하는 프로그램이며 가맹점주들의 기부로 조성된 재원으로 충당한다. 가맹점주들과 재단은 장학사업을 벌이는 것 말고도 맥라모어가 생전에 골프에 대한 특별한 열정을 보여준 것을 기념하기 위한 또 다른 사업도 벌이고 있다.

2002년부터 열리기 시작한 짐 맥라모어 골프 인비테이셔널Jim McLamore Golf Invitational 대회는 맥라모어의 또 하나의 유산이며, 이 대회는 버거킹 장학금 프로그램이 젊은이들의 대학생활을 돕기 위해 이 책이 출판되는 시점을 기준으로 240만 달러의 장학금을 젊은이들에게 전달하는 데 일익을 담당했다.

교육이 없다면 개인의 잠재력은 제한될 수밖에 없다. 버거킹맥라모어재단은 능력 있는 학생들의 교육을 돕고자 하는 맥라모어의 유지를 실천하기 위해 미국, 푸에르토리코, 캐나다 등지에서 선발된 자격요건을 갖춘 3만 3,000명 이상의 학생들에게 3,500만 달러를 수여했다.

좀 더 밝은 미래를 열고자 하는 우리의 실천은 2011년에 들어서 맥라모어패밀리재단McLamore Family Foundation을 별도로 출범시켜 버거킹 장학금 프로그램을 지원하게 되면서 훨씬 더 활발해졌고, '제임스 W. 맥라모어 와퍼 장학금James W. McLamore Whopper Scholarship Award'이라는 이름으로 매년 15만 달러를 지급할 수 있게 되었다. 이 장학금은 버거킹맥라모어재단이 북미주지역에서 제임스 W. 맥라모어가 믿었던 원칙을 가장 잘 구현했다고 판단되는 학생 세 명을 선발하여 장학금을 지원하는 프로그램이다. 이들 세 명의 학생은 자신이 진학한 대학에서 공부하는 4년 동안 매년 5만 달러씩 장학금 지원을 받게 된다.

양질의 교육을 제대로 받지 못하는 학생들을 돕기 위한 버거킹맥라모어재단의 활동은 2012년부터는 세계로 확장되었다. 이 재단의 지원 덕분에 세계에서 5년 동안 9만 명 이상의 어린이들이 학교에 다니고, 읽고 쓰는 법을 배울 수 있게 되었다.

이 재단이 운영하는 프로그램들과 정책의 성공은 가맹점주와 협력업체들의 너그러운 협조 덕분에 가능했다. 그들은 수시로 열리는 모금 캠페인에 적극적으로 참여했고, 매장을 운영하는 과정에서도 모금활동을 도왔다. 이들이 모아준 성금 덕분에 재단은 세계 30개국의 수천 명의 학생과 그 가족들을 교육하고, 글자를 배울 수 있게 해주었으며, 긴급한 재난을 당한 이들에게 구호의 손길을 내밀어줄 수 있었다.

버거킹맥라모어재단이 제임스 W. 맥라모어를 기리며 교육에 대한 그의 열정을 이어갈 수 있었던 것은 충성도 높은 가맹점주들과 협력업체들, 매장을 찾는 고객들, 그리고 먼저 버거킹 장학금의 혜택을 입고 사회에 진출한 인사들의 적극적인 참여 덕택이었다.

맥라모어의 유산은 그의 장학금을 받으며 학업을 마친 북미주의 수천 명의 장학금 수혜자들과, 처음으로 문자교육과 학습교재를 지원받은 동남아시아와 남아프리카 여러 나라의 수천 명의 아이들과 그 가족들을 통해 계속 이어지고 있다. 이 모든 것은, 교육의 중요성에 대한 맥라모어의 비전과 변함없는 신념 때문에 이루어진 일들이다.

마이애미에서 시작된 작은 햄버거 체인점은 이제 전 세계의 버거 킹을 사랑하는 사람들과 학생들, 그리고 그들 가족들의 삶에 영향을 끼치고 있다. 이 말과 더불어 제임스 맥라모어가 직접 했던 발언을 소개하고 싶다.

"학생들 가운데 자신의 교육비를 스스로 부담할 수 있는 능력을 지닌 사람은 거의 없을 것입니다. 사회에는 젊은이들을 교육하고 그들이 사회에서 발전해나가는 것을 지켜보는 일이 가치 있는 일이라고 생각하는 사람들이 필요합니다."

버거킹맥라모어재단 의장,
스티브 루이스

버거킹 빅사이즈 햄버거의 기적

초판 1쇄 발행 2021년 9월 16일

지은이 제임스 W. 맥라모어
옮긴이 김재서
발행처 예미
발행인 박진희, 황부현
편 집 김정연
디자인 김민정

출판등록 2018년 5월 10일(제2018-000084호)

주소 경기도 고양시 일산서구 중앙로 1568 하성프라자 601호
전화 031)917-7279   **팩스** 031)918-3088
전자우편 yemmibooks@naver.com

ⓒMcLamore Family Foundation, 2020

ISBN 979-11-89877-57-6 03320